Margaret Jardas
Der Zauber von Benghasi

Zu diesem Buch

Salome Winter, Ende Vierzig und geschieden, hat endlich die Genehmigung für die Einreise nach Libyen bekommen, um dort für eine Reportage über den Wüstenstaat und seine unvergleichlichen Altertümer zu recherchieren. Nicht frei von Vorurteilen klettert sie in Djerba aus dem Flugzeug. Ihr offizieller Begleiter erwartet sie bereits: Ein junger Libyer kommt ihr entgegen, selbstbewußt und elegant, bildschön und mit dem Teint einer polierten Kastanie. Die Reise beginnt, und Salome wähnt sich in einem Traum. Der junge Sabri flüstert ihr wundersame Verse ins Ohr und trägt sie auf Händen. Sie beginnt dieses Land durch seine dunkel glitzernden Augen zu sehen. Salome vergißt ihren Auftrag, vergißt ihr Alter und läßt sich statt dessen in eine leidenschaftliche Liebesgeschichte fallen. Bis der Besuch bei Sabris Familie, Angehörige der Oberschicht und ganz und gar nicht von Salome begeistert, sie wieder auf den Boden der Realität zurückbringt. Salome hat die Schönheiten der Wüste und der libyschen Altertümer erlebt – und eine große Liebe mit nie gekannter Erotik und Lebenslust. Wird sie aus dem Traum erwachen müssen?

Margaret Jardas, 1947 in München geboren, studierte Kunstgeschichte und Archäologie sowie alte und neue Sprachen, darunter Arabisch. Sie arbeitet als Journalistin und als Reiseleiterin für Studienreisen in die Länder der arabischen Welt. Nach »Der Mann aus Israel« ist »Der Zauber von Benghasi« ihr zweiter Roman.

Margaret Jardas

Der Zauber von Benghasi

Roman

Piper München Zürich

Dieses Taschenbuch wurde auf FSC-zertifiziertem Papier gedruckt. FSC (Forest Stewardship Council) ist eine nichtstaatliche, gemeinnützige Organisation, die sich für eine ökologische und sozialverantwortliche Nutzung der Wälder unserer Erde einsetzt (vgl. Logo auf der Umschlagrückseite).

Originalausgabe
Juli 2007

Umschlag / Bildredaktion: Büro Hamburg
Heike Dehning, Charlotte Wippermann,
Alke Bücking, Daniel Barthmann
Umschlagfoto: Michael John O'Neill / Getty Images
Autorenfoto: privat
Satz: Filmsatz Schröter, München
Papier: Munken Print von Arctic Paper Munkedals AB, Schweden
Druck und Bindung: Clausen & Bosse, Leck
Printed in Germany ISBN 978-3-492-24899-0

www.piper.de

Ich möcht in meinen eignen
Versen mich verstecken,
Damit, wenn du sie sprichst,
Ich deine Lippen küsse.

Abdur Rahman Dschami
(1414–1492)

1

»Wir sind spät dran«, sagte Sabri und starrte auf die Straße.

Unmerklich wurde es in dieser farblosen Einöde finster. Salome blinzelte müde, am Wegrand sah sie Kamele grasen, die Augen fielen ihr zu, und sie schlief ein. Ein gellender Schrei ließ sie aus dem Schlaf hochfahren.

»Yussuf!« hörte sie Sabri. »Yussuf! Vorsicht! Langsam!« Sabri schrie sich die Seele aus dem Leib.

Ihr stockte der Atem. Knapp vor dem Auto sah sie einen riesigen, dunklen Schatten, der in der Finsternis wie der Umriß eines Mammuts aussah. Das Ungeheuer raste näher. Sie streckte abwehrend die Arme nach vorne.

»Nein! Nein!« schrie sie und ließ sich instinktiv auf die Hinterbank fallen.

Yussuf war in eines der Kamele gerast, die in der Dunkelheit über die Straße schlenderten, um auf der anderen Seite weiterzugrasen. Er war zu schnell gefahren und konnte nicht mehr rechtzeitig bremsen. Das war immer Sabris Angst, seine Besorgnis gewesen, seit sie Benghasi verlassen hatten, fuhr es ihr durch den Kopf. Sie hörte ihn neben sich unablässig brüllen.

»Langsam! Herrgottnochmal, fahr langsam! Brems doch, du Idiot.«

Aber es war zu spät. Mit einem ohrenbetäubenden Aufprall knallte der tonnenschwere Körper des Kamels auf den Mercedes. Sie hörte das Jaulen des verletzten Tieres, sah das Ineinanderkeilen und Auseinanderbersten des riesigen Leibes aus Fleisch und Knochen, der vom Metall des Wagens, von den Fenstern, die in Myriaden von Splittern zerklirrten, regelrecht aufgespießt und zerfetzt wurde. Das gepfählte Monster jagte auf sie zu, blutspritzend kam es näher und näher. Die Hintertüren des Autos flogen durch den Zusammenprall auf, Salome wurde wie eine Feuerwerksrakete aus dem Wagen katapultiert. Sie raste durch die Luft, ein menschliches Geschoß.

Mein Gesicht, bloß nicht mein Gesicht, schrie es in ihr. Sie wollte die Hände schützend vor ihrem Kopf kreuzen, aber sie konnte sich nicht bewegen. Hilflos wurde sie weitergeschleudert. Kurz vor dem Aufprall auf die Erde sah sie plötzlich Stani vor sich, ihr Sohn lächelte ihr zu, und sein Antlitz verwandelte sich unversehens in Sabris Gesicht, die beiden Bilder vermischten sich, wurden eins.

Sie wollte schreien, brachte aber keinen Ton heraus. In diesem Moment prallte sie zu Boden. Sie landete in einem runzligen Sandbuckel und verfing sich im dürren Nest eines Dünengestrüpps. Die Götter sandten ihr die Schatten einer Ohnmacht, sie spürte nichts mehr, sah nicht das zerstörte Auto, das Vorderteil zusammengequetscht wie ein an eine Hauswand geklatschter Frosch, über und über mit Blut bespritzt von Yussufs zerborstenem Gesicht, sie hörte nicht das Brüllen des zerfleischten Kamels, das jaulend und verendend neben dem Mercedes lag, Tausende von Splittern im Leib. Sie sah nicht Sabris leblosen, zusammengerollten Körper, der unweit von ihr in sein sandiges Grab geflogen war.

Als sie aufwachte, lag sie in einem kahlen, weißen Krankenzimmer.

Sabri, war ihr erster Gedanke, was war mit Sabri? Vorsichtig drehte sie den Kopf. Die Bewegung tat nicht weh. Sie blickte an sich hinunter, sah, daß ihr linker Arm bandagiert war, mit dem rechten hing sie an einem Tropf, sie öffnete und schloß ihre Finger, bewegte die Zehen hin und her. Es ging. Sie konnte ihre Glieder steuern, sie spürte ihre Beine, hob sie an, legte sie wieder aufs Bett, auf und ab, bis sie ganz sicher war. Ich bin nicht gelähmt, ich bin nicht blind, dachte sie erleichtert, Gott sei Dank. Sie fuhr sich mit der bandagierten Hand übers Gesicht. Kein Schmerz. Kein Verband. Nichts. Erst als sie den Hinterkopf berührte, fühlte sie ein kleines Pflaster. Sie umkreiste es mit den Fingern, und ein rasender Schmerz durchpfiff sie. Sie schloß für einen Moment erschöpft die Augen.

Sabri, fragte sie sich voller Angst. Was ist mit ihm? Wo war er?

»Everything is okay, Madame«, sagte eine sanfte Stimme neben ihr. Sie schlug die Augen auf und blickte in ein fremdes, asiatisches Gesicht. »Everything is okay«, wiederholte das Gesicht.

»Was ist mit Sabri?« fragte Salome.

»Ich bin Ligaya, Ihre Krankenschwester«, lächelte das freundliche Wesen. »Ich komme aus den Philippinen.«

»Ligaya«, wiederholte Salome bleiern. »Aber wo ist Sabri?«

»Es ist alles gut mit Ihnen, Mrs. Winter.« Ligaya streichelte leicht ihre Hand. »Sie haben nur geringe Verletzungen. Einen verstauchten Arm, eine Splitterwunde am Kopf.«

Salome stemmte sich in dem Bett hoch. »Und Sabri?« rief sie. »Was für Verletzungen hat er? Wo ist er? Lebt er?«

Die philippinische Krankenschwester schob sie sanft zurück in die Kissen. »Sie dürfen sich nicht aufregen.«

Er ist tot, tobte es in Salome, er ist tot. Sie wollen es mir nur nicht sagen. Das Kamel hat ihn zerschmettert, hat ihn in tausend Fetzen und aus dem Leben geschleudert. Aus. Es gibt ihn nicht mehr. Aus, aus! dröhnte es in ihrem Kopf, mein geliebter, wunderbarer Sabri, mein leichtfüßiger, unbekümmerter Schmetterling hat mich verlassen. Sie konnte die Tränen nicht länger zurückhalten. Sie stürzten über ihr Gesicht, rannen über den Hals aufs Kissen.

»Bsch, bsch«, machte die Krankenschwester und hielt Salomes Hand. »Sie dürfen sich nicht aufregen, Mrs. Winter.«

Salome weinte wortlos. Sie fühlte sich wie erstarrt, nur die Tränen flossen. Sie spürte ihre salzige Spur.

»Der Doktor kommt gleich zu Ihnen.« Ligayas Hand streichelte ihre nassen Wangen.

Salome versuchte sich zu erinnern, sie preßte die Augen zusammen, bis sie schmerzten. Was war passiert, fragte sie sich fieberhaft, was war eigentlich geschehen? Sie kramte angestrengt in ihrer Erinnerung, und ganz allmählich fügten sich die dunklen Flecken in ihrem Gehirn zu einem zusammenhängenden Film.

Sie waren spät abgefahren von Benghasi.

»Verdammt«, hatte Sabri besorgt gesagt. Der Himmel war bedeckt, matt wie ein mit Schlieren übersäter, fleckiger Spiegel. Stunden schon fuhren sie schnurgerade den langen Weg zurück von Benghasi durch den Sirtebogen nach Tripolis. Endlos schien der Weg, so sehr sich die Augen auch abmühten, es gab nichts zu sehen. Nicht einmal Leitplanken hatte die Straße, eingerahmt war sie von schmuddeligem flachem Sand, so als hätte die Wüste keine Puste mehr zum Schwung von schönen Dünen, als sei sie erschöpft vom ewigen Getriebenwerden durch die Winde des Südens. Nur Falten schaffte sie noch, beige Furchen, farblose Sandwellen, bevor sie mit ihrem Weg endgültig am Ende war und das Kommando dem Mittelmeer übergab. Auf den Runzeln der müden, ausgelaugten Sahara hatten sich Millionen von Buckeln, Maulwurfhügeln gleich, mit Hüten aus Dornengestrüpp festgebissen.

Manchmal glänzte trüb eine Pfütze am Straßenrand, der wie im ganzen Land von Abfall übersät war, Plastiktüten, Unrat, zerfetzte Autoreifen, Tierkadaver. Sonst war nichts zu erspähen. Ein langweiliges Sandmeer mit grünlichen Warzen. Was für ein unansehnliches Land, hatte Salome gedacht. Sie träumte in die nicht vorhandene Landschaft hinaus.

Sabri hielt ihre Hand umschlossen, Sabri, den sie liebte und der ihr Leben wie ein lichter Regenbogen erhellte. Ganz offen lag seine Hand auf der ihren, nicht heimlich versteckt, nicht länger bedacht auf die Regeln seiner scheinheiligen Gesellschaft. Jeder hätte sehen können, daß Salome und er ein Paar waren, aber es war keiner da. Nur Yussuf.

Salome blickte zum Fenster hinaus. Hie und da erkannte sie eine Stromleitung im Nebel des Sandes, sah verrostete Straßenschilder vorbeiflitzen, die die Richtung zu anderen trostlosen Orten markierten. Nahe am Straßenrand dümpelten Kamelherden auf der Suche nach etwas Freßbarem. Die vereinsamte Welt des großen Sirtebogens glitt rasch vorüber,

Yussuf raste die wenig befahrene Straße entlang. Meist sah er die Kontrollschranken der Straßenpolizei zu spät, dann krachten die Bremsen, und die Reifen heulten quietschend auf.

»Wir sind verdammt spät dran«, wiederholte Sabri und schlug sich mit der Faust in die Hand.

Sie waren mit drei Stunden Verspätung von Benghasi abgefahren. Yussuf war nicht pünktlich erschienen. Er erklärte, erst an der vierten Tankstelle Benzin gefunden zu haben. Er schielte ein wenig, als er Sabri dabei ansah, und seine rauhe Stimme klang noch heiserer als sonst. Als er die Papiere ins Handschuhfach legte, sah Salome, daß seine Hand zitterte. Sabri musterte ihn abfällig und zischte ihn wütend an. Yussuf brummte schlechtgelaunt und schüttelte den Kopf.

»Was hat er denn?« hatte Salome gefragt. Sie verstand ja kein Arabisch.

»Nichts«, war Sabris schnelle Antwort gewesen. »Nur ein wenig Kopfweh.« Und dann waren sie endlich abgefahren.

»Mir macht das nichts aus, wenn wir spät dran sind«, sagte Salome und streichelte über seinen Oberschenkel. »Von mir aus kann die Fahrt in alle Ewigkeit dauern.«

Sabri sah sie rasch von der Seite an, biß sich auf die Lippen und schwieg.

Es war schon später Nachmittag, als sie anhielten.

»Wir müssen uns mit dem Essen beeilen, Salomita. Wir sollten ganz schnell weiter«, sagte Sabri beim Aussteigen.

Salome erkannte das Restaurant. Es war dasselbe, das sie auf der Hinfahrt besucht hatten. Der Feuerbaum mit den roten Blättern, unter dem sie und Sabri fröhlich kichernd Cappuccino getrunken hatten, besaß seine feurige Krone nicht mehr, hatte sie verloren und wiegte sich nun farblos im Rhythmus des Windes.

Sabri schob seinen Stuhl vom Tisch weg und lief Yussuf hinterher, der durch eine Gittertür in den Hinterhof ging. Die Tür blieb in der Angel hängen, so daß Salome hörte, wie die beiden in einen hitzigen Disput gerieten. Sie schrieen aufeinander ein, Sabris Stimme klang schneidend scharf, sie meinte, eine atemlose Wut herauszuhören. Immer wieder kläffte er den gleichen Satz, den Yussuf mit heiserem Raunen beantwortete. Von den fauchenden arabischen Lauten verstand Salome nur das Wort cha-en, Verrat. Es war in Sabris Gedichten vorgekommen und hatte dort so poetisch geklungen. Jetzt zischte das Wort wie ein giftiger Pfeil aus Sabris Kehle. Salome bekam Angst. Dieser Streit der beiden Männer hatte etwas Gewalttätiges.

Was konnte denn nur geschehen sein, fragte sie sich und zerbröselte nervös ein Stück Brot. Sie zündete sich eine Zigarette an. Mit einem Knall schmetterte Sabri die Gittertür zu und setzte sich zurück an seinen Platz. Salome reichte ihm die Zigarette. Er nahm sie wortlos. Hastig zog er den Rauch in die Lungen, seine Stirn stand voller Schweißperlen, und die Augen starrten wie blinde Linsen zum Hinterhof.

»Was ist denn los?« fragte sie leise.

Abrupt wandte er ihr seinen Blick zu, fixierte sie einen Moment lang erstaunt, als würde er sie nicht kennen, dann huschte ein Lächeln über sein Gesicht. »Nichts«, sagte er mit belegter Stimme. »Nichts, mein Herz. Beunruhige dich nicht.«

Sie schwieg und ließ ihn rauchen. Drei Zigaretten lang brütete er stumm vor sich hin.

»Salomita«, sagte er dann, und seine Stimme klang müde, »dieses elende Schwein von Yussuf hat mir gerade gesagt, daß er heute früh meinen Vater angerufen und ihm erzählt hat, daß ich mit einer Fremden schlafe und ihr den alten Familienring an den Finger gesteckt habe.«

Um Salomes Augen begann es zu zucken.

»Dieses besoffene Arschloch hat uns in seiner grenzenlosen Eifersucht an den Mann verraten, der als einziger unsere Liebe zerstören kann: mein Vater.« Er sah sie mit einem trüben Blick an. »Ich werde das nicht zulassen.«

Salome hielt ganz still, sie preßte die Lippen aufeinander und sagte kein Wort. Sie erinnerte sich an Blicke von Yussuf, die rasch und abfällig über sie hinweggeglitten waren. Sie hatte begriffen, daß er sich zurückgesetzt vorkam, weil Sabri einer Frau, einer Fremden, zuviel Aufmerksamkeit schenkte. Daß sich dieser Schuft aber dafür rächen würde und Sabris Vater einschaltete, wäre ihr nicht einmal im Traum gekommen. Sabri war verlobt. Offiziell. Mit seiner Cousine. Alle Welt wußte es, und nun tauschte er Ringe mit einer anderen. Das konnte seine Familie nicht dulden. Yussufs Gelegenheit zur Rache war gekommen. Was würde der Vater mit den harten grünen Augen, den Sabri so fürchtete, jetzt unternehmen?

»Woher kennt denn Yussuf die Geschichte deines Ringes?« fragte sie.

»Wir sind schon öfter zusammen gereist.« Sabri schüttelte enttäuscht den Kopf. »Da habe ich wahrscheinlich zuviel geredet.«

»Was wird dein Vater tun?«

Er zog die Mundwinkel nach unten und zuckte mit den Achseln. »Der kann mich mal«, sagte er wild. »Der kann mich ehrlich mal.« Er blickte sie mit weit aufgerissenen Augen an. Seine Stimme klang entschlossen.

Sie packten ihre Habseligkeiten zusammen und nahmen schweigend im Auto Platz. Die rasende Fahrt ging weiter. Salome hielt ihre Hände krampfhaft gefaltet, der Schweiß verklebte ihr die Bluse, sie fühlte sich unwohl und der Situation nicht gewachsen. Wenn ich fünfundzwanzig wäre, würde ich den Kampf aufnehmen, fuhr es ihr zum tausendsten Mal durch den Kopf.

Sie spürte, daß Sabri sie von der Seite ansah, sie wandte sich ihm zu, er lächelte und zog sie an seine Schulter. »Ich liebe dich, Salomita. Sei unbesorgt.«

Vielleicht hat er recht, hatte sie noch gedacht, und ich mache mir unnötige Sorgen. Sie hatte sich an seine Schulter gekuschelt, die Wärme seiner weichen Haut, sein Geruch, sein Atem hatten sie beruhigt. Sie war eingeschlafen. Bis sie ihn brüllen hörte wie einen Stier, dem ein Schwert die Eingeweide aufreißt. »Yussuf! Vorsicht! Yussuf!«

Salome zitterte und öffnete die Augen. Die Krankenschwester lächelte sie aufmunternd an. »Gleich kommt der

Doktor zu Ihnen«, sagte sie. Dann spürte Salome einen kleinen Stich im Arm, wie von einer Nadel, und im nächsten Moment schon war sie außer Gefecht gesetzt.

Als sie aus ihrer Ohnmacht zurückkehrte, saß ein älterer Mann an ihrem Bett. Ihr Herz zuckte zusammen, sie suchte seine Augen. Gott sei Dank, sie waren nicht grün. Es ist nicht sein Vater, der Gericht über mich sitzen will, dachte sie und schluckte aufgeregt.

»Was ist mit Sabri?« flüsterte sie.

»Ich bin Georges Kayasseh«, sagte der Mann im weißen Kittel. »Ihr Arzt.« Er erhob sich und verbeugte sich höflich. »Sie haben viel Glück gehabt, meine Liebe.«

»Und Sabri?« Er hat wohl keines gehabt, schnitt es ihr durchs Herz, er ist tot, dieser Arzt will es mir nur nicht sagen, weil er weiß, daß ich dann auch sterbe. »Was ist mit ihm?«

»Er ist okay«, sagte Georges Kayasseh.

»Warum ist er dann nicht hier?« fragte sie atemlos. Ihr Herz schien zu zerspringen.

»Er war hier. Bis vor ein paar Stunden. Er saß die ganze Zeit an Ihrem Bett. Sie haben es nur nicht gemerkt, weil Sie bewußtlos waren.«

»Ist das wirklich wahr?« Die Tränen liefen ihr übers Gesicht. »Kann ich Ihnen glauben?«

Er nickte. Sein Blick sickerte in sie hinein.

»Wo ist er jetzt, Herr Doktor?«

»Er mußte nach Tripolis fahren.«

Tripolis? Tripolis, fragte sie sich, wo bin ich denn überhaupt? Sie blickte ihn fragend an.

»Sie sind in Sirt, Frau Winter.« Er sprach ein beinahe akzentfreies Deutsch. »Im Krankenhaus der Regierung.«

Sirt. Sie nickte. Wie aus lange verwehten Zeiten zogen die Szenen mit Frau Fatima Al Jaer, der unförmigen Gewerkschaftsbossin, und dem schwitzenden Experten für den großen künstlichen Fluß an ihr vorbei. Seinen Namen hatte sie vergessen. Sirt.

»Der Unfall war nicht weit von hier«, sagte der Arzt.

»Und Sabri Hosman hat alles daran gesetzt, daß Sie hier behandelt werden. Normalerweise sind nur Minister und hohe Beamte meine Patienten. Oder Freunde des Präsidenten, wie Herrn Hosmans Vater.« Er lächelte sie an. »Nicht, daß ich etwas gegen Ihre Anwesenheit hätte, verstehen Sie mich bitte nicht falsch.«

»Was macht Sabri denn in Tripolis?« Wieder klopfte ihr Herz ängstlich, so als fürchtete sie, der Arzt würde ihr doch etwas verheimlichen.

»Nicht alle hatten so viel Glück wie Sie, Frau Winter.«

Sie starrte ihn erschrocken an. Sabri. Also doch. Ihre Hände krallten sich ineinander.

»Ihr Sabri ist heil«, sagte der Arzt beschwichtigend. »Der andere, der Fahrer ist tot.«

Yussuf. Yussuf. Sie legte die Hand vor die Augen, die Sekunden vor dem Unfall rasten durch ihre Erinnerung. Die Silhouette des riesigen Tierkörpers, der brüllende Sabri, das Donnern des Aufpralls, das Klirren der Scheiben. Es wurde ihr schwarz vor Augen. Yussuf hatte sich als schlechter Gefährte gezeigt, jetzt war er tot, war hinter seinem Lenkrad zerquetscht worden, zertreten wie ein streunender Hund.

Georges Kayassehs ernster Blick ruhte auf ihr. »Lieber der als der andere? Ist es das, was Sie fühlen?«

Salome schloß die Augen und nickte beschämt. Genau das hatte sie gedacht.

Der Arzt zog ihr die Nadel aus der Handvene, entfernte den Ständer mit dem Tropf und schob ihn zur Türe.

»Herr Hosman wird bald zurück sein«, lächelte er in ihr blasses Gesicht. »Ruhen Sie sich inzwischen aus. Sie müssen bald wieder fit sein, denn ich darf Sie nicht lange hier behalten.«

Als der Arzt gegangen war, schlief Salome wieder ein. Es dämmerte schon, als sie erwachte. Sie hatte wirre Dinge geträumt, von Sabri, der ihr eine Nadel ins Herz stieß und sie sofort wieder herausreißen wollte. Die Nadel hatte einen Widerhaken, er zerrte sie hin und her, zerfetzte langsam Salomes Herz, und sie blutete aus.

Salomes Mund war trocken, der Kopf tat ihr weh. Dumpf hörte sie die Trommel ihres Herzens. Sie stand auf und wankte in das kleine Bad ihres Krankenzimmers. Sie erschrak, als sie ihr Gesicht im Spiegel sah. Kreidebleich mit hohlen Augen wie ein toter Fisch starrte ihr ein erschöpftes Abbild entgegen. Sie strich sich die Haare glatt, spülte den Mund und schleppte sich zum Fenster.

Er lebt, dachte sie, das ist das einzige, was zählt. Sabri lebt. Sie stützte sich auf das Fensterbrett und starrte hinaus.

2

Noch nicht einmal vier Wochen war es her, daß sie aus dem Flugzeug wie aus einem Gefängnis gestiegen war. Das sanfte Licht des frühen tunesischen Morgens hatte ihr gutgetan, sie hatte ihre Arme der Sonne entgegengestreckt und die milde Wärme eingeatmet. Ihre Trägheit löste sich langsam auf, es verschwand diese diffuse Wehmut, die ihr während des ganzen Fluges wie eine pappige Hostie auf der Seele geklebt hatte.

Für einen kurzen Moment schloß sie die Augen und atmete tief durch. Okay, dachte sie, mein Märchen kann beginnen. Vielleicht, schmunzelte sie, stehe ich an der Pforte zu einer fantastischen Geschichte aus tausendundeiner Nacht.

Sie ging die Gangway hinunter, hinein in die Ankunftshalle des Flughafens von Djerba, die vielen Taschen geschultert. Sie schielte auf die Anzeigetafel und sah, daß das Flugzeug aus Paris bereits gelandet war. Thierry ist also schon da, dachte sie. Herrlich. Dann kann es ja gleich losgehen. Unser libysches Abenteuer. Das leichte Kribbeln in ihrer Bauchgegend meldete sich. Wie seit Wochen, immer wenn sie an diese Reise dachte. Libyen! Das klang in ihren Ohren nach verschlungenen Pfaden durch Palmengärten, mit Perlen und Diamanten bestückten hüftlangen Frauenlocken, nach parfümierten Springbrunnen und dem Duft von Limonen und den Gewürzen bunter Basare. Versonnen stand sie am Gepäckband, ganz in ihre Träumereien versunken, und blickte abwesend auf die vorbeirollenden Koffer. Wie kleine bunte Seidenpapierschnipsel tanzten ihre Gedanken der Reise voraus. Ein federleichter Reigen schöner Erlebnisse wartete auf sie in Libyen. Dessen war sie sich sicher. Es würde eine ganz besondere Reise werden.

»Attention, s'il vous plaît, Madame Winter est priée de bien vouloir contacter le guichet d'information.«

Das wird Thierry sein, dachte sie, als sie die Lautsprecherdurchsage hörte, und sah sich nach dem Informationsschalter um. Der Koffer kann warten, beschloß sie, sie würde zuerst Thierry hallo sagen. Sie durchquerte die Halle, die rote Tasche mit dem Laptop, der Rucksack und der kleine Alukoffer mit all den Dokumenten baumelten an ihren Schultern.

Am Informationsschalter stand niemand. Wo mag er nur sein, dachte sie, wahrscheinlich hat er sich irgendwo versteckt und stürzt sich gleich mit lautem Gebrüll in ihre Arme. Sie freute sich auf ihn, auf seine ungestüme Art, das hemmungslose Lachen, seine Art, sich total verrückt anzuziehen. Zu geringelten hautengen Tops trug er am liebsten violettkarierte Kletterhosen. Um die langen blonden Kringellocken wickelte er ein winziges rotes Piratentuch. Am Hals trug er an einer gewöhnlichen Gepäckschnur einen türkisfarbenen Karabinerhaken. Er war ein begeisterter Kletterer. Und sicher ein verwegener. Sie hatte es nie ausprobiert, ihm in die Berge zu folgen. Thierry gehörte für sie in die Abteilung Reisegepäck, war, wie ihr Laptop im roten Plastikköfferchen und der prall gefüllte Rucksack, Teil ihrer Lust am Unterwegssein, ihr Road-Partner. Mehr nicht.

Sie sah sich um, aber von Thierry war keine Spur zu sehen. »Vous êtes Madame Winter?« fragte der Tunesier im dunkelblauen Anzug hinter dem Schalter.

»Mhm«, nickte sie.

Er reichte ihr ein Blatt Papier über den Tresen.

»Dieses Fax ist gerade für Sie eingetroffen.«

Oh, Gott im Himmel, dachte sie, dieser Chaot wird das Flugzeug versäumt haben. Er war schon oft zu spät zu ihren Treffpunkten gekommen. Vor einer langen Reise zog er gerne ausgiebig durch die Pariser Nachtlokale und ließ sie dann gedankenlos irgendwo auf der Welt warten, bis es ihm gefiel, doch noch in ein Flugzeug zu steigen, um sich ihr anzuschließen.

Sie überflog das Fax, und die Buchstaben begannen vor ihren Augen zu flimmern. »Ma belle«, las sie, »sei mir nicht böse, aber ich komme nicht mit. In Kamtschatka ist gerade ein Vulkan ausgebrochen. Das soll ich fotografieren. Ich bekomme dafür viel mehr Kohle als für die Tuckerei durch Libyen. Ich habe Dir eine alte Hasselblad von mir auf meinen Sitz im Flugzeug legen lassen. Dann kannst Du die Fotos selbst machen. Hey, Du. Das schaffst Du schon. Und dieser Knabe vom Ministerium wird schon auf Dich aufpassen. Salut. Thierry.«

Sie las den Text noch einmal. Und noch einmal. Fassungslos starrte sie auf die Worte. »Das darf einfach nicht sein«, flüsterte sie stotternd. »Das kann er nicht machen.«

Die Umhängetaschen rutschten ihr von den Schultern und fielen mit einem lauten Knall auf den Steinboden. Sie rührte sich nicht. Ein Gefühl der Verlassenheit kroch ihr langsam den Rücken hinauf. »Nein! Nein!« Mehr als ein heiseres Krächzen brachte sie nicht zustande. »Das gibt's doch nicht. Das darf doch einfach nicht wahr sein!« wiederholte sie verstört.

Sie preßte die Lippen fest aufeinander, um ihre Tränen zurückzuhalten. Mit traurigen Augen sah sie den Schalterbeamten an, dunkel vor Enttäuschung. Ohne Thierry konnte sie doch diese Reise nicht machen. Konnte er sich denn nicht vorstellen, was das jetzt für sie bedeutete? Wahrscheinlich nicht, dachte sie bitter, er fand es am Ende noch amüsant, sie hier allein zu lassen. Thierry hatte keine mitfühlende Seele, und was in anderen Menschen vorging, interessierte ihn schon gar nicht.

In ihrer Trostlosigkeit schoß ihr plötzlich eine maßlose Wut in den Bauch. Er wußte doch genau, daß sie ohne ihn nicht würde starten können. Für einen lukrativeren Auftrag hatte er sie sausenlassen.

»Dieser Dreckskerl!« stöhnte sie. »Dieser elende Dreckskerl läßt mich hier einfach sitzen.«

Der Mann hinter dem Counter blickte sie verständnislos an, natürlich hatte er nichts verstanden, aber ihre Verstörtheit begriffen.

»Ma chère Madame«, sagte er verlegen, »beruhigen Sie

sich doch. Wir finden sicher eine Möglichkeit, Ihnen zu helfen.«

Er hielt ihr eine Plastiktüte entgegen. Auf dem verschrumpelten Beutel stand »Achetez aux Galeries Lafayette«. Sie erkannte die Umrisse einer Kamera.

»Oh, nein, nein, nein«, wehrte sie ab und hob beide Hände. Sie konnte kaum sprechen, ihr Mund war mit einem Mal wie ausgetrocknet. Was mache ich denn jetzt nur, dachte sie verwirrt. Die Gedanken jagten zusammenhangslos durch ihr Hirn. Ich fahre nicht ohne Thierry in dieses Land. Das ist ausgeschlossen. Wochenlang mit diesem schrecklichen Kerl vom Ministerium alleine herumfahren. Eine entsetzliche Vorstellung. Vielleicht darf man ja als Frau gar nicht allein in dieses Land. Was weiß denn ich. Vielleicht dürfen Frauen da ohne männliche Begleitung nicht einmal auf die Straße gehen. Sie drückte dem Mann die Tüte wieder in die Hand.

»Ich muß sofort das nächste Flugzeug zurück nach Deutschland nehmen. Wann geht der nächste Flug? Können Sie das für mich organisieren? Bitte!«

»Jetzt beruhigen Sie sich erst einmal, Madame«, wiederholte der Tunesier höflich.

»Beruhigen?« Sie lachte heiser. »Wie stellen Sie sich das vor! Beruhigen, wie denn?«

Er hielt ihr ein Päckchen Zigaretten hin. Sie zögerte ganz kurz. Dann nahm sie eine und ließ sich Feuer geben. Elf Jahre hatte sie nicht mehr geraucht. Keine einzige.

»Jetzt geben Sie mir erst einmal Ihre Papiere, und dann werden wir sehen. Ja?« Seine Stimme war angenehm ruhig.

Das ungewohnte Nikotin durchlief ihren Körper. Sie lehnte sich schwindlig an den Counter und holte das Kuvert mit den Reisedokumenten aus dem Rucksack.

»Ah, Sie logieren heute nacht im Hotel Yadis. Und für morgen ist der Grenzübertritt nach Libyen vorgesehen«, las der Tunesier laut. »Der Rückflug ist erst in zwei Wochen gebucht.«

»Ja, ja, aber ich muß sofort zurück!« Jetzt schrie sie fast.

»Sie werden mir doch einen Platz in einem dieser Scheißflieger besorgen können.«

Der Tunesier zuckte bei dieser Lautstärke unmerklich zusammen. Der Blick seiner braunen Augen wurde distanzierter. »Es tut mir aufrichtig leid, Madame. Es gibt heute keinen Flug nach Deutschland mehr. Außerdem sind alle Flüge ausgebucht. Wir haben Saison hier.« Er rückte sich die Krawatte zurecht. »Ich möchte Ihnen vorschlagen, jetzt in Ihr Hotel zu fahren. Der Transferbus steht vor der Türe. Überschlafen Sie doch die Angelegenheit erst einmal. Wenn Sie morgen immer noch zurückreisen möchten, wird Ihnen Ihre Reiseagentur sicher gerne behilflich sein. Bonjour, Madame.« Er wandte sich einem anderen Touristen zu.

Da stand sie nun. Sie überlegte fieberhaft, in ihrem Kopf purzelten die Gedanken durcheinander. Scheiße, dachte sie, echte Scheiße. Aber vermutlich hat er recht. Ich werde ins Hotel gehen und meine Gedanken ordnen. Dann werden wir weitersehen. Jetzt fiel ihr ein, daß dieser Mann vom Ministerium aus Libyen sich für siebzehn Uhr angemeldet hatte. »Mister Amir Benjoud will contact you in the hotel in the afternoon«, hatte man sie von der libyschen Botschaft in Bonn wissen lassen.

Ich muß ihm fairerweise persönlich absagen, dachte sie, auch wenn er nur ein Spitzel ist, der jeden unserer Schritte auf der Reise kontrollieren sollte. Immerhin hat er den langen Weg von Tripolis bis hierher gemacht, um uns von Anfang an zu »betreuen«. In ihrer Vorstellung hatte Mister Amir Benjoud einen hellgrauen, speckigen Anzug an, war ein magerer Mann mit Schnauzbart und stechenden Augen, die schwarzen Lederschuhe liefen spitz zu, die Absätze waren ein wenig abgetreten, die dünne Krawatte senffarben. Wahrscheinlich hat er eine Sonnenbrille auf, das Hemd war auf jeden Fall aus Synthetik, die Hände verschwitzt, die Zähne schlecht.

Auf so eine Gesellschaft habe ich nun überhaupt keine Lust, aber absagen muß ich ihm, das gebietet die Höflichkeit. Reisen allerdings würde sie um nichts in der Welt alleine mit diesem Aufpasser. Vielleicht stinkt er auch noch nach Knoblauch, dachte sie entsetzt. Oder Zwiebeln. Schon bei dem Gedanken schauderte ihr. Jetzt, wo Thierry, ihr vertrauter Zerberus, sie versetzt hatte, kam diesem libyschen Funktionär plötzlich ein Hauptpart in ihrem Drama zu. Keinen Gedanken hatte sie vorher an ihn verschwendet. Und an allem ist Thierry schuld, dachte sie.

Sie schlurfte betrübt zurück zum Gepäckband. Ihr Koffer stand alleine inmitten der riesigen Halle, so mutterseelenallein wie sie selber. Die Badeurlauber waren alle schon zu ihren Bussen geeilt.

Sie machte sich auf den Weg ins Freie. Eine junge Frau in einem dunkelblauen Kostüm mit weißblau gestreifter Bluse und einem Schild in der Hand, auf dem »TUI – Schöne Ferien« stand, sprach sie überfreundlich an. »In welches Hotel möchten Sie denn, meine Liiiiebe?«

»Yadis«, knurrte Salome Winter.

»Bus Nummer achtzehn. Ganz hinten. Tschüs und schöne Ferien«, lächelte das Nummerngirl.

Sie schob ihr Gepäck an den Bussen vorbei. Der letzte trug die Nummer achtzehn. Der Fahrer nahm ihr den Koffer ab und schob ihn in den Gepäckraum.

»Sind Sie ganz alleine?« fragte er und musterte sie.

»Ja, offensichtlich«, antwortete sie. Ihre Stimmung war auf dem Nullpunkt.

Sie kam sich eigenartig vor in ihrem teuren schwarzen Hosenanzug zwischen all den Urlaubern, die schon zur Anreise in die Ferienoase kurze Hosen mit Gummiband und weißer Kordel trugen, darüber merkwürdig beschriftete Muskelhemden. »Feel free« las sie auf den T-Shirts, die sich über feiste Männerbäuche spannten. Einer der aufgedunsenen Biertrinker hatte einen Mehrzeiler auf seinem T-Shirt. Sie mußte zweimal lesen, um den Spruch zu begreifen. »Sex instructor«, entzifferte Salome, »first lesson free.« O mein Gott, seufzte sie, wo bin ich denn hier gelandet.

Das allerdings hatte sie schon gedacht, als sie in aller Herrgottsfrühe in Frankfurt in der Schlange zum Check-in angestanden hatte. Der Look von Djerba-Reisenden unterschied sich offensichtlich von der Exklusivität der Menschen, mit denen sie sich gerne umgab. Einen Moment war sie unschlüssig stehengeblieben, aber sie hatte keine Wahl gehabt: Ihre Redaktion hatte einen Charterflug nach Djerba für sie gebucht. Von dort aus sollten Thierry und sie mit dem libyschen Schnüffler dann die Weiterfahrt antreten. Nach Libyen konnte man ja nicht direkt fliegen. Der internationale Flugverkehr war aufgrund des Embargos, das die UN ausgesprochen hatte, seit 1992 unterbrochen. Und ein Aufheben dieses Verbotes war nicht in Sicht. Also hatte sie brav in der Warteschlange ausgeharrt. Um fünf Uhr morgens.

»Kann ich denn bitte, bitte alleine sitzen?« hatte sie den Check-in-Angestellten gefragt. Er hatte kurz aufgeblickt und sie überrascht angesehen.

»Ja, aber Mädchen, was machen Sie denn hier? Sind Sie sicher, daß Sie nach Djerba wollen?« Grinsend hatte er sie gemustert. »Wissen Sie was, ich setze Sie an den Notausgang. Da haben Sie zwei Plätze für sich ganz alleine, die habe ich nämlich noch nicht weggegeben und werde es jetzt auch nicht mehr tun.«

Erleichtert hatte sie ihn angelacht. »Danke. Wirklich vielen, vielen Dank.«

Im Flugzeug hatte jeder Gast von der Stewardeß einen roten Wasserball zum Aufblasen überreicht bekommen. Für die lustigen Ferien am Meer.

»Nein, vielen Dank«, hatte Salome abgewehrt.

Als der Wagen mit den verbilligten Waren vorbeigeschoben wurde, hatte Salome ein Eau de Toilette erstanden, 1881 von Cerruti. Darüber wird sich Thierry freuen, hatte sie begeistert gedacht. Er war schrecklich geizig und wusch sich nicht gerne. Zwei Fliegen mit einer Klappe, hatte sie sich gefreut, kein Schweißgeruch mehr, sondern der erregende Duft nach dem vergangenen Jahrhundert.

Und jetzt saß sie im Bus Nummer achtzehn, das Geschenk für Thierry in der Tasche, und ihr war das Lachen vergangen. Sie hatte den Kopf an das Fenster gelehnt und starrte in die

Landschaft hinaus. Flach ist diese Insel, dachte sie, flach und so viele Hotels. Die Menschen zahlen für einen Urlaub hier, freuen sich darauf, sie aber wollte nichts wie weg, jetzt, wo Thierry sie sitzengelassen hatte. Sie schob ihre Haare aus dem Kragen und fuhr die Linie ihrer Augenbrauen mit dem Finger nach. Sie lehnte sich zurück und schloß die Augen.

Ein ganzes Jahr hatte sie gebraucht, um diese Reise nach Libyen vorzubereiten, um all die Papiere zu sammeln, die vorgewiesen werden müssen. Mehrmals war sie in die Botschaft nach Bonn gereist, um die Sache zu beschleunigen. Es fand sich kein Fehler in den Dokumenten: Stempel, Unterschriften, beglaubigte Übersetzungen, Bestätigungen, Einladungen, Flugtickets, Kreditkarten, Krankenversicherung. Alles war in bester Ordnung. Und dennoch wollten die Botschaftsbeamten die Einreiseerlaubnis nicht herausrücken. Langsam war es ihr klargeworden, weshalb.

Man war in der »großen arabisch-sozialistischen Volksmassen-Republik Libyen« nicht scharf auf Journalisten aus dem Westen. Deshalb gestattete man für diese Berufsgruppe die Einreise nur mit Sondergenehmigung, und die wurde so gut wie nie erteilt. Schlimmer ging es nur noch Schriftstellern. Auf deren Präsenz legte man in Libyen gar keinen Wert. Aber Salome gab nicht auf. Je schwieriger es wurde, desto entschlossener kämpfte sie. Sie wollte dieses Land bereisen. Mit Thierry an ihrer Seite. Es war nicht einfach gewesen, die zurückhaltenden Herren aus dem Morgenland zu überzeugen, daß es sich um eine harmlose Bildreportage ohne jeglichen politischen Hintergrund handelte, die Salome und der Fotograf für ein deutsches Reise-Magazin unternehmen wollten. Schöne Bilder. Freundlicher Text.

»All die Herrlichkeiten an antiken Stätten, die Sie in Ihrer Heimat besitzen, möchten wir gerne fotografieren und den Menschen in Europa näherbringen. Und schöne Bilder aus der Wüste möchten wir veröffentlichen. Das kann doch Ihrem Land nur nützen, nicht wahr?« So hatte sie den Botschafter beschworen.

Sie redete und lächelte, argumentierte und fantasierte.

Eigentlich hatte sie keine große Ahnung von diesen geheimnisvollen antiken Überbleibseln, und auch von der libyschen Wüste machte sie sich nur eine vage Vorstellung. Es gab so wenig Literatur zu Libyen, Bildbände überhaupt keine, und all die einzelnen Seiten aus dicken verstaubten Folianten der Universitäts-Bibliotheken, die ihr die Redaktion kopiert hatte, lagen noch unbesehen in ihrem Schreibtisch. Zuerst wollte sie die Genehmigung zur Einreise in der Tasche haben, erst dann war sie bereit, sich einzulesen. Sie mußte es alleine tun. Thierry bereitete sich nie auf eine gemeinsame Fahrt vor. Er verließ sich völlig auf Salome.

Er fotografierte und zauberte die melancholischsten Szenerien aufs Bild, schuf Stimmungen in seinen Bildern, die einen sensiblen Schöpfer vermuten ließen. Aber in Wahrheit war ihm seine Umgebung völlig egal, ihn interessierte das Land nicht, das sie jeweils bereisten, ihn interessierten nur Einstellungen, Lichtverhältnisse, Belichtungszeiten, Schrägen, Vertikalen, Verschlußzeit, Objektivöffnung. Seinen Discman am Gürtel, der ihn den ganzen Tag volldröhnte, nahm er nur ab, um von Salome Instruktionen für mögliche Motive in Empfang zu nehmen. Auf der letzten Reise war es Chet Baker, von dem er sich wochenlang hatte berieseln lassen.

Seine Fotos waren Weltklasse. Japanische Gärten, mongolische Weiten, chinesische Märkte, patagonische Felsspitzen – Meisterwerke der Bildkomposition, der Aussagekraft, Dokumente von der Wucht eines Renaissancemalers.

An den gemeinsamen Abenden war Thierry lustig, entspannt, zog an seinen Zigaretten, manchmal waren es auch Joints. Er trank viel, erzählte dreckige Geschichten von all den Mädchen, die er schon gevögelt hatte. Manchmal waren es auch Buben. Salome akzeptierte seine Spinnereien, versuchte seine unappetitlichen Histörchen zu ignorieren. Für sie war allein das Resultat seiner Arbeit wichtig: gute Fotos, die die Stimmung ihrer Texte unterstrichen. Und mit ihren Geschichten stand sie ihm in nichts nach.

Auch sie war eine Meisterin, eine Meisterin des Wortes.

Sie hatte die Gabe, komplizierte Zusammenhänge in leichtfüßige, flüssige Geschichten zu verwandeln. Wie aus dem Ärmel geschüttelt klang alles, was sie schrieb, selbstverständlich, so wie Thierrys Bilder. Er war nicht hinter Salome her, das war ihr sehr recht. Ihn interessierten nur blutjunge Mädchen. Sein Dreamteam nannte Salomes Chefredakteur die beiden, den jungen verrückten Franzosen und die disziplinierte Deutsche mit dem goldbraunen Haar und der verkaufsstarken Schreibe.

Zu guter Letzt war dann die Tour nach Libyen doch noch bewilligt worden. Den Ausschlag dazu hatte die glorreiche Idee des libyschen Botschafters gegeben, einen Staatsbeamten mit auf die Reise zu schicken. »A gentleman from the ministery of tourism«, hieß es offiziell. Begeistert war Salome nicht von dieser Modalität, aber sie hatte keine andere Wahl gehabt. Entweder mit dem Geheimpolizisten oder gar nicht.

Also bedankte sie sich höflich, die Reisedokumente wurden ausgehändigt. Sie war allerdings ein wenig enttäuscht, als sie die Unterlagen studierte. In dem Kuvert lagen lediglich die Flugscheine, das Visum und ein kleiner Hinweis, daß besagter Gentleman das Dossier des Reiseablaufs mit den notwendigen staatlichen Bewilligungen verwalte, jener Amir Benjoud, der sie in Djerba begrüßen und sie und Thierry durchs Land geleiten würde. Jener Mitfahrer, dem sie nun bald gegenüberstehen würde. Alleine.

Bei diesem Gedanken wurde ihr mulmig. Sie mußte ein paar Mal schlucken und sich räuspern. Ich werde es ganz kurz machen, dachte sie und starrte auf die vorübergleitende Landschaft. Ich werde meine Bürobrille aufsetzen, ihm streng gegenübertreten und mit ernster Miene meinen Entschluß, nach Deutschland zurückzukehren, formulieren. Ich schätze, dachte sie bitter, er wird erleichtert sein, daß ich wieder abhaue und er nicht alleine mit mir durch sein Land brausen muß. Tag für Tag, Abend für Abend, bei jeder Mahlzeit, bei jedem Drink würden sie einander gegenübersitzen, Aug in Aug, gnadenlos aneinandergekettet. Schon bei dem Gedanken schüttelte es sie. Ob der überhaupt Englisch kann? Na, und wenn schon, dachte sie, das, was ich ihm zu sagen habe, wird er begreifen. Und dann – addio!

»Next stop Hotel Yadis«, rief der Busfahrer in ihre Gedanken.

Salome stieg aus dem Bus. Ein dunkelhäutiger Mann in roter Livree half ihr, den Koffer ins Hotel zu tragen.

»Sind Sie alleine?« fragte auch er. Sie nickte.

»Adrette Puppe«, sagte er anerkennend.

Salome blickte den jungen Kofferträger entgeistert an. Es war ihr unangenehm, das Hotel allein zu betreten, begleitet nur von ihrem Koffer. Wenn doch nur Thierry hier wäre, dachte sie.

Hilflos und zugleich aufgebracht stand sie in der Halle, Gefühle, die ihr unbekannt waren. Bislang. Sie war immer der Überzeugung gewesen, eine selbstsichere, unabhängige Frau zu sein, berufstätig und erfolgreich. Ist es Thierry, der mir so abgeht, daß ich ganz flügellahm in der Welt stehe, dachte sie. Oder brachte sie der Schritt über die Schwelle in die unbekannte, arabische Welt aus dem Gleichgewicht? Sie war mit einem eigentümlichen Gemisch aus Scham und Unsicherheit erfüllt, zupfte an ihrem Kragen und stolzierte dann mit erhobenem Kopf an den Empfangsschalter.

Es dauerte eine Ewigkeit, bis der verschlafene Rezeptionist bereit war, sie zur Kenntnis zu nehmen.

»Madame Winter, Madame Winter.« Er studierte ausführlich seinen Gästeplan und fuhr mit dem Finger die Namenreihe entlang.

»Ah, ja. Hier sind Sie«, sagte er nach einer Weile. »Sie reisen allein«, stellte er fest, als sei das der Grund, weshalb er sie so lange nicht auf seiner Liste gefunden hat.

Nicht schon wieder, flehte sie innerlich und verdrehte die Augen.

Sie versuchte den dunkelhäutigen Mann anzulächeln. Mehr als ein schiefes Grinsen gelang ihr nicht. Aber immerhin reichte er ihr einen Zimmerschlüssel über den Tresen. Sie nahm ihre Taschen. Dann fiel ihr Thierry ein.

»Herr Thierry Dutronc konnte leider nicht kommen«, sagte Salome. »Würden Sie ihn bitte von der Liste streichen.«

Der Rezeptionist begann erneut seinen Suchlauf auf dem Gästeplan. Er hielt inne.

»Sie meinen doch nicht Thierry Dutronc, den Fotografen von Meridian?« sagte er aufgeregt. »Wir haben vom Tourismus-Ministerium die Anweisung bekommen, eine Suite für ihn zu reservieren.« Er zupfte an seinem Sakko. »Ja, Madame Winter«, stotterte er. »Sie reisen doch nicht etwa mit Herrn Dutronc, *dem* Dutronc?«

Nein, wollte Salome sagen, ich reise nicht mit ihm, er reist mit mir. Ich bin der Boss in dieser Crew, auch wenn du dir das nicht vorstellen kannst. Aber sie war bereits so müde von dem unsinnigen Geplänkel, daß sie nur mit dem Kopf nickte. Außerdem spielte es keine Rolle, Thierry würde seine Starrolle und sein Luxuszimmer nicht genießen können. Er war ja nicht zum Rendezvous erschienen.

Es war noch nicht einmal zehn Uhr morgens, aber Salome hatte das Gefühl, als sei sie seit Stunden im Schleudergang einer Waschmaschine herumgewirbelt worden. Wie schlage ich jetzt bloß die Zeit tot, bis der fischige Libyer kommt, dachte sie, ob ich wohl schlafen kann? Vielleicht hätte ich dem guten Mann am Empfang doch klarmachen sollen, daß ich der Star war und nicht Thierry. Aber er hätte mir die Suite mit Meeresblick trotzdem nicht gegeben, da bin ich sicher, seufzte sie und sah zu ihrem Zimmerfenster hinaus.

Auf dem Parkplatz des Hotels standen Autos unter Bambusdächern, dicht an dicht gereiht, daneben gelbe Taxis, an deren Türen die Fahrer lehnten, Zigaretten rauchten, miteinander schwatzten und in dem Moment, als Salome auf ihren winzigen Balkon trat, gemeinsam die Köpfe wandten und zu ihr heraufstarrten. Anzüglich, wie sie fand. Auf dem Balkon konnte sie also nicht bleiben.

Sie zog die Vorhänge zu. Jetzt war es dunkel im Zimmer. Sie legte sich aufs Bett, wälzte sich hin und her, aber sie fand keinen Schlaf. Ich sollte in der Redaktion anrufen, dachte sie, vielleicht könnten sie mir einen anderen Fotografen schicken. Den Gedanken verwarf sie aber gleich wieder, die Visumsformalitäten hatten vier Wochen gedauert. Es bestand also keine Chance, auf die Schnelle einen Ersatz für Thierry zu bekommen. Sollte sie vielleicht doch alleine fahren? So schnell würde es keine zweite Gelegenheit geben, nach Libyen zu reisen.

Aber bei dem Gedanken an den Aufpasser, der nicht von ihrer Seite weichen würde, bekam sie eine Gänsehaut, sie konnte sich beim besten Willen nicht vorstellen, diesen Amir Benjoud tagein tagaus zu ertragen. Außerdem wußte sie genau, daß sie niemals auf Touren käme mit so einem unnahbaren Staatsbeamten als Kompagnon. Thierry war genau der Cocktail, den sie benötigte, um die Eindrücke, die unterwegs über sie hereinpurzelten, in geistreiche Geschichten zu verwandeln. Und nun wartete statt eines Kir Royal ein Glas saure Milch auf sie. Sie mußte sich entscheiden.

»Heiliger Antonius«, flehte sie laut, »hilf mir doch, du hast mir doch immer geholfen!«

Sie setzte sich im Bett auf. So hilflos war sie sich seit Jahren nicht vorgekommen. Ein unangenehmes Gefühl, es erinnerte sie an die Zeit, als sie mit eingeschlagenem Kiefer auf ihrem Ehebett gelegen und nicht die Kraft gefunden hatte, sich von Hubertus zu trennen.

Vielleicht sollte sie schwimmen gehen. Die Sonne würde ihr guttun. Es gab sicherlich in diesem Hotel ein ruhiges Plätzchen unter einer Palme mit Blick auf das Meer. Die unendliche Weite und das sanfte Kräuseln der Wellen würden ihr guttun. Sie kramte ihren Badeanzug aus dem Koffer, zog ihn an und schlüpfte in eine knielange, weite Bluse, grellrot mit orangefarbenen Streifen und einem grünen Kragen. Sie stopfte ein Handtuch in die Plastiktüte der Galerie Lafayette, dazu Kaugummi, Lippenstift, Papiertaschentuch, Zimmerschlüssel, ließ die Türe hinter sich ins Schloß fallen und folgte dem Pfeil »To the beach«.

Als sie an der Rezeption vorbeiging, dachte sie an das Bleichgesicht vom libyschen Ministerium.

»Wenn ein Herr aus Libyen nach mir fragt, sagen Sie ihm

bitte, ich sei am Pool.« Sie sah den Mann hinter dem Empfangsschalter ein wenig betreten an. »Ich werde meine Bluse gut sichtbar an den Liegestuhl hängen.«

Der Mann schielte schüchtern in Richtung ihres bunten Outfits.

Salome öffnete die Schwingtüre, die hinaus zu den Schwimmanlagen führte. Laute Musik dröhnte aus den Lautsprecheranlagen. Salome ging an Ständen mit Geschenkartikeln, Postkarten, deutschen Zeitungen, Sonnenschutzlotionen vorbei in Richtung Swimmingpool.

»Ah, Frau, Frau, du kaufen«, riefen die Verkäufer ihr nach.

Das Bassin schlängelte sich wie eine Niere um zwei kleine mit Palmen bepflanzte Inseln und eine chinesisch anmutende Brücke. Salome suchte nach einem freien Platz, doch in dem Gewirr von Leibern, die auf den Sonnenstühlen ausgebreitet lagen, konnte sie keinen freien Liegestuhl entdecken. Sie umkreiste das Schwimmbecken. Aus dem Restaurant strömte ihr der Geruch von gebratenen Würsten, vermischt mit dem von gebackenen Waffeln, entgegen. »Deutsches Bier vom Faß« stand auf schwarzen Schiefertafeln in deutsch geschrieben und »Pizza und Spaghetti ab 11.30 Uhr«. Italienisches Essen für Deutsche in Tunesien. Sie wanderte weiter und musterte die Gesellschaft, die ihr für diesen Tag zur Verfügung stand. Die meisten Urlauber waren über das mittlere Lebensalter bereits hinaus.

James Browns »Sex Machine« grölte über das Gelände. Salome fing geile Blicke von älteren Männern auf, die neben ihren Frauen aufgebahrt lagen. Wenn es nicht so unappetitlich wäre, dachte sie, müßte ich darüber einmal etwas schreiben.

Jetzt sah sie endlich einen freien Liegestuhl. Kaum saß sie darauf, kam ein junger Tunesier in einem weißen Arbeitsanzug auf sie zu und rückte einen zweiten Liegestuhl neben sie.

»Nein, danke«, sagte sie so freundlich sie konnte. »Ich bin alleine.«

»Ah«, sagte er jetzt gedehnt und sah sie von oben bis unten an. »Frischfleisch!«

Das Blut schoß ihr in den Kopf. Den Dollar, den sie dem Liegestuhlverteiler als Trinkgeld geben wollte, steckte sie schnell wieder weg. »Frischfleisch?« Was meinte der Junge denn damit? Sie sah sich um und sah etliche Frauen alleine unter Sonnenschirmen, die Brüste unbedeckt. Die Busen, die Salome sah, hingen schlaff auf die Seite. Sie mußte unwillkürlich an Pfannkuchen denken. Sonnenöl troff über die schrumpeligen Fladen. Ach so, dachte sie, jetzt verstehe ich, einsames, altes Fleisch als frischer Zugang in die Betten der Liegestuhlverteiler. Mein Gott, dachte sie, das ist ja furchtbar.

Plötzlich mußte sie lachen und besah sich ihre eigene Figur. Noch geht es, dachte sie. Seit sich ihr achtundvierzigstes Lebensjahr viel zu rasch dem Ende zuneigte und dieser gräßlichste aller Geburtstage für Frauen, der fünfzigste, immer näher rückte, bemerkte sie täglich neue Veränderungen an ihrem Aussehen, die ihr mißfielen. An den Mundwinkeln entdeckte sie kleine Falten. An den Oberarmen war das Fleisch nur fest, wenn sie die Muskeln anspannte. Umgehend hatte sie alle ärmellosen Blusen und Shirts weggeworfen. Vor dem Spiegel fand sie sich immer weniger attraktiv. Und jetzt lag sie, dem prallen Sonnenlicht ausgeliefert, in ihrem engen schwarzen Badeanzug, sehr nackt, wie sie fand, in der gnadenlosen Helle.

Zu Hause ging sie zweimal die Woche ins Schwimmbad und kämpfte sich tapfer dreißig Runden durchs Wasser. Die restlichen Abende verbrachte sie oft im Fitneß-Studio: bodytoning, easy step, spinning, american fitness, Bauchweg-Training, sweat and dance, Problemzonenübungen. Zahllose Namen für immer dasselbe. Manchmal hing ihr das alles zum Hals heraus, und sie verbiß sich in drei Tafeln Schokolade, Kekse und Eiscreme. Um sich danach dafür zu hassen und wieder zu ihrem kargen Speisezettel zurückzukehren.

Sie achtete darauf, sich vorteilhaft anzuziehen, trug niemals kurze Röcke, bedeckte alles, was nicht mehr taufrisch war, mit feinen Textilien. Sie sah gut aus und konnte einen bezaubernden Charme entwickeln, der ihr wahres Alter schnell übersehen ließ.

Das war vielleicht der Grund, weshalb sie trotz der sich rasch anhäufenden Lebensjahre Männern ohne weiteres den Kopf verdrehen konnte. Sie machte sich aber nichts daraus, sie war nicht kokett. Sie war kühl und durchaus in der Lage, ihr Leben ohne männliches Zutun befriedigend zu organisieren. Ihr Zwang, gut auszusehen, galt ihren eigenen ästhetischen Ansprüchen. Und das Kompliment, sie sähe für ihr Alter einfach hinreißend aus, empfing sie immer wie einen kleinen Nadelstich. Hinreißend ja, aber alt, dachte sie dann und fuhr sich mit dem Finger über die Augenbrauen.

Jetzt, im Sonnenlicht, war ihr trübe zumute. Der Wind, der über die Anlage wehte, begann ihr in den Augen zu schmerzen. Sie setzte ihre dunkle Radfahrerbrille auf, legte sich flach auf den Rücken und versuchte sich zu entspannen. Für einen überraschenden Augenblick war es ganz ruhig in der Pool-Szenerie des Hotels. Keine Schlagermusik hämmerte auf sie ein.

Sie war gerade im Begriff einzudösen, da begann das musikalische Spektakel von neuem. Das ist ja nicht zum Aushalten, dachte sie, stopfte die Plastiktüte mit ihren Habseligkeiten unter die Matratze des Liegestuhles und machte sich zu einem Spaziergang ans Meer auf.

Sie ging den kleinen gepflasterten Weg hinunter. An einer Palme war ein altes, struppiges Kamel angebunden, traurig stand es da, bunte Troddeln baumelten ihm über das ausgeleierte Maul. Als sie näher herankam, löste sich ein dunkelhäutiger Mann aus dem Schatten des Baumes und stellte sich ihr in den Weg.

»Madame«, rief er und hielt sie am Arm fest. »Du Kamel reiten?«

»Lassen Sie mich in Ruhe«, sagte sie und war überrascht über ihre unhöfliche Reaktion.

Sie hatte nur ihren Badeanzug an und sofort an »Frischfleisch« gedacht. Sie flüchtete in einen Seitenweg. Ihr Herz klopfte, sie spürte, wie ihr der Schweiß ausbrach. Nach ein paar hundert Metern kam sie zum Meer. Sie schlenderte zum Ufer und setzte sich so, daß ihre Füße vom Wasser umspült wurden. Sie legte sich auf den Rücken. Ganz sacht plätscherten die Wellen ans Ufer, der Himmel spannte sich endlos weit, die Strahlen der Sonne wärmten ihren beunruhigten Körper. Sie grub ihre Füße in den Sand, mit den Händen häufelte sie ein wenig Sand auf, den sie über ihren Hals rinnen ließ. Ganz weich war er und warm, als er langsam über ihre Haut rieselte. Sie rekelte sich. Die Spannung in ihrem Herzen fing langsam an sich zu lösen. Der erste schöne Moment heute, dachte sie und lächelte dabei. Und sie schlief ein.

Aber es waren ihr nur wenige Minuten der Ruhe vergönnt.

»Muscheln, Madame, Muscheln, bemalte Tücher, Halsketten. Schöne Dinge. Madame. Schauen. Kaufen.«

Sie fuhr aus dem Schlaf auf. Ein Tunesier stand vor ihr. Aus ihrer liegenden Sicht schien er ihr riesenhaft groß. Sie setzte sich auf. Er hatte einen zerschlissenen Einkaufskorb aus Palmwedeln in der Hand, aus dem er die angepriesenen Gräßlichkeiten zog und ihr vor die Nase hielt.

»Billig, Madame, ganz billig. Kaufen. Deutsche reiche Leute.« Er wedelte ihr mit einer Kette aus Muscheln vor der Nase.

»Nein«, sagte sie höflich. »Vielen Dank, aber ich möchte nichts kaufen.«

Er tat ihr leid. Mit seinem schäbigen Anzug wie aus einer Altkleidersammlung sah er völlig fehl am Platz aus, fehl in seinem eigenen Land. Sie lächelte ihn an. Er lächelte zurück, sie sah, daß er schlechte Zähne hatte, braune, ungepflegte Stumpen, die ihm vereinzelt im Mund hingen.

»Du, allein?« fragte er. »Nix Mann? Du spazieren mit mich?«

»Ich möchte nichts kaufen«, wiederholte sie. Ihr Lächeln war ein Fehler gewesen. »Bitte lassen Sie mich in Frieden. Ich kaufe bestimmt nichts. Sie verschwenden Ihre Zeit mit mir.«

»Immer böse, deutsche Frauen«, fing er zu schimpfen an.

Er lächelte jetzt nicht mehr. »Ich arme Mann, du reich. Warum du nicht kaufen?«

»Gehen Sie weg«, sagte sie unwirsch.

Er schimpfte, nahm seinen Korb und trabte davon, auf der Suche nach einem neuen Opfer.

Die Sekunden des Friedens waren vorbeigehuscht. Sie schnalzte mit der Zunge und sagte zum dritten Mal an diesem Tag laut: »So eine Scheiße.«

Sie starrte noch eine Weile auf die Weite des Meeres, aber mit der entspannten Schläfrigkeit war es vorbei. Sie machte sich auf den Weg zurück zu ihrem Lager am Swimmingpool. Der Mann mit dem Kamel war verschwunden, auch am Schwimmbecken herrschte angenehme Leere. Sie sah auf ihre Uhr. Es war zwei Uhr mittags. Essenszeit. Ach so, dachte Salome, jetzt essen sie Spaghetti und Pizza.

Sie zog das Handtuch aus der Tüte, stülpte es über ihren Kopf, die Brille behielt sie auf, und legte sich auf den Liegestuhl. Ihr buntes Hemd hing am Ständer des Sonnenschirms und wehte wie eine Flagge. Langsam döste sie nun endlich doch ein.

In wirren Fetzen schwirrten ihr Träume durch den Kopf. Sie fuhr auf violettkarierten Skiern eine Düne hinunter. Ihr Vater, der schon lange tot war, rief ihr zu. »Du mußt die Kanten auf dem Sand anders einsetzen, sonst fällst du.« Sie sah auf ihre Füße hinunter und bemerkte, daß sie barfuß in der Bindung stand. Dann fing es an zu regnen. Thierry gab ihr einen Fotoapparat in die Hand und forderte sie auf, jetzt abzudrücken. Bei Regenstimmung könne man wunderbare Fotos schießen. Vor allem die Kathedralenfassaden hätten dann einen besonderen Reiz. Er trug einen abgewetzten grauen Anzug und hatte schlechte Zähne. »Madame, du kaufen. Du kaufen, Madame«, sagte ein zahnloser Rezeptionist zu ihr.

»Mrs. Winter. Mrs. Winter«, rief eine unbekannte Stimme.

In ihrem konfusen Traum zerriß sie Thierrys Plastiktüte in tausend Schnipsel und sah mit Schrecken, daß sie ihr Rückflugbillet mitzerrupft hatte.

»Mrs. Winter?«

Laß mich doch in Ruhe, ich will nicht auf dein Kamel, brummelte sie träumend. Dabei drehte sie ihren Kopf abrupt zur Seite, das Handtuch rutschte ihr in die Stirn, die Sonnenbrille kippte nach vorne. Sie wachte auf und öffnete verwirrt die Augen. Ihr Mund war trocken, sie fuhr sich mit der Zunge über die Lippen. Träumte sie? Sie griff mit der Hand nach der Plastiktüte unter der Matratze. Sie war heil. Es war also nur ein schlechter Traum gewesen. Die Brille saß ihr schief auf der Nase, das Handtuch hing ihr wie nach einem Boxkampf über das Gesicht. Wie lange habe ich wohl geschlafen, fragte sie sich.

»Sind Sie Mrs. Winter?«

Das war wieder diese Stimme aus dem Traum, die sie nicht kannte. Wieso spricht hier plötzlich jemand englisch, fragte sie sich. Salome hob den Kopf und blickte in das Gesicht eines jungen Mannes. Er hatte sich ein wenig vorgebeugt und betrachtete sie neugierig.

»Sind Sie Frau Winter?« wiederholte er.

»Eh«, Salome mußte sich zweimal räuspern, bevor sie einen Ton herausbekam. »Eh, ja. Das bin ich«, sagte sie verlegen und griff sich mit der Hand an ihren schiefen Turban. Mein Gott, dachte sie, wie mag ich wohl aussehen. Wer ist denn der Typ? Was will er von mir? Muß ich wieder kamelreiten?

»Ich sollte Sie um siebzehn Uhr treffen«, sagte der junge Mann höflich. Sein Englisch klang sehr geschliffen.

Salome stockte der Atem. Erschrocken hielt sie ihre Hand vor den Mund. Das wird doch nicht, das ist doch nicht, dachte sie, das kann ja gar nicht sein!

»Sind Sie«, stotterte sie, »sind Sie etwa der Libyer?« Bei diesen Worten wagte sie einen Blick auf den Mann.

Vor ihr stand ein junger Orientale in italienischen Klamotten. Schnell warf sie einen Blick auf seine Schuhe. Sie waren aus naturbraunem Leder, klassisch geschnitten und auf Hochglanz poliert. Nicht schlecht, dachte sie.

»Und Sie sind der Papagei, den ich suchen sollte«, sagte

der Libyer lächelnd. Er schaute auf ihr buntes Hemd, das am Sonnenschirm hing und im Wind flatterte. »Das war nicht schwer. Sie haben ja Flagge gehißt.«

Er begann zu lachen. Es war ein Lachen, das sich wie in kleinen Wellen über sein Gesicht breitete. Ihr schien es, als lachte jeder Millimeter dieses Gesichtes mit – die Augenbrauen, die Nase, die Stirn, das Kinn. Ein Strahlen ging von diesem Gesicht aus, das sie unwillkürlich mitlachen ließ.

»Sie habe ich mir allerdings anders vorgestellt«, sagte sie.

»Und ich dachte, Sie seien blind hinter Ihrer Stevie-Wonder-Brille und schwerverletzt mit dem dicken Kopfverband.«

Er holte eine Schachtel Marlboro aus der Hemdtasche und bot ihr eine Zigarette an. Als er ihr Feuer gab, sah sie ihm in die Augen. Eine Armee von spaßigen kleinen Teufelchen tanzte darin. Sie mußte wieder lachen. Das war also Amir Benjoud, das Schreckgespenst im Geheimdienstlook. Nur schade, daß sie nicht mitfahren würde. Als er sich die Zigarette ansteckte, sah sie einen Moment lang seine rosarote Zunge, wie sie sich zwischen den Zähnen zu den vollen Lippen schob.

»Wo ist denn Mister Dutronc?« fragte der Libyer und zog langsam an seiner Zigarette.

»Ach, so leid es mir tut«, antwortete Salome verlegen, »aber er ist nicht gekommen.«

»Nicht gekommen?«

Er sah sie fragend an. Sie erzählte ihm die Geschichte mit Thierry.

»Ah«, sagte er darauf gedehnt, »ah. Und wer macht dann die Fotos?«

»Niemand, Herr Benjoud, fürchte ich.«

Es war ihr sehr unangenehm, ihm dies zu sagen. Er war so freundlich, saß entspannt am Fußende ihres Liegestuhls und zog lässig an seiner Zigarette. Aber Salome mußte ihm jetzt reinen Wein einschenken.

»Ich werde unter diesen Umständen auch nicht mitfahren, Herr Benjoud. Sie werden das sicher verstehen. Es tut mir sehr leid, aber morgen fliege ich zurück nach Deutschland.«

»Benjoud?« Er blickte sie erstaunt an. »Wie kommen Sie denn darauf? Ich bin doch nicht Benjoud.« Er schüttelte den Kopf. »Ich und Benjoud. Nein, wirklich nicht.«

Er drückte seine Zigarette aus und stand langsam auf.

»Pardon, ich habe mich nicht vorgestellt, Mrs. Winter. Das ist sehr unhöflich. Bitte verzeihen Sie mir.« Er streckte ihr seine Hand entgegen. »Ich bin Sabri Masoud Hosman. Ich werde Sie auf Ihrer Reise durch Libyen begleiten.«

»Ja, aber?« Salome war überrascht. »Sind Sie denn auch von der Staatspolizei?« fragte sie und schaute auf seine erstklassig geschnittene Hosen.

Er grinste sie an. »Nein, von der Staatspolizei bin ich nicht.«

»Ja, aber wer sind Sie denn dann?« fragte Salome erstaunt. »Was soll das alles? Ich verstehe überhaupt nichts mehr.«

»Das tut mir leid«, sagte er. »Ich dachte, Sie seien informiert.«

Er setzte sich wieder ans Ende des Liegestuhls und schlug die Beine übereinander.

»Wir konnten das Ministerium für Tourismus davon überzeugen, daß es viel günstiger für den Ablauf und das Ergebnis Ihrer Reise wäre, wenn Sie jemanden zur Seite haben, der ein wenig Erfahrung im Tourismus hat und sich im Land gut auskennt.«

»Wer ist denn *wir*?« fragte Salome zaghaft.

»Ich arbeite für Germa Travel«, antwortete er, »die größte Reiseagentur in Libyen.«

Kein Spitzel also, dachte Salome und runzelte die Stirn. Das änderte die Sachlage. Sie musterte den jungen Mann.

»Essen Sie denn Zwiebeln?« entfuhr es ihr.

»Zwiebeln?« gab er lachend zur Antwort. »Ich werde überhaupt nur dann essen, wenn Sie es genehmigen, Mrs. Winter!«

»Ich werde Sie nicht verhungern lassen«, sagte sie grinsend und streifte mit den Augen über seine Figur.

Salome fuhr sich mit dem Finger über die Augenbraue, sie überlegte. Sollte sie es riskieren, allein mit diesem spaßigen jungen Burschen zu fahren? Konnte sie es wagen? Oder lieber doch nicht, sie wäre ihm ja völlig ausgeliefert.

»Das mit den Bildern könnte ich schon irgendwie lösen«, sagte er in ihre Gedanken hinein. »Wir haben in Libyen auch ein paar gute Fotografen. Ich werde gleich telefonieren, wenn es Ihnen recht ist.«

»Ach, zur Not kann ich das auch alleine bewältigen. Eine Kamera habe ich dabei«, sagte sie schnell.

»Wunderbar«, sagte Sabri Hosman. »Dann hole ich Sie morgen früh um sieben Uhr ab.«

»Wohnen Sie denn nicht hier im Haus?« fragte sie.

»Bei den Tunesiern?« sagte er lachend. »Nein, ich wohne in einem Hotel, das einem Libyer gehört. Dort fühle ich mich wohler als hier.«

Er stand auf, reichte ihr seine Hand, verneigte sich höflich und schlenderte davon. Sie sah ihm nach. Plötzlich war die Freude auf diese Reise wieder da. Sie lehnte sich in ihren Liegestuhl zurück und versank in einen entspannten Schlummer.

3

»Guten Morgen!« rief Sabri Hosman. Er trug ein blendend weißes Hemd. Um die Schultern hatte er sich einen weinroten Pulli gelegt. Er sah Salome an.

»Sind Sie traurig?« fragte er besorgt und hielt den Kopf ein wenig schief.

»Aber nein«, lachte sie, »mir geht es ausgezeichnet.«

Sie hatte am Abend vorher ihr kleines Aktenköfferchen mit der Dokumentation zu Libyen unter den Arm geklemmt, war durch den Park des Hotels spaziert, bis sie einen Platz gefunden hatte, der ihrer Stimmung entsprach. Ganz am Rand der Anlage, weit weg vom Rummel der Abendvergnüglichkeiten, hatte sie eine Bank entdeckt, die hinter einer Hibiskushecke versteckt stand, mit Blick auf das Meer und gerade genug beleuchtet, daß sie die Texte entziffern konnte. Sie hatte sich einen Tisch herangezogen und einen Stuhl, auf den sie ihre Beine legen konnte.

Fehlt dir noch etwas zu deinem Wohlbefinden, Salome? hatte sie sich zugeflüstert. Aber ja, klar. Sie war aufgestanden und holte sich in der Bar eine Flasche französischen Rotwein und Zigaretten. Jetzt war sie für einen langen warmen Frühlingsabend eingerichtet. Als sie die erste Zigarette anzündete, stöhnte sie ein wenig. Wußte ich es doch, murmelte sie, daß ich eines Tages wieder schwach werde. Sie nahm einen tiefen Zug, paffte den Rauch in die Luft und blätterte in ihren Unterlagen.

Der »Maulwurf« hatte ihr eine erstklassige Dokumentation zusammengestellt. Eigentlich hieß die Archivarin, die in den Tiefen des Verlagshauses von Meridian ihrem einsamen Geschäft nachging, Veronika Brockmann, aber sie wurde von allen Redakteuren liebevoll »Maulwurf« genannt. An der Wand neben ihrem Schreibplatz hingen Postkarten aus aller Welt, die ihr dankbare Journalisten, von ihr mit Zetteln, Notizen, Zeitungsartikeln und Buchtips ausstaffiert, zukommen ließen. Für Salome machte sich Veronika immer besondere Mühe, weil sie die einzige in der Schreibergilde war, die dem blassen Maulwurf im dritten Untergeschoß jedes Jahr am 12. Juli ein Geburtstagspäckchen auf den Schreibtisch legte, ausschließlich sinnlos Luxuriöses in goldenes Glanzpapier gewickelt, was sich der Maulwurf nie leisten würde. Parfum fürs Haar etwa oder ein Tübchen Kaviarcreme für die müde Haut.

Aus Rührung über so viel Zuneigung hatte Veronika Brockmann in ihrer schnörkellosen Schrift für Salome einen genauen Reiseablauf dem Wust von Informationsmaterial vorangesetzt. »1. Tag«, las Salome amüsiert, »gemeinsames Ankommen von Thierry Dutronc und Salome Winter und anschließendes Treffen mit Herrn Amir Benjoud vom libyschen Staat um circa 17.00 Uhr. Achtung: Eventuell ist der von der Geheimpolizei«, stand verschwörerisch daneben. Na, das hatte ja schon mal nicht hingehauen! Salome schmunzelte. Wer weiß, wie dieser Trip weitergehen wird, dachte sie und studierte nochmals Maulwurfs gesammelte Blätter über Libyen.

Das Wichtigste hatte sie bereits zu Hause unterstrichen, Fragen vorformuliert, sie zu Themen geordnet und in den vorgegebenen Reiseplan eingereiht. Man hatte sie in der libyschen Botschaft in Bonn höflich, aber bestimmt, darauf hingewiesen, ihre Fragen vor Abreise zur Begutachtung vorzulegen, was sie mit einer freundlichen Bemerkung abgetan hatte. Sie habe keine Fragen, wolle einfach das Land kennenlernen und auf sich wirken lassen. Ob ihr geglaubt wurde oder nicht, erriet sie nicht, die undurchdringlichen Mienen der Herren waren schwierig einzuschätzen.

Jedenfalls war vereinbart worden, daß der fertige Artikel dem zuständigen Abteilungsvorsteher in der libyschen Botschaft vorgelegt werden mußte. Salome hatte nichts dagegen. Sie brauchte nur den fertigen Artikel in der Redaktion abzuliefern. Alle weiteren Komplikationen waren Sache der juristischen Fachleute bei Meridian, die gerissen genug waren, die Änderung auch nur eines einziges Satzes zu verhindern.

Wochen vor der Abreise in ein ihr unbekanntes Gebiet schlief Salome unruhig, träumte Verworrenes, fuhr nervös aus dem Schlaf auf, kritzelte rasch ihre verschwommenen Ideen in den kleinen Notizblock, der neben ihrem Bett lag, Gedanken, die sie dann tagsüber in ein Frageraster brachte. Tage bevor sie ihren Koffer packte, wußte sie jeweils genau, was sie zu erfahren gedachte, hatte ihren Schlachtplan minutiös festgelegt.

Für Libyen hatte sie sich für eine Methode entschlossen, die ihrem scharfen, analytischen Geist zwar widersprach, ihr aber zum Erreichen ihrer Ziele geeignet schien: Sie wollte sich harmlos und ein bißchen doof stellen. Diese Taktik hatte sie bereits erfolgreich in anderen, von Männern beherrschten und undurchdringlichen Systemen eingesetzt. Ihre Reportage über die Hutterer in Neuengland etwa, einer rückständigen, prüden Widertäufersekte, bei der sie sich als pickelübersäte alte Jungfer mit abgebundenem Busen eingeschlichen hatte, hatte ihr einen begehrten Journalistenpreis eingebracht. In Libyen wollte sie so tun, als sei sie eine durchschnittliche Touristin, das würde am wenigsten Mißtrauen erregen und ihre Chancen, auf dreiste Fragen ehrliche Antworten zu erhalten, erhöhen. Sie würde ihren Charme einsetzen und ihr gereiftes Alter.

Sie nickte ihren Gedanken zustimmend hinterher und überflog noch einmal die Daten Libyens: Einwohnerzahlen, Fläche, Begrünungsgürtel, Wüstenwege, asphaltierte Hauptstraßen, Raffinerien, Religion. Als sie den Ordner durchgelesen hatte, war der Rotwein alle, der Aschenbecher voll, und sie war beinahe eingenickt, so müde war sie von diesem ersten Tag.

Sie sammelte ihre Sachen und bummelte langsam zurück zu ihrem Zimmer. Die Begeisterung, in dieses abgeschottete Libyen fahren zu können, war wieder aufgeflammt, sie war offensichtlich aus dem finsteren Loch geklettert, in das sie durch Thierrys rücksichtsloses Fernbleiben gefallen war. In ihrem Zimmer hatte sie sich unter die glatte weiße Bettdecke gekuschelt und die ganze Nacht tief und fest geschlafen.

»Wieso meinen Sie, ich sei traurig?« fragte sie deshalb jetzt erstaunt.

»Na ja«, sagte Sabri Hosman und zog den Kopf ein wenig nach hinten, »weil Sie so schwarze Kleider anhaben. Bei uns ist das ein Zeichen von Trauer.«

»Wirklich?« rief Salome. »Aber ich bin nicht traurig. Mir gefällt einfach Schwarz gut.«

Sie blickte etwas geniert an ihrem schwarzen Leinenanzug hinunter. Hauchfeiner Stoff mit schmalen Hosen und einer taillierten Jacke. Sie hatte ihn heute morgen nach langem Hin und Her gewählt, sich vor dem Spiegel gedreht und war zufrieden mit dem Anblick gewesen. Als einzigen Schmuck hatte sie große runde Perlen in die Ohren gehängt. In diesem Aufzug konnte sie einen heißen, langen Tag durchstehen, ohne ständig an sich herumzupfen zu müssen. Sie wollte sich auf die Fahrt, auf das Land, auf die Eindrücke konzentrieren und keine Gedanken an ihr Aussehen verplempern. Sie machte das immer so. Eine aufmerksame halbe Stunde am frühen Morgen widmete sie ihrem Äußeren. Sehr kritisch und genau überprüfte sie jeden Zentimeter, bevor sie die Tür hinter sich schloß. Dann dachte sie bis zum Schlafengehen nicht mehr an ihr Aussehen.

»Nehmen Sie das schwarze Ungeheuer trotzdem mit?« fragte sie heiter.

Sabri Hosman stutzte einen Moment. Seine großen schwarzbraunen Augen hatten plötzlich einen erschrockenen Ausdruck.

»Ich wollte nicht grob sein. Bitte verzeihen Sie mir«, und er sah zu Boden.

»Ab morgen erscheine ich als bunter Kolibri«, sagte Salome lachend. »Ich verspreche es hoch und heilig.«

Sie hob zwei Finger zum Schwur. Sabri blickte sie erleichtert an.

»Sie brauchen mich nicht wie ein rohes Ei zu behandeln, Mister Hosman! Ich bin ziemlich normal«, rief Salome.

»Da kommt unser Auto«, sagte er.

Ein Mercedes fuhr die Hoteleinfahrt herauf. Ein älteres Modell, dunkelbraun, ein Kotflügel notdürftig ausgeklopft. Aber es war ein Mercedes. Salome war beeindruckt.

Der Mann hinterm Steuer stieg aus und ging auf Sabri zu. Er wollte ihm wohl die Schlüssel überreichen, dachte sie, hoffentlich kann dieser junge Tut-ench-Amun überhaupt anständig autofahren.

»Das ist Yussuf, der Fahrer«, sagte Sabri.

So was, dachte Salome beeindruckt, wir haben einen Chauffeur.

Mit einer raschen, lässigen Handbewegung forderte Sabri den Fahrer auf, die Koffer einzuladen. Er selbst rührte kein Stück an.

»Good morning«, Salome wandte sich an Yussuf und versuchte ihr Glück auf englisch. Sie konnte kein Arabisch.

»Sabach el cher«, antwortete Yussuf und sah an ihr vorbei.

»Er kann keine fremde Sprache«, sagte Sabri schulterzuckend und hielt ihr die Tür zum Rücksitz auf.

»Na, dann werde ich eben Arabisch lernen.«

Salome stieg ein, er schloß die Tür hinter ihr und nahm vorne beim Fahrer Platz. Sie legte ihre Taschen neben sich und kramte nach ihrem Notizbuch. Ich werde mich jedes Mal vorbeugen müssen, wenn ich etwas wissen will, dachte sie, wie mühsam. Sabri und Yussuf fingen an, sich zu unterhalten. Die fremden Laute flogen hin und her, die beiden schwatzten laut, gestikulierten dabei, lachten über jede Bemerkung, die der andere machte. Sie zündeten sich Zigaretten an und bliesen den Rauch vergnügt durchs Auto.

»Was machen wir denn jetzt? Wohin fahren wir?« fragte Salome zögernd.

Sabri drehte sich zu ihr um.

»Jetzt bringen wir Sie nach Libyen!« rief er begeistert und blickte sie einen Moment direkt an. Seine Augen waren dunkel und glitzerten wie ferne Sterne. Ist das ein hübscher Junge, dachte Salome und erwiderte seinen Blick. Schnell drehte er sich um und nahm sein unterhaltsames Gespräch mit Yussuf wieder auf.

Salome schob ihr Gepäck zur Seite, fischte die Landkarte von Libyen aus ihrem Rucksack und breitete sie aus. Sie schlüpfte aus ihren Schuhen, legte die Beine auf den Sitz und nahm die Karte auf den Schoß. Hinter ihren Rücken stopfte sie ein besticktes Kissen, das auf der Ablage des Rückfensters lag. Sie reckte sich ein wenig, schmiegte sich in ihren Sitz und blickte in die Landschaft hinaus, die an ihr vorüberflog.

Sie hatten gerade den Damm, den schon die Römer angelegt hatten und der die Insel Djerba mit dem Festland verband, verlassen und fuhren weiter auf einer schlecht gepflegten, holprigen Asphaltstraße in Richtung Südosten. Die Landschaft blieb monoton und flach. Hie und da stand eine verstaubte Palme, nicht herausgeputzt wie im Garten des Hotels. An den Wegrändern lag Abfall, in den mickrigen Akazienbüschen hatten sich schwarze Plastiktüten verhängt. Hier gibt es wohl keine Hotels, für deren westliche Gäste sich das Aufräumen lohnt, dachte Salome.

»Wie lange fahren wir denn bis zur Grenze?« rief Salome nach vorne.

»Na«, Sabri schnalzte mit der Zunge, »so zwei Stunden ungefähr.«

Am Ausgang eines verschlampten Dorfes ließ Sabri das Auto anhalten.

»Kommen Sie, Mrs. Winter.« Höflich öffnete er ihr die Türe. »Wir trinken Kaffee.«

Er geleitete sie in eine schäbige kleine Bar neben einer Tankstelle.

»Möchten Sie Kaffee? Oder lieber Tee?« fragte er und lächelte sie dabei wohlerzogen an.

»Wieviel Zucker nehmen Sie?« fragte er, als der Kaffee kam, und hielt den Löffel mit dem verklebten Zucker schon in der Hand.

»Ich möchte lieber Milch, wenn es geht«, sagte Salome.

»Ja, aber selbstverständlich«, sagte Sabri und rief dem

Mann hinter dem Tresen etwas zu. Der nickte und kramte in einer Schublade.

Sabri rückte ihre Kaffeetasse zurecht, zog seine Zigaretten aus der Tasche und bot ihr eine an.

»Wollen Sie vielleicht etwas essen? Hier gibt es nichts, aber ich kann schnell um die Ecke laufen und etwas für Sie holen. Ein Sandwich? Oder möchten Sie lieber einen Keks?«

Als der Mann hinter der Bar endlich ein kleines Tütchen mit Trockenmilch aus seiner Schublade gezaubert hatte, riß Sabri es auf und schüttete das Pulver in den Kaffee.

»Ist alles okay?« fragte er besorgt lächelnd. »Schmeckt es Ihnen?«

Salome erwiderte seine Fürsorge mit einem warmen Lächeln.

»Ich bin sehr zufrieden«, sagte sie und blickte ihn mit ihren seltsamen blauen Augen an.

Sie waren ein bißchen zu groß, und je nach Stimmung wechselte ihre Farbe von Eisgrau bis zu einem sanften Türkis. Lind waren die Farben der heiteren Momente, der Wut oder, wie ganz selten in ihrem Leben, der Zuneigung. Ein verwirrendes Spiel für ihr Gegenüber, denn jede der Schattierungen war sehr intensiv. Salome war es gewohnt, mit unverhohlener Neugier angestarrt zu werden, wenn sie zum ersten Mal mit jemandem sprach und ihm dabei in die Augen schaute. Sie kannte das Erstaunen, das ihre Augen hervorriefen.

Auch Sabri starrte sie an. Ihr Blick widerspiegelte im Moment den weichen Blauton des Morgenhimmels, ein wenig milchig unklar. So wie es ihren Gefühlen gerade entsprach. Einerseits war sie ruhig und ausgeschlafen, fühlte sich gut aufgehoben in Gesellschaft dieses sanften Libyers, andererseits kreisten unablässig verschwommene Bilder durch ihren Kopf, Bilder dessen, was ihr bevorstand in diesem fremden, geheimnisvollen Land, dem sie nun immer näher rückte.

Das altgewohnte, herrlich brodelnde Gefühl echter Neugier war wieder da, die Aufgekratztheit, wenn Neues vor der

Türe stand, meldete sich in ihrem Bauch. Gott sei Dank, dachte sie, ich lebe also noch. Sie schlürfte ihren heißen Kaffee und lachte in sich hinein. Das leichte Kribbeln in ihrer Magengegend ließ ihre Augen schimmern. Sie spürte, daß Sabri sie ein wenig verwundert ansah. Sie erwiderte seinen neugierigen Blick.

»Sind Ihre Augen okay?« platzte er heraus. »Sehen Sie überhaupt etwas mit diesen Glaskugeln?«

Salome unterdrückte ein Lachen.

»Nicht viel«, antwortete sie ernst. »Hat man Ihnen nicht gesagt, daß ich einen Blindenhund brauche?« Sie griff mit den Händen in die Luft und tastete in seine Richtung. »Ach, heute morgen ist es besonders dunkel, ich sehe so gut wie gar nichts«, stöhnte sie dabei. »Wo sind Sie denn?« Für einen Moment hielt sie den leeren Ärmel seines weinroten Pullis in der Hand. »Oh, je, haben Sie nur einen Arm? Wo haben Sie denn den anderen gelassen?«

Sie konnte sich nicht mehr halten und lachte laut heraus. Sabri zog die Augenbrauen zusammen und sah sie verdutzt an.

»Machen Sie sich nichts daraus«, sagte Salome, »in meiner Familie haben alle Leuchtkugeln statt Augen.«

»Oh, mein Gott«, lachte Sabri, »eine ganze Familie mit diesen Augen!«

»Aber ärgern dürfen Sie mich nicht, Herr Hosman«, sie drohte ihm mit dem Finger. »Wenn ich ärgerlich bin, werden meine Augen schwarz und spritzen Gift.«

Ihre Augen konnten sich tatsächlich bis zur Farblosigkeit verfinstern, fahlgrau blickte Salome dann in die Welt, finster und dumpf, aller Glanz war dann aus ihrem aparten Gesicht verschwunden.

»Eine Hexe! Ich verstehe. Dann paßt auch Ihr schwarzer Anzug dazu!« entfuhr es ihm. »Sorry«, sagte er noch im gleichen Atemzug und sah sie treuherzig an. »Ich war grob. Sorry.«

»Was erwartet uns eigentlich an der Grenze?« fragte sie schnell. »Wird es lange dauern?«

»Das weiß ich leider nicht im voraus. Aber überlassen Sie nur alles mir. Ich kenne mich da gut aus. Sie geben mir einfach Ihren Paß. Das Visum ist doch drin?« Salome nickte. »Ah, prima. Und die grüne Karte haben Sie auch?«

Fehlerlos und unkorrigiert mußte die grüne Visumskarte mit eigenwilligen Angaben und mit der Schreibmaschine ausgefüllt abgeliefert werden, Vorname des Vaters zum Beispiel. Salomes Vater hieß Friedrich Hans Meinrad. Korrekt hatte sie die drei Namen auf ihrer uralten Schreibmaschine, die sie extra zu diesem Zweck aus dem Speicher geholt hatte, auf die grüne Karte getippt. Die Namenreihe des Papas war zu lang, also hatte sie die nächste Zeile mitbenutzt. Die Botschaft sandte ihr die grüne Karte wieder zurück. Sie mußte eine neue ausfüllen. Alle Vornamen mußten auf einer Zeile stehen. Jetzt lag die endgültig korrekte Karte mit dem offiziellen Stempel in ihrem Gepäck.

»Okay, dann gehe ich jetzt mal eben auf die Toilette«, sagte sie.

Er murmelte etwas und deutete zur Tankstelle hinaus. Sie ging in diese Richtung, lief dreimal um die Benzinpumpen herum, bis sie die schwere Eisentüre direkt neben dem Kassenhäuschen als Eingang zur Toilette erkannte.

Als sie zurück an die Bar kam, lehnte Yussuf neben Sabri am Tresen.

»Darf ich den Kaffee bezahlen?« rief Salome ungezwungen in die Männerrunde und stellte sich neben Sabri. »Ich habe noch tunesisches Geld.«

»Nein«, sagte er ein wenig abweisend und ohne sie anzublicken. Er trat schnell einen Schritt zur Seite. »Nein. Ist schon erledigt.«

Er steuerte auf den Ausgang zu, Yussuf auf seinen Fersen. Salome zuckte mit den Schultern und folgte den beiden.

»Noch vier Kontrollpunkte, dann sind wir an der Grenze«, rief Sabri nach hinten, als sie wieder im Auto saßen. »Haben Sie Alkohol dabei? Das müßten Sie mir sagen. Die Einfuhr ist von allerhöchster Instanz aus verboten.«

Von allerhöchster Instanz, woher kann der nur so gut Englisch, dachte sie.

»Nein, ich habe keinen Alkohol dabei«, antwortete sie.

»Gut«, er drehte sich wieder nach vorne und schwatzte weiter mit Yussuf. Sie lachten laut, und zwischendurch spuckte Yussuf aus dem Fenster.

Salome kramte wieder in ihren Taschen und säuberte die Kamera, die Thierry ihr geschickt hatte. Es war eine Hasselblad, nicht das allerneueste Modell. Sie wischte mit dem Staubtuch über das Gehäuse und versuchte sich zu erinnern, wie das Ding funktionierte. Thierry hatte ihr fünfzig Dia-Filme in den Plastikbeutel gelegt. Ich werde einfach drauflosknipsen, überlegte sie, es müßte schön blöd zugehen, wenn bei fünfzig Filmen nicht zehn bis fünfzehn anständige Bilder rauskämen, die wir verwenden können.

»Wie sieht es denn mit Fotografieren aus?« fragte sie. »Kann ich an der Grenze schon damit anfangen?«

»Um Gottes willen, nein!« rief Sabri. »Bringen Sie mich bloß nicht mit dem Fotografieren in Schwierigkeiten.« Er drehte sich um. Sein Blick war ärgerlich. »Bitte fragen Sie mich immer vorher, ob Sie dürfen oder nicht. Okay?«

»Ja, schon gut«, sagte sie beschwichtigend. »Aber schnaufen darf ich, ohne zu fragen, oder?«

»Nicht böse werden, bitte.« Der ärgerliche Ton seiner Stimme war verschwunden. »Ich meine nur, daß die Polizei einem ganz schöne Probleme machen kann.«

»Ich will bestimmt keinen libyschen Schlagstock auf den Kopf«, lachte Salome. »Ich werde Sie brav fragen, bevor ich den Apparat überhaupt in die Hand nehme, okay? I am at your disposal!«

»Nein, nein«, wehrte Sabri ab, »ich stehe zu Ihrer Verfügung!«

»Nein, ich zu Ihrer«, ahmte Salome sein Englisch nach, das geschliffen war, dennoch sehr arabisch klang.

»Nein, bitte«, lachte Sabri. »Ich stehe ganz zu Ihrer Verfügung.« Er hatte ein kehliges Lachen. »Das meiste können Sie sowieso fotografieren, nur bei militärischen Sachen oder bestimmten Gebäuden müssen wir aufpassen. Halb so schlimm. Es gibt keine Geheimnisse in meinem Land.«

»Natürlich«, antwortete Salome spöttisch.

Der junge Pharao mit dem dunklen Teint dankte ihr diesen Ton mit einem gekränkten Blick. Sie dachte an eine Bemerkung, die der Maulwurf an den Rand eines Zettels gekritzelt hatte: »Achtung: Araber sind sehr empfindlich«, und zog ihr Grinsen sofort zurück. Ich muß das unbedingt respektieren, dachte sie, am besten, ich äußere mich zu solchen Dingen vorläufig überhaupt nicht, ich werde lächeln und abwarten.

Sie erreichten den vorletzten Kontrollpunkt. Ein tunesischer Uniformierter steckte den Kopf durchs Fenster und murmelte »maie maie« oder so etwas ähnliches. Yussuf griff unter seinen Sitz, zog eine Literflasche Wasser raus und gab sie dem Mann.

»Maie« müßte eigentlich Wasser heißen, ich werde das gleich mal ausprobieren, dachte Salome.

»Yussuf, maie«, sagte sie freundlich.

Er drehte sich blitzartig zu ihr um und starrte sie an. Oh, Gott, dachte Salome, vielleicht habe ich etwas Ordinäres gesagt. Sie wurde rot.

»Maie?« wiederholte Yussuf fragend.

Sie nickte ganz leicht. Und plötzlich fing er freudestrahlend an zu lachen, er konnte seiner Begeisterung überhaupt nicht mehr Herr werden, stupste Sabri mit dem Arm an, redete auf ihn ein und wiederholte dabei ständig dieses eine kleine Wort.

»Er will wissen, woher Sie so gut Arabisch können«, sagte Sabri amüsiert.

Yussuf hielt an, kramte unter seinem Sitz und reichte ihr mit einer generösen Geste eine Flasche Wasser. Er plapperte auf sie ein in seinem arabischen Dialekt.

»Was heißt denn ›danke‹?« fragte sie Sabri.

»›Schukran‹ heißt danke und ›affuan‹ heißt bitte«, antwortete er.

»Drei Worte an einem Tag. Das nenne ich begabt«, gab sie

lachend zur Antwort. »Jeden Tag drei Worte, dann kann ich am Ende der Reise einen ganzen Satz. Toll.«

Sie drehte die großen Perlen, die in ihren Ohren hingen, mit den Fingern und wiederholte andächtig »affuan«, »schukran«.

»A – ffu – an, schu – kran«, skandierte Yussuf begeistert und klatschte auf das Lenkrad dabei.

»Wir kommen jetzt gleich an die Grenze«, sagte Sabri förmlich. »Sie nehmen Ihren Paß und diesen weißen Zettel, den Sie am Flughafen in Djerba bekommen haben. Sie stellen sich allein an. Aus Tunesien muß man einzeln ausreisen. Da vorne bei Kabine fünf.«

Salome tat wie befohlen. In ihren Paß steckte sie auch die grüne Karte.

»Die noch nicht«, sagte Sabri. »Die brauchen Sie erst bei der Einreise in Libyen. Aber das erledige ich dann. Jetzt gehen Sie schon. Yussuf und ich bringen inzwischen den Wagen durch den Zoll.«

Salome strich den Kragen ihres Anzuges glatt und steuerte auf die Kabine fünf des tunesischen Zollgebäudes zu. Vor ihr standen vier Männer, zwei davon in dunklen Anzügen mit Aktentaschen in der Hand, sauber rasiert, die zwei anderen in langen, hemdähnlichen Gewändern, ein Tuch um den Kopf gewickelt. Alle vier rauchten und schauten ohne Anzeichen von Eile in die Gegend.

Sie stellte sich hinter die vier und lächelte ihnen vage zu. Sie reagierten nicht. Den Pässen nach zu schließen, die sie in den Händen hielten, waren es Libyer. Der tunesische Beamte in Kabine fünf unterhielt sich angeregt mit einem Kollegen und machte keinerlei Anstalten, die Wartenden zu bedienen. Er blickte an ihnen vorbei, als seien sie Luft. Als er Salome sah, winkte er sie heran. Sie wollte sich nicht vordrängen und tat so, als sähe sie das Zeichen nicht.

»Venez, venez«, rief er dann und streckte seinen Kopf aus dem kleinen Fenster seiner Kabine. »Sie zuerst«, rief er auf französisch. »Die Libyer können warten.«

Er studierte ihren Paß ganz genau.

»Salome, aha. Aus Deutschland. Aha«, sagte er dann. »Lieben Sie Bier?«

Bei der Visage des Zöllners dachte Salome sofort an »Frischfleisch« und brachte nur ein schiefes Lächeln zustande.

»Was ist Ihr Beruf?« fragte er schwerfällig.

Seinen dreckigen Finger hielt er auf die Zeile des Ausreisezettels gepreßt, auf der sie ihre Straßenanschrift notiert hatte.

»Lungenpathologin«, sagte sie wahrheitsgetreu.

»Ah«, sagte der Zöllner, ohne zu begreifen.

Seinen Finger hatte er immer noch auf dem Straßennamen plaziert: Himmelssteige 12. Langsam und bedächtig tippte er in seinen Computer »Salome Himmelssteige 12, profession München«. Dann griff er zu seinem Stempel und drückte ihn mit Wucht in ihrem Paß ab.

»Bon voyage, Slalom«, sagte er freundlich.

»Merci, merci«, antwortete sie lachend. »Ja, Slalom«, prustete sie, »das kann ich gebrauchen, eine gute Reise.«

Sie blickte sich nach ihren beiden Begleitern um, konnte aber den braunen Mercedes nirgendwo ausmachen. Die werden schon wiederauftauchen, dachte sie, lehnte sich an einen dicken Mauerpfeiler und sah dem Treiben an der Grenze zu. Sie zählte fünf Ausreisereihen nebeneinander. Vier davon waren mit Autoschlangen vollgestopft, ein verbeulter Karren hinter dem anderen. Auch die Fahrer sahen mitgenommen und armselig aus. Keiner von ihnen saß am Steuer, sondern alle schoben ihr Auto, ohne den Motor anzustellen. Der Schweiß lief ihnen übers Gesicht. Komisch, dachte Salome, wieso machen die das?

Da sah sie Sabris weißes Hemd am anderen Ende der Grenze leuchten. Er winkte sie herbei. Das ging aber schnell, dachte sie und machte sich auf den Weg zu ihm.

»Wie haben Sie das so schnell geschafft?« fragte sie.

»Zwei Schachteln Marlboro«, antwortete er. »Wir müssen nur ein paar Meter fahren, dann kommt die libysche Kontrolle. Geben Sie mir Ihren Paß. Diesmal mit der grünen Karte«, fügte er lachend hinzu, wurde aber sofort wieder ernst. »Haben Sie irgendwelche politischen Zeitungen im Gepäck?«

Sie schüttelte den Kopf.

»Sicher?« insistierte er. »Und wirklich keinen Alkohol?«

»No, Sir«, versicherte sie. »Nicht einen Tropfen. Sagen Sie, Sabri, warum schieben diese Männer ihre Autos durch den Zoll? Ist das auch so eine Regel bei euch?«

»Ja, ja. Das sind alles Leute, die zu kurze Beine zum Fahren haben«, antwortete er, und ein Funken von Ärger glitt über sein Gesicht. »Für was halten Sie uns denn eigentlich? Das sind Tunesier«, erklärte er schließlich. »die verdienen ihr Geld damit, nach Libyen zu fahren«, jetzt mußte er selber lachen, »oder besser zu gehen, um dort billiges Benzin in ihre Tanks zu füllen. Dann schieben sie wieder ab nach Tunesien und verkaufen dort das Benzin. Manche machen es bis zu sieben Mal am Tag. Es bringt nicht viel, aber es bringt wenigstens etwas.«

»Ich bin ein bißchen blöd«, sagte Salome entschuldigend, »sorry.«

Klar, die Tunesier hatten kein Öl, die Libyer hingegen in rauhen Mengen. Und seit dem Embargo, das die westliche Welt als Kandare um den libyschen Staat und seine Wirtschaft gelegt hatte, blieben die zahlungskräftigen libyschen Kurzbesucher im alkoholoffenen und großzügigeren Tunesien aus. Vor allem hier im Grenzgebiet. Zu Hunderten waren die Libyer vor 1992 gekommen und hatten vergnügte Wochenenden in Djerba oder andernorts verbracht, viel gesoffen, eingekauft, sich mit Frauen vergnügt, jede Menge Geld dort gelassen, bevor sie dann in die strenge Volksrepublik zurückkehrten. Diese Kunden waren nun schon lange ausgeblieben. Und so mußte manch ein Tunesier seine Familie mit Billigbenzin-Fahrten ernähren.

»Am besten, Sie bleiben in der Nähe des Autos, bis ich zurück bin«, sagte Sabri zu Salome. »Ich habe Yussuf schon vorausgeschickt. Er steht mit unseren Papieren an. Ich wollte nur sicher sein, daß Sie alles haben, was Sie brauchen.«

»Danke«, sagte sie und lächelte ihn an. »Ich habe Zigaretten, Wasser. Was in aller Welt könnte ich in meinem Leben noch wollen?«

»Okay«, antwortete Sabri und sah sie unsicher an. »Ich mache, so schnell ich kann.«

Sie setzte sich auf den Randstein neben dem Wagen. Sabri war in Richtung einer kleinen Baracke verschwunden, vor der etliche Männer herumstanden, die meisten hatten eine Zigarette im Mund und einen Pappbecher in der Hand. Sie gingen hinein in das Häuschen, kamen wieder heraus, Dokumente in der Hand, plauderten, wechselten die Position. Bei uns wäre die Hölle los, wenn nicht alle korrekt in der Schlange stünden, dachte Salome, aber was geht mich das an? Irgendwann wird Sabri fertig sein, und dann geht es weiter. Sie beobachtete ihn, wie er lässig und entspannt im Kreis der anderen dunklen Männer stand. Er schien sich gut zu unterhalten, sie hörte sein kehliges Lachen. Aber irgendwie schien er ihr anders als die Männer um ihn herum. Ob es an der Kleidung lag? Sie war von bester Qualität, geschickt kombiniert und großstädtisch getragen, als sei er gerade auf dem Weg zum Aperitif ins Café Cinzano in Mailand. In diesem Moment sah er zu ihr herüber.

»Alles okay!« rief sie leise und winkte ihm zu.

Er erwiderte ihren Gruß mit einer winzigen Bewegung seiner Hand.

4

Als sie wieder im Auto saßen und auf der kerzengeraden Straße in Richtung Tripolis fuhren, wedelte Sabri fröhlich mit einem großen Kuvert vor ihrer Nase.

»Sie haben mir an der Grenze alle Spezialgenehmigungen abgestempelt.« Er atmete hörbar auf. »Gott sei Dank! Jetzt können Sie nach Herzenslust fotografieren.«

Er zog ein Blatt aus dem Kuvert. Sie sah viele Stempel, Unterschriften in wunderschönen arabischen Schwüngen. Und auf jedem der Zettel prangte ein Foto von ihr.

Salome hatte fünfzehn Paßfotos abgeben müssen, nachdem man ihr die Bewilligung erteilt hatte, als Reporterin das Land zu bereisen. Jetzt wußte sie endlich, wofür. Aber wo war das Bild von Thierry? Er war doch eigentlich derjenige, für den die Genehmigungen wichtig waren. Sie selber hatte nie die Absicht gehabt, den Fotografen zu spielen.

»Warum ist denn mein Bild auf den Dokumenten und nicht das von Thierry Dutronc?« fragte sie.

Sabri zog die Augenbrauen hoch und sog die Luft ein.

»Ja«, sagte er gedehnt und schielte verlegen an ihr vorbei.

»Na, was denn?« bohrte sie weiter.

»Eigentlich ist das nicht wichtig«, sagte er zurückhaltend.

»Jetzt aber!« rief sie. »Und ob das wichtig ist. Mister Hosman, jetzt sagen Sie mir doch …«

Im letzten Moment hielt sie inne, sie hätte »Wahrheit« sagen wollen, aber plötzlich erinnerte sie sich an eine der Randbemerkungen des Maulwurfs. In der Rubrik »Umgang mit Arabern« hatte der Maulwurf ein paar Zeilen handschriftlich gekritzelt: »Es ist sehr unhöflich für einen Araber, etwas Negatives zu sagen. Achtung! Da lügt er lieber, wenn er nicht ausweichen kann.« Daran mußte Salome plötzlich denken. Mit Wahrheit und ähnlichen abendländischen Vorlieben kam sie nicht weiter.

»Dieser Schlamper von Thierry hat sicher vergessen, Fotos zu schicken«, sagte sie deshalb schnell. »Das sieht ihm ähnlich. Er meint immer, er müsse sich an keine Regeln halten.«

»Nein, nein. Er hat genau wie Sie fünfzehn Bilder geschickt«, erwiderte Sabri.

»Aber was war dann?« Salome lächelte ihn an. »Jetzt weiß ich es«, sagte sie plötzlich triumphierend. »Ich wurde ausgewählt, weil ich so wunderschön bin, tausend Mal schöner als Thierry.«

»Na, zumindest konnte man bei Ihnen sehen, ob Sie ein Mann oder eine Frau sind. Aber bei ihm!« platzte Sabri heraus.

»Wie?«

»Tausend goldene Löckchen hat dieser Typ«, sagte Sabri, »und so lange Haare!«

»Aber sein Name! Er ist doch ein Mann!« rief Salome.

»Thierry? Was ist das?« sagte Sabri hochnäsig. »Das ist kein Name, den wir kennen. Thierry! Wie kann ein Mensch nur so heißen. Und bei dem Kästchen mit der Frage nach seinem Geschlecht hatte er ›yes‹ geschrieben.«

Salome brach in lautes Gelächter aus.

»Das ist ja eine herrliche Geschichte!« rief sie.

Sabri hatte sein Kinn nach unten gezogen und sah sie mit beleidigter Mine an.

»Sie machen sich lustig über mich.«

Eine dicke Falte hatte sich zwischen seinen Augenbrauen gebildet.

»Aber nein«, rief Salome, »ich finde sein Aussehen auch geradezu fürchterlich!«

»Wirklich?« sagte er und hob den Kopf ein wenig.

»Ja, wir nennen ihn immer Weihnachtsengel.«

»Ein frischgeborener Esel ist schöner als er«, sagte Sabri.

»Die Frauen lieben ihn aber«, sagte Salome.

»Nein, nein, das glaube ich nicht.« Er war entrüstet. »Keine arabische Frau würde einen Blick auf einen so weibischen Kerl werfen. Was habt ihr Europäerinnen denn für einen Geschmack?«

»Tja, mein Lieber«, sagte sie sanft, »es ist kaum zu fassen, daß euer Geschmack nicht der Geschmack der ganzen Welt ist, nicht?«

Sie sah, daß die wütende Falte wieder auf seiner Stirn erschien.

»Aber von all diesen Dingen verstehe ich leider nichts«, fuhr sie fort. »Oder vielleicht Gott sei Dank.«

Sabris Blick blieb skeptisch auf ihr haften.

»Da habt ihr also einfach mich zum Fotografen gemacht? Hätte er dann nirgends fotografieren dürfen?« rief sie vergnügt.

»Mhm.«

Salome sah den Superstar Thierry vor sich, wie er wie der Leibhaftige tobte, weil er nicht fotografieren durfte. »Only Madame Winter has the permission«, hörte sie die Beamten der Museen, der Raffinerien, der Geheimprojekte vom Wasserkanal sagen und dabei mit dem Finger auf ihr Foto auf der Genehmigung klopfen. Zu schade, dachte sie, das hätte ich gerne erlebt.

Sie lehnte sich zurück und blickte zum Fenster hinaus. Sabri widmete ihr noch einen mißtrauischen Blick, entspannte sich dann, drehte sich nach vorne und nahm sein Gespräch mit Yussuf von neuem auf.

»Super«, lobte Salome von hinten. »Das habt ihr wirklich super hinbekommen. Amir Benjoud von der Geheimpolizei hätte es nicht besser machen können.«

Sabri wandte sich abrupt zu ihr um.

»Oh«, äffte Salome ihn nach, als sie sein gekränktes Gesicht sah, »oh, oh, jetzt war ich grob. Das wollte ich nicht. Sorry.«

Sie machte dabei ein ernstes Gesicht. Unwirsch nahm Sabri die eine Hand in die andere, bog langsam die Finger nach hinten. Es knackste laut in den Gelenken. Sein hübsches Gesicht sah plötzlich wütend aus. In seinen Augen lauerte ein Ausdruck zorniger Ablehnung. Hoppla, dachte Salome erschrocken, jetzt bin ich einen Schritt zu weit gegangen. Sie schüttelte ihren Kopf und lächelte ihn an.

»Wow«, sagte sie leichthin, »Sie können aber böse schauen. Mir ist ganz kalt, Sie machen mir angst.«

Er starrte sie mit einem undefinierbaren Blick an. Alle Schmiegsamkeit war verschwunden, das Gesicht hatte beinahe etwas Tückisches. Musternd wanderten seine Augen über ihr Gesicht. Sie erkannte ihn beinahe nicht mehr. Ob er nicht doch vom Geheimdienst ist, dachte Salome erschrocken.

Da wurde sein Mund mit einem Mal wieder weich, der Glanz kehrte in seine Augen zurück, ein winziges Grinsen setzte in seinen Mundwinkeln an, und die Spirale seines Lächelns zog Millimeter für Millimeter über sein ganzes Gesicht, bis das ihr bekannte unbeschwerte Strahlen den Sieg davontrug. Salome atmete auf. Er hat mich also nicht ausgemustert, dachte sie erleichtert.

Sie fuhr sich mit dem Finger über die Augenbrauen, rückte ihre Sonnenbrille zurecht und sah zum Fenster hinaus. Puh, dachte sie, während sie die Landstraße entlangbrausten, das orientalische Engelchen kann ja richtig eklig sein.

Sabri war der erste Araber, mit dem Salome es zu tun hatte. Bislang hatte ihr Chefredakteur es immer abgelehnt, sie in arabische Länder zu schicken, um darüber zu berichten. »Du bist eine Frau und noch dazu eine so selbstbewußte«, hatte er behauptet. »Du würdest nur anecken und nichts aus ihnen herausbekommen.« Immer wieder ließ er sie abblitzen, wenn sie um einen Auftrag im Orient bat. »Salome, mein Goldstück, fahr du lieber in Länder, wo die Menschen es gewohnt sind, von uns Europäern von oben herab behandelt zu werden«, sagte er dann freundlich. »Die Araber sind ein ungebrochen stolzes Volk.« Wobei ihm nie ganz klar sei, fügte er hinzu, auf was sie sich eigentlich so viel einbildeten.

Nach derlei Gesprächen brach Salome in andere Gefilde auf. Ihre Ideen zu Reportagen wurden immer genehmigt, sei es bei den Ewenken im äußersten Sibirien, den hinterwäldlerischen Wiedertäufern an der Ostküste der USA oder bei der dekadenten Kunstgilde der Biennale in Venedig. Nur die Länder der dunklen Muslime klammerte der Chef aus.

Aber dieses Mal war Salome stur geblieben. Sie wollte die erste sein, die eine Reportage über Libyen machen würde, nachdem endlich die staatliche Erlaubnis dafür in die Nähe des Wahrscheinlichen gerückt war. Dieses Vergnügen gönnte sie keinem Kollegen. Sie hatte es sich in den Kopf gesetzt, in das Land des Obersten Ghaddafi zu reisen, in das Reich des Beduinen-Oligarchen, der sich zum Staatsmann aufgeschwungen hatte und anscheinend das Füllhorn des Erdölspringbrunnens über sein Land auskippte. Dieser Mann mit den dichten Locken und dem selbstsicheren Lachen des Gewinners hatte ihre Fantasie angeregt. Sie wollte sein Land kennenlernen, wollte die verworrenen Vorstellungen vom Orient, die in ihrem Hirn herumgeisterten, an Ort und Stelle überprüfen. »Wenn ich den Auftrag nicht bekomme, gehe ich zu ›Stella‹.«

Damit hatte sie gedroht und sofort Erfolg gehabt. Nie hatte sie vorher die Konkurrenz ins Spiel gebracht, dazu war sie zu anständig. Das wußte auch ihr Chef. Er ließ den Namen des männlichen Reporters, den er vorgesehen hatte, augenblicklich von der Liste streichen und schrieb eigenhändig ihren darauf. »Danke, DJ«, hatte sie zu ihm gesagt und zwei Finger zum Victory-Zeichen erhoben. »Ich verspreche dir was Gutes.«

Salome grinste bei dieser Erinnerung. Ihr Herzschlag ging einen Takt schneller als sonst. Sie fand, daß das ein gutes Zeichen war.

Die Landschaft, durch die sie fuhren, war monoton, flach und sandig. Zu beiden Seiten der Straße wuchsen Büschel von blauen Strohblumen, bepudert mit einer dicken Schicht aus Staub. Zwischendurch tauchten, wie aus dem Nichts, Gebäude auf. Flachgedeckte Kuben, auch sie eintönig und gleichförmig. Sie sahen wie aus der Retorte gefertigt aus, gleiches Maß, gleiche Höhe, gleiche Breite, vor dem einzigen Zugang ein eiserner Rolladen. Manche davon waren offen, und Salome konnte beim Vorüberfahren einen raschen Blick hineinwerfen. Sie sah aufgebockte Autos, an denen Männer, umgeben von schmierigen Lappen, Kanistern und Handwerkszeug, hantierten, oder kleine Einkaufsläden, die ihr kärgliches Angebot von Obst und Gemüse auf wackeligen Stellagen vor den Geschäften ausbreiteten. Ein paar Zwiebeln, schrumpelige Tomaten, Auberginen, Kartoffeln. Vor jedem dieser »Supermärkte« stand eine weiße Tonne, in der Besenstiele mit bunten Borsten staken, rosa, grün und gelb. Unzählige Bürsten-Blumensträuße säumten die Straße.

»Wozu denn die vielen Besen, Mister Hosman?« rief sie nach vorne.

»Wozu?« antwortete er ungestüm. »Zum Aufkehren natürlich. Wozu sonst? Habt ihr keine Besen in Europa?«

»Bei uns sieht jeder Besen anders aus.« Sie lachte über seine Entrüstung. »Man wählt sich den, der einem am besten gefällt.«

»Ja, und«, rief er verwundert, »glauben Sie nicht, daß es dem Schmutz egal ist, wie der Besen aussieht, der ihn aufwischt?«

Er drehte sich wieder nach vorne, kramte im Schubfach, zog eine Kassette heraus und legte sie ein.

»Ah, gibt es jetzt arabische Musik?« sagte Salome erfreut.

»Arabische Musik ist nur für Touristen, meine Liebe.«

Mariah Careys heiser-verschlungene Stimme drang aus den Lautsprechern. Sabri sang laut mit und klopfte mit den Händen den Takt auf dem Armaturenbrett.

»Wir werden jetzt bald in Sabratha sein«, sagte er laut, die Musik übertönend. »Wir gehen zuerst mittagessen und dann zu den Ruinen.«

Yussuf bog von der Hauptstraße ab und fuhr direkt in den Innenhof eines kleinen Restaurants. Im Gänsemarsch betraten sie das Lokal. Von allen Seiten und aus den angrenzenden Räumen traten Männer hervor, begrüßten Sabri und Yussuf mit Handschlag, Umarmungen und freudigen Ausrufen. Von Salome nahmen sie keinerlei Notiz. Sabri faßte

Salome ganz leicht am Arm und führte sie in einen Nebenraum mit dunkelbraunen, zugezogenen Vorhängen. Von der Decke hingen zwei Kristallkandelaber, die das Zimmer in elektrisches Licht tauchten. Drei gedeckte Tische standen in dem eisgekühlten Raum.

»Es ist kalt hier«, sagte sie.

»Ich sorge sofort dafür, daß der Air-conditioner ausgestellt wird«, sagte er höflich und rückte einen Stuhl an einem der Tische für sie zurecht.

Es war ein Gedeck aufgelegt.

»Es gibt Suppe, Salat und gebratenes Hühnchen. Ich wünsche Ihnen einen guten Appetit«, sagte er und verschwand.

Muß ich mutterseelenallein essen, dachte sie erschrokken. Salome strich sich die Haare zurück und betrachtete eingehend die Vase auf dem Tisch, auf deren bunten Plastikblüten künstliche Tautropfen klebten. Als sie fertiggegessen hatte, steckte sie ein paar Dollarnoten unter den Aschenbecher und wartete geduldig, bis Sabri Hosman sie abholte.

»Ich brauche libysches Geld«, sagte sie, als sie wieder im Auto saßen.

»Weshalb? Wollte der Kellner etwas von Ihnen?«

»Nein, wir haben uns bestens unterhalten«, log sie. »Er hat drei Kinder, zwei davon sind Buben. Nächstes Jahr will er sich ein Auto kaufen. Am liebsten ein grünes.«

Sabri sah sie entgeistert an: »Der muffige Typ?«

»Ach woher«, Salomes Fantasie galoppierte, »er hat mir auch von seinen Eltern erzählt. Sein Vater ist Busfahrer und fährt die Strecke von Tripolis nach Sirt. Seine Mutter stammt aus Tunesien.«

»Meine auch«, bemerkte Sabri. »Und wozu brauchen Sie libysches Geld?«

»Ich möchte gerne Trinkgelder verteilen können«, antwortete sie.

»Trinkgelder?« Er stutzte. »Sie brauchen hier keine Trinkgelder zu geben.«

»Das möchte ich gerne selbst entscheiden, okay, Mister Hosman? Alles andere dürfen selbstverständlich Sie im Alleingang beschließen.«

Er zog unter seinem Sitz eine abgewetzte, braune Ledermappe hervor, zog ein Bündel Geldscheine heraus und drückte sie ihr kopfschüttelnd in die Hand.

»Hier sind hundertfünfzig Pfund.«

5

Sie bogen auf den Parkplatz vor dem Ausgrabungsgelände von Sabratha ein. Auf dem riesigen Feld mit markierten Abstellplätzen stand kein einziges Auto.

»Wie lange dauert der Besuch?« fragte Salome.

»So zwei bis drei Stunden.«

»Heiß hier?«

»Mhm.«

»Schatten?«

»Mhm.«

Sie nahm ihre Jacke aus dem Rucksack und steckte die Unterlagen über Sabratha hinein. Wer weiß, dachte sie, vielleicht muß ich alleine rumtigern, während Sabri mit Yussuf im Schatten eines Feigenbaumes seinen Tee schlürft. Sie richtete den Fotoapparat her, nahm ihren kleinen Notizblock, den Kugelschreiber, ein paar Extra-Filme und stopfte alles in ihren Rucksack.

»Gibt's da Wegweiser?« fragte sie.

»Wegweiser?«, er sah sie kopfschüttelnd an. »Wozu denn das? Ich werde Ihnen den Weg weisen.«

»Oh, Sie kommen mit?« sagte sie erleichtert.

»Aber klar.« Er schüttelte immer noch seinen Kopf. »Meinen Sie, ich lasse Sie alleine durch diese Einöde gehen?« Er klopfte mit beiden Händen an seine Hosentaschen. »Okay«, sagte er. »Let's go!«

Ein weicher Wind, der den Duft des nahen Meeres mit sich führte, wehte ihnen entgegen. Salome dehnte sich und genoß die Kühlung. Sie atmete tief durch und streckte ihre Arme weit von sich.

»Ach, ist das eine Luft!« rief sie begeistert. »Kommen Sie. Ich bin schon so neugierig.«

»Neugierig auf was?« fragte er und sah sie mitleidig von der Seite an. »Auf die Ruinen?«

»Ja, klar! Eine römische Stadt direkt am Strand des Mittelmeers. Das ist sensationell. Natürlich freue ich mich. Ach, Herr Hosman, gleich werden wir durch Kolonnadengänge wandeln, Tempelemporen besteigen, Arkadenbögen und Götterstatuen vor dem Hintergrund des blauen Himmels bestaunen. Und als i-Tüpfelchen das rauschende Meer.«

»Na, klar«, lachte er sie aus, »und in der prallen Sonne gehen, über kaputte Sachen stolpern, antike Toiletten bestaunen, sich die Beine verkratzen an dem dornigen Gestrüpp.« Er riß beide Arme nach oben. »Wow! Yeah! Super!«

»Sie sind kindisch, Herr Hosman«, sagte sie. »Ihnen fehlt es an Reife.«

»Ja, das wird es wohl sein. Reife haben Sie wohl doppelt so viel.«

Sie rückte ein wenig betroffen ihre Sonnenbrille zurecht.

»Tragen Sie keine Brille, um sich vor der Sonne zu schützen?«

»Sonnenbrillen sind nur für Touristen«, sagte er. »Wir aus der Wüste brauchen das nicht.«

»Aha«, sie nahm ihre Brille ab und bedachte ihn mit einem abgründigen Blick aus den lavendelblauen Tiefen ihrer Augen, »deswegen haben Sie alle die gleichen langweiligen braunen Augen. Ein vom lieben Gott geschenkter Sonnenschirm. Wir«, betonte sie, »wir mit unseren verfeinerten, herrlichen Farbkompositionen müssen unsere Augen natürlich schützen.«

»Langweilige braune Augen?« rief er empört. »Meine Mutter sagt immer, daß meine Augen die allerschönsten unter dem Himmelszelt sind.«

»Ja«, bestätigte Salome, »schöner noch als die von einem Kamel.«

Er nickte zustimmend.

»Einen Moment, Mrs. Winter, ich muß noch die Eintrittsformalitäten erledigen.«

Er ging zu einem kleinen Schuppen am Rand des Eingangstors, steckte seinen Kopf durch die niedrige Tür, zog ihn wieder zurück, offenbar war der Wächter nicht auf seinem Posten. Sabri blickte sich suchend um. Ganz in der Nähe des Häuschens stand ein Olivenbaum, in dessen Schatten ein älterer Mann auf der Erde saß. Gelassen beobachtete er Sabris Suche und rührte sich nicht vom Fleck. Erst als Sabri ihn ansprach, stand er langsam auf, klopfte den Staub von seinen Hosen und machte sich gemächlich auf den Weg in sein Hüttchen.

Salome setzte sich auf ein korinthisches Kapitell, das am Boden lag, und blickte hinein in das Ruinengelände der römischen Stadt Sabratha, der drittgrößten des antiken Landstriches von Tripolitanien. Ganz sanft abfallend dehnte sich die Stadt bis hinunter zum Meer aus, das man am Horizont wie ein Aquamarin-Kollier am Hals einer schönen Frau blau glitzern sah. Weiter unten im Stadtgebiet sah sie Säulen wie einen marmornen Wald in den Himmel ragen.

»Habrotonum«, sagte sie laut und benutzte den lateinischen Namen für die Stadt, »ich komme gleich.«

Ein Gefühl von eigenartiger Nähe beschlich Salome, als sie sich die lange Geschichte dieser Stadt bewußtmachte. Einstmals, vor beinahe dreitausend Jahren, waren phönikische Händler mit ihren schnellen, eleganten Schiffen von ihren Heimathäfen Tyrus, Byblos oder Sidon im heutigen Libanon aufgebrochen, um wichtige Städte – Karthago allen voran – zu gründen und mit so weit entfernten Ländern wie Spanien oder Britannien Handel zu treiben. Auf ihrem langen Weg zum Atlantik ging ihnen unterwegs das Wasser aus und auch das Essen. So waren sie gezwungen, an der Küste Libyens eine Rast einzulegen, Wasser zu bunkern, frische Oliven, Datteln, Öl und, wenn's hochkam, ein Lamm für den Grill zu kaufen. Damals gab es hier noch keine pompösen Städte an den Gestaden des Meeres, höchstens ein paar Bruchbuden, die dem einheimischen Stamm der Lebdus gehörten, die normalerweise in den Steppen und Wüsten des Hinterlandes ihr Beduinenleben führten und diese Holzhütten nur benutzten, wenn sie den Besuch der Phöniker erwarten konnten. Kaum hatten sie ihre Geschäfte erledigt, zogen die Lebdus wieder zurück in die gewohnte Einsamkeit. Na ja, dachte

Salome, irgendwann werden sie eine erste Siedlung hier gebaut haben, sicherlich aus Lehmziegeln, deshalb ist nichts mehr davon erhalten. Und damit die Götter sie gut beschützten und ihnen wohlgesonnen blieben, haben sie ihnen irdische Niederlassungen gebaut.

Orientalische Gottheiten wie Isis und Liber Pater wurden heiß verehrt und waren machtvoll, später kamen die westlichen Götter der griechischen Kolonisatoren und die der römischen Eroberer dazu, denen lichte Tempel im Stadtgebiet von Sabratha gebaut wurden. Vom archaischen oder gar phönikischen Sabratha ist nahezu nichts erhalten. Scipio Africanus, der Feldherr mit dem markanten Profil, hat nach Karthago auch die Stadt Sabratha dem Erdboden gleichgemacht.

Auf ihren Trümmern entstand eine neue, eine römische Ortschaft mit allem Pipapo, das Roms Städte ausmachte. Schachbrettartiges Straßennetz, Brunnenanlagen, Forum, Theater, Amphitheater, Thermen und Tempel unzähliger Götter. Sabratha kontrollierte die Handelsroute aus Zentralafrika, den Weg der Kamelkarawanen, die begehrte Güter wie Elfenbein, wilde Tiere für die beliebten Spiele in den Arenen und, nicht zuletzt, schwarze Sklaven ins römische Weltreich schafften. Damit konnte viel Geld verdient werden, Sabrathas Handelsherren ließen sich nicht lumpen und stifteten ihrer Heimatstadt manch schöne Architektur.

Als dann die italienischen Eroberer im 20. Jahrhundert Libyen unterjochten, wiesen sie ihre Archäologen an, punische und klassische und was sonst noch an »barbarischen« Überbleibseln zu finden sei, einfach links liegenzulassen, und nur das Römische auszugraben und wiederaufzubauen. Ganz im Sinne ihrer faschistischen Wiederbelebungsidee des Imperium Romanum.

Salome spürte mit einem Mal, daß Sabri neben ihr stand. Sie hatte ihn nicht kommen sehen, so versunken war sie in den Anblick der Stadt, die sich vor ihr ausbreitete.

»Stehen Sie schon lange neben mir?« fragte sie etwas verlegen.

»Ja«, grinste er, »ich habe gehört, wie Sie mit Scipio Africanus geschimpft haben, weil er Karthago zerstört hat.«

»Er hat mich aber nicht verstanden, dieser eingebildete Römer«, sagte sie schnell. »Zerstört unsere Städte und spricht nicht einmal unseren punischen Dialekt.«

Mit einer leichten Bewegung seiner braunen Hand lud Sabri Hosman sie ein, mit ihm Sabratha zu besuchen. Er führte sie ins Museum, im schattigen Hof standen römische Statuen Spalier.

»Schauen Sie«, sagte Sabri, »da stehen ein paar Priester. Man hat sie unten am Forum im Jupiter-Tempel gefunden. Und die kopflose Schönheit da drüben ist Venus, die Frau daneben ist die Kaiserin Flavia. Ich glaube, sie war die Frau von Vespasian. Die andere ohne Kopf ist die Kaiserin Julia Domna.«

Er schob sie in den großen mittleren Raum.

»Das ist die Justinians-Basilika«, raunte er ihr zu. »Den schönsten Blick hat man von der Balustrade.«

Sie kletterten hinauf, und Salome blickte auf ein riesiges Mosaik. Es war erst wie ein kolossales Durcheinander von Tausenden von Mosaiksteinchen, ein turbulentes Insichverschlingen und Neuöffnen von Akanthus- und Weinlaubranken, die in schwungvollen Windungen über den Boden tobten.

»Wow«, rief sie, »das ist ja eine Mosaik-Orgie!«

Zarte Vögelchen pickten an den Trauben der Erlösung. Adler, Tauben, Flamingos, Schwäne, Enten und Störche leisteten ihnen Gesellschaft. Salome entdeckte den Phönixvogel, der als Symbol der Auferstehung im frühchristlichen Motivkatalog eine große Rolle gespielt hatte. Ein winziges Vögelchen saß allein und mit gesenktem Köpfchen in einem Käfig. Ah, dachte Salome, das muß wohl die menschliche Seele sein, die im Gefängnis des Körpers auf Erlösung hofft.

»Da, der Pfau«, sie stieß Sabri an und deutete mit dem Finger auf den Vogel, der sein schillerndes Federnrad in voller Pracht aufgeschlagen hat, »das ist für uns Christen die symbolische Schönheit des Paradieses.«

»Für mich ist das nur ein Vogel«, antwortete er.

»Beschissenes Licht zum Fotografieren hier drin«, sagte sie und überlegte, wie lange sie wohl belichten sollte.

Als sie wieder draußen waren, spazierten sie den römischen Cardo entlang, durch die byzantinische Stadtmauer hindurch und kamen hinunter in das alte Zentrum Sabrathas, in das Viertel um den Hafen. Um das alte Forum herum, wo Geschäfte und Verträge ausgehandelt wurden, gruppierten sich in reizvoller Unordnung die Tempel der göttlichen Beschützer der Stadt. Salome trippelte beschwingt durchs frühlingshafte Sabratha, die Grasnarben trugen Grün und waren überwuchert von sonnengelben und lilafarbenen Blumen.

»Zauberhaft«, rief sie begeistert. Ihr war nach Tanzen und Singen zumute. »Ach, Mr. Hosman«, sagte sie mit einer hellen Stimme, »es ist traumhaft schön hier.«

Der erste Film war voll, sie legte gerade einen neuen ein.

»Kommen Sie, Mrs. Winter«, Sabri zog sie an der Hand, »steigen Sie die Treppen hinauf zum Antoninus-Tempel. Von dort oben haben Sie einen ultimativen Blick über die zauberhaft verwüstete Stadt.«

Er lachte friedfertig über ihre Euphorie, zündete sich eine Zigarette an und setzte sich in den Schlagschatten einer Säule. Salome hüpfte die fünf Treppen zum Podium des Tempels hinauf. Ihr Blick schweifte über das Ruinenfeld des antiken Stadtkerns. Zwischen luftigen Arkadenbögen sah sie Bruchstücke fragiler männlicher Marmorstatuen, die einst die städtische Brunnenanlage geziert hatten. Einer der beiden hatte noch seine komplette Toga um den Körper gewickelt, dafür fehlten ihm Arme und Beine, sein Nachbar hatte dafür Kopf und zwei Arme, anstelle eines Körpers aber eine nackte Eisenstange.

»Na, ihr zwei«, sagte Salome, »ihr steht wohl schon eine Weile hier.«

Sie suchte sich die besten Blickwinkel für ihre Aufnahmen, entdeckte Reste des weißen Marmorbodens und in der heiligen Kammer die Abbildung eines Kreuzes und eines Fisches. Aha, dachte sie, die Christen haben Antoninus hier abgelöst, schönes Plätzchen, alle Achtung. Sie sang vor sich hin, als sie zu Sabri hinunterstieg.

»Hey«, rief er ihr zu.

Sie schlenderten an der Straße vorbei, wo einst, schön aufgereiht in großen Kammern, Olivenöl und Purpurfarbe gelagert wurden. Die öffentliche Toilettenanlage hatte man ein wenig erhöht gebaut, so daß man beim Pinkeln den Blick über den Hafen zum blauen Meer schweifen lassen konnte. Sie setzten sich auf die marmornen Kloschüsseln und machten ein Zigarettenpäuschen.

»Jetzt gehen wir noch nach hinten zum Isis-Tempel«, eröffnete Sabri ihr. »Das wird meiner Klassikerin gefallen.«

Auf dem Weg zum Heiligtum der ägyptischen Göttin zeigte er ihr eine private Badeanlage, die so knapp am Meeresufer stand, daß ihre Außenwände vom Wellenschlag umspült wurden. In einer halbkreisförmigen Apsis stand die marmorne Statue einer wunderschönen Frau. Ihr Faltengewand lag eng am Körper an, Bäuchlein, Brustwarzen, Schenkel schimmerten appetitlich durch das hauchdünne Gewand. Nur der Kopf fehlte der Schönheit. Vielleicht ziert er den Schreibtisch eines italienischen Wurstfabrikanten, dachte Salome.

»Die hat die gleiche Figur wie Sie«, sagte Sabri erstaunt.

»Nur, ich habe auch noch den Kopf dazu!« rief Salome.

»Sie müssen sie von hier fotografieren«, sagte er. »Nein, nicht so weit links, besser ein wenig von der Seite. Ja, so ist es gut.«

Er schob sie in die richtige Position, und sie drückte gleich mehrfach ab.

Sie stapften auf verwucherten Pfaden, wo die Spitzhacke eines Archäologen noch nie das Erdreich berührt hatte. Niedriges Dornengebüsch und ein Meer von gelben Blüten lagen wie eine bunte Steppdecke über den Ruinen der antiken Wohnviertel.

Salome blickte vom Weg hoch und sah nicht weit entfernt schlanke marmorne Säulen in den Himmel ragen. Der Tempel stand direkt am Rand des Wassers. Sein Podium hatte man ein wenig erhöht gebaut, so daß die vom Meer her Kommenden das Heiligtum wie über dem Wasser schwebend empfinden mußten. Der Wind hatte zugenommen, das unruhige Meer schleuderte seine weiße Gischt dicht an die Säulenbasen. Das Blau des Meeres mit den weißen Gischtkronen kontrastierte mit dem Gelb des Blütenmeeres, und wie zur Krönung dieses gigantischen Schauspiels zauberte der Himmel dramatische Wolkenfetzen, die die Szenerie überflogen.

»Unglaublich«, Salome stand mit offenem Mund.

»Kommen Sie hierher. Da auf den kleinen Hügel.« Sabri winkte mit der Hand. »Von hier aus können Sie Ihr Traumbild machen. Aber Vorsicht, die Säulenenden müssen ein bißchen über dem Horizont liegen. Das sieht viel besser aus.«

»Ja, super«, Salome schaute durch ihre Kamera. »Sie kennen immer die besten Plätze. Das ist irre. Kommen Sie denn oft mit Touristen hierher?«

»Wenn mal welche kommen«, antwortete er achselzuckend. »Sie sehen ja, daß wir ganz alleine hier sind.«

Sie hatten auf dem Weg keinen anderen Menschen getroffen, das riesige Gelände gehörte ihnen. Kein Reisender, kein Limonadenverkäufer, keiner, der einem falsche Münzen oder Keramikscherben aufdrehen wollte, keine Postkarten. Nichts. Die märchenhafte Kulisse stand den beiden ganz allein zur Verfügung. Er reichte ihr die Hand.

»Passen Sie auf, man stolpert hier leicht über die Steine.«

»Sie sind sehr lieb, Mr. Hosman.«

Sabri blickte sie ein wenig skeptisch an. Er nahm ihr ganz vorsichtig die Brille ab.

»Ich finde es schrecklich, daß Sie immer eine Brille aufhaben. Ich weiß nie, ob das, was Ihr Mund sagt, Ihre Augen auch bestätigen.«

»In diesem Fall herrscht Eintracht«, sagte sie, und der Blick ihrer Augen war so geschmeidig wie der Ton ihrer Stimme. »Ich bin sehr gerne mit Ihnen zusammen.«

Sie sahen sich an und begannen gleichzeitig zu lachen.

»So, Madame«, sagte er galant, »darf ich Sie jetzt ins Theater geleiten?«

»Ich hoffe, es gibt eine Komödie! Vielleicht von Plautus? Da kann man sich amüsieren. Auf jeden Fall will ich keine dieser langweiligen, endlosen Tragödien sehen. Diese mühsamen Stücke von Aischylos oder Euripides. Und dann immer dieses Griechisch!« stöhnte sie. »Ich will heute ein Happy-End. Es ist zu schön hier für schicksalhafte Konflikte.«

»Ich fürchte, Gnädigste«, antwortete er geziert, »heute abend ist nur ein orientalischer Möchtegern-Poet engagiert. So einer, der mit den Hüften wackelt und den Mond anbetet. Ein Barbar halt. Meinen Sie nicht auch, daß diese Art von einheimischen Gedichtversuchen bei weitem nicht an unsere römischen heranreichen?«

»Ach, das klingt fürchterlich. Dann wäre mir ja fast ein amerikanischer Dichter noch lieber«, sagte sie. »Wissen Sie was, mein Freund, wenn es uns nicht zusagt, gehen wir zu Chez Marcellus hinunter an den Hafen zum Essen. Wie ich höre, öffnet er heute die ersten Flaschen Beaujolais primeur.«

Sie kamen zum Eingang des Theaters von Sabratha. Wuchtig wuchs der rötlich-beige Sandsteinbau aus dem lieblichen Grün der Umgebung.

»Schließen Sie Ihre Augen«, sagte Sabri. »Ich führe Sie. Erst aufmachen, wenn ich es sage.«

Er hielt sie am Arm, und sie schloß folgsam die Augen.

»Achtung, Stufe. Fuß hoch«, wiederholte er bei jedem Treppenabsatz. »Ja. Gut. Jetzt absetzen.« Vorsichtig und etwas unsicher folgte sie seinen Anweisungen. »Jetzt wieder Fuß hoch.«

In der Aufregung vergaß sie mitzuzählen, aber die Sitzreihen des Theaters, die er sie offensichtlich hinaufbugsierte, schienen ihr sehr zahlreich. Sie preßte konzentriert ihre Lippen aufeinander und hob auf seinen Befehl sachte die Füße. Plötzlich blieb er stehen und ließ ihren Arm los.

»Und nun!« rief er. »Augen auf!«

Langsam lösten sich ihre Lippen von der Anspannung, und ihr Mund öffnete sich und zugleich ihre Augen. Tatsächlich, sie stand hoch oben im Rund des riesigen Theaterbaus, der Wind wehte durch ihr Haar, die Wolkenfetzen brausten über den kräftig blauen Himmel. Wie ein Feinschmecker vor einem dampfenden Teller mit erlesenen, köstlich duftenden Speisen ließ sie erst einmal genüßlich ihren Blick über dieses gewaltige Ensemble schweifen.

Sie blickte hinunter in den Theatergraben, sah den eleganten Schwung der Halbrundnischen, die die Front der Bühne wie ein Gliederarmband umgaben. Die schräge Sonne fiel auf die Reliefplatten, die dort eingemeißelt waren und auf denen sich Heroen tummelten in Siegespose mit Keulen und Raubtierfellen geschmückt, Götter in nobler Haltung und Kaiser mit dicken Bärten und Lorbeerkronen auf den Häuptern.

»Da«, sagte Sabri und deutete auf eine der unzähligen Szenen, »da steht Paris vor den drei schönsten Frauen der Erde und muß sich entscheiden, welcher er den begehrten Apfel gibt.«

Sie nickte. Wer war jetzt das gleich wieder, dachte sie, Aphrodite, Hera und die dritte? Könnte Athene gewesen sein.

»Eine Salome war nicht dabei«, sagte Sabri frech und sah sie von der Seite an.

Das Halbrund der Orchestra wurde von zwei riesigen steinernen Delphinen flankiert, dick und gemütlich kuschelten sich die lächelnden Fische an die marmorne Balustrade. Ihre Schwänzchen streckten sie keß in die Höhe. Salome setzte sich, stützte ihr Gesicht auf die Hand und wiegte ihren Kopf hin und her. »Das ist ein Traum, Mr. Hosman«, sie flüsterte beinahe. »Kommen Sie, setzen Sie sich zu mir.«

Sie klopfte auf die Steinbank und lächelte ihn an.

»Schauen Sie, da«, sie deutete auf das Bühnenhaus des Theaters, »da durch die großen Öffnungen in der Mitte, hinter den Säulengirlanden, sieht man das Meer.«

»Mussolini fand das auch schön«, sagte Sabri.

»Wie kommen Sie denn jetzt auf den?« fragte Salome

erstaunt und wandte den Blick nicht von dieser zauberhaften Sondervorstellung, die ihr die Natur und die römischen Architekten in einer perfekten Teamarbeit gerade vorführten.

»Mussolini war es, der das Theater restaurieren ließ. Er holte die besten italienischen Orchester, die virtuosesten Solisten, die berühmtesten Sänger und Schauspieler hierher, um sich und die anderen Okkupanten unterhalten zu lassen«, fuhr Sabri fort.

»Na ja, inzwischen ist auch er tot, der Drecksack«, sagte Salome ungerührt. »Aber das hier gibt's noch. Und Mussolini hin oder her, es ist wunderschön.«

Ihr war herrlich schwärmerisch zumute. Sie genoß das beinahe kitschige Glück, das ihr der berauschend schöne Blick von ihrem Thron aus auf der allerhöchsten Stufe des Theaterrundes schenkte.

»Kann sein, daß ich hier schon mal war«, sagte sie verschwörerisch. »In einem früheren Leben vielleicht.«

Sabri lachte.

»Als Senatorengattin, nicht wahr? Madame gehörte mit Sicherheit dem einen Prozent Oberschicht an.« Er sah sie mit seinen großen dunklen Augen belustigt an. »Oder Sie haben für einen Hungerlohn in einer Gassenschenke billigen Wein verkauft und sich dabei von ekligen, verschwitzten Männern betatschen lassen müssen.«

»Bäh, sind Sie garstig«, sagte sie.

»Oder«, fuhr er fort, »Sie waren eine von den armen Kreaturen, die mit blanken Füßen in den Bottichen mit der stinkenden, öligen Fischsoße strampeln mußten, damit sie gar wurde.«

»Das hätten Sie wohl gerne, mein Lieber«, sagte sie schmunzelnd. »Aber vor Ihnen sitzt ein Glückspilz. Deshalb bin ich jetzt auch hier! Übrigens«, sie sah ihn von der Seite an. Diese Wimpern, die der hat, dachte es plötzlich in ihr, wie ein dunkler Schleier. »Übrigens«, wiederholte sie schnell, »wie geht unsere Reise eigentlich weiter?«

»Ich warte schon lange darauf, daß Sie sich endlich für

diese Reise zu interessieren beginnen«, lachte er. »Also, jetzt fahren wir nach Tripolis. Dort übernachten wir. Ich zeige Ihnen morgen Tripolis, unsere Hauptstadt, und übermorgen fahren wir nach Leptis Magna, der Stadt des Kaisers Septimius Severus. Die ist hundertmal größer und pompöser als die hier. Und dann«, er überlegte einen Moment, »dann fahren wir die Sirte entlang bis Benghasi und ...«

Sie konnte ein kleines knurrendes Geräusch nicht unterdrücken.

»Ist etwas nicht gut?« fragte er schnell.

»Ach«, sagte sie und seufzte behaglich, »so genau will ich es eigentlich gar nicht wissen. Ich glaube, ich bin eher für eine Überraschungsreise. Okay?« Sie sah ihn eindringlich an. »Sie sagen mir jeweils nur die Richtung und so ungefähr Bescheid über das, was kommen wird. Und ich lasse mich einfach überraschen.«

»Ja, aber ...«, er stockte und sah sie verwirrt an. »Ich glaube, Sie sind ein bißchen verrückt, Mrs. Winter.«

»Wo ist eigentlich dieser kamelreitende Poet, den Sie mir versprochen haben, Mister Hosman?«

»Kommt gleich. Schon unterwegs«, rief er fröhlich und wickelte sich seinen roten Pulli wie einen Turban um den Kopf.

Dann lief er die Zuschauertribüne hinunter, stellte sich in das Rund der Orchestra, breitete die Arme aus und fing in der kehligen Melodie seiner Muttersprache wunderliche Worte zu ihr hinauf zu singen, von denen sie nichts verstand, wohl aber den Zauber der fremden Laute fühlte. Sabri Hosman, dachte sie, du bist wie eine Rosenknospe, die sacht ihren Duft versprüht.

»Und nun«, er sprach jetzt wieder englisch, »das Ganze für die ehrwürdige Senatorin Salami Maxima in der primitiven Sprache, die die ihre ist.«

»Attention!« rief er, klopfte sich auf die Brust und verbeugte sich tief. Seine Stimme wackelte ein wenig, weil er sich das Lachen verkneifen mußte. Aber gleich hatte er sich unter Kontrolle und hob mit öligem Pathos an zu rezitieren.

Der Duft des Windes hat mir zugetragen
Wohin die Karawane zog,
Wo sie die Zelte aufgeschlagen,
Aus welchen Quellen sie ihr Wasser sog.
Denn suche ich auf spitzen Dornen Ruh
In meinem Bette, darin sich Schlangen winden,
Trägt mir der Wind den Duft der Myrten zu,
Die sich in meiner Liebsten Haar befinden.
Ich sah sie an und fühlte mich inmitten
Von meinem größten unerhofften Glück.
Dann aber ist sie wieder fortgeritten
Und ließ mich wund und liebeskrank zurück.

Er senkte den Kopf und ließ die Arme baumeln. Das Gedicht war zu Ende. Oho, dachte Salome, mein kleines Fohlen träumt von der Liebe. Wie sie wohl heißen mag, die sehnsuchtsvoll Angebetete, derer er bei diesen Worten gedachte?

»Die Senatorin ist beeindruckt«, rief Salome und klatschte Beifall. »Wem galten denn die Liebesseufzer?«

»Sie galten Warda, der Rose, der sanften, der milchäugigen«, rief er ihr zu, »dem Kamel des Dichters.«

6

Gutgelaunt gingen sie zurück zum Parkplatz. Yussuf lehnte am Auto und fing sofort an, Sabri in ein Gespräch zu verwickeln, kaum daß sie im Auto saßen. Die beiden plapperten weiter, bis die Lichter von Tripolis auftauchten. Es wurde schon dunkel, als sie in die Stadt hineinfuhren.

Salome sah breite moderne Straßen, die in spiralförmigen Windungen wieder und wieder in andere Straßen mündeten, sie sah gewaltige, auf Betonstelzen gebaute Hochhäuser, riesige Wohnblocks und Großbauten. Dann sah sie plötzlich altmodische Festungsmauern mit Wehrtürmen und bogenförmigen Eingangstoren, die sie in eine mittelalterliche Welt versetzten. Hinter dem groben Mauerwerk ragten grün beleuchtete Minarettürmchen in den blauschwarzen Abendhimmel. Über die Straßen waren, wie auf neapolitanischen Wäscheleinen, alle paar Hundert Meter, einfarbig grün, die Staatsfahnen gespannt, die träge und ausgefranst im Abendwind flatterten. Salome erkannte im Vorüberflitzen an vielen der Hauswände das zu mehrfacher Lebensgröße aufgeblasene Bildnis des milde lächelnden Revolutionsführers Ghaddafi.

Dämmrig huschten die Impressionen an ihr vorbei. Blitzschnell drehte sie ihren Kopf von links nach rechts, sie wollte möglichst viele Eindrücke ergattern, hatte tausend Fragen auf den Lippen. Was ist das? Wie heißt das? Wo sind wir hier? Aber sie hatte Hemmungen, das innige Gespräch ihrer beiden Begleiter zu unterbrechen.

Auf den Straßen herrschte turbulenter Verkehr. Die Autos rasten vollkommen konzeptlos von links nach rechts, mogelten sich in bestehende Schlangen, scherten aus, bogen ab, überholten, ohne sich im geringsten um die anderen zu kümmern. Salome hatte den Eindruck, als existierten überhaupt keine Regeln. Mein Gott, dachte sie, das ist ja wie beim Autoscooterfahren auf dem Oktoberfest. Nur daß die Fahrer hier einander nicht wütend und fluchend rammten, sondern im letzten Moment, von einer großzügigen Geste der Hand begleitet, auf die Bremse stiegen und dem anderen nonchalant die Vorfahrt übergaben. Yussuf hatte seine Schlappen ausgezogen, sie auf Sabris Seite geworfen und beteiligte sich nun barfuß und mit fuchtelnden Händen an diesem abendlichen Grand Prix.

»Wir sind gleich beim Hotel«, sagte Sabri.

Und schon bogen sie in die Einfahrt des Hotels ein. Es war einer dieser großen Kästen, die Salome aus der Ferne gesehen hatte, viele Stockwerke hoch, hellbeleuchtet, Blumentöpfe standen entlang des Entrees. Es unterschied sich in nichts von einem beliebigen amerikanischen Hilton.

»Kommen Sie«, sagte Sabri, »wir können hier nicht ewig den Weg blockieren.«

Salome griff nach ihren Sachen und stolperte hinter ihm her. Bevor sie in der kalten marmornen Pracht des Foyers landete, mußten sie und das Gepäck durch eine Kontrollschleuse, die unaufhörlich piepste, egal, ob jemand durchging oder nicht. Der Kontrollbeamte achtete nicht auf das Kommen und Gehen der Gäste, er war auf seinem Stuhl eingeschlafen.

»Warten Sie hier«, sagte Sabri kurz und bedeutete Salome, auf einem der schweren dunkelbraunen Ledersofas, die die riesige Eingangshalle schmückten, Platz zu nehmen. »Geben Sie mir Ihren Paß«, fügte er hinzu. »Bleiben Sie hier sitzen, bis ich wiederkomme.«

Sie ließ ihre Blicke durch die Lobby streifen. Sie war in einem faden Beigebraun-Ton gehalten und bis auf ein paar männliche Bedienstete leer. Hier arbeiten anscheinend nur die Männer, dachte Salome. Selbst der Staub des Fußbodens wurde von einem Mann mit einem nassen Putzlumpen von einem Ende der großen Halle zum anderen hin- und hergewischt. Es war ein Mann, der die Aschenbecher auf den goldfüßigen Glastischchen leerte, es war ein Mann, der die Blumentöpfe goß, die um den Springbrunnen, der im Zentrum des Foyers thronte, gruppiert waren. Hinter der Rezeption nur Männer, am Verkaufsstand Männer, am Bankschalter Männer. Keiner nahm von Salome Notiz, die sich dennoch auf verstohlene Weise beobachtet fühlte, als tasteten sich späherische Blicke durch sie hindurch.

Sabri hatte seine Mission an der Rezeption beendet, klopfte dankend mit dem Zimmerschlüssel auf den marmornen Tresen und schlenderte auf Salome zu.

»Sie haben ein sehr schönes Zimmer, Mrs. Winter. Ich hoffe, Sie werden zufrieden sein.« Asche fiel von seiner unvermeidlichen Zigarette. Er nahm keine Notiz davon. »Da hinter der Glastür, sehen Sie, ist der Coffeeshop. Dort ist Ihr Abendessen. Ich habe es für acht Uhr bestellt. Das Frühstück ist auch da drin.«

Salome schnappte nach Luft. Muß ich denn schon wieder alleine essen? wollte sie ihn anschnauzen, hielt sich im letzten Moment aber zurück.

»Dankeschön«, sagte sie statt dessen und lächelte ihn an.

Er nickte.

»Ihr Gepäck wird ins Zimmer gebracht. Die Aufzüge sind da hinten«, er deutete in Richtung Empfangsschalter. »Hier ist Ihr Schlüssel.«

Er ließ den Schlüssel mit dem schweren, metallenen Anhänger in ihre Hand gleiten.

»Ich hole Sie morgen früh um acht Uhr ab.« Er stutzte, da sie keine Antwort gab. »Ist noch was? Kann ich noch etwas für Sie tun?« fragte er besorgt.

Eigentlich schon, dachte sie wild, du könntest mir Gesellschaft leisten, aber als sie in sein freundliches Gesicht sah, war der Ärger gleich verflogen. Mit großen, fragenden Augen schaute er sie an.

»Ist noch irgend etwas, Mrs. Winter?« fragte er höflich.

»Nein, nein«, rief sie, »tutto bene. Ciao, ciao. Bis morgen.«

Er trottete durch die Halle, passierte die Kontrollschleuse, die sich nicht in ihrem monotonen Piepsen stören ließ.

»Bonsoir, Madame«, sagte der Mann freundlich, der vor Salomes Zimmer stand. Er hatte ihr Gepäck bei sich.

»Sie sprechen Französisch?« sagte sie überrascht.

»Ich komme aus Marokko«, lächelte er stolz. »Fast alle Leute, die in Libyen arbeiten, kommen aus Marokko. Oder Ägypten. Oder Pakistan.«

»Arbeiten die Libyer denn nicht?« fragte sie erstaunt und dachte an die Schweißperlen auf Sabris Stirn.

»Nein, die sind alle faul, Madame«, sagte der Marokkaner mit Nachdruck. »Sie sitzen nur herum. Im Militär, in ihrem Geheimdienst, in der Verwaltung und natürlich in der Polizei. Die wirkliche Arbeit aber machen wir.«

»C'est très intéressant«, sagte Salome, drückte dem Mann einen Dollar in die schwitzige Hand und schloß die Türe hinter ihm.

Sie betrat das Zimmer, das in ein moosiges Grün getaucht war, der Spannteppich, die Möbelbezüge, der Bettüberwurf, die Lampenschirme, die Vorhänge, alles war grün. Sie hatte das Gefühl, in ein Algenbecken gefallen zu sein. Um der Symphonie in Grün zu entfliehen, zog sie die Gardinen auf und öffnete die Balkontüren. Die milde Abendluft glitt ins Zimmer. Sie trat hinaus auf die Terrasse.

»Mein Gott, ist das schön!« rief sie begeistert.

Sie sah hinunter ins nächtliche Tripolis und wußte, daß sie mit ihrem Zimmer im elften Stock einen kaiserlichen Logenplatz erhalten hatte. Der Bogen der Corniche, der Prachtstraße von Libyens Hauptstadt, wand sich großzügig um die Bucht der Stadt. Er war hell erleuchtet, sie konnte die Palmen zu beiden Seiten des Boulevards erkennen. In der Ferne sah sie Schiffe, die über die Toppen beflaggt und mit Tausenden leuchtender Lämpchen geschmückt waren. Das muß der Hafen sein, dachte sie. Die Autos steuerten mit ihren gelb-weißen Scheinwerfern und roten Rücklichtern ihren Teil zur Leuchterkette bei, die die Stadt wie eine Kristallkugel einer Diskothek glitzern ließ. Sie legte ihren Kopf zurück und blickte in den Himmel. Im stahlfarbenen Dunkel des wolkenlosen Firmaments funkelten die Sterne in ihrer scheinbaren Unordnung wie kostbare Diamantensplitter.

Salome spürte plötzlich ein heftiges Knurren im Magen. Sie sah auf die Uhr. Es war gleich acht. Na, dann werde ich wohl mal in die Einsamkeit des Coffeeshop hinuntergehen, brummelte sie, und vorschriftsmäßig mein Dinner beziehen. Schade, daß ich nicht zwischen Suppe und Hammelragout ab und zu in dunkelschwarz glitzernde Augen schauen darf, dachte sie ein ganz klein wenig verstimmt.

Während Salome darüber nachdachte, ob Sabri wohl an jedem Abend ihrer gemeinsamen Reise sang- und klanglos in sein Privatleben entschwinden würde, und sie nicht recht wußte, was sie davon halten sollte, öffnete sich die Lifttür, und sie trat hinaus in das Foyer. Verblüfft blieb sie stehen. Die Halle war randvoll mit Männern, sie standen in Gruppen, belagerten die Ledersofas, saßen am Rand des Springbrunnenbeckens, unterhielten sich laut und rauchten Zigaretten. Der große Raum war wie von einer hellgrauen Mohairdecke aus Qualm überzogen.

Salome zog den Kragen ihrer Bluse gerade, strich sich mit dem Finger über die Augenbrauen. Sie stellte sich an eine der Marmorsäulen und beäugte das Rudel mit großer Neugier. Ein Kaleidoskop orientalischer Männer wandelte im Foyer des Hotel Mehari auf und ab, Salome glaubte sich in einen botanischen Garten mit seltenen, exotisch-bunten männlichen Prachtexemplaren versetzt. Europäer entdeckte sie keinen darunter, nur lichtbraune Orientalen und nachtschwarze Afrikaner.

Direkt neben der Eingangstür stand eine Gruppe großgewachsener Männer mit beinahe schwarzer Haut, in hellrosa und himmelblaue, flatternde Seidenroben gekleidet. Die Ärmelansätze ihrer luftigen Gewänder waren goldbestickt und standen, wie die Flügel der heiligen Seraphim, an den Seiten ab. Auf ihren schmalen, pechfarbenen Häuptern wippten weiße Turbane aus hauchfeinem, durchsichtigem Baumwollgarn. Sie strichen mit feingliedrigen Händen, an denen große silberne Ringe steckten, über ihre kostbaren Roben.

Fast sah es so aus, als seien sie ein wenig nervös. Weshalb wohl, dachte Salome.

Da drang ein leiser Lufthauch in die Halle, die Schwingtüre hatte sich in Bewegung gesetzt und ein alter, hochgewachsener Herr trat durch die Drehtür. Langsam bewegte sich der königliche Alte mit einer Haut so schwarz wie Ebenholz in seinem weißen Gewand und dem hohen Turban durch die Lobby. Die Männer in den Flügelroben eilten auf ihn zu, verneigten sich tief vor ihm und küßten ihm die Hände. Er ließ es huldvoll und unbeteiligt geschehen, beachtete die Männerherde kaum. Vier schwarze Athleten in weißen Anzügen umkreisten ihn, beschützten seinen Weg. Mit schnellen Blicken kontrollierten sie den Raum. Wer mag dieser Mann wohl sein, dachte Salome und verneigte sich instinktiv ein wenig vor ihm, als er an ihr vorbeiging. Er warf ihr einen Blick zu.

»Guten Abend«, sagte sie automatisch auf deutsch und hätte beinahe »Majestät« hinzugefügt.

»Sie sprechen deutsch?« fragte der fürstliche Mann erfreut und blieb stehen.

»Ich bin Deutsche.«

Sie lächelte ihn an. Blitzschnell hatte sie eine Entscheidung getroffen. Mit dem möchte ich reden, dachte sie fiebernd, das wäre was, jetzt ran, Mädchen, das ist interessant, da läßt sich was draus machen, laß dir die Chance nicht entgehen. Sie blickte ihn aus zitternd blauen Augen an. Das grelle Licht einer Neonlampe fiel genau in ihr Gesicht, so daß die Magie ihrer Augen voll zur Wirkung kam.

»Wie kommt es, Sir, daß Sie meine Sprache so hervorragend beherrschen?« fragte sie zurückhaltend und schlug die Augen dabei auf.

Er hatte nur drei Worte gesprochen, aber sie beschloß, dem alten Knacker zu schmeicheln.

»Ich habe vor vielen Jahren in Ihrem schönen Land studiert. An diese Zeit habe ich die allerbesten Erinnerungen«, antwortete der Greis und musterte sie eindringlich.

Salome senkte erneut die Augen und sah, daß er am rechten Handgelenk eine bombastische Rolexuhr trug, über der ein breites goldenes Armband hing. Die schmale hirschlederne Aktentasche, die er lässig in der Hand hielt, stellte er auf dem Boden ab.

»Darf ich wissen, wer Sie sind?« fragte Salome und zauberte ein unschuldiges Lächeln hervor.

Auch dieser alte Karpfen fiel auf das erprobte Spielchen herein, er verneigte sich und legte dabei die rechte Hand auf sein Herz.

»Ich bin Scheich Abdulkarim Al Masouf aus der demokratischen Volksrepublik Sudan«, sagte er würdevoll, wobei er das Wort »demokratisch« betonte.

Sie nickte andächtig. Daß der Sudan ein demokratisches Land war, hatte sie noch nie gehört.

»Ich komme gerade von einer wichtigen Unterredung mit Oberst Ghaddafi«, fügte er hinzu.

»Wie geht es ihm?« fragte Salome schnell.

»Es geht ihm gut. Er ist fit.« Der alte Herr lächelte sie an. »Ich allerdings bin ein wenig müde, meine Liebe. Es war eine lange Unterredung, und der Oberst ließ mich zu diesem Gespräch bis nach Sirt reisen. Und zurück, natürlich.«

Er sah sie erschöpft an.

»Über was haben Sie gesprochen?« wollte Salome wissen und ignorierte seinen milden Protest.

Er legte einen Zeigefinger an seinen Mund.

»Schsch«, flüsterte er, »darüber kann ich hier nicht mit Ihnen plaudern.«

Er sprach geheimnisvoll leise. Ich bin ganz nah dran, dachte sie aufgeregt.

»Wo könnte ich denn mit Ihnen sprechen?« fragte sie voller Neugier.

»Dazu müßten Sie in meine Suite kommen«, erwiderte er ernst. »Dann haben wir Ruhe, können bequem sitzen und einen Tee zusammen genießen.«

»Ja, gerne«, Salome nickte.

Sie war begeistert von dem Vorschlag. Sie würde nur

schnell ihren Block und einen Stift holen und dann zu Scheich Abdulkarim ins Zimmer laufen.

»Heute abend scheint es mir, daß ich unpäßlich bin«, sagte er. »Wie würde es Ihnen denn morgen passen? Sagen wir, so gegen Abend?« fragte er. »Etwa gegen siebzehn Uhr?«

»Ja, das paßt mir gut«, bestätigte sie temperamentvoll.

Eine solche Gelegenheit bekomme ich so schnell nicht wieder, schwirrte es durch ihren Kopf.

»Suite 11, mein Engel. Und nun gute Nacht«, sagte der alte Herr generös und wankte zum Lift.

Sie zerrte eine Zigarette aus ihrer kleinen schwarzen Tasche und zündete sie hastig an. Ein Interview mit einem sudanesischen Fürsten, der die neuesten Nachrichten von Ghaddafi bereithält, dachte sie jubilierend, das ist Gold wert. Sie lehnte sich an die Marmorsäule und zog an ihrer Zigarette. In Gedanken begann sie bereits, Fragen zu formulieren, die sie Scheich Abdulkarim stellen würde.

Dabei ließ sie ihre Blicke abwesend über die Männermenge in der Lobby schweifen. In dem Gewirr der Pastelltöne afrikanischer Roben und dem Dunkel der europäisch gekleideten Männer blieb ihr Blick plötzlich an einem schwarzen, mit pinkfarbenen Rosen bestickten Turban hängen. Wenn ich es gut mache, lädt er mich vielleicht in den Sudan ein, träumte Salome und sah sich schon an den Quellen des Nils sitzen. Da muß es ja so schön sein, dachte sie und starrte gedankenverloren auf die Kopfbedeckung mit der Rosenstickerei.

Da drehte sich der Turban um, und Salome sah, daß er den Kopf einer Frau zierte. Korpulent war sie, orientalisch dunkel, und als sie Salomes Blick auffing, erhellte sofort ein freundliches Lachen ihr Gesicht, sie winkte Salome zu und machte sich gemächlich auf den Weg, die einzige Geschlechtsgenossin in all dem Männergetümmel zu begrüßen. Sie drückte Salome die Hand, ließ sie nicht mehr los und überschüttete sie mit einem Wasserfall arabischer Worte. Sie verströmte den Duft orientalischer Gewürze.

»I am sorry«, Salome hob die Schultern. »I do not understand.«

»Ah«, sagte die freundliche Frau. »Ich nur deutsch sprechen.«

»Ich komme aus Deutschland«, antwortete Salome lachend.

»Ich siebzehn Jahren in Essen«, freute sich die Frau. »Schön, Deutschland.«

Sie fuhr mit beiden Händen über ihre Hüften, als stünde sie in der Küche und wischte sich ihre mehligen Hände an der Schürze ab. Wahrscheinlich haben diese prallen Hände zehn Kinder gefüttert, getröstet, gewaschen, geliebt, dachte Salome und schaute der Frau in die gütigen Augen. Der humorvolle, offene Blick aus dem faltigen Gesicht gefiel ihr. Salome fuhr ganz leicht mit der Hand über die bestickte Kopfbedeckung und das schwarze, bordürenbesetzte Kleid.

»Das ist schön«, sagte sie. »Das sieht palästinensisch aus.«

»Ja, wir aus Jordanien«, lachte die Frau vergnügt und freute sich über das Kompliment.

»Was machen Sie hier?« fragte Salome neugierig.

Die Frau sah nicht nach Touristin aus, sie wirkte abgearbeitet und eher ärmlich.

»Wir sind bei Ghaddafi eingeladen«, sagte die Jordanierin verschmitzt.

Ihr Mund kräuselte sich ein wenig, als machte sie einen frechen Scherz.

»Wirklich?« rief Salome.

Die Frau deutete mit der Hand auf die große Gruppe Männer in dunklen Anzügen, die in der Halle schwatzend und gestikulierend herumstanden.

»Wir alle aus Jordanien«, sagte sie. »Und alle Gast von Ghaddafi.«

»Haben Sie ihn denn schon gesehen?« fragte Salome.

»Nein, noch nischt«, antwortete die Frau. »Schon eine Woche wir warten. Fahren mit dem Bus, Ausflug, plaudern, essen, und wir warten, daß er ruft und uns holt.«

»Ja, aber warum hat er Sie eingeladen?«

Was in aller Welt konnte Ghaddafi veranlassen, diese ärmliche Frau hierher einzuladen?

»Viele Araber hier Gast«, sagte die Frau. »Ist gut. Wir sind große Familie.«

Familie hin oder her, irgend etwas muß ja dabei für Ghaddafi herausspringen, er ist doch kein Rentner, der seine Zeit vertrödelt, indem er unwichtige Leute zum Tee bittet. Imagepflege etwa? Aber kann eine so brave, einfache Frau da etwas ausrichten? Ich werde Sabri fragen müssen, dachte Salome.

»Schönes Tuch«, wiederholte Salome und deutete auf die Kopfbedeckung, »Familienstück?«

»Ah«, lachte die Frau herzlich. »Das«, und sie klopfte dabei stolz an ihren Kopfschmuck, »ist von Hertie. Ist Handtuch. Vier Mark achtzig.«

Salome gluckste. Ein Handtuch von Hertie, dachte sie, und ich halte es für einen traditionellen palästinensischen Kopfschmuck! Und jetzt sah sie, daß der vermeintliche Araberturban ein Frotteehandtuch war, das Etikett baumelte noch über dem Ohr der Jordanierin: »Made in Poland, 100% Baumwolle.«

Und es blieb nicht allein bei dem Gespräch mit der jordanischen Frau, viele ihrer Landsleute hatte sie an diesem Abend noch kennengelernt. Und so stopfte Salome vergnügt die unzähligen Visitenkarten ihrer neuen Freunde aus Jordanien in ihr kleines schwarzes Täschchen, als sie spätabends in ihr Zimmer kam. »Jamal Eddin, Import-Export« stand auf der einen, in dicken dunkelblauen Lettern vornehm auf Goldgrund gestanzt. »Walid Hassan, Import-Export« auf der nächsten. »Radwan Rasem, Ibrahim Alawad, Fouad Kawar, Mohammed Schamsuddin«, bei allen prangte das Markenzeichen Import-Export unter dem Namen. Mal in verschnörkelten Buchstaben mit orientalischem Dekor, mal modernistisch in kühlem Computerlook. Auf Faruq Hakims rosaroter Karte schwebte im Hintergrund das Schatzhaus von Petra. Abdo Mouselmanis Konterfei zierte die Kreuzritterburg von Kerak, bei Riad Malouf raste im Hintergrund ein silbrigblitzender Lastwagen über den Highway. Als Beschäftigung aber stand bei allen dasselbe: Import-Export.

Was importieren und exportieren die nur alle, überlegte Salome kopfschüttelnd, als sie kurz vor Mitternacht hinauf in ihr grünes Zimmer ging, ich kann mir keinen Reim darauf machen. Kühlschränke? Nagelfeilen? Gartenstühle? Wie funktioniert das, »Import–Export«? Sie mußte lachen, wenn sie sich Mouselmani, Faruq oder Ibrahim vorstellte, wie sie in den Containern der großen Schiffe nach ihren eigenen Kisten und Schachteln suchten. Herrgott, wo sind denn diesmal die Bratpfannen geblieben? Und der Rosendünger? Und das Rattengift? Hier, Faruq, ist deine Ladung Damenbinden, würde Ibrahim rufen, aber wo in aller Welt sind meine Klopapierrollen?

Sie hatte einen unterhaltsamen Abend im Kreis der Jordanier verbracht. Kaum hatte Nura mit dem rosenverzierten Handtuchturban ihr Gespräch mit Salome begonnen, näherten sich ihre männlichen Landsleute unverhohlen neugierig den beiden Frauen, schüttelten Salome die Hand, betrachteten sie eingehend und mit naivem Interesse. Die Tatsache, daß sie aus Deutschland war, begeisterte sie.

»Ah, wundervoll«, riefen sie. »Mit Deutschland kann man sehr gute Geschäfte machen. Gutes Land. Franz Beckenbauer, Helmut Kohl, Claudia Schiffer. Deutschland gutes Land«, sagten sie stolz. »Willkommen, willkommen.«

Welch tolle Auswahl deutscher Größen, schmunzelte Salome in sich hinein, hoffentlich kommt jetzt nicht noch einer mit Adolf Hitler. Die jordanische Sippe zog Salome ins Restaurant des Hotels, nicht in den kahlen Coffeeshop, den Sabri ihr zugewiesen hatte, sondern in das luxuriös dunkle Ambiente des dreizehnten Stocks, wo Ghaddafis Gäste sich die Bäuche vollschlagen durften, während sie auf den Anpfiff zum gemeinsamen Auftritt bei ihm warteten.

Die Import- und Exporteure palaverten durcheinander, englisch, arabisch, deutsch. Jeder kannte irgendwen in Deutschland oder kannte jemanden, der schon mal in Deutschland war. Sie zählten deutsche Markenartikel auf, lobten deutsche Autos und deutsche Baufirmen, kamen vom Hundertsten ins Tausendste, amüsierten sich selbst über ihre kleinen Geschichtchen und erzählten sie gleich noch einmal von vorne.

Es herrschte eine ausgelassene Fröhlichkeit, ohne daß auch nur ein Tropfen Alkohol geflossen wäre. Sie tranken Wasser, Pepsi und Tee. Salome saß mittendrin, rauchte, redete, lachte, übersetzte, fuchtelte mit den Armen. Sie, die ungern in Gesellschaft war, fühlte sich wohl, sie, die zurückhaltende, ein klein wenig herablassende Intellektuelle war eingetaucht in das harmlos entspannte Beisammensein dieser arabischen Menschen. Wie bei Sabri hatte sie auch hier sofort gespürt, daß da nichts Gekünsteltes im Spiel war, keine Lust auf Show oder Bluff, eher eine selbstgenügende Begrenztheit, eine duldsame Noblesse, die Salome zu ihrem eigenen Erstaunen durchaus sympathisch war.

Der intensive Blick aus den alles durchdringenden Glaskugeln ihrer Augen musterte ihre Gesellschaft. Sie sah dunkle Augen, sorgfältig geschnittene Haare, kleine Bärtchen auf den Oberlippen, weiße Zähne, saubere Kragen, tadellose, klassisch-altmodische Anzüge. Und alle lachten dieses bezaubernd entspannte Lachen, das Salome an diesem Tag bei Sabri kennengelernt hatte.

Es waren Männer, die nicht an sich zweifelten, Männer, die nicht von schneidend fordernden Frauen kastriert worden waren, sondern sich ihres Geschlechtes wundersam selbstsicher erfreuten. Hoffentlich läuft denen nie eine deutsche Emanze über den Weg, dachte Salome. Und schade, dachte sie auch, daß Sabri nicht mit von der Partie ist, und sah dabei sein Gesicht vor sich, seinen schönen Mund. Ein sinnlicher Mund mit dem Ansatz eines Lächelns, aber nicht aus Granit oder Porphyr gemeißelt, sondern geschmeidig und von Blut durchpulst. Ein leichtes Prickeln zauberte ihr ein flackerndes Lächeln ins Gesicht, mit dem sie ihre neuen Freunde beglückte. Nura zwinkerte ihr verschwörerisch aus den Augenwinkeln zu.

Sie wurde nach Amman eingeladen, nach Idlib und Aqaba und in andere Orte, von denen sie nie gehört hatte. Wunderschöne Häuser würden dort auf sie warten, mit Garten, Pool und eigenem Videoraum, alles fully air-conditioned, wochenlang könne sie dort bleiben, wurde ihr versichert, selbstverständlich würde man ihr ein Auto zur Verfügung stellen, gerne würden sie ihr das schöne Jordanien zeigen, ihr ihre Familien vorstellen und die gute Küche ihrer Heimat.

»Willkommen, willkommen«, riefen sie immer wieder lachend.

Salome glaubte ihnen. Sie fühlte sich ausgesprochen wohl in dieser harmlosen Runde.

Export dürfte für Jordanien schwierig sein, überlegte sie, als sie sich die Zähne putzte und den Schaum ins Becken spuckte, da gibt es doch nur Steine und nochmals Steine. Der Import dürfte interessanter sein. Es gibt ja nichts in diesem Land, also muß alles importiert werden. Wow, dachte Salome, das müssen Bombengeschäfte sein. Von der Unterhose über dicke Autos, vom Dosenöffner zur Satellitenschüssel. Sie dachte an die bunten Besen auf Libyens Straßen und mußte grinsen. Vielleicht hat einer der Jordanier den Libyern die vielen Besen angedreht und die vielen grünen Vorhänge. Jordanische Ladenhüter, die in Libyen gelandet waren.

7

»Ich muß unbedingt um siebzehn Uhr zurück hier im Hotel sein«, sagte Salome, als Sabri sich einen der grünbespannten Stühle des Coffeeshops heranzog, um ihr beim Frühstück Gesellschaft zu leisten. Sie war mit dieser Forderung herausgeplatzt, noch bevor sie seinen Morgengruß erwidert hatte. Sofort erschien die kleine Wutfalte auf Sabris Stirn, und seine Augen verschatteten sich.

»Weshalb denn?« fragte er mißtrauisch.

»Ach, wissen Sie, Herr Hosman«, antwortete sie leichthin und setzte die Tasse zum Trinken an ihre Lippen, »ich habe gestern eine wunderbare Begegnung gehabt, und die möchte ich heute um siebzehn Uhr fortsetzen.«

»Begegnung?« rief er argwöhnisch. »Mit wem denn? Fortsetzen? Was soll das bedeuten?«

»Ich hatte das Vergnügen, Scheich Abdulkarim aus dem Sudan kennenzulernen, und stellen Sie sich vor, er hat mir ein Interview gewährt. Mit ihm treffe ich mich heute nachmittag«, erklärte sie ihm stolz und zog die Augenbrauen selbstbewußt hoch.

Sie begann, Sabri diesen edlen Mann zu beschreiben, als plötzlich ein weißes Flattergewand auf sie zuschwebte. Ihr Herz blieb beinahe stehen. Er war es! Scheich Abdulkarim! Geradezu göttlich erschien er Salome, als er in seiner Robe, die er mit erhabener Grandezza trug, auf sie zugeschritten kam. In der Hand hielt er eine Nußschnecke vom Frühstücksbuffet.

»Vergessen Sie unser Rendezvous nicht, meine Liebe«, rief er vertraulich, verbeugte sich kurz vor ihr und sah ihr dabei direkt ins Gesicht.

Der Mann an Salomes Tisch war Luft für ihn, er ignorierte Sabri mit einer Absolutheit, die selbst Salome in ihrer Begeisterung für den Scheich für unverschämt hielt. Der Scheich schnippte unmerklich mit dem Finger, einer seiner Bodyguards rumpelte vom Nebentisch auf, eilte auf ihn zu und fing die Nußschnecke auf, die Scheich Abdulkarim aus seiner Hand gleiten ließ. Er reichte seinem Boss eine Serviette, mit der sich Scheich Abdulkarim leicht über den Mund fuhr. Die Serviette ließ er ebenso achtlos fallen wie vorher das Gebäck. Mit der rechten Hand winkte er Salome in kaiserlicher Geste zu und verließ den Coffeeshop.

»Das ist er! Mit dem bin ich verabredet, Herr Hosman«, flüsterte sie aufgeregt und deutete auf den Scheich. »Ist das nicht toll? Den habe ich gestern kennengelernt. Das ist ein richtiger Scheich, und er war bei Ghadaffi zu Besuch!« rief sie begeistert.

»Wie bitte?« Sabris Stimme klang aufgebracht. »Mit diesem Mann haben Sie sich verabredet?« Er war von seinem Stuhl hochgesprungen. »Ohne mich zu fragen?«

»Ja, klar.« Dieser Sabri kapiert aber auch überhaupt nichts, dachte sie. »Das ist ein Hit, Herr Hosman. Verstehen Sie das denn nicht? Ich bin Journalistin und einer guten Story auf der Spur. Begreifen Sie das doch!«

»Und wo, bitte sehr, bekommen Sie Ihre Superstory?« zischte Sabri und setzte sich wieder hin. »Vielleicht in seinem Zimmer?«

»Ja, genau da«, antwortete Salome bestimmt. »Ich darf sogar zu ihm in seine Suite.«

»Was?« rief Sabri empört und schnaubte durch die Nase. »Sind Sie denn von allen guten Geistern verlassen?« preßte er verächtlich hervor. »Sind Sie denn wirklich so blöd?«

Sie wollte ihm ins Wort fallen. Aber er schnitt es ihr ab.

»Können Sie sich nicht vorstellen, was dieser alte Tattergreis mit Ihnen vorhat? Mein Gott, Mrs. Winter, in welcher Welt leben Sie denn?«

Schweißperlen standen auf seiner Stirn. Er wischte sie mit einer hastigen Bewegung seiner Hand ab und blickte ihr dabei wütend ins Gesicht.

»Das lasse ich nicht zu. Nein, auf keinen Fall«, er straffte die Schultern. »Sie werden nicht dorthin gehen. Ich bin für Sie verantwortlich, und das kann ich unmöglich zulassen.«

»Jetzt hören Sie aber, Herr Hosman«, fuhr Salome ihn an. »Ich kann ganz gut alleine auf mich aufpassen. Ich brauche keinen Bodyguard«, sagte sie und blickte dabei auf seine gepflegten Hände.

Sabri reagierte nicht, sein Blick blieb starr, Salome sah, wie wütend er war, seine schwarzen Augen funkelten in kaum unterdrücktem Zorn. Aber sie verstand ihn nicht.

Er atmete tief durch, legte seine Hand auf Salomes und blickte sie bedauernd an.

»Sie verstehen nicht, Mrs. Winter. Es geht hier nicht um mich, es geht um Sie«, sagte er zögernd. »Eine Frau, die ein solches Angebot annimmt, ist keine anständige Frau. Hier. Bei uns. Für den Scheich war Ihre Zusage ein Einverständnis dafür, mit ihm das Bett zu teilen. Ansonsten hätten Sie nie seine Einladung angenommen. Was interessiert ihn Ihr Interview. Er will nur mit einer Europäerin ...«

Er brach ab. Es war ihm offensichtlich peinlich weiterzusprechen. Er stupste mit dem Mittelfinger gegen seine Nasenspitze.

»Er will ... er will doch nur mit Ihnen schlafen. Das scheint Ihnen nicht bewußt zu sein, Mrs. Winter.« Er blickte sie mit großen Augen an. »Mrs. Winter, Sie sind doch eine Frau, die auf sich achtet. Sie dürfen da nicht hingehen. Es würde Ihnen leidtun, glauben Sie mir.«

Es war für einen Moment ganz still zwischen den beiden. Salome starrte ihn an, ihre Augen wanderten langsam über sein Gesicht. Sein Mund war leicht geöffnet. Ihr Blick blieb einen Moment an seinen Lippen haften, dann wanderten ihre Augen zurück und blickten ihn lange an. Wenn das stimmt, dachte sie erschrocken, hat mich Sabri vor einem grauenhaften Erlebnis bewahrt. Sie spürte die mageren alten Hände des klapprigen Scheichs, wie sie über ihren Körper streichelten. Ihr wurde fast übel bei dem Gedanken. Sie fuhr sich nervös mit den Fingern über die Augenbrauen.

»Okay, Mr. Hosman«, sagte sie dann leise. »Ich glaube, ich

habe verstanden. Ich danke Ihnen, daß Sie mir diese Erfahrung erspart haben. Mein Verhalten tut mir leid. Ich werde mich kein zweites Mal so saudumm benehmen. Ich verspreche es, Mr. Hosman.«

Sabri antwortete nicht, sah sie nur eindringlich an, schob seine Unterlippe ein wenig nach innen und biß sich mit den Zähnen auf seine Lippe. Unbewußt hatte sie ihre Hand zu seinem Mund gestreckt.

»Nein, tun Sie das nicht, Mister Hosman. Das tut Ihren Lippen doch weh!« rief sie.

Als sie sich der kleinen Lächerlichkeit bewußt geworden war, hielt sie sofort in der Bewegung inne und zog ihre Hand zurück. Sabri schaute sie ungläubig an und fing an zu lachen.

»Tun Sie das nicht, Mr. Hosman«, äffte er sie nach. »Nicht, Mr. Hosman. Das tut weh, Mister Hosman.«

Er biß in ein Hörnchen, das er dick mit Honig bestrichen hatte, und amüsierte sich weiter.

»Oh, Mister Hosman, Vorsicht, das tut weh. Nicht beißen«, wiederholte er und lachte dabei aus vollem Hals.

Salome stützte den Kopf auf ihre Hand und sah ihm kopfschüttelnd zu.

»Sie sind ein Kindskopf, Mr. Hosman«, sagte sie. »Ein Riesenbaby.«

»Ja, ich bin das Baby namens Mister Hosman«, gab er fröhlich zurück. »Mister Hosman hier, Mister Hosman da. Ich finde es urkomisch, daß Sie mich immer Mister Hosman nennen. Ich sage nicht einmal Mister zu meinem Präsidenten.«

»Wie soll ich Sie denn sonst nennen?« fragte Salome erstaunt.

»Ich heiße Sabri, und so sollten Sie mich nennen«, gab er zur Antwort.

Er mußte sich einen langen, eindringlichen Blick aus Salomes Augen gefallen lassen.

»Okay, Sabri«, sagte sie dann. »Ich bin Salome.«

»Ich weiß«, lächelte er. »Aber manchmal würde Salmonella besser zu dir passen.«

Sie stach mit der Gabel nach ihm, er schrie auf, nahm den Salzstreuer und schüttete ihr Salz in den Kaffee.

»Welch ein böses Baby, Mister Hosman.«

Sie lachten vergnügt, der Oberkellner warf ihnen einen vorwurfsvollen Blick zu.

»Besser, wir gehen.« Sabri stand auf. »Es sieht so aus, als störten wir die Herren Kellner aus Marokko und Algerien«, fügte er überheblich hinzu.

8

»Wo ist denn der Mercedes?« fragte Salome und blickte auf dem Parkplatz umher.

»Den brauchen wir nicht«, sagte Sabri schnell. »Heute fahre ich.«

Sie steuerten auf einen blauen Pickup zu. Er öffnete ihr die Tür, sie kletterte hinein und warf einen Blick auf die Ladefläche. Sie war leer.

»Bist du auch im Import-Export-Geschäft mit diesem Lastwagen?« fragte sie spöttelnd.

»Was meinst du damit?« fragte er. »Gefällt dir mein Auto nicht?«

»Schon gut«, beschwichtigte sie. »Nun fahr schon los. Ich bin neugierig auf Tripolis.«

»Mir gefällt der Pickup eigentlich auch nicht«, bemerkte Sabri bedauernd. »Aber es ist das Auto, das ich habe.«

»Du hättest dir ja ein anderes kaufen können, wenn ein blauer Transporter nicht gerade dein Traum ist.«

»So einfach ist das nicht.« Er suchte nach den Schlüsseln. »Bei uns besorgt der Staat die Autos. Du trägst dich auf einer Liste ein, zahlst Geld und bekommst nach ein paar Wochen irgendein Auto.«

Er hatte die Schlüssel gefunden und suchte nun den Anlasser.

»Ach so«, sagte Salome erstaunt. »Wenn du Glück hast, könntest du also auch einen Mercedes bekommen?«

»Nein!«

Sabri fand diese Idee sehr absonderlich. Er sah sie kopfschüttelnd an.

»Ein Mercedes ist sehr teuer«, erklärte er ihr. »Den mußt du schon privat besorgen und mindestens fünfzig Prozent Steuern zahlen.«

»Ich finde dein Auto schön, Sabri«, sagte sie. »Die Farbe paßt gut zu deinem Hemd.«

Er hatte ein königsblaues Hemd an, an der Brusttasche prangte ein berühmter italienischer Name. Sie musterte ihn von der Seite, die dunkle Haut wirkte wie eine polierte Kastanie durch das intensive Blau.

»Und gut zu deinen Augen«, er lächelte sie unbefangen an. »Principessa«, fügte er hinzu, »ich gratuliere dir. Du siehst heute aus wie ein Teenager«, sagte er lobend und betrachtete sie eingehend.

Sie hatte sehr schmale, anliegende Jeans angezogen, flache dunkelblaue Tods und ein enges, langärmliges, blauweiß gestreiftes T-Shirt. Ein Aufzug, der ihre Figur zur Geltung brachte, die schlanke Taille, ihren appetitlichen, ein klein wenig zu groß geratenen Busen, die geraden Schultern, die Oberschenkel, die eine Idee zu fleischig waren, als daß Salomes Körper als knabenhaft empfunden wurde, eher als petite.

»Schön«, nickte Sabri anerkennend. »Das ist schöner als dein Trauergewand.«

Sabri startete und fuhr ruckartig rückwärts in die Schnellstraße hinein. Dann legte er rumpelnd den Vorwärtsgang ein und gab Gas.

»Okay, Teenie, let's go«, rief er.

Salome sah ihn versonnen von der Seite an. Sabri, dachte sie, dieser Name paßt unglaublich gut zu ihm. Er klingt nach einem unbekümmerten Fohlen, einem Jungen mit leichtem Sinn.

»Was ist das für ein Name: Sabri?« fragte sie. »Kommt er im Koran vor? Ist es eine von Allahs neunundneunzig Bezeichnungen?«

»Ja, natürlich«, sagte Sabri selbstgefällig und stellte statt des Blinkers die Scheibenwischer an. »Es kommt von As-Sabur, dem letzten in der Reihe der neunundneunzig Namen Gottes.«

»Und was bedeutet das?«

»Rate doch!« rief er und zeigte mit dem Finger auf sie.

»Wer bin ich? Wie bin ich?« sagte er theatralisch und klopfte sich mit der Hand auf die Brust.

Er ließ einen Moment das Lenkrad los und fuhr gegen den Bordstein.

»Na, vielleicht der, der alles sieht?« lachte sie.

»Nein! Falsch!« rief Sabri.

»Der alles Öffnende?« riet sie weiter.

»Nein! Falsch!« rief er. »Weiterraten.«

»Der Unvergleichliche?«

»Nein!«

»Der keine Bedürfnisse hat?«

»Nein!«

»Der immer Vergebende, alle Sünden Auslöschende?«

»Nein! Verkehrt. Weiter!«

Salome fiel nichts mehr ein. Ein frommer Muslim weiß sämtliche Namen Allahs, verspricht ihm doch diese Kenntnis einen leichteren Zugang zum Paradies. Salome kannte sie natürlich nicht alle, nur die lustigsten hatte sie sich gemerkt.

»Ah! Jetzt weiß ich es«, rief sie. »Der Leidenschaftliche!«

»Überhaupt nicht!«

»Vielleicht der Dominierende?«

»Dominierend? Aber Mrs. Winter. Genau das Gegenteil bin ich«, prahlte er. »Ich bin As-Sabur, der Geduldige, der Duldsame, der, der immer Zeit hat, der Nachsichtige, der Langmütige.«

Er hatte einen Polizisten übersehen, der die Hand zum Anhalten der Autos erhoben hatte. Schnell trat er auf die Bremse, Salome konnte sich gerade noch am Armaturenbrett festklammern.

»Oh, Gott, wie fährst du denn Auto!« rief sie erschrocken.

»Schlecht«, antwortete er leichthin. »Wie du siehst. Aber wir sind schon da. Gleich kannst du aussteigen.«

Er lenkte seinen blauen Japaner in eine Parklücke, mußte ihn viermal rein- und rausbugsieren, bis er einigermaßen innerhalb der weißen Streifen stand.

»Wo sind wir?« fragte Salome, hängte ihren Fotoapparat

um die Schulter und sah sich auf dem riesigen Platz um, der mit Autos vollgestopft war.

An einer Seite des rechteckigen Platzes wankten ein paar Palmen in der morgendlichen Brise, die vom Meer her wehte. Dahinter öffneten sich sternförmig breite Boulevards mit hohen weißen, herrschaftlichen Häusern, deren Bürgersteige von mächtigen Arkadengängen überdeckt waren. Auf einer dem Platz zugewandten Häuserfront hing ein riesiges Bild des Revolutionsführers. Er hatte rosarote Wangen, fletschte lächelnd die blendend weißen Zähne.

Sie drehte den Kopf ein wenig und schaute auf eine Burganlage aus naturfarbenem Stein, die sich in eine massive Stadtmauer, die von mächtigen Torbögen durchbrochen war, einfügte. Vor der Burg schlängelte sich ein kleiner See, auf dem Tretboote dümpelten.

»Das ist der Grüne Platz«, Sabris Stimme klang ein wenig vorwurfsvoll.

»Ach so«, sagte Salome.

Sie war enttäuscht. Den berühmten Grünen Platz, wo Ghaddafi seine schwungvollen Reden hielt, wo er Militärparaden abhielt und die Massen ihn feierten, hatte sie sich anders vorgestellt. Pompöser, zumindest aber hätte sie keinen proppenvollen Parkplatz erwartet.

Das schräge Licht ließ die Burg rötlich flimmern. Salome schoß ein paar Bilder.

»Das ist der rote Palast«, sagte Sabri. »Wir gehen am Nachmittag hinein. Es ist das Museum.«

Sie schlenderten durch einen großen Torbogen, und Salome war unerwartet in einer anderen Welt. Die lärmende moderne Stadt war mit dem Durchschreiten des Tores wie weggepustet. Sie schienen ein anderes Zeitalter zu betreten. Es roch nach Kräutern und Wasserpfeife mit Apfeltabak, nach Abfall und Staub, nach Schweiß und orientalisch schweren Parfums. Enge Gassen gab es hier, winzige Geschäfte, in denen Männer zwischen den Waren herumlungerten, Zigaretten rauchten, telefonierten oder sich mit anderen Männern unterhielten.

Traditionell gekleidete Männer und Frauen spazierten durch die Gassen und tätigten gemächlich hastend ihre Einkäufe. Viele Frauen standen in Gruppen vor den Geschäften für Hochzeitsvorbereitungen. Brautkleider in üppigem Tüll, mit weißen Perlen über und über bestickt, hingen dicht gedrängt in den Miniboutiquen. Abendkleider für die Freundinnen, Mütter, Cousinen der Braut in Apfelgrün, Rosarot oder Himmelblau wurden befingert und diskutiert, der Stoff getestet, das Dekolleté lauthals bekichert, die Weite der Röcke inspiziert.

»Feiern bei euch die Geschlechter die Hochzeit gemeinsam?« fragte Salome.

»Kommt darauf an«, antwortete Sabri.

»Auf was?«

»Auf die Familie. Wie traditionell sie ist«, sagte er.

»Und in deiner Familie?« wollte Salome wissen.

»Getrennt«, war die knappe Antwort.

»Bist du denn verheiratet?« bohrte sie weiter.

»Nein. Ich habe mich noch nicht entschieden«, sagte er und blieb an einem Stand für Herrenhemden stehen.

»Wie alt bist du eigentlich, Sabri?«

»Achtundzwanzig«, sagte er.

»Na, dann wird es doch Zeit.«

Salome dachte, daß alle Araber früh heirateten und schnell Kinder bekämen.

»Ich habe mich noch nicht entschieden«, wiederholte er.

Zumindest scheint es ja ein weibliches Wesen in seinem Leben zu geben, wenn er an einer Entscheidung kaut, dachte Salome belustigt, und wenn er sich für sie entschieden haben wird, muß er getrennt von ihr Hochzeit feiern.

Achtundzwanzig, grübelte sie, zwanzig Jahre jünger als ich und gerade acht Jahre älter als mein eigener Sohn, Stani. Was Stani wohl machte? Sie spürte ein schmerzhaftes Zucken im Bauch. Ob es ihm gutgeht da drüben in New York? Ich hätte wohl besser bei ihm nach dem Rechten sehen sollen, als hier mit einem jungen Mann auf einem libyschen Souk herumzuspazieren. Schnell wischte sie den Gedanken weg.

»Hey, schau mal, Sabri!« rief sie und zeigte in das Schaufenster eines der unzähligen Schmuckgeschäfte, die wie Perlenketten nebeneinander aufgereiht einen ganzen Gassenzug belegten. »Ist das nicht wunderschön?«

Auf einem roten Samtkissen lag ein winziges Blumenkörbchen aus durchbrochenem Gold, aus dem zierliche Blumen wuchsen mit Köpfchen aus Edelsteinen in verschiedenen Farben. Rubine, Aquamarine, Amethyste, Smaragde. Die rundgeschliffenen Blütenwinzlinge waren umrahmt von hauchdünnen, filigranen Goldblättern.

»Das ist ein Anhänger«, sagte Sabri.

Sie blieben bei den Kupferhandwerkern stehen, die in gleichmäßigem Rhythmus ihre großen Töpfe beschlugen. In einer der schmalen Gassen wurden ausschließlich traditionelle Kleidungsstücke verkauft. Ballen gestreifter Seidenstoffe in Lichtgrün, Rostrot und gebrochenem Weiß für Frauenkleider, die, fertiggenäht, in der Taille von einem handgearbeiteten Silbergürtel zusammengehalten werden.

»Wann ziehen die Frauen denn so was noch an?« fragte Salome.

»Auf Hochzeiten«, antwortete Sabri.

Er rauchte eine Zigarette und blickte ohne Interesse auf die Stoffballen. Im Geschäft nebenan gab es knielange weiße Hemden, weiße Pumphosen und dazu passende weiße Käppi für die traditionellen Männer.

»Ziehst du auch manchmal so ein Nachthemd an?« fragte Salome.

Sie stellte sich Sabri vor, wie er im Kreis der männlichen Mitglieder seiner Familie auf einer reichverzierten Matratze auf dem Boden lag, den Arm aufgestützt auf ein golddurchwirktes Kissen, an der Wasserpfeife saugend und mit seinen männlichen Verwandten über die Kamelpreise diskutierte. Diese Vorstellung amüsierte sie kolossal, das Lachen quoll unversehens aus ihr heraus. Sie hielt sich rasch die Hand vor den Mund, um es zu unterdrücken.

»Das sind keine Nachthemden«, sagte Sabri beleidigt. »Das ist unsere traditionelle Kleidung.«

»Oh, schau mal, Sabri. Das ist chic.«

Salome hatte ein Geschäft entdeckt, in dem bestickte Westen hingen. Auf silberfädigem Untergrund waren schwarze dünne Streifen gestickt.

»Die sind toll«, rief sie entschlossen. »So eine Weste möchte ich.«

»Die sind für Männer«, sagte Sabri ungnädig. »Was willst du damit?«

»Ja, anziehen natürlich«, rief sie. »Die sind super. So was gibt es nicht bei uns.«

Sie schlüpfte in eine der Westen. Na ja, ein bißchen weit und unförmig, dachte sie, aber das kann ich einnähen lassen.

»Das sieht schrecklich aus«, sagte Sabri. »Richtig blöd.«

»Ich will die aber haben«, beharrte Salome.

»Okay, dann kaufe ich sie für dich.« Er zuckte leicht mit den Schultern. »Aber du mußt mir versprechen, daß du sie nie in Libyen anziehen wirst«, fügte er streng hinzu und zog ein paar Scheine aus der Hosentasche.

Salome bekam eine schwarze Plastiktüte ausgehändigt, und sie zogen weiter. Sabri trug die Einkaufstüte.

Salome knipste wie wild darauf los. Thierry hatte immer gesagt, daß es äußerst schwierig sei, spontan Menschen aufzunehmen. Nur nicht mit den Filmen geizen, jede Situation ausnutzen, hatte er ihr erklärt, drauflosschießen, rücksichtslos alles vor die Kanone nehmen, ein Bild davon werde dann sicher fabelhaft.

Salome genierte sich aber, fühlte sich als Eindringling in dieser fremden Welt, fragte jeden Menschen, den sie aufnehmen wollte, höflich um sein Einverständnis. Bis das zustimmende Nicken kam, war meist die brillante Konstellation von Licht, Farben und Menschen schon vorbei.

»Bist du wirklich ein Profi?« fragte Sabri zweifelnd, als er sie ungeschickt mit den Objektiven hantieren sah.

»Ich fange gleich an zu heulen. Diese Fotografiererei macht mich total nervös«, rief sie schwitzend. »Ich kann doch nur schreiben. Das Engelchen mit den Locken ist der Profi für Fotos.«

»Komm, Salome, gib mir deine Apparaturen. Ich trage sie dir«, sagte er. »Und jetzt gehen wir einen Kaffee trinken. Das wird dir guttun.«

Sie steuerten auf das Café neben einem weißen Glokkenturm aus dem letzten Jahrhundert zu. Kein Tourist war weit und breit zu sehen, die Stadt gehörte den Einheimischen und das Café den Männern. Auf bastgeflochtenen Stühlen hockten sie vor ihren winzigen Kaffeetassen, blickten nur kurz auf, als der junge Araber mit der Europäerin die Terrasse betrat. Sabri rückte Salome einen Stuhl zurecht und setzte sich dann in reichlich weitem Abstand von ihr nieder. Er zündete sich eine Zigarette an, blies den Rauch langsam aus und sah ihm hinterher. Salome schob ihren Stuhl näher zu ihm. Mit nur einem Hauch einer Bewegung zog er sich von ihrer Annäherung zurück und schlug rasch die Beine übereinander. Ups, dachte Salome und schob ihren Stuhl zurück. Die Asche ihrer Zigarette fiel auf den Boden.

»Was sind denn das für Körbe?« rief Salome und gab sich Mühe, seine Distanziertheit zu ignorieren.

Sie deutete auf ein Geschäft gegenüber dem Café, wo unzählige Körbe an Eisenketten befestigt hingen, weiße, rosarote, gelbe, hellgrüne. Körbe mit Tüll umwickelt, mit Schleifen und Blumen verziert, in denen eigenartige Sachen lagen. Vergoldete Kleenexboxen, Lockenwickler, Nagellacke, Parfumflaschen, Haarbürsten, Seidenstrümpfe, putzige Hausschuhe mit dünnen Stöckeln und rosa Pompons auf der Spitze, Bonbonnieren, zierliche Kaffeetassen mit Rosenranken, Spitzenhandschuhe, Makeup-Sets.

»Das sind Hochzeitsgeschenke«, antwortete Sabri. »Für die Braut.«

»Möchtest du noch etwas?« fragte er nach einer Weile höflich, seine Stimme hatte einen leicht ablehnenden Unterton. »Dann laß uns gehen«, sagte er, als sie verneinend den Kopf geschüttelt hatte.

»Warum bringst du mich hierher, wenn es dir unangenehm ist?« rutschte es aus Salome heraus.

»Was soll mir unangenehm sein?« antwortete er und blickte sie verständnislos an.

Der merkt seine Zweigesichtigkeit gar nicht, dachte Salome.

»Laß gut sein, Sabri.«

Am Nebentisch nahmen drei Männer auf der Bank an der Hauswand, die von einem riesigen Kupferteller mit arabischen Schriftzügen geschmückt war, Platz. Sie hatten die traditionellen Pumphosen und die langen Hemden an, gelbe Schnabelschuhe, auf dem Kopf das weiße Käppi, und alle drei trugen die gleiche Seidenweste, die Salome sich gerade erkämpft hatte.

»Schau, Sabri. Das sieht doch irre aus«, sie stupste ihn an. »Meinst du, ich darf die drei fotografieren?«

Er zuckte mit den Schultern, seine Lippen kräuselten sich. Er ging langsam auf die Männer zu, Salome hörte, wie er sich höflich nach ihrem Befinden erkundigte. Den Rest verstand sie nicht mehr. Als Sabri sich umdrehte, nickte er.

»Es ist okay«, sagte er gedehnt.

In der Zwischenzeit hatte der Kellner den drei Männern ihre Wasserpfeifen gebracht, alte, ausrangierte Dinger, keine auf Hochglanz polierten, silberziselierten, wie Salome sie aus den Touristenvideos kannte. Die Männer stülpten das Mundstück, das, fein säuberlich in ein Plastikbeutelchen verschweißt, extra serviert wurde, auf die Pfeifenköpfe. Sie lehnten sich in ihren Stühlen zurück, und der Duft von Apfel- und Erdbeertabak entströmte ihrer Ecke.

»Echt gut, Sabri«, sagte Salome und drückte mehrmals hintereinander auf ihre Hasselblad. »Vielen Dank, die Herren.«

Sie verbeugte sich in Richtung der pfeiferauchenden Männer. Sie reagierten nicht.

»Sag ihnen bitte meinen Dank, Sabri.«

»Sie halten dich für verrückt, Salome. Warum solltest du dich dafür auch noch bedanken?« antwortete er. »Komm, wir gehen in die Gurdschi-Moschee. Da kannst du weiterknipsen.«

»Das geht nicht«, sagte Salome bedauernd. »Ich habe kein Kopftuch dabei.«

»Was hast du bloß für Vorstellungen?« Sabri lächelte sie indigniert an. »Bei uns brauchst du kein Kopftuch, wenn du in eine Moschee gehst.«

Salome schluckte. Fettnäpfchen, Salome, dachte sie, schon wieder.

»Na, dann ist es ja gut. Gehen wir?«

Sie drückte den Deckel aufs Objektiv, fuhr sich mit der Hand durch die braunen Haare, die im Sonnenlicht wie mit Goldfäden durchwirkt schimmerten. Ihre rechte Augenbraue zuckte eine Sekunde ungeduldig in die Höhe.

»Ich weiß, ich gehe dir auf die Nerven, Sabri«, sagte sie. »Aber für mich ist alles hier neu. Und ich bin extra von weither gekommen, um dein Land kennenzulernen. Gib mir eine Chance, Sabri«, sie schenkte ihm einen hintergründigen Blick aus dem unruhigen Rauchblau ihrer Augen. »Mein geduldiger, mein edelmütiger, mein gnädiger, mein holder Führer.«

»So ist es gut«, sagte er und legte lachend die Hände gekreuzt über seine Brust. »Denn wenn man nicht auf die rechte Art bittet, bekommt man nichts.«

»Was?« rief sie überrascht. »Woher kennst du denn die Sprüche vom alten I Ging aus China?«

»Ach, komm, was willst du denn damit?« sagte er verächtlich. »Das ist ein uraltes arabisches Sprichwort.«

Salome schob sich die Haare hinters Ohr.

»Ah natürlich, mein mondschöner Jüngling. Eigentlich könnte man sich das mühselige Reisen durch diese Welt sparen, es kommt ja eh alles aus Arabien.«

»Genau, Salomita. Jetzt hast du es begriffen.«

Er öffnete das große Holztor zur Gurdschi-Moschee, und sie standen im kachelgeschmückten Arkadenhof des Bethauses. Ein zahnloser Mann in Pumphosen begrüßte sie.

»Asalamaleikum.«

Sie stellten ihre Schuhe in ein hölzernes Regal. Der Muezzin hatte kurz vorher laut über die Stadt zum Gebet gerufen, aber das Regal war leer. Sie betraten das Gotteshaus, auch hier gähnende Leere. Sie drehte sich nach Sabri um, er machte keinerlei Anstalten, seiner muslimischen Betpflicht nachzukommen. Mit hängenden Armen stand er da und unterhielt sich mit dem Wächter. Als er ihren Blick auffing, löste er sich aus dem Männergespräch und kam auf sie zu.

»Ja?« fragte er mit sanfter Stimme.

Er stand ganz nah vor ihr, sie konnte sein Parfum riechen. Sie sah auf seine Stirn, sah seinen Haaransatz, aus dem sich ein Meer von winzigen Ringellöckchen über sein Haupt schlängelten. Das pechschwarze Haar glänzte. Er hatte es mit Wasser gebändigt, so daß es sein anmutiges Gesicht wie ein blanker Helm umgab. Salomes Blick wanderte zu seiner Nase, die schmal und zierlich war und im Gegensatz zu seinem üppigen Pharaonenmund und den großen, runden Bögen seiner Augen stand. Der verschwenderische Schwung seiner schönen, gewölbten Lippen vertiefte sich. Ihr Mund öffnete sich ein wenig. Als sie das bemerkte, preßte sie ihn schnell zusammen und verschränkte die Arme.

»Ja?« wiederholte Sabri sehr leise.

Sie spürte, daß seine Augen ebenfalls spazierengingen. Sein weicher Blick tastete sich über ihr Gesicht, blieb hängen, glitt weiter, wanderte lächelnd von den Vertiefungen ihrer Mundwinkel zu ihren Nasenflügeln, streifte ihre breiten Wangenknochen, tastete sich über ihre Stirn, schmiegte sich behutsam entlang der Bögen ihrer Brauen, bis sich ihre Augen trafen. Wie eine Spirale zog dieses dunkle Augenpaar Salome in seine Tiefe, tiefer und tiefer in sich hinein, bis sie am Ende ein Flackern sah, das sie zutiefst beunruhigte.

»Betest du denn nicht?« stotterte sie und durchschnitt das Zauberband.

»Nein«, sagte er bestimmt. »Ich bete nicht.«

Salome ließ ihre Blicke über die weißen Wände der Moschee gleiten, die mit tausendfach durchbrochenen Stuckplatten dekoriert waren. Wie ein kostbares Hochzeitskleid sah dieser Schmuck aus, in sanften Schwüngen umhüllten die zarten, ausgemeißelten Stuckspielereien den Körper des Gotteshauses, von der Kuppel hing ein gläserner Lüster wie die Krone einer Märchenkönigin herunter. Das Licht der Kerzen ließ den Raum sanft und still schimmern.

Als sie hinausgingen, reichte Sabri dem Wächter diskret einen Schein, sie schlüpften in ihre Schuhe und bummelten weiter durch die Gassen der Altstadt.

»Du betest also nicht?« fragte Salome erneut.

Für sie waren alle Muslime fromm, beteten brav fünfmal am Tag ihr Sprüchlein ab, knieten dabei, küßten den Boden, verbeugten sich vor und zurück.

»Nein«, wiederholte er. »Ich bete nicht. Libyen ist kein Gottesstaat, liebe Mrs. Winter. Hier kann jeder machen, was er will.«

»Trinkst du etwa auch Alkohol?« fragte sie besorgt.

»Hier nicht, weil es keinen gibt. Aber im Ausland schon.«

»Du betest nicht, du trinkst Alkohol, dann hältst du wohl auch den Ramadan nicht ein«, bemerkte Salome.

Er blieb stehen und sah sie ärgerlich an.

»Aber selbstverständlich halte ich den Ramadan ein. Wo denkst du hin? Ich esse nichts vom Morgengrauen bis zum Sonnenuntergang, trinke nichts, rauche keine Zigarette, rasiere mich nicht.«

Sie traten durch eine unscheinbare Türe, die von der Gasse wegführte, gingen durch einen dunklen Gang und standen plötzlich in einem lichtdurchfluteten Innenhof, in dessen Mitte ein Springbrunnen plätscherte. Zierliche Bögen umschlossen den Hof, im ersten Geschoß führte eine hölzerne Balustrade mit buntbemalten Balken um das Viereck. Luftig und kühl war es hier drinnen, ruhig und intim.

»Das ist das Karamanlis-Haus«, flüsterte Sabri, »ein Palast aus dem letzten Jahrhundert.«

Sie setzten sich in den Schatten der Arkaden auf eine steinerne Bank. Eine hübsche junge Frau in modernen Kleidern und einem fest um den Kopf gezurrten Tuch brachte ihnen verschämt lächelnd auf einem verpappten Tablett zwei Tassen Tee.

Sabri summte einen Schlager und trommelte den Rhythmus mit seinen Fingern auf dem Oberschenkel mit.

»Was ist das für ein Lied?« fragte Salome.

»Das ist Toni Braxton. I don't want to sing another love song«, sagte er und sang ihr den Song laut vor.

»Kenne ich nicht«, Salome schüttelte den Kopf.

»Du bist ziemlich altmodisch, Salome«, stellte er fest. »Wir kennen die westlichen Hits hier alle.«

Aber das paßt doch alles nicht zusammen, grübelte Salome. Dieses moderne Gejohle, seine Hilfiger-Jeans, betet nicht, trinkt Alkohol. Aber den Ramadan hält er ein. Vier Wochen lang nicht einmal einen Schluck Wasser während des heißen Tages, keine Zigarette, wo er doch mindestens ein Päckchen am Tag raucht.

»Glaubst du denn an Gott?« fragte sie unsicher.

»Natürlich glaube ich an Gott. Was ist das denn für eine Frage?« antwortete er.

Salome zögerte.

»Nun«, sagte sie dann bestimmt, »ich glaube nicht an Gott.«

Er musterte sie kurz.

»Das kann nicht sein, Salome«, sagte er ernst. »Du bist das Geschöpf Gottes. Wie alles auf dieser Erde.«

9

Sabri kaute an einer Dattel. Er zeigte auf einen düsteren, fensterlosen Bau, aus dessen Schoß ein Gewusel von kleinen Kindern herausgelaufen kam. Über dem Eingang schwebte eine eiserne Falltür, die stählernen Schwerter der scharfen Spitzen ragten angriffslustig nach unten.

»Sieh dir das an, Salome, das war einmal das spanische Konsulat, dann war es ein türkisches Gefängnis, und jetzt ist es ein Kindergarten«, sagte er und steckte sich eine neue Dattel in den Mund.

Die Kinder winkten fröhlich und liefen mit ihren kleinen Ranzen auf den Rücken und den dunkelblauen Uniformen plappernd in alle Richtungen. Salome drehte sich auf dem großen Platz im Kreise.

»Hier sieht es ja ziemlich verlottert aus«, sagte sie verwundert.

»Das hättest du erst vor ein paar Jahren sehen sollen. Jetzt spürst du wenigstens, daß etwas getan wird«, erklärte Sabri.

Und wirklich, an den ramponierten Fassaden um den Platz hingen Gerüste, die Häuser dahinter eingerissen, zusammengefallen. Wie zahnlose Greise, die aus blinden Augen verloren in die Welt starren, standen die einstmals herrschaftlichen Häuserfronten, gestützt von der Korsettage der Gerüste. Man konnte das eintönige Gehämmere der Fassadenarbeiter hören, Schleifmaschinen zischten ihr unangenehmes Geräusch durch die Leere der Straßen, auf denen riesige Schuttberge lagen, und zwischendrin säuberlich aufgeschichtetes Neumaterial, Betonmischmaschinen, Schubkarren. Der ganze Platz war eine einzige Baustelle.

»Was ist denn das?« fragte Salome und deutete auf ein gewaltiges Gebäude mit einer riesigen Kuppel, flankiert von einem freistehenden Turm. »Das sieht ja aus wie eine Kirche.«

»Das ist Santa Maria degli Angeli«, antwortete Sabri. »Eine der großen Kathedralen, die die Italiener hier gebaut haben.«

Die Front der Kirche der Engelsmutter war ebenfalls eingerüstet. Die großen Portaltore standen offen, um die Kirche herum war ein Drahtzaun gespannt.

»Kann ich da mal rein?« fragte Salome und zückte ihren Fotoapparat.

»Mal sehen«, antwortete Sabri. »Ich versuche es.«

Er schlenderte auf die Arbeiter zu, reichte ihnen seine Zigarettenschachtel durch das Gitter und verwickelte den Mann an der Betonmaschine in ein Gespräch. Der zündete sich gemächlich eine Zigarette an, schüttelte dabei den Kopf und deutete auf einen anderen Mann, der es sich auf einem aufgeschütteten Kieshaufen bequem gemacht hatte. Er lag vollkommen entspannt, die Beine weit von sich gestreckt, als läge er auf einem Sofa.

Als Sabri ihn ansprach, rekelte er seine Gliedmaßen wie ein Bauchtänzer, stand langsam auf, ging auf Sabri zu, schüttelte den Kopf und deutete auf einen anderen Mann, der in einer ausgehöhlten Fensternische saß, die Beine baumelten lässig herunter, um den Kopf hatte er ein ausgefranstes Tuch gewickelt. Auch er nahm Sabris Zigaretten an, plauderte mit ihm, schüttelte dann den Kopf und deutete mit dem Daumen auf einen anderen Mann, der hinter ihm im leeren Zimmer auf einem Stuhl saß und vor sich hinschaute. Das war endlich der Richtige, der, der die Erlaubnis geben konnte, die Baustelle der Kirche zu betreten. Sabri gab ihm eine Geldnote.

»Komm«, sagte Sabri dann und berührte Salomes Arm ganz leicht, um ihr Halt auf dem glitschigen Boden zu geben.

Die schweren Eisentore des dreiportaligen Eingangs standen sperrangelweit offen und gaben den Blick frei auf eine monströse dreischiffige Basilika, in Weiß gehalten, deren dicken Pfeilern gewaltige italisch-korinthische Kapitelle entwuchsen. Die Schiffe der Kirche waren leer, über dem Altar hing ein Mann an einem Seil, der versuchte, einen byzantinischen Rundleuchter zu installieren. An den Wänden standen Baugerüste, auf denen die Anstreicher am Werk waren. Während sie die weiße Farbe großzügig auf die christlichen Wände klatschten, sangen sie arabische Lieder mit, die aus einem Kofferradio dröhnten.

Salome schüttelte verwundert den Kopf.

»Die ist ja riesig, diese Kirche. Und die haben die Italiener gebaut, als sie das Land besetzt hielten? Mitten in die muslimische Altstadt hinein?«

»Ja«, bestätigte Sabri, »mitten in die muslimische Altstadt hinein. Und jetzt ersteht sie wieder in alter Pracht.«

»Für wen? Ich dachte, es gibt keine Christen in Libyen?«

»Wir Libyer sind alle Muslime«, sagte er. »Die Kirche ist für die ausländischen Christen gedacht, die hier wohnen. Geschäftsleute, Diplomaten, Ärzte, was weiß ich.«

»Und«, Salome geriet ins Stottern, »und ... das ist erlaubt, daß die ihre eigene Kirche haben?«

Er zog die Augenbrauen hoch.

»Ja, natürlich, weshalb nicht? Wir haben nichts gegen Christen«, sagte er brüsk.

»Ja, und wer zahlt denn das?«

»Unser Staat. Wer sonst?« war seine Antwort.

Für die christlichen Gäste des Landes, Salome schüttelte erstaunt den Kopf.

Sabri hatte sich neben den jungen Mann ins Fensterloch gesetzt. Die beiden saßen locker und entspannt, ließen die Beine baumeln. Als sie bemerkten, daß Salome sie betrachtete, lachten sie ihr arglos zu. Arglos und selbstbewußt. In ihrer Haltung, ihrem Selbstwertgefühl und ihrem wunderschönen Lachen glichen sie einander. Nur daß der eine ein Arbeiter mit durchlöcherten Schuhen und schwieligen Händen war und der andere wie ein mit Leckerbissen verwöhnter Kronprinz wirkte, dachte sie und drückte auf den Auslöser ihrer Kamera.

Wer ist dieser Sabri nur, fragte sie sich und sah ihm zu, wie er vom Fensterbrett heruntersprang und den Staub mit einer lässigen Bewegung von der Designerhose wischte.

»Ich habe Hunger«, sagte der kleine Infant.

»Ja, ich auch«, erwiderte Salome lachend.

»Magst du Fisch?« rief er.

»Oh, ja«, nickte sie. »Aber weißt du überhaupt noch, wo dein Lastwagen steht?«

»Lastwagen! Lastwagen! Du kränkst mich, Salmonella«, rief er drohend.

Salome lief davon, aber er holte sie schnell ein und sah sie mit seinen humusschwarzen Augen ungestüm an.

»Ah! Mein Lastwagen ist dir nicht gut genug. Du willst im Mercedes herumkutschiert werden. Von Yussuf. Die Principessa braucht einen Chauffeur.«

»Ja, ich will Yussuf. Den braunen Mercedes und Yussuf, den herrlichen Yussuf«, rief sie übermütig.

»Ich bin besser als Yussuf«, sagte er beleidigt.

»Bist du nicht. Bist du nicht.«

»Bin ich doch«, rief er und drohte mit der Faust.

»Bist du nicht. Yussuf weiß, wo der Blinker ist.«

Sie lief in die nächste Gasse hinein. Plötzlich hörte sie das Tamtam von Trommeln und Freudentriller aus weiblichen Kehlen. Sie verlangsamte ihren Schritt, spähte um die nächste Ecke, von wo der Lärm kam. Sabri war ein bißchen außer Atem, wie sie fand. Sie stupste ihn an.

»Na, schon lange keinen Sport gemacht, was?«

»Nur verrückte Europäer laufen bei dieser Hitze um die Wette«, sagte er und wischte sich den Schweiß von der Stirn, der in winzigen silbernen Perlen aus seinem Haar tropfte.

»Was ist das?« fragte sie und zeigte auf das sich im Kreis drehende Knäuel von Menschen.

»Was ist das? Was ist das?« äffte er sie nach. »Das sind Trommeln und Flöten, Mrs. Winter. Und was ist das? Das sind Frauen in schönen Kleidern, die tanzen und trillern. Und das sind kleine Kinder, die Bonbons verteilen. Alle lachen, bewegen sich tanzend im Kreis, sind fröhlich und ausgelassen. Und die Schönste in der Mitte, siehst du sie, Salome, die mit den langen Haaren, das ist die Braut. Jetzt rate mal, was das ist!«

»Eine Hochzeit!« rief Salome begeistert.

Schon hatten die jungen Frauen sie in ihre Mitte gezogen, und sie mußte mittanzen. Sie zeigten ihr, wie man mit den Hüften wackelte und den Po hin und her drehte, und sie amüsierten sich köstlich über ihre genierte Steifheit. »Yalla, yalla«, riefen sie und klatschten in die Hände, schüttelten ihre prachtvollen langen Haare im Rhythmus der Trommeln, streiften sich gegenseitig aufreizend über Arme und Schenkel und lachten aus dick geschminkten Mündern ein herrlich unbedenkliches, gurgelndes Lachen. Die älteren der Frauen balancierten bunte Körbe auf dem Kopf, wie sie Salome vorhin in den Geschäften gesehen hatte. Aha, dachte sie, die Geschenke rollen an. Und wirklich, oben aus einer der grün-rosa-himmelblauen Plüsch-Verpackungen ragte eine vergoldete Kleenexbox heraus.

Langsam schälte sich Salome aus der Umklammerung der feiernden Frauen heraus, winkte ihnen nach, wie sie die Straße hinunter tanzten.

»Du tanzt so steif wie ein Knochen«, stellte Sabri fest.

»He, du bist unverschämt«, rief sie. »Und überhaupt darfst du mir gar nicht zuschauen beim Tanzen. Ich war auf einer Frauenhochzeit. Da hast du nichts zu suchen.«

»Ja, ja«, sagte er fröhlich. »Aber du warst trotzdem die einzige, die sich nicht bewegen konnte.«

Salome boxte ihn in den Bauch.

»Ach, Mensch«, rief sie. »Und ich dachte, ich hätte dich gerade eben mit meinem kolossalen erotischen Hüftschwung verführt.«

Sie verdrehte die Augen und klimperte mit den Wimpern. Er starrte sie kurz an, dann kramte er rasch nach seinen Zigaretten und zündete sich eine an. Da bin ich dem Prinzchen wohl zu nahe getreten, dachte Salome, wie peinlich.

»Wo gehen die Frauen denn nun hin?« fragte sie schnell und verstaute ihre Kamera.

»Die gehen jetzt zum Haus der Braut, nachdem sie sie vom Bad abgeholt haben.«

»Vom Bad?« fragte sie verständnislos.

»Die Frauen treffen sich am Morgen des zweiten Hochzeitstages im öffentlichen Bad. Dort waschen sie sich, schminken sich, färben sich die Hände und Füße mit Henna, legen ihre schönsten Kleider an und ziehen dann mit all den Geschenken ins Haus der Braut, wo die Frauen miteinander feiern.«

»Ah«, Salome nickte, »das würde ich auch gerne miterleben.«

»Ja, das glaube ich dir, so neugierig, wie du bist.«

»Vielleicht auf deiner Hochzeit, Sabri! Ich würde mithelfen, deine Braut zu schmücken, bevor sie zu dir kommt.«

Salome fand die Idee sehr amüsant, der libysche Kronprinz indes gar nicht. Finster sah er sie an. Dann gab er ihr einen Stups.

»Komm jetzt«, sagte er knapp.

10

»Wann ist eigentlich Ramadan?« fragte Salome.

Sie hielt sich mit der Hand am Sitz fest, ihr zimtfarbener Steuermann kannte keine Gnade. Sabri raste mit hundert Stundenkilometern durch die Vororte von Tripolis und machte eine Vollbremsung nach der anderen. Tauchte ein rechtsabbiegender Weg auf, spähte er in die Straße hinein, rief »hier ist es noch nicht« und gab Gas. So holperte der blaue Pickup in Richtung Westen. Aus dem Radio klang Stevie Wonder mit seinem »I just called to say I love you«. Das war ein Oldie, da konnte Salome laut mitsingen.

Es war Zeit zum Mittagessen, es war warm, keine Wolke verfinsterte den dunkelblauen Himmel. Salome war nach Meer zumute. Als Sabri ihr vorschlug, sie in ein ehemaliges Stadtpalais, das in ein hübsches Restaurant verwandelt worden sei, zu führen, schüttelte sie bei dem Gedanken an einen dunklen, künstlich beleuchteten, eisgekühlten Speisesaal den Kopf.

»Ich will ans Meer!« rief sie.

Sabri brütete mit gerunzelter Stirn vor sich hin. Offensichtlich fiel ihm nichts ein, wohin er mit einer Europäerin gehen könnte. Plötzlich hellte sich sein Gesicht auf, er stieß den Schlüssel mit Schwung ins Schloß und brauste los.

»Wir fahren ans Meer!« rief er.

»Wann ist denn Ramadan?« wiederholte Salome.

»Immer wann anders«, antwortete er.

»Ja, das weiß ich. Ich meine, wann in diesem Jahr?«

»Weiß ich nicht«, sagte Sabri uninteressiert und summte den Schlager weiter vor sich hin. »Dezember vielleicht.«

»Genauer!« rief Salome und runzelte die Stirn.

Wer den Ramadan einhält, muß doch wissen, wann es so weit sein wird, dachte sie.

»Warum?« sagte er verständnislos. »Warum willst du das wissen? Es spielt doch überhaupt keine Rolle.«

»Aber du muß doch wissen, wann du anfangen mußt mit dem Fasten, wann du die Zigaretten wegwerfen mußt!«

»Wozu muß ich das im voraus wissen?« sagte er unbekümmert. »Ich wache auf, und es ist Ramadan.« Er sah sie an und zog die Augenbrauen hoch. »Und er bleibt, bis er wieder geht. Und danach bin ich zwei Kilo schwerer, weil es im Ramadan immer so viel zu essen gibt.«

»Du bist total plemplem, echt, Sabri«, Salome tippte sich mit dem Finger an die Stirn. »Ramadan ist doch ein Fastenmonat.«

»Schon«, sagte er und gab Gas. »Tagsüber gibt es nichts. Aber gleich nach Sonnenuntergang geht's los. Wir essen bis zum Sonnenaufgang. Und weil es ein wichtiger Monat ist, gibt es wundervolle Leckerbissen. Kekse mit Datteln gefüllt und herrliche Kuchen.« Er zuckte mit den Achseln. »Ne, Salome, dünn wird man bei uns im Ramadan nicht.«

Komisch, dachte sie, scheinbar stelle ich mir alles hier anders vor, als es tatsächlich ist.

»Ist es noch weit?« rief sie. »Ich habe Hunger.«

In diesem Moment raste der Pickup über eine Straßenschwelle, die Sabri übersehen hatte, flog durch die Luft und knallte mit voller Wucht auf den Boden.

»Oh, sorry!« rief Sabri leichthin und stieg auf die Bremse. »Wir sind da, Mrs. Winter!«

Hinter einem Drahtzaun sah Salome Bungalows, sie sah Tennisplätze, Leichtathletikbahnen, Cafés, und weiter hinten erspähte sie das Blau des Meeres.

»Was ist das?« rief sie und reckte den Hals.

»Was ist das? Was ist das, Mister Hosman?« quakte er lachend mit ihrer Stimme. »Das ist Al Thawra, ein holidayvillage, Frau Winter.«

Er hielt vor der Schranke, ein Mann in Uniform winkte ihn durch.

»Wieso ist das eingezäunt, wenn es ein Ferienhotel ist?« fragte Salome.

»Eingezäunt?« Er lenkte den Wagen auf einen großen Parkplatz. »Weshalb? Hier machen die Ausländer Ferien und die reichen Libyer. Hier steigen die Politiker ab und die Funktionäre. Da haben andere nichts zu suchen.«

Salome sah ihn verwundert von der Seite an.

»Wir sind da! Mrs. Winter, aussteigen!«

Als sie die Türe öffnen wollte, stand er schon bereit, um ihr aus dem Auto zu helfen. Sie ließ ihre Tasche im Auto liegen. Auch den Fotoapparat.

»Nimm lieber alles mit«, sagte er.

»Weshalb denn das?«

»Es gibt hier jede Menge Gastarbeiter«, sagte er und schloß das Auto zum zweiten Mal ab.

Salome hatte den Eindruck, als sei die Anlage wie ein antikes Theater inszeniert. Die Klippen am Strand waren das eingestürzte Bühnenhaus, sie öffneten den Blick auf die Endlosigkeit des kristallklaren, blauen Meeres. Nicht der Pinienwald von Epidauros, sondern das schaukelnde Wasserbett der libyschen Küste als Kulisse, dachte Salome schmunzelnd. Im Halbrund des Strandes sah sie die Orchestra, von der sich die Bungalows, Restaurants, Shops und Cafés, harmonisch nach oben gestaffelt, wie die Zuschauerreihen in die Höhe zogen.

Schön, dachte Salome und blickte sich um. Al Thawra war nicht mehr ganz neu, hier und dort bröckelte der Verputz ab, die Fensterläden hingen schief, und die Oleander in den Beeten standen schlaff und durstig in der Frühlingssonne. Es war kein Mensch zu sehen, kein reicher Libyer badete im Meer, kein Funktionär paddelte im Swimmingpool, kein Politiker sah aus seinem Bungalowfenster, kein ausländischer Geschäftsmann jagte über die Aschenbahn.

»Wo sind denn die Leute alle?« fragte Salome überrascht und sog die salzdurchtränkte Luft ein.

»Jetzt ist keine Saison«, antwortete Sabri. »Es tut mir leid.«

»Mir ist es schon recht so«, sagte Salome. »Ich finde es viel schöner ohne Leute.«

»Magst du keine Leute um dich?« wunderte er sich.

»Nicht unbedingt«, sagte Salome gedankenverloren.

Sie hatte sich an der Brüstung vor dem Restaurant aufgestützt und blickte auf das Meer, das sich in langsamen, ausgedehnten Wellen an die Klippen der Küste warf. Mein Gott, ist das schön hier, dachte sie, jeder Moment dieser Reise ist so schön, ich komme mir vor wie in einem Gaukelspiel, alles ist leicht, unbeschwert. Sie hatte das Gefühl, in eine Hängematte gebettet zu sein, die sanft im Wind hin und her schaukelt. Libyen light, dachte sie erfreut, niemals hätte ich das erwartet. Eigentlich, Salome, sagte sie zu sich selber, eigentlich bist du doch zum Arbeiten hier! Wo bleibt dein Spürsinn, deine Neugier, dein Argwohn?

Kein einziges Mal hatte sie bisher auch nur an ihren Artikel gedacht, nicht eine Notiz in ihren kleinen Block gekritzelt, nur entspannt wie ein Urlauber hatte sie die Wärme dieses Landes in ihr Herz aufgesogen. Was soll das bloß für ein Artikel werden, murmelte sie und mußte lachen, eine beschwingte Tarantella mit Sabri Hosman als Vortänzer statt der unbestechlichen Scharfsichtigkeit, mit der sie die Objekte ihrer Berichterstattung bis in die verborgensten Schichten hinein inspizierte? Wo sind nur diesmal meine Röntgenaugen, dachte sie und fühlte sich weich und geschmeidig wie der milde Wind, der ihr über die Haut strich.

Während sie den Wellen zusah, die in endloser Wiederholung auf die Felsen prallten und die weiße Gischt wie pirouettendrehende Ballerinen in die Höhe schleuderten, dachte sie, wie gut es sei, daß Thierry in den sibirischen Lavaströmen watete. Sie war gerne mit Sabri alleine. Vieles an ihm verstand sie nicht. Sie hatte ein komplettes, vorgefertigtes Arabienbild mitgebracht, eines, das ihr die westliche Welt eingebleut hatte, über Jahre hinweg, so daß sie es schließlich, ohne es zu merken, verinnerlicht hatte.

Und über das Land, von dem man am wenigsten Ahnung hatte, war die Meinung die gefestigtste: Libyen. Alle Libyer sind Terroristen, wilde, fanatische Menschen, intolerant und konservativ, frauenverachtend und undurchsichtig. Das schien sonnenklar. Und nun tänzelte ein fröhlicher Sohn Libyens an ihrer Seite, ein wenig modern, ein wenig traditionell, ein Mischwesen, das amerikanische Schlager liebte und den Ramadan einhielt, ein Sphinx, der ihre Ignoranz höflich belächelte, ihr sanft die Übermacht seiner Kultur klarmachte.

Sie war gerne mit ihm zusammen, so gerne, daß sie seit dem Aufbruch von Djerba nicht ein einziges Mal an den Dreckskerl gedacht hatte, dessen unablässige, bohrende Präsenz ihr Leben so lange schon verdüsterte. Hubertus, das elende Schwein, hatte es fertiggebracht, daß unter Salomes Haut kein Funken Glut mehr aufkeimte, kein Mann auch nur annähernd eine Chance hatte, das Türchen zu ihrer Sinnlichkeit zu öffnen. Hie und da ging sie mit einem Mann mit, spürte nichts weiter als eine kurze körperliche Entlastung, wie Stuhlgang nach einer langen Periode der Verstopfung. Sie brauchte sich nicht einmal gegen leidenschaftliche Gefühle zu wehren, sie hatte keine, Hubertus hatte ihr die Weiblichkeit ausgebrannt. Die schöne, weiche, wohlgeformte Frau hielt sich für eine versalzte Wüste, ein vertrocknetes Flußbett.

Wie kommt es, daß du plötzlich aus meinen Gedanken verschwunden bist, dachte Salome. Sie hatte ihren Kopf in die Hände gestützt und starrte auf die Brüstung.

»Hey, Salomita, denk nicht so viel«, hörte sie plötzlich Sabris fröhliche Stimme neben sich.

Sie kehrte zurück aus ihren Gedanken und lächelte ihn an.

»Denken macht dich alt«, rief er, »vom Denken bekommst du Falten.« Er zwinkerte mit den Augen. »Am besten, du machst plastic surgery.«

»Dann würde ich nicht mehr aussehen wie deine Mutter, sondern wie deine kleine Schwester«, antwortete Salome schnell.

Seine Bemerkung hatte sie aber erschreckt. Sie fuhr sich mit der Hand über die Wange. Ist es schon so schlimm, dachte sie.

»Aber Mütter, lieber Herr Hosman, sind angenehmer als ekelhafte, lästige, freche, ungezogene kleine Schwestern.«

»Ich finde du hast nichts von einer kleinen Schwester und von einer Mutter auch nicht«, sagte er ernsthaft.

Sie nahmen an einem kleinen runden Tisch Platz.

Ein Kellner im dunklen Anzug goß aus einer Glaskaraffe eine blutrote Flüssigkeit in Salomes Weinschwenker.

»Super!« rief sie begeistert. »Hier gibt es Rotwein.«

»Was? Rotwein? Wir sind in einem trockenen Land«, berichtigte Sabri.

Sie prostete ihm zu und ließ die rote Limonade in ihren Mund fließen. Sie schmeckte nach parfümiertem Abspülwasser.

»Was ist das denn?« fragte sie und schluckte den Saft mühsam hinunter.

»Schmeckt schrecklich, nicht wahr?« Sabri griff zur Wasserflasche und schenkte sich ein. »Es ist Kirschsaft mit Rosenwasser. Auf deinen Beaujolais mußt du noch eine ganze Weile warten.«

Kaum hatte er seine Nachspeise beendet, zündete er sich eine Zigarette an und blies den Rauch in die Luft. Er fingerte in seiner Hosentasche, zog ein braunes Lederportemonnaie hervor und entnahm ihm ein Häufchen Fotografien.

»Schau, Salomita«, er hielt ihr ein Bild vor die Nase, »das ist meine Familie.«

Aufgereiht stand sie da, die Familie Hosman, festlich herausgeputzt wie kaiserliche Gardesoldaten am Geburtstag des Herrschers. In der hinteren Reihe war die ältere Generation plaziert, steif und würdevoll blickte sie geradeaus, vorne knieten und hockten die Kleinen, die Mädchen mit Rüschenkragen, die Buben in gewichsten Schuhen, mit Kinderkrawatten, die dunklen Haarschöpfe mit Wasser und Kamm gebändigt. Familie Hosman flankierte einen vergoldeten Sessel, der das Zentrum des Arrangements bildete. Auf ihm saß ein Mann in einem gutsitzenden europäischen Anzug. An den Schläfen sah man erste silberne Fäden die dunklen, glänzenden Wellen durchziehen. Er hielt eine dicke Zigarre in der rechten Hand, hatte die Beine übergeschlagen und blickte aus schilfgrünen Augen überlegen und machtbewußt in die Kamera.

»Das ist mein Vater«, erklärte Sabri.

»Der sieht ja aus wie ein Großkapitalist«, sagte Salome erstaunt.

»Er ist sehr reich«, bestätigte Sabri ausdruckslos.

Im Hintergrund des Gruppenbildes leuchtete eine Fototapete mit holländischer Tulpenblüte. Millionen von roten, gelben, orangefarbenen Blumen zauberten eine blühende Fruchtbarkeitsillusion ins sandige libysche Fotoatelier.

»Das ist meine Mutter.«

Sabri deutete auf eine korpulente Frau, die herrisch in die Kamera lächelte. Sie hatte ihren Körper in ein Korsett gepreßt und in ein grünes, bodenlanges Nylonkleid gepackt, über dem sie ein kurzes paillettenbesetztes Oberteil trug. Gelbgoldene Panzerketten lagen dichtgedrängt um ihren fleischigen Hals, und Ringe aus ineinander verschlungenen goldenen Knoten zierten ihre Hände. Die langen schwarzen Haare hatte sie hochgebunden, mit Falschteilen zusätzlich verdickt und mit Haarspray zugekleistert. Die Frisur saß wie ein Topf auf dem Hinterkopf. Eine wohlhabende Matrone, dachte Salome, ein mittelalterliches Muttertier.

»Wie alt ist deine Mutter?« fragte sie unbedacht.

»Fünfzig«, antwortete er.

Salomes Herz blieb vor Schreck einen Moment stehen. O Gott, dachte sie und wurde rot. Nur zwei Jahre älter als ich.

»Und wer sind die anderen?« fragte sie schnell und fuhr sich mit dem Finger über die Augenbrauen.

»Das ist meine Tante Aifa aus Tunesien, Mutters Schwester.«

Er zeigte auf eine zweite korpulente Frau, ihr Kleid war türkisblau und die Pailletten des Oberteils nicht wie bei der Mutter silbern, sondern goldfarben.

»Da vorne, das sind meine kleineren Brüder«, Sabri zeigte auf drei der kleinen Buben in dunklen Erwachsenenanzügen, die ungelenk in der ersten Reihe auf dem Boden knieten. »Tariq ist dreizehn, Mochtar elf, Mansour ist zwölf.«

»Kleinere?« fragte Salome. »Hast du noch mehr Geschwister?«

»Ja, ja«, antwortete er. »Das da«, sein Finger wies auf einen hübschen jungen Mann, der zum dunklen Anzug ein hellgrünes Hemd und eine schwarze Fliege trug, »ist Schukri. Er studiert Zahnmedizin. Und der da«, er deutete auf einen anderen jungen Mann im eleganten Outfit, »ist Nuri. Er hat gerade die Schule fertig gemacht. Er will Architekt werden.«

Die Brüder waren sehr schlank, fast hager, hatten die grünen Augen des Vaters und eine merklich hellere Haut als Sabri.

Eine Menge Kinder, alle Achtung, dachte Salome, die Matrone ist fleißig gewesen.

»Ich habe noch eine Schwester. Amal.«

Amal saß auf der Lehne des väterlichen Thrones, hatte ihre Hand ganz leicht auf den Arm des Vaters gelegt. Sie war etwa zwanzig, sehr hübsch und hatte als einzige keinen Schmuck umhängen und ein einfach geschnittenes, kurzärmeliges dunkelblaues Kleid an. Auch ihre Augen leuchteten grün aus dem orientalisch geschnittenen Gesicht.

»Die sind alle bedeutend hellhäutiger als du«, bemerkte Salome.

Unmerklich zuckte Sabri bei dieser Bemerkung zusammen und preßte kurz die Lippen aufeinander.

»Ja, und grünäugig sind sie«, sagte er bissig, »und dünn, nicht wahr? Finden Sie das nicht auch, mother superior?«

»Ja, stimmt«, nickte Salome.

Wie kommt er denn auf mother superior, dachte sie.

»Wo bist eigentlich du auf dem Foto?«

»Ich bin nicht sehr oft zu Hause«, antwortete er knapp.

»Wo ist das Zuhause?« wollte Salome wissen.

»In Sebha. In der Wüste. Siebenhundert Kilometer von hier«, antwortete er und wollte das Foto zurück in sein italienisches Designerportemonnaie stecken.

»He, warte mal einen Moment, Sabri.« Sie hielt ihn am Arm. »Ist deine Verlobte denn auch auf dem Foto?« fragte

Salome aufs Geratewohl. Irgendwie schien es ihr, als sei er versprochen.

»Ja, das da«, sagte er wie nebensächlich und deutete auf eine der hochtoupierten, dunkelhaarigen Schönen hinter dem Prunksessel des Papa. Er zog ein anderes Foto aus seiner Sammlung.

»Da siehst du sie besser«, meinte er und legte ihr das Bild hin.

Ein großäugiges Mädchen mit scheuem Lächeln blickte aus dem Foto. Sie trug einen bunten indischen Sari, dessen Ende luftig über ihrem Haar lag. Sie hatte schöne Zähne und ein schmales, sehr junges Gesicht.

»Ist das eine Inderin?« fragte Salome.

»Inderin? Wie kommst du denn darauf?« sagte er abfällig.

Salome wies mit dem Kopf auf den Sari.

»Ah! Nein, nein. Natürlich ist sie keine Inderin«, sagte er mit Nachdruck. »Sie hat sich nur für dieses Bild so angezogen.«

»Hübsch ist sie.«

»Mhm«, war seine einsilbige Antwort. Er schob das Foto zurück zu den anderen, ohne es anzusehen. »Meine Familie will, daß ich sie heirate. Aber ich will sie nicht.«

»Will sie dich denn?«

»Ja, schon«, er seufzte leise.

Der mit der Zigarre und die im Paillettenkleid versuchen ihm eine Frau aufzudrängen, dachte Salome. Sie hielt ihren Kopf ein wenig schief und schaute Sabri an. Seine sonst so lustigen, unbeschwerten Augen hatten einen verunsicherten Ausdruck.

»Ist das bei euch noch Sitte, daß die Eltern die Braut aussuchen?« fragte sie vorsichtig.

»Ja«, antwortete er zögernd.

»Wie lange kannst du sie denn warten lassen?« fragte Salome.

»Solange ich will«, antwortete er trotzig und schob die Lippen nach vorne. »Solange ich will«, wiederholte er.

Er sah Salome kurz in die Augen, wandte seinen unruhigen Blick aber sofort wieder ab.

»Ich bin der Älteste, und solange ich nicht verheiratet bin, darf keines meiner Geschwister heiraten. Amal will heiraten und Nuri auch«, sagte er verzagt. »Ich aber kann mich nicht entschließen.« Er hob deprimiert die Schultern. »Weißt du, Salome«, fügte er dann leise, beinahe unhörbar hinzu, »ich liebe sie nicht.«

Salome beugte sich vor und sah ihm in die Augen.

»Wenn sie für dich ausgesucht wurde, mußt du sie heiraten, Liebe hin oder her, nicht wahr?«

Er schüttelte leicht den Kopf.

»Ich werde nur eine Frau heiraten, die ich liebe«, sagte er fest und erwiderte ihren Blick.

Aha, dachte Salome, mein kleiner Thronfolger probt den Aufstand. Tausend Gedanken purzelten wie wild durch ihr Hirn, sie hätte so vieles dazu sagen können. Liebe! Mein kleiner Freund, wollte sie rufen, glaubst du wirklich daran? Glaubst du wirklich an den größten Betrug unter den Menschen, weißt du nicht, daß Liebe weh tut, einen zerreißt vor Schmerz und Unglück, wenn die Liebe beim anderen geht und man selber noch auf ihr hockt, wie eine Henne auf dem kalten Ei. Entwürdigt und nackt steht man am Ende da, wenn die Liebe, für die man alles gegeben hat, sich verabschiedet. Sie fuhr sich mit der Hand übers Gesicht und fing seinen verzweifelten Blick auf.

Auch Sabri, dieses traumschöne Geschöpf, wird seine eigenen Erfahrungen mit der Liebe machen müssen, dachte sie, das geht mich überhaupt nichts an.

Sie zwang sich zu einem Zwinkern mit den Augen und nickte ihm aufmunternd zu.

»Nun, Sabri«, sagte sie fröhlich, »dann wartest du halt noch ein bißchen mit der Entscheidung, oder? Es muß ja nicht gerade heute sein. Die Sonne scheint so schön, komm, laß uns rausgehen und den Tag genießen.«

»Ich komme gleich nach«, erwiderte er, erleichtert über das Ende der Debatte.

Und schon war sein unbekümmertes Lachen wieder Gast in seinem Gesicht. Er liebte ernste Gespräche nicht.

»Ich zahle nur noch schnell.«

Salome ging hinunter zu den Klippen, zog ihre Schuhe und die Söckchen aus, tauchte ihre nackten Zehenspitzen ins Wasser. Es war erfrischend kühl. Sie legte sich auf den Rükken, wand sich ein wenig auf dem scharfkantigen Kalksteinfelsen, bis sie eine angenehme Position gefunden hatte. Sie streckte die Arme und die Beine von sich, spürte die Wärme der Sonne und schloß die Augen. Sie seufzte behaglich, ihr war wohl zumute. Sie döste ein Weilchen vor sich hin, dann kamen ihr wieder die angeberische Zigarre und der harte Blick in den Sinn. Kein Zuckerlecken, so einen Vater zu haben. Ein Multimillionär in der Wüste, sinnierte sie weiter, mit was kann man im Sand so viel Geld verdienen? Warum lebt Sabri nicht bei seiner Familie? Wo lebt er denn überhaupt? Und mit wem? Und warum hat er mir denn plötzlich diese Fotos gezeigt?

»Deine Zehen sind wie kleine, rote Kirschen«, hörte sie plötzlich seine weiche Stimme neben sich.

Rote Kirschen, dachte sie, o Gott. Der harmlose, kindliche Vergleich zauberte ihr ein schimmerndes Lächeln ins Gesicht, ihre Augen waren weich, ihr Mund, der so gerne spottete, lächelte ein sanftes, einladendes Lächeln. Sie drehte den Kopf ein wenig und bemerkte, daß er sie aufmerksam ansah. Er sagte nichts, sah sie einfach nur an. Mit Augen, die so dunkel waren wie seine warme Haut. Er suchte ihr Gesicht ab, erkundete es, als stünde er vor einem nie gesehenen Gemälde, das ihn nicht mehr losläßt. Streulichter einer Ahnung erhitzten ihm mit einer seltsamen Erregung den Körper.

Plötzlich schloß er die Augen und sog die Luft tief ein.

»Andiamo, Salomita«, sagte er leise und stand auf. »Es wird sonst zu spät.«

11

Langsam gingen die Lichter im Saal aus, die Finsternis kroch die schwarzen Wände hinauf und vermischte sich mit dem letzten Licht. Dann war es dunkel, nur die Bühne noch erhellt. Auf ihrer Rückseite hing ein schwarzer Vorhang, auf den eine zart vibrierende Mondsichel projiziert war. Sie lag auf dem Rücken. Salome starrte auf die Bühne. Mit einem Mal war es still in dem großen Raum, den die Zuschauer vorher mit ihrem Plaudern und Husten, dem heiteren Lachen, dem Begrüßen und Zuwinken in einen quirligen Bazar verwandelten hatten. Jetzt war es ruhig. Auf der Bühne, die in ein orangerotes, weiches, beinahe goldenes Licht getaucht war, standen Instrumente bereit. Die Mondsichel im Hintergrund hing silbrig-blaß am imaginären nächtlichen Wüstenhimmel.

In diesen morgenländischen Zaubergarten kamen sieben Männer geschritten, langsam und bedächtig, ihre langen Gewänder schimmerten matt und kostbar in dem düsteren Licht, mit Gold- und Silberfäden durchzogene orientalische Kapuzenmäntel, um den Hals lagen glänzende Schärpen, auf die mit grünen Seidenfäden schlanke Kalligrafien gewoben waren. Sie hatten dunkelrote Feze auf dem Kopf, allein einer, der auf den Mittelplatz zusteuerte, trug einen hohen Hut. Hoch wie ein Kegel stand er auf seinem Kopf, hatte am unteren Ende einen dicken grünen Wulst. Die Männer setzten sich erst, als der würdevolle Alte Platz genommen hatte.

»Das ist Mohammed Fattachi, der Vorsänger«, flüsterte Sabri hinter vorgehaltener Hand.

Mohammed Fattachi rückte sich auf seinem Schemel zurecht und richtete das Mikrofon. Die anderen Männer griffen zu ihren Instrumenten. Eine tiefe Konzentration ging von den Männern aus, ernst die Gesichter, regungslos die Körper. Der Vorsänger legte seine Hände auf die Oberschenkel und atmete tief durch.

»Allah akbar allah akbar«, hob er an.

Mit einem tiefen, ruhigen Baß sang er die heiligen Worte, dehnte sie, verlängerte die Silben, ruhte auf einigen eine winzige Idee länger. Aus der Tiefe seines Rachens drangen die kehligen Laute des Arabischen, vom Hauch der Luft getragen. Geschmeidig intonierte er den Gottesruf, den Aufruf zum Gebet, den Beginn, die traditionelle Einstimmung zu den liturgischen Sufi-Gesängen. Allah akbar. Gott ist groß, und Mohammed ist sein Prophet. Die sanft und zugleich kräftig klingende Stimme des Meisters wiederholte ruhig und andächtig diese Worte, die die Einzigartigkeit Gottes beschwören. Er sang die Lobpreisung Gottes mit soviel Andacht, als strömten die Worte direkt aus seinem Herzen, als hätten sie dort ihren Ursprung. Der ganze Raum war erfüllt vom Schall seiner Stimme. Wie durch seismische Wellen getragen, drang sie in den hintersten Winkel des Saales, erfüllte das moderne Auditorium mit Andacht, mit der Aura des Weihevollen.

Nay, die arabische Flöte, stimmte ein, und im Wechselspiel mit dem mehr rezitierten als wirklich gesungenen Aufruf zum Beten begann das Konzert.

»Gott und seine Engel beten für den Propheten«, langsam und in bedächtigem Tempo sang Mohammed Fattachi, in feierlicher Ergriffenheit.

Und nach und nach stimmten die anderen Männerstimmen im Hintergrund mit ein, unterstützten unisono Fattachis markante Stimme. Sanft kam die Flöte dazu, perlte in die Lüfte und entführte Salomes Seele weit weg.

Sie schwebte mit, flog über die langgestreckten, nächtlichen Sanddünen der arabischen Wüste, greifbar nahe schienen die Sterne des Firmaments. Sie sah die roten Gebirge um Mekka, meinte den Propheten dort wandeln zu sehen, hörte, wie er seine Vision vom einzigen, unteilbaren Gott, von dem Gott, der nie gezeugt wurde und nie zeugt, der immer da war und immer sein wird, den Menschen seiner Zeit erklärt. Sein Wesen war ganz nah, sie spürte das Heilige, die innige Frömmigkeit, obwohl sie kein Wort verstand und Religiosität nicht ihre Sache war. Sie gab sich ganz der Musik und dem nahezu mystischen, übersinnlichen Gefühl, das sie in ihr auslöste, hin. Nichts, was Salome je zuvor gehört hatte, war dieser Musik gleich. Es ging eine Magie davon aus, eine Direktheit, die sie bei der gewohnten klassischen religiösen Musik Europas nie gespürt hatte.

Zwischen den einzelnen Gesängen, kurzen, aneinandergereihten Lobpreisungsliedern auf Allah, strichen sich die Männer mit beiden Händen langsam über das Gesicht und bewegten stumm die Lippen. Salome schaute Sabri fragend an.

»Das ist die fatiha«, flüsterte er. »Da muß man sich übers Gesicht streichen.«

»Fatiha?« wiederholte Salome.

»Die Eröffnungssure, die ersten sieben Verse des Koran.«

Salome hob die Schultern. Sie hatte keine Ahnung. Sabri flüsterte ihr die Verse zu und sah sie dabei unverwandt an.

»Im Namen Allahs, des Erbarmers, des Barmherzigen, Lob sei Allah, dem Weltenherrn, dem König am Tage des Gerichts! Dir dienen wir und zu dir rufen um Hilfe wir. Leite uns auf den rechten Pfad, den Pfad derer, denen du gnädig bist, nicht derer, denen du zürnst, und nicht der Irrenden.«

Die Männer auf der Bühne bewegten sich kaum, sie strichen mit leichten, eleganten Griffen ihre Instrumente und zauberten mit ihrer Kunst Kaskaden von Tonnuancen in den dunklen Raum, Schellen im eisigen Schnee und rieselnde Sternschnuppen am blauschwarzen Nachthimmel. Die Zeit schien stehenzubleiben, bestand nur aus Klängen, Farben und Spiritualität, ein Zustand jenseits von Worten und Klängen.

Die Männer standen auf, strichen sich mit den Händen über das Gesicht und über die Brust. Mohammed Fattachi grüßte Gott mit einem letzten »Allah akbar«. Das Konzert war vorbei.

Für einen Moment herrschte atemlose Stille im Raum, dann brach ein tosender Applaus los. Die Menschen klatschten und jubelten, riefen »Ya chabib, yalla«, rumpelten von ihren Stühlen hoch, holten Mohammed Fattachi zig Male auf die Bühne und legten ihm in überschäumendem Jubel ihre Begeisterung zu Füßen. Er nahm die Ovationen mit majestätischem Gleichmut entgegen.

Sabri stand auf und zupfte an seinem anthrazitgrauen Anzug.

»Na, Frau Winter, hat es sich gelohnt, Ihre Notizen dafür zu unterbrechen?« fragte er.

Sie hatte sich nach ihrem Ausflug ans Meer von ihm ins Hotel bringen lassen und bis zum nächsten Morgen verabschiedet, sie wolle ihre ersten Eindrücke in ihren Laptop tippen, hatte sie gesagt.

»Den Rest der Stadt schauen wir uns dann ein anderes Mal an«, hatte sie gesagt.

»Stimmt irgend etwas nicht?« hatte er besorgt gefragt.

Sie mache das immer so, hatte sie ihn beruhigt. Je frischer die Eindrücke, desto plastischer kämen sie zu Papier. Und dafür sei sie doch schließlich hier.

»Aber was ist mit dem Essen?« hatte Sabri verständnislos gefragt.

»Darüber mache dir keine Sorgen. Das Mittagessen war wunderbar, das reicht mir bis zum Frühstück«, hatte sie ihm lachend geantwortet.

Schulterzuckend war Sabri zu seinem blauen Pickup aufgebrochen.

»Ich hole dich morgen um acht Uhr ab.«

»Ciao«, hatte sie gerufen und war ganz schnell zum Aufzug gelaufen, bevor sie es sich noch hätte anders überlegen können.

Kaum war sie in ihrem grünen Zimmer angelangt, hatte sie sich die Wanne voll dampfend heißem Wasser gefüllt, sich hineingelegt und ihre Gedanken kreisen lassen. So geht das nicht weiter, hatte sie sich gesagt, ich muß kritische Fragen stellen, statt Komplimente über meine rotlackierten Zehennägel zu genießen. Sie hatte sich kalt abgeduscht, war in ihr rotes Coca-Cola-T-Shirt gestiegen, das ihr bis zu den Knien reichte, und hatte ihren Laptop in Gang gesetzt.

»Libyen – Bericht über ein gescholtenes Land«, tippte sie. Nein, Quatsch, hatte sie gedacht und den Titel wieder gelöscht. »Ausflug nach Libyen.« Auch blöd, hatte sie gefunden und auf die Löschtaste gedrückt. »Libysche Impressionen.« Noch blöder, entschied sie. Was habe ich denn überhaupt bis jetzt gesehen, hatte sie gegrübelt. Den Kopf aufgestützt, hatte sie auf den leeren Bildschirm geglotzt und »I just called to say I love you« gesummt.

»So geht das nicht, Salome«, hatte sie laut gesagt, nach einer Zigarette gefischt und den Rauch in die Luft geblasen. Da hatte plötzlich das Telefon geklingelt.

»Hi, Salome, hier ist Sabri«, hatte sie seine Stimme gehört, ein wenig verzerrt, als sei er sehr weit weg. »Hast du Lust auf Musik?«

»Musik?«

»Ja, Musik«, seine Stimme klang geniert. »Ich habe gerade gehört, daß ein Festival hier in der Stadt ist. Sufi-Musik. Heute ist der letzte Abend. Es spielt eine berühmte Gruppe aus Syrien.« Er hatte sich geräuspert. »Ich habe zwei Karten.«

»Sufi?«

»Das ist religiöse Musik. Ich kenne mich da nicht besonders aus, aber ich glaube, es könnte dir gefallen.«

Ich bin schon im Nachthemd, hatte sie rufen wollen.

»Wann?« aber statt dessen gesagt.

»Um zehn«, seine Stimme hatte jetzt wieder den alten fröhlichen Ton. »Zieh dir deine schwarzen Trauerkleider an, Madame Salami, dann fallen wir nicht so auf. Es sind sicher keine Ausländer im Publikum.«

Trauerkleider sagt der zu meinen teuren Sachen, hatte sie gedacht und sich ein einfach geschnittenes schwarzes Kleid angezogen, sich vor dem Spiegel gedreht und gefunden, sie sähe wie eine Leichenwäscherin aus. Da war ihr eingefallen, daß sie den Korallenschmuck, den ihr Chef ihr zu Weihnachten geschenkt hatte, mitgenommen hatte. Sie hängte sich die schwere Halskette um und steckte die goldenen Ohrringe, an denen die Korallen wie Tropfen hingen, in die Ohren.

»Bella«, hatte sie sich gelobt und war hinuntergefahren in die Lobby.

Sabri hatte an der Tür zum Ausgang gelehnt. Er hatte einen grauen Anzug an, der matt schimmerte, die Schultern perfekt angepaßt, dazu ein weißes Hemd, das straff saß, und eine gold-grün-gestreifte Krawatte, in der eine kleine Perle steckte. Der Sohn des Großkapitalisten, hatte Salome gedacht und sich von ihm in das Auditorium führen lassen.

»Ja, Sabri, das war super«, lachte sie jetzt begeistert. »Vielen Dank!«

Er hatte recht gehabt, es gab keinen Ausländer, zumindest keinen westlichen, im Publikum. Die Leute, die sich mit ihnen zum Ausgang drängten, waren Araber. Die Männer in dunklen, ein wenig aus der Mode gekommenen Anzügen, säuberlich rasiert, parfümiert und mit exakt geschnittenem Haar. Die Frauen trugen vierschrötige Kostüme mit altmodischen Stöckelschuhen, Hermes-Tücher um die Schultern und viel Goldschmuck.

»Jetzt wäre ein Glas Wein schön«, sagte sie.

»No, no«, lachte er. »Es gibt höchstens ein Gläschen Tee für Madame.«

»Was waren das für Gesänge, Sabri?« fragte sie.

»Das waren Muaschahad«, gab er zur Antwort. »Das sind Dichtungsformen, die zurückgehen bis in die islamische Zeit in Spanien. Religiöse Gebete, ein altes Erbe der arabischen Kultur.«

»Hast du etwa alles gekannt?« fragte sie erstaunt.

»Wo denkst du hin!« lachte er. »Ich mache mir da gar nichts draus.« Er zündete sich eine Zigarette an. »Nur die Sufis und diese mystischen Orden beherrschen das noch.«

»Singt man diese Sachen in der Moschee?« wollte sie wissen.

»In der Moschee wird gebetet, da singt man nicht«, sagte er streng.

»Ja, wo denn dann?«

»Früher haben die Menschen diese Gebete zu Hause rezitiert. Oder manchmal in Nebenräumen der Moscheen.« Er ließ seinen Blick über ihren Schmuck gleiten. »Heute findest du so was nur bei Konzerten im Ausland oder bei Festivals, wie hier«, sagte er ohne Bedauern. »Das sind Profi-Gruppen, die spielen für Geld. Zu den echten Sufi-Sitzungen ist niemand zugelassen. Die suchen die Nähe Gottes, die Vereinigung mit ihm, das Aufgehen in Allah. Dabei können die keine Frau Winter brauchen.«

Sie standen vor dem Hotel. Die kleine, weiße Moschee mit ihrer grünen Minarettspitze im Hintergrund hob sich wie ein Scherenschnitt vom nächtlichen Himmel ab.

»Kannst du mir nicht so ein Gebet rezitieren?« fragte sie.

»Also wirklich nicht. Salome. Für was hältst du mich denn? Ich bin doch kein Sufi!« Ihr Wunsch amüsierte ihn. »Das einzige, was ich kenne, sind ein paar klassische Gedichte.«

»Dann wünsche ich mir ein Gedicht von dir als Betthupferl. Bitte!« rief sie.

Er lachte kurz auf, dehnte seine Finger langsam nach hinten und hielt einen Augenblick inne. Er stand mit dem Rükken zum Mond, so daß sie nur seine Silhouette sah, dunkel und verschwommen. Er hob leicht die Arme und legte ihr mit einer verwirrend erhitzten Stimme wundersame Worte zu Füßen.

> Ich sehe deine Schönheit ganz,
> schließ ich die Augen mein,
> Und schließ' den Mund ich, trinke ich
> nur immer deinen Wein.
> Verboten gilt mir das Gespräch
> mit Menschen in der Welt –
> Doch wenn von dir gesprochen wird:
> lang wird mein Wort dann sein!

Während sie den Worten lauschte, durchflammte sie plötzlich und unerwartet eine Sehnsucht, ein rasch brennender Docht, der heiß aufloderte.

»Sabri!« flüsterte sie.

Wie kostbare Brillanten, die ihr ins Haar gesteckt wurden, spürte Salome das Gedicht in sich nachklingen. Sie fühlte die beunruhigende Wärme durch ihren Körper ziehen.

Sabri räusperte sich und konnte sein freches Lachen nicht länger unterdrücken.

»Bilde dir nur ja nichts ein, Salomita, Rumi hat dieses Gedicht nicht für dich geschrieben, sondern für den lieben Gott, den einzigen, den ewiglichen.«

»Ach«, sie spürte ihr Herz enttäuscht klopfen und schloß kurz die Augen. »Der liebe Gott hat aber heute schon genug schöne Worte bekommen«, sagte sie dann schnell. »Das Gedicht hier schnappe ich ihm jetzt einfach weg und nehme es mit.«

Sabri zog den Autoschlüssel aus seiner feinen Hose, sagte gute Nacht und verschwand.

Noch als Salome in ihrem grünen Zimmer das weiße Plumeau über ihren Kopf zog, träumte sie dem Gedicht hinterher. »Und schließ' den Mund ich, trinke ich nur immer deinen Wein.« Mag ja sein, dachte sie, daß es für den lieben Gott geschrieben wurde, aber vorhin hat das Gedicht mir gegolten. Ganz sicher. Sie schmunzelte, blies die Flamme, die die Worte in ihr entzündet hatten, aus, der Wirbel ließ langsam nach, sie drehte sich auf die Seite und schlief ein.

12

Galant öffnete Yussuf die hintere Türe des braunen Mercedes, Salome schlüpfte hinein, legte ihre Habseligkeiten neben sich auf den leeren Platz und schlug die Türe zu. Sabri riß sie wieder auf und ließ sich neben sie in den Sitz fallen.

»Ich mußte noch eben telefonieren«, sagte er außer Atem und machte es sich bequem. »Weißt du, die Italiener graben in Leptis Magna. Ich habe den Chefarchäologen schon gestern fragen wollen, ob er dich führen kann. Aber er war nicht zu erreichen.« Er zündete sich eine Zigarette an. »Jetzt habe ich ihn erwischt. Ich habe ihm gesagt, du seist so schön wie der Vollmond und so klug wie die Tinte eines Weisen.«

Er grinste sie an, packte ihren Rucksack und warf ihn auf den Vordersitz.

»Wer ist es denn?« fragte Salome erfreut.

»Professor Giovanni Lorenzo di Mezzogiorno dall'università di Roma.«

Salome mußte lachen. Mezzogiorno!

»Ich glaube dir kein Wort!« rief sie. »Du willst mich bloß loshaben und gemütlich im Café sitzen. Und schickst mich mit Mister Mezzanotte ins Gebüsch!«

»Mezzogiorno, cara mia«, rief er übertrieben. »Mezzogiorno. Ti prego!« Er schnalzte mit der Zunge. »Der Professore darf dich aber nur am Tag begleiten. Um Mezzanotte bist du wieder bei mir!«

Er lachte vergnügt über seinen eigenen Witz, beugte sich zu ihr und hielt ihr das Päckchen Zigaretten hin.

»Willst du auch eine?«

»Mister Hosman, Sie duften ja betörend«, sagte sie. »Was ist denn das?«

»Gefällt es dir?« Er sog genießerisch seinen eigenen Duft ein. »Es ist 1881 von Cerruti.«

Sie verließen die Stadt in Richtung Norden, nahmen die mehrspurige Schnellstraße, die neben dem Hotel vorbeiführt. Die Hypermodernität von Tripolis ließ rasch nach, die Häuser links und rechts der Straße hatten bald wieder einen orientalischen Vorortscharakter. Geschäft an Geschäft gereiht, Autowerkstatt neben Kramerladen, Metzger neben Barbier. Das Band der Autostraße war asphaltiert, gleich daneben auf den Wegen, Gassen und Höfen Staub, Abfall und die obligatorischen Tonnen mit den bunten Besenbürsten. An den größeren Kreuzungen saßen Männer in Arbeitskitteln auf den Bordsteinen. Sie hatten allerlei Werkzeuge neben sich aufgereiht. Sägen, Pinsel, Kellen, Hämmer, Kübel, Pickel, Glühbirnen.

»Was machen die denn da?« fragte Salome.

»Das sind Handwerker, die auf einen Job warten«, sagte Sabri. »Manchmal haben sie Glück, und irgend jemand braucht sie für einen Tag.«

»Du meinst, das sind Taglöhner?«

»Ja«, antwortete er gleichmütig.

»Daß es hier so etwas gibt!« Salome sah ihn überrascht an.

»Das sind keine Libyer«, sagte Sabri. »Es sind Afrikaner. Aus dem Sudan, aus Tschad, aus Niger. Schau sie dir doch an. Alles arme Hunde.«

»Du bist doch selber ein Afrikaner.«

»Ich bin Araber«, betonte er. »Außerdem meine ich das nicht rassistisch. Bei uns ist jeder gleich. Es gibt sehr viele schwarze Libyer. Sie werden genauso behandelt wie wir. Nicht wie in anderen Ländern, wo Schwarze zweitklassig sind. Das gibt es hier nicht.«

Aber als arme Hunde bezeichnet er sie trotzdem, dachte Salome und notierte im Geist ihren Kommentar: Wesentlichstes Element der Gleichheit ist Geld.

Die Besiedlung wurde dünner. Auf beiden Seiten standen Mandelbäume, hie und da eine kleine Olivenplantage. Nur die Männer in ihren weißen traditionellen Gewändern, die vereinzelt herumschlurften, und die kleinen Minarette der ländlichen Moscheen erinnerten an den Orient.

»Mit was verdient denn dein Vater sein Geld?« fragte sie.

»Er hat Lastwagen«, antwortete er kurz angebunden.

»Und was transportiert er da mitten in der Wüste?«

»Was meinst du?« Er zog die Augenbrauen mißtrauisch zusammen. »An was denkst du?«

»Na, vielleicht Sklaven?« kicherte Salome.

»Ja, klar«, er lachte, seine Stimme aber hatte einen säuerlichen Klang. »Meine Brüder jagen die Wilden aus dem Busch, meine Onkel brennen ihnen eine Nummer in den Hintern, und mein Vater läßt sie nach Sibirien transportieren.«

»Und dann kauft er sich eine Zigarre.«

»Ich glaube manchmal, du spinnst«, sagte er plötzlich ärgerlich. »Für was hältst du uns? Für Wilde?«

Er sah sie übers ganze Gesicht grinsen, die kleinen Fältchen um ihre Augen tanzten.

»Ja, natürlich halte ich dich für einen Wilden. Vor allem, wenn du im silbergrauen Maßanzug mit goldenem Krawattenhalter erscheinst und klassische Gedichte vorträgst. Sehr barbarisch!« Sie stupste ihn. »Was macht dein Vater wirklich?«

»Er hat Lastwagen, Häuserblocks, Kühlanlagen und Treibhäuser«, antwortete er.

»Treibhäuser? In der Wüste?« rief Salome überrascht.

»Ja, wieso nicht?« sagte Sabri zurückhaltend. »Es gibt viel Wasser in Sebha, Hunderte von tiefen Brunnen und Quellen. Und Wasser ist alles, was du brauchst.«

»Was pflanzt dein Vater denn an in den Gewächshäusern?«

»Na, was wohl?« er zuckte mit den Schultern. »Tomaten, Paprika, Bohnen, was man hier so braucht.«

»Nimmst du mich mal mit dorthin?« fragte Salome.

»Nein, ganz bestimmt nicht«, antwortete er schnell.

»Keine Fraternisation?« fragte sie spitz.

»Meine Familie taugt nicht für irgendwelche Zeitungsartikel. Merk dir das«, antwortete er.

Salome blies den Atem aus. Ruhig Blut, sagte sie zu sich selber, er wird schon noch Vertrauen zu mir bekommen.

»Aber wenn du doch der älteste Sohn bist, solltest du dann nicht die Thronfolge in deines Vaters Geschäften übernehmen?« bohrte sie weiter.

»Sollte ich, tu ich aber nicht. Wie du siehst.«

Sein hübscher Mund wurde schmal, die Mundwinkel verkrampften sich nach unten. Sein Blick hatte auf einmal etwas Düsteres, Ablehnendes, wenig Anziehendes. Er starrte sie einen Moment mit diesen abgestorbenen Augen an, drehte sich dann zum Fenster.

»Wir sind da«, sagte er.

Yussuf fuhr in das Gärtchen vor dem Ausgrabungsgelände von Leptis Magna hinein, bremste und sagte »yalla«. Sonst hatte er an diesem Morgen noch nichts gesagt. Das wird ihm schön stinken, daß Sabri bei mir hinten sitzt, dachte Salome. Sie stiegen aus, Sabri sah sich um. Der Platz war verwaist, das Café leer.

Niemand stand am Eingang.

»Wo ist denn dein Don Giovanni?« fragte Salome lachend.

Er bestellte ihr einen Kaffee, schob ihr einen Stuhl zurecht.

»Ich werde ihn finden«, sagte er mürrisch. »Gib mir nur fünf Minuten.«

Salome nahm ihre winzige Kaffeetasse und schlenderte zu dem kleinen Verkaufsladen, der im Schatten einer riesigen Platane aufgebaut war. In dem Ständer vor dem Häuschen hingen ein paar Postkarten. Gewaltige Säulengänge, Tempelwände, mehreckige Portiken, Triumphbögen, Marmorstatuen, beschriftete Türstürze, skulptierte Marmorsäulen waren darauf abgebildet. Ähnlich wie vorgestern in Sabratha, dachte sie, na ja, wenn Don Giovanni nicht kommt, finde ich das alles zur Not auch selber, ist ja nichts Kompliziertes, nur römisch. Sie trat ihre Zigarette mit dem Schuh aus. Sabri kam aus dem Wächterhäuschen.

»Er ist hinten am Amphitheater«, sagte er. »Ich bringe dich hin. Komm, steig ein, wir fahren mit dem Auto.«

Sie fuhren zurück auf die Hauptstraße, bogen nach ein paar Hundert Metern links ab und holperten auf einem Feldweg über eine riesige Weidefläche. Der Staub wirbelte auf. Yussuf brummelte fluchend vor sich hin, es klang, als sei er ärgerlich wegen des Staubes, der seinen frisch polierten Mercedes mit einer beigen Puderschicht bedeckte. Er drehte sich während des Redens zu Sabri nach hinten.

»Hallas«, fuhr Sabri ihn an, und Yussuf war augenblicklich still.

»Zu welchem Amphitheater fahren wir?« fragte Salome und sah Ziegenherden über die weite Fläche ziehen, die sie überquerten.

Der Hirte saß auf einem großen Stein, hielt seinen Stab in der Hand und blickte aufs Meer hinüber, das am Rand des flachen Geländes das Ufer umspülte.

»Zu dem von Leptis, natürlich«, antwortete Sabri.

»Das ist aber weit.«

»Das war ja auch eine große Stadt, Salome«, sagte er. »Alles das, worüber wir gerade fahren, war Teil der antiken Stadt. Hier ist nur noch nichts ausgegraben.«

Sie ließen das Auto stehen und stapften zu Fuß weiter durch den Staub.

»Ich gehe ihn suchen«, rief Sabri und lief voraus.

Salome stand am Rand eines riesengroßen, eines gewaltigen Amphitheaters, das trichterförmig in die Erde gegraben unter ihr lag. Wie von einem Kyklopen mit einem kolossalen Löffel ausgebuddelt, lag das gigantische Loch ihr zu Füßen. In der Mitte die cavea, und darum herum stufenförmig die Elipsen der Ränge. Sie stand auf dem höchsten, fünfundzwanzig hatte sie schnell gezählt, allesamt in exzellent erhaltenem Zustand. Sie nahm den Deckel vom Objektiv ihres Fotoapparates.

»Buon giorno, bellissima dottoressa«, hörte sie eine heisere Männerstimme hinter sich.

Sie wandte sich rasch um. Neben Sabri stand ein großer, schlanker Mann mit einem Segeltuchhut, aus dem graue Strähnen hervorlugten.

»Hier dürfen Sie leider nicht fotografieren, meine Liebe«, sagte der alte Herr und drückte ihr die Hand. »Gestatten Sie, Giovanni Mezzogiorno. Ich freue mich sehr über Ihren Besuch.« Er beugte sich leicht nach vorne und hob ihre Hand sanft zu seinem Mund. »Für welche Zeitung schreiben Sie denn, cara mia?«

»Aber warum darf ich hier nicht fotografieren?« rief Salome und vergaß, den wichtigen Mann anzulächeln.

»Nun«, antworte Professor Mezziogiorno mit einem winzigen Seitenblick auf Sabri, »die Libyer haben manchmal eigenartige Vorstellungen von Sicherheit. Schauen Sie«, er deutete auf einen langen Steg im Hintergrund des Amphitheaters, »das ist eine Ölverladestation. Sie ist schon Jahre außer Betrieb. Aber fotografieren darf man trotzdem nicht. Es ist weiterhin ein Staatsgeheimnis.« Er hob die Schultern. »Ich gebe Ihnen ein paar von meinen Fotos, meine Liebe.« Er hielt immer noch ihre Hand. »Wir haben hier nämlich Sonderrechte«, fügte er lächelnd hinzu.

»So, junger Mann«, damit wandte er sich an Sabri, »ich werde Ihnen unseren hübschen Gast heute nachmittag wieder zurückbringen. Sagen wir, um fünf?«

Ich möchte aber, daß Sabri mit uns geht, wollte Salome rufen, ich will nicht einen ganzen Tag ohne ihn hier herumlatschen, dachte sie empört, wieso greift Sabri denn nicht ein und wehrt sich gegen den Alten? Sie drehte sich nach ihm um und wollte ihn selbst auffordern, mitzukommen, da fing sie einen seltsamen Blick von ihm auf. Sah er sie traurig an? Nein, nein das war es nicht. Verletzt? Beleidigt? Auch nicht. Es war ein seltsam betretener, hilfloser Ausdruck, den sie in seinen Augen las.

»Fünf Uhr ist gut«, stimmte er leise zu.

Feiges Vögelchen, dachte Salome. Sie zuckte mit den Achseln und hakte sich bei Mezzogiorno unter.

»Nun, wo fangen wir an, mein lieber Professor?« Sie gingen ein Stück den Weg entlang.

»Wie kommen Sie denn mit dem jungen Hosman zurecht?« fragte Mezzogiorno und führte Salome an den Rand des Amphitheaters.

»Prima«, antwortete Salome.

Komisch, ich habe jetzt schon Sehnsucht nach ihm, dachte sie.

»Ja, prima, wirklich«, wiederholte sie.

»Wissen Sie, daß sein Vater einer der reichsten Männer hier im Land ist?«

Salome schüttelte den Kopf.

»Er ist ein Jugendfreund des Obersten.« Sein Blick schweifte über das Theater, hinunter zum sandigen Weiß des Strandes. »Ich verstehe überhaupt nicht, wieso Sabri diesen merkwürdigen Job in der Reiseagentur macht. Dafür hat ihn sein Vater sicher nicht in die teuren Schulen geschickt.«

Salome stutzte. Teure Schulen? Gab es das in Libyen etwa?

»Ich habe keine Ahnung«, sagte sie, »aber ich bin sicher, Sabri wird seine Gründe haben, Professore, weshalb er nicht bei Papa auf dem Schoß sitzt.«

Sie hatte sich auf einem der herumliegenden Kalkquader am oberen Rand des Amphitheaters niedergelassen. Er war in der Mitte auseinandergebrochen, der Riß ging durch fein skulptierte Ornamente. Ach, Stein, du hast auch mal bessere Tage erlebt, dachte sie lächelnd.

»Das Amphitheater ist erstaunlich weit weg von der Stadt, wie kommt das, Professore?« fragte Salome verwundert und strich mit der Hand sanft über den geborstenen Quader.

»Tja, meine Liebe, das hat schon seinen Sinn.« Der Professor schob seinen Hut ein wenig nach hinten und setzte sich zu ihr auf den Stein. »Sie müssen sich mal den Trubel vorstellen, wenn hier eine Vorstellung war. Sechzehntausend Menschen hatten in diesem Theater Platz, und alle kamen, weil sie etwas Spektakuläres sehen wollten: Stiere, denen man die Hodensäcke hochgebunden hatte, damit sie vor wütendem Schmerz wie wild auf die Gladiatoren losgingen. Oder seit Tagen hungernde Löwen, denen man menstruierende

Christenfrauen vorwarf, durch deren Blutgeruch die Tiere aufgepeitscht wurden.«

Salome drehte sich um und sah hinunter auf den Schauplatz des Grauens. In der Arena lagen Steine herum, um die sich kleine gelbe Blümchen rankten. Da, wo es einst um Leben und Tod ging, drehten Mini-Sonnenblümchen ihre Stengel der Wärme entgegen.

»Das waren knallharte Brutalo-Events«, Mezzogiorno sprach im saloppen Ton eines Teenagers. »Stellen Sie sich vor, man stellte einem bis unter die Zähne bewaffneten Profikämpfer, gut genährt und mit dicken Muskelpaketen, einen nackten, ausgemergelten Menschen gegenüber, der keine Waffe führen durfte. Das gefiel dem Publikum, da war richtig was los.« Der Professor tätschelte ihren Arm. »Ja, das können Sie ruhig schreiben, das ist leider die Wahrheit. Hier wurden übrigens auch die Exekutionen der zum Tode Verurteilten durchgeführt. Und während die sich in ihrer Todespein quälten, blies den Zuschauern der angenehme Nachmittagswind durchs Gewand.«

Salome entzog sich vorsichtig dem Zugriff des alten Herrn, der sie mit aufgeweckten Augen ansah. Er hatte ein verbrauchtes, runzeliges Gesicht, sie fand, daß er ein wenig verwahrlost aussah. Den Bart hatte er sich schon länger nicht geschnitten, die grauen Stoppeln wuchsen unregelmäßig aus der faltigen Haut. In den Mundwinkeln hatte sich Speichel gesammelt. Die Augen waren jung geblieben, eingerahmt von unzähligen Fältchen, blickten sie voller Interesse auf die Frau, die ihm in den Ruinenalltag hineingeschneit war.

»Drehen Sie sich mal auf die andere Seite«, forderte er sie auf und berührte sie leicht an den Schultern. »Da unten, direkt unterm Amphitheater, war die große Pferderennbahn.«

Salome sah hinunter auf den Strand, konnte aber nichts erkennen. Sie ließ ihre Augen aufmerksam herumwandern, da entdeckte sie die Umrisse einer ausgedehnten Anlage, unter einem Plumeau aus Sand ließen sich die Linien eines riesigen Hippodroms erahnen.

»Die Pferdebahn war vierhundertfünfzig Meter lang. Nicht schlecht für so ein afrikanisches Provinznest.« Mezzogiorno zog einen silbernen Flachmann aus seiner vieltaschigen Jacke. »Möchten Sie ein Schlückchen?« fragte er freundlich.

»Wo haben Sie denn das her?« fragte Salome. »Ich dachte, das hier sei ein absolut trockenes Land.«

»Ach, Kind«, sagte er, »du kannst hier an jeder Ecke Schnaps kaufen, mußt nur wissen, wo und zu welchen Preisen. Hat Ihnen das der kleine Hosman nicht gesagt?«

»Nein«, sagte sie irritiert. »Ich habe ihn auch nicht danach gefragt.«

Er gönnte sich einen Schluck, wischte sich die danebengegangenen Tropfen mit dem Rücken der Hand ab. »Wir buddeln immer noch hier rum. Wir glauben nämlich, daß es noch mehr Vergnügungsstätten hier draußen vor der Stadt gab.« Mezzogiorno verpackte die silberne Flasche in seiner Jacke. »Es ist anzunehmen, daß das gesamte Unterhaltungsviertel hier war. Weg von der Stadt. So war die Chose von der römischen Polizei gut zu kontrollieren, konzentriert sozusagen, falls die Zuschauer randalierten oder vor Begeisterung oder Enttäuschung durchdrehten. Die Römer waren nämlich geradezu versessen auf diese Spektakel.«

Er zeigte mit dem Finger auf die Rennbahn.

»Sehen Sie, da am nördlichen Ende waren wahrscheinlich die besten Plätze. Da saßen die Honoratioren und hohen Besucher der Stadt. Und wissen Sie, warum?« Er hielt einen Moment inne. »In der Nordkurve passierten die meisten Unfälle, wenn die Vierspänner scharf in die Kurve preschten. Da waren natürlich die begehrtesten Sitzgelegenheiten. Da floß Blut, und man konnte die Verletzten schreien hören.«

»Das klingt ja alles schrecklich«, sagte Salome enttäuscht. »Ich dachte immer, die Leute in der Antike gingen hauptsächlich ins Theater, um die Klassiker zu sehen. Aischylos, Euripides und so.«

»Nicht mehr zu dieser Zeit, cara«, sagte Mezzogiorno.

»Die Rennbahn und das Amphitheater sind zwar aus dem ersten nachchristlichen Jahrhundert, aber auch da waren die Klassiker schon längst out. Wenn die Leptitaner dieser späteren römischen Kaiserzeit ins Theater gingen, wollten sie Klamauk sehen, Lustspiele, einfache Sachen. Aber um Gottes willen keine langatmigen Tragödien.« Er stand auf. »Kommen Sie, ich will Ihnen noch viel zeigen.«

Sie stiegen die Sitzreihen des Amphitheaters hinunter zum Circo, der Rennbahn. Er lag am Meeresrand, man konnte das leise Rauschen der Wellen hören. Die Zuschauerränge waren längst versandet, aber in Salomes Kopf flogen die Bilder von Ben Hurs weißem Pferdegespann um die Wette, sie sah Charlton Heston mit wehendem blauem Mantel und Helmbusch, wie er seinen Verfolgern davonraste. Die Peitschen knallten, die Menge brüllte begeistert, die Holzräder quietschten laut, als er in der Kurve die Pferde zügelte, um nicht zu stürzen und von den Nachkommenden zermalmt zu werden.

»Schauen Sie, da in der Mitte«, der Professor deutete auf einen kleinen Steinhaufen, »waren Wasserbassins, aus denen man mit Kübeln Wasser auf die erhitzten Holzräder der vorbeirasenden Quadrigen spritzte, damit sie nicht auseinanderbrachen.«

Salome kritzelte die Einzelheiten rasch in ihren kleinen Block.

»Darf ich Sie zitieren?« fragte sie.

»Nur zu. Wir sind froh um jede Zeile, die über unsere Arbeit veröffentlicht wird.« Er kramte in seinen Hosentaschen. »Libyen wird ja so schrecklich links liegengelassen. Über allen Dreck wird geschrieben, überall rasen die Leute mit ihrer unerträglichen Dummheit und ihren Fotoapparaten hin. Nach Ephesus, Pompeji, Palmyra, Petra und nach Rom natürlich, trampeln sich gegenseitig auf die Füße und stehen sich vorm Objektiv.«

Er zog eine Pfeife aus der Hosentasche und steckte sie in den Mund. Es war eine Meerschaumpfeife mit einem Mundstück aus Bernstein, das schon ganz abgelutscht war.

»Hier in Libyen stehen die prächtigsten römischen Ausgrabungen rum, aber es kommen nur die Kenner her.« Er zog an seiner Pfeife, obwohl sie kalt war. »Und das sind ja bekanntlich die wenigsten.«

Sie schlenderten am Strand entlang.

»Hier zwischen dem Vergnügungsviertel und der Stadt war wahrscheinlich der Friedhof«, sagte er.

»Mußten die Leute durch den Friedhof laufen, wenn sie ins Amphitheater gingen?«

Salome fand die Idee skurril.

»Brava«, der Professor nickte ihr anerkennend zu, »gut kombiniert. Aber stimmen tut's trotzdem nicht. Die Theaterbesucher konnten nämlich über das Aquädukt laufen. Wie über eine Skyway. Und am Ende standen sie am Theatereingang.« Er brummte fröhlich. »Das waren ausgeklügelte Systeme. Wasserführung und Fußgängerübergang in einem Bauwerk. Das macht den Römern so schnell keiner nach.«

»Graben Sie schon lange hier?« fragte Salome und musterte ihn eindringlich.

Er kam ihr vor wie verwachsen mit den Relikten aus der römischen Zeit.

»Ja, mein Kind, eigentlich schon immer«, seine Stimme klang zufrieden. »Auf jeden Fall sicher länger, als Sie auf dieser Welt sind.«

»Und? Schönes Leben?« fragte sie leise.

Er nahm kurz den Hut ab, strich sich über die weißen Haare und sah Salome an.

»Ja«, sagte er nickend. »Manchmal muß ich in eure Steckdosengesellschaft zurück, aber ich bin immer froh, wenn ich wieder hier bin. Hier ist die Welt geräuschloser und läßt einem die Möglichkeit, sich auf eine Sache zu konzentrieren. Das schätze ich sehr.« Er setzte den Hut wieder auf. »Ob Sie das verstehen?«

»Ob ich das verstehe?« fragte sie. »Ich glaube schon.«

Gerade hatte sie noch über ihn gelächelt, jetzt spürte sie wie einen kleinen Messerstich das Gefühl des Neides in sich regen. Der Mann weiß, wo er hingehört, dachte Salome, und er weiß, was er tut, ihn schleudert es nicht ständig durch die Welt wie mich, wahllos, ziellos, unruhig.

»Ich glaube schon, Professorchen.« Ihre Stimme war kaum hörbar, sie räusperte sich verlegen. »Wie war das noch mal mit Leptis?« fragte sie schnell. »Waren hier auch zuerst die Phöniker wie in Sabratha?«

»Schon«, räumte er ein. »Aber wenn wir Leptis sagen, meinen wir natürlich die römische Stadt. Und wenn wir römisch sagen, meinen wir vorab die Zeit von Septimius Severus.«

Salome erinnerte sich. Septimius hatte eine steile Karriere gemacht, der Sohn des afrikanischen Provinznestes Leptis war bis zum römischen Kaiser emporgestiegen. Soldatenkarriere. Eine andere blieb ihm nicht, war er doch nicht aus gutem Hause.

Septimius, von seinen Soldaten zum Kaiser akklamiert, zeigte sich erkenntlich. Er ließ seiner Heimatstadt ein Bauprogramm zukommen, das einem den Atem raubt. Das alte Forum, Zentrum des geschäftigen römischen Lebens, Gerichtshof, Notariat und geselliger Treffpunkt, wurde für zu klein befunden, ein anderer Marktplatz mußte her. Das neue, vollständig marmorgepflasterte Forum, ab sofort Machtzentrum der Stadt, wurde auf einem Terrain außerhalb des alten Stadtkerns, nahe der Kolonnadenstraße, die hinunter zum Hafen führte, gebaut. Vorher mußte aber dort die bestehende Bebauung dem Erdboden gleichgemacht werden, um Platz zu schaffen für den kyklopischen Komplex. Das Forum, eine Art antiker Markusplatz, bekam einen doppelten Säulenumgang mit gewaltigen Bögen, auf denen Medusenhäupter prangten. Ein ganzer Medusenpark entstand, Hunderte dieser großgesichtigen Damen mit Schlangenhaaren lächelten etwas schwerfällig von den Arkaden herunter.

Es wurden keine Kosten und Mühen gescheut, um den severischen Bauvorhaben ein wahrhaft imperiales Flair zu verleihen. Ihr Maulwurf aus der Redaktion hatte noch vieles an den Rand ihrer Hinweise zu Leptis mit ihrer kleinen ordentlichen Schrift gekritzelt, aber Salome konnte sich nicht genau entsinnen. Kolonnadenstraße mit hundertzwanzig Cipollinosäulen nicht versäumen, das war ihr in Erinnerung geblieben. Und größtes Nymphäum der römischen Antike außerhalb von Rom, unbedingt besuchen!

»Den Hafenausbau hat die Stadt wohl auch Septimius zu verdanken«, sagte der Professor in ihre Gedanken hinein und kletterte leichtfüßig auf ein zerfallenes Steinpodest.

Salome kletterte hinterher. Sie hatten die Schuhe ausgezogen und waren am Meer entlanggeschlendert. Jetzt standen sie auf der östlichen Mole.

»Hier wurden die kostbaren Baustoffe in riesigen Mengen von Schiffen aus aller Welt angeliefert. Leptis war einer der größten und umtriebigsten Häfen des Imperiums«, sagte der Professor.

Salome blickte von ihrem Steinhaufen aus auf eine hübsch geschwungene Sandbucht, auf der einen Seite vom Meer umspült, auf der anderen wuchsen in dichtem Gebüsch Papyrusstauden. In der Bucht lagen behauene Steine wahllos herum, gekrönt von einem stufenförmigen Podest. Mehr sah sie nicht.

»Ich kann mir überhaupt nichts vorstellen«, rief sie verzweifelt. »Hafen? Wo denn? Wie denn?«

»Also, mein liebes Kind«, sagte der Professor geduldig und nahm sie beim Arm, »wir stehen auf der Ostmole. Hier waren einst gewaltige Lagerhallen für die Import- und Exportgeschäfte, den Zoll, die Wechselstuben und solche Sachen.«

Salome dachte an ihre jordanischen Import- und Exportfreunde in Tripolis und mußte lachen.

»Ja, lachen Sie nur«, meinte Mezzogiorno friedlich. »Hier wurde richtig Busineß gemacht. Und damit die Götter den gerissenen Händlern auch wohlgesonnen blieben, hat man ihnen einen hübschen kleinen Tempel dazugebaut. Da drüben stehen noch ein paar Säulen, ich glaube, es sind sieben.«

»Ah.«

»Der größte Teil des Hafenbeckens ist heute zugewachsen.

Aber Sie müssen sich vorstellen, daß das ganze Gestrüpp da unten ungefähr ein Bassin von hunderttausend Quadratmetern war, um das rundherum Plattformen, Portiken, mehrstöckige Lagerhäuser und Anlegestellen gruppiert waren, so, na ja, ungefähr auf einer Länge von eintausendzweihundert Metern.«

»Unvorstellbar«, sagte Salome beeindruckt.

»Und da drüben, cara«, Mezzogiorno deutete auf die Steinhaufen auf der anderen Seite der Bucht, »war die andere Seite des Hafenbeckens. Auf dem Podest stand damals ein mächtiger Leuchtturm, heute ist er zerstört und vom Meer zerfressen.«

»Hier möchte ich jetzt eine Zigarette rauchen«, sagte Salome, setzte sich auf eine Stufe, die als Anlegestelle gedient hatte, und stieß genießerisch den Rauch aus. »Ja, Professor, das ist wirklich gewaltig.«

Er sog an seiner kalten Pfeife und genehmigte sich noch ein Schlückchen aus seinem silbernen Flachmann. Salome nahm die Brille ab und schenkte ihm einen dankbaren Blick aus ihren strahlenden Augen.

»Aha«, sagte er anerkennend, »dachte ich mir doch, daß sich hinter der Brille zwei Edelsteine verstecken.« Er zwickte die Augen zusammen. »Mit diesen Augen hätten Sie eine Hollywood-Karriere machen können.«

»Meinen Sie, das ist noch immer das höchste Ziel einer Frau?«

»Ja«, sagte er fest. »Sie als schöne Frau können da nicht mitreden, aber fragen Sie mal eine vom lieben Gott vernachlässigte Dickmadame, wovon sie träumt.«

Er schob, ganz in Gedanken versunken, seinen Unterkiefer nach vorne. Vielleicht hat er einen häßlichen Trampel als Tochter, dachte Salome, und sieht sie gerade vor sich.

»Sind Sie verheiratet, Dottoressa?« fragte er plötzlich.

Salome atmete tief durch.

»Geschieden«, antwortete sie kurz.

»Traurig?« Er sah sie eindringlich an.

»Scheiße hoch drei«, sagte sie hart.

Er schob sein Cognacfläschchen wieder in die Jacke und stand auf.

»Jetzt werden wir mal schauen, daß wir weiterkommen. Ich möchte Sie gerne auch noch mit meinen Studenten bekanntmachen, die graben hinten an der anderen Seite.« Er deutete an die Küste. »Außerdem bekommen wir dort unser Mittagessen.«

Sie marschierten über die sandige Bucht, stiegen hinauf zum ehemaligen Leuchtturm und ließen sich den Wind durch die Kleider blasen. Große Brecher stürzten mit lautem Krachen an das noch übriggebliebene Mauerwerk. Dahinter nur das Blau des Meeres, keine Schiffe, nichts, nur die Endlosigkeit des blauen Ozeans.

Salome stolperte hinter dem Professor über die Stoppeln der Macchia, die den verschlungenen Pfad, der sie zurück zur antiken Stadt führte, überwucherte. Blaue Disteln, Mittagsblümchen, winzige Alpenveilchen, Schafsgarbe blühten gegen das struppige Dornengeflecht an. Dazwischen lagen kreuz und quer, als sei ein wütender Riese hier vorbeigekommen, zerborstene Marmorsäulen, abgebrochene Kapitelle, einzelne Säulentrommeln, Reste von Inschriftentafeln, kaputte Architrave mit wunderschönen Zierleisten, steinerne Löwenmäuler, aus denen einst das Wasser speite, Reliefplatten mit dikken kleinen Eroten darauf, die Fruchtgirlanden schleppten.

Salome stand der Schweiß auf der Stirn. Es war warm geworden, und sie mußte dem Professor folgen, der rasch durch diesen Paradiesgarten eilte, sie wollte aber die verwunschene Atmosphäre dieses zauberhaften Ortes auch fotografieren. Sie wischte sich über die Stirne und blies den Atem aus.

Was wohl Sabri macht, überlegte sie. Der wird nicht so blöd sein und durchs Gelände hechten, der sitzt sicher urgemütlich im Café und zieht an seiner Wasserpfeife. Beim Gedanken an ihn mußte sie unwillkürlich lächeln.

Sie überquerten das alte Forum mit seinen Mini-Tempeln und traten auf die Hauptstraße der Stadt. Steinbögen aller Größen überspannten die Straße, allesamt zu Ehren irgendeines Kaisers, der hier einmal vorbeigekommen war. Hadrian jedenfalls war immer dabei, es gibt keinen wichtigen Ort im römischen Imperium, den nicht ein Hadriansbogen ziert.

Dann machte der Professor eine scharfe Rechtskurve und rief: »Voilà!«

Sie betraten einen großen, rechteckigen Platz. Wie zerbombte Obelisken ragten einzelne Granitsäulen verloren in die Luft. Palmen hatten die Terrasse erobert. Mit ihren elegant schwingenden Wedeln machten sie den Ort zu einer romantischen Oase. In der Mitte des Platzes thronten zwei Rundbauten aus feinstem ziseliertem Stein. Reste der kostbaren Wandverkleidungen aus buntfarbigem Marmor hingen wie abgeblätterter Nagellack an den Wänden und glänzten im gleißenden Licht. Der Reiz dieser Idylle wurde noch gesteigert durch palmenverzierte Medaillons und Rosettensteine, die wie zufällig an die Säulen, Pilaster und Treppen angelehnt lagen. Keiner war mehr ganz, der Zahn der Zeit hatte seine Spuren hinterlassen.

Es war eine perfekte spätromantische Bühne, bereit für den zärtlichen Auftritt eines Liebespaares. Romeo und Julia in Leptis Magna, dachte Salome, fehlt nur der Mondschein.

Sie stand mit offenem Mund, lehnte an einer Steintafel und getraute sich kaum zu atmen, um den Zauber dieses Bildes durch nichts zu gefährden. Sie empfand den Platz wie ein kostbares, glitzerndes Kaleidoskop, dessen Tausende Steinchen bei der winzigsten Bewegung für immer auseinanderzufallen drohten.

»Dottoressa«, sagte Mezzogiorno schmunzelnd, »Sie lehnen am wichtigsten Stein des ganzen Komplexes.«

Sie hob erschrocken ihren Arm, und wirklich, auf der Tafel waren eigenartige Striche eingeritzt, verschieden lang, in drei Registern untereinander.

»Was ist das?« fragte sie und zückte ihre Hasselblad.

»Das sind die gängigsten Längenmaße der damaligen Zeit. Eine punische und eine alexandrinische Elle und ein römischer Fuß und ihre jeweiligen Unterteilungen. Ein wichtiges Utensil für einen Lebensmittelmarkt.«

»Ein Lebensmittelmarkt? So prachtvoll?« rief sie erstaunt.

An der schmäleren Seite des Platzes sah sie marmorne Seitenstützen mit Greifen geschmückt, die ihre Flügel ausgebreitet hatten, und mit Delphinen, deren geringelte Schwanzflossen sich lustig hochreckten. Es fehlten nur die prall gefüllten Tische darauf, auf denen Fische, Hühner, Rehböcke, Schweinskeulen, Fasane und Tauben zum Verkauf lockten. Und die Käufer, die prüfend und kenntnisreich das Angebot inspizierten.

Auch Mezzogiorno war hingerissen von der Pracht.

»Das Ganze ist das Werk eines einzigen Mannes, Annobal Tapapius Rufus, ein schwerreicher Leptitaner, der seiner Stadt diesen Markt geschenkt hat«, sagte er. »Da drüben auf der Inschrift über dem Architrav, schauen Sie, da hat er sich verewigt.«

Ein paar der römischen Lettern waren noch zu lesen, die an den großzügigen Spender und Wohltäter von einst erinnerten.

»Na, ist das ein Zigarettchen wert?« fragte er sie mit glitzernden Augen.

»Oh, ja«, antwortete Salome und setzte sich in den Schatten einer Säule. »Dafür muß ich unbedingt ein Rauchopfer abhalten.«

Die Sonne war schon weit über den Zenit gewandert und brannte heiß auf die einsame Ruinenlandschaft. Es war ihnen den ganzen Tag kein einziger Mensch begegnet. Mezzogiorno zog eine Wasserflasche aus seiner Jacke und bot sie Salome an. Gierig trank sie einen großen Schluck.

»Zeit fürs Picknick«, sagte der Professor. »Andiamo.«

Ungern verließ Salome den märchenhaft schönen Lebensmittelmarkt. Sie wanderten weiter durch das Labyrinth der steinernen Gassen, auf denen die Holzräder der römischen Karren tiefe Rillen hinterlassen hatten.

»Jetzt werden Sie gleich noch ein Schmuckstück zu sehen bekommen«, sagte der Professor zuvorkommend und lächelte sie von der Seite an.

Salome erwiderte seinen Blick. Seine Augen sind ja noch okay, dachte sie, während sie ihn gnädig anlächelte, aber die vielen Falten drumherum, scheußlich, ob ich wohl bald auch schon so aussehe? Es fröstelte sie bei dem Gedanken.

Und da war das angekündigte Schmuckstück auch schon zu sehen. Ein reizendes kleines Theater inmitten der alten Stadt, steil ragten die Sitzreihen hoch. Salome rannte die Stufen hinauf und drehte sich um.

»Kommen Sie, Professorchen, das müssen Sie sehen«, rief sie begeistert.

»Ja, ja«, Mezzogiorno kam hinterher, er war außer Puste geraten.

Die Bühnenfront des Theaters war zerstört, der Blick frei über den Säulenwald des angrenzenden Portikus bis hinunter zum goldenen Sand der Küste und dem Wasser dahinter, das in langen Wellen in aller Geruhsamkeit den flachen Strand überrollte.

Herrgott, ist das einmalig schön, jubilierte es in Salomes Herz. Sie zog ihren Fotoapparat heraus und hüpfte beschwingt durch das Theater, stellte sich auf die Zehenspitzen, ging in die Knie, und jedes Motiv, das sie sah, begeisterte sie noch mehr. Es ist schon wieder so schön, freute sie sich, und noch während ihr dieser Gedanke durch den Kopf ging, spürte sie plötzlich eine Beklemmung. Wo ist denn bloß der Haken bei dieser Geschichte, dachte sie, wann kommt die Rechnung für diese Tage? Sie setzte sich auf eine Stufe.

»So besinnlich?« fragte Mezzogiorno. »Ja, ja, das kann man hier schon werden.«

Er nahm sie sacht bei der Hand und führte sie aus dem Theater. Es war jetzt sehr heiß. Sie gingen schweigend auf einer breiten Straße, die großen Steinquader reflektierten die Hitze, Salome schwankte.

»Wir sind gleich da«, sagte der Professor neben ihr.

Er schnaufte schwer. Sie passierten ein großes steinernes Stadttor, kurz dahinter ging der gepflasterte Weg über in sandiges Gelände, kein Schatten weit und breit, sie stapften auf einen kleinen Hügel, Salome hatte Durst, der Schweiß tropfte über ihre Brille, sie wischte ihn automatisch mit ihren feuchten Händen ab.

»Da unten ist es«, Mezzogiorno deutete auf ein paar kleine Gebäude an der Küste.

Salome wurde es schwindlig, sie wollte plötzlich keinen Schritt mehr tun, sich nur noch unter einen Baum setzen und ausruhen. Aber es gab keinen Baum in dieser Wildnis. Nur flimmernde Hitze.

»Ecco, ci siamo«, sagte er endlich.

Salome ließ sich auf eine steinerne Bank fallen, die Kamera rutschte ihr von der Schulter, sie hob die Beine auf die Bank und legte sich erschöpft auf den Rücken. Ich stehe nie wieder auf, dachte sie und fühlte sich schwer wie Blei, endlich Schatten, endlich kein Septimius Severus mehr. Sie driftete sofort in einen erschöpften Schlaf. Als sie aufwachte, war es halb fünf, und es duftete nach Kaffee.

»Nur Nescafé, mi dispiace«, sagte der Professor achselzuckend und reichte ihr einen Plastikbecher. »Sie haben so ein ernstes Gesichtchen gemacht im Schlaf, meine Liebe.«

»Nun«, sagte sie leise, »noch bin ich nicht so weit, daß ich mein Gesicht auch im Schlaf unter Kontrolle habe.« Sie sah ihn an. »Es war ein so wunderschöner Tag, Professorchen, aber jetzt muß ich gehen.«

»Ich bringe Sie noch ein Stück«, sagte der Professor und nahm ihren Arm, sie ließ es geschehen.

»So eine mächtige Stadt!« Salomes Blick streifte den großen Cardo hinunter. »Woran ist sie denn eingegangen?«

»Tja, woran geht man zugrunde? An mangelnder Zuneigung?«

Der Professor sprach leise, wie zu sich selbst. Er hatte den Kopf gesenkt. Mit einem Mal rappelte er sich wieder auf.

»Eine künstliche Schöpfung wie Leptis konnte ihre Entwicklung nicht dauerhaft fortführen«, dozierte er. »Der gestaute Lebda-Fluß durchbrach die Mauern, es gab Erdbeben, innerlibysche Stämme drangen vor, die wirtschaftliche Krise war eine Folge, die Entvölkerung eine andere. Nachdem die Byzantiner schließlich aus Afrika verschwunden waren, holten sich die Sanddünen die Natur zurück, die Jahrhunderte von Menschenhand beschlagnahmt war.«

Salome sah den Quadrifons vor sich auftauchen. Sie waren am Ende ihres gemeinsamen Tages angelangt. Der berühmte Professor war ihr sympathisch geworden, ein bodenständiger und verträumter Mann, intellektuell und sentimental zugleich. Eine kostbare Mischung.

»Von hier finde ich alleine zurück, Professorchen«, sagte sie. »Gönnen Sie mir noch ein paar Meter ganz alleine?«

Er beugte sich vor, küßte ihre Hand.

»Sie sollten lernen, die Dinge leicht zu nehmen«, sagte er. »Oder wenigstens leichter. Versprechen Sie mir das?«

Sie nickte.

»Denken Sie daran, meine schöne Salome«, sagte er und sah ihr eindringlich in die Augen. »Am Ende enttäuscht man immer nur sich selbst.«

Er ließ ihre Hand los und machte sich langsam auf den Weg zurück zu seinen archäologischen Grabungen.

Sie setzte sich einen Augenblick auf die Treppe hinter dem riesenhaften Bogen zu Ehren des Kaisers Septimius Severus und blickte die via triumphalis hinunter. Ihr war nicht triumphierend zumute. »Am Ende enttäuscht man immer nur sich selbst.« Plötzlich kroch in ihr eine Verlassenheit hoch und jagte ihr die Tränen in die Augen. Elendige Scheiße, dachte sie, warum fühle ich mich nach einem solchen Tag plötzlich so schlecht?

Sie raffte sich auf und bestieg die Treppe. Von dort führte ein langer, schmaler, heckenumsäumter Weg zum Parkplatz. Am Ende des Weges sah sie Sabri auf einem der Baststühle des Cafés sitzen. Faul lag er in seinem Sessel, die Hand mit der Zigarette hing über die Stuhllehne. Alleine saß er da und sah ruhevoll und sorgenfrei vor sich hin.

Als er sie bemerkte, stand er sofort auf und lief ihr entgegen. Salomes Schritte wurden schneller, sie merkte, daß auch sie lief. Ihre Arme öffneten sich, und als sie einander trafen, spürten sie die Hitze des anderen Körpers, rochen den süßen Duft der fremden Haut. Einen wundersamen, zärtlichen Moment lang.

»Ich habe dich so vermißt«, sagte Sabri und ließ sie los.

»Ich dich auch, Sabri«, antwortete sie.

Sie gingen zum Parkplatz, in gesittetem Abstand, und erzählten sich die Erlebnisse des Tages. Die Verwirrung eines kurzen Momentes hatten sie hinter sich gelassen. Am Zukkerbäckerbogen des Kaisers Septimius Severus.

13

Auch dieses Hotel war in einem moosigen, wie verfault wirkenden Grün gehalten, dazwischen ockerfarbenes Mobiliar: Sessel, die vor dünnbeinigen, wackeligen Tischchen in Nierenform standen, durchgesessene Sofas, wuchtige Lampenschirme. In jedem Stockwerk hing das Portrait des Staatspräsidenten als geknüpfter Teppich. Der schiefe Fadenlauf ließ seine linke Gesichtshälfte herunterhängen wie bei einem traurigen Basset. In betonierten Blumenkästen verstaubten Plastikpflanzen, die dicken Teppichböden waren abgewetzt. Das Haus war finster und muffig.

»Wollen wir noch rausgehen?« fragte Salome.

»Hier in Misrata gibt es nichts zu sehen«, antwortete Sabri. »Gar nichts.«

Sie verabredeten sich zum Abendessen. Salome legte sich aufs Bett und streckte die Beine aus. Sie dachte, daß sie sich heute abend schön machen wollte für den kleinen Prinzen. Sie hatte Röcke und Kleider dabei, aber keine Schminke, stellte sie bedauernd fest. Nichts. Keine Wimperntusche, keinen Puder, keinen Lidschatten, kein Rouge. Nur einen rosaroten Lippenstift für tagsüber und einen knallroten für abends. Ich werde mich in die Backen zwicken müssen wie Scarlett O'Hara, bis sie rot werden, dachte sie.

Sie entschied sich für einen langen schwarzen Rock, der weich fiel und ihre schmale Taille betonte. Dazu zog sie ein enges weißes Seiden-T-Shirt an.

»Könnte es sein, daß ich dem Bub gefalle?« fragte sie ihr Spiegelbild und begutachtete sich kritisch.

Du hast ja einen Knall, Salome, sagte es in ihr.

»Hast ja recht«, antwortete sie sich vernünftig und konnte den heimlichen Wunsch, seinen wunderschönen, weichen Mund zu berühren, nicht ganz beiseiteschieben. Wie sich das wohl anfühlt, dachte sie, ein so junger, unversehrter Mund.

»Ich werde deinen Mund küssen, Jochanaan«, sang sie laut, warf die Tür ins Schloß, atmete tief durch und ging ins Restaurant.

Sie aßen alleine, Yussuf hatte Kopfweh.

Der Speisesaal war groß. Vergoldete Lüster hingen über langen Tischen, die mit dunkelroten schweren Tischdekken und künstlichen Blumenbouquets verziert waren. Rotbezogene Louis-Quinze-Stühle mit hoher Lehne und gedrechselten Beinen standen um die Tische. Das Lokal war leer. Die dunkelroten Vorhänge waren zugezogen, an den Wänden hingen goldgerahmte Drucke von Schäferstündchen-Szenen in Petit-Point-Stickerei aus dem Rokoko.

»Sind wir die einzigen Gäste?« fragte Salome und blickte entgeistert im Raum herum.

Sie saßen alleine am Ende eines langen Tisches. Sabri zog die Schultern hoch.

»Keine Ahnung«, antwortete er.

»Schau mal, Sabri«, rief sie und zeigte auf das goldglänzende Besteck, das vor ihnen lag.

»Das ist kein echtes Gold«, sagte er ernst.

Es gab Wachteln, die mit auseinandergerissenen Schenkeln in voller Lebensgröße gebraten auf dem Teller lagen. Sieht aus wie auf einem Gynäkologenstuhl, dachte Salome angewidert und hatte Mühe, sich die kleinen prallen Schenkel mundgerecht zuzuschneiden. Sie hatte das Gefühl, ein Embryo zu zerhacken.

»Schmeckt es dir?« fragte Sabri und biß lustvoll in ein knuspriges Wachtelbein.

»Ja«, Salome kaute langsam und nickte höflich.

»Nehmen wir den Kaffee in der Lobby?« fragte Sabri und zündete sich eine Zigarette an.

Mit einer blasierten Geste dirigierte er den Kellner an ihren Tisch, um die Getränke zu bezahlen. Der Kellner, ein marokkanischer Gastarbeiter, kapierte nicht, was er zusammenzurechnen hatte, lief mehrmals vom Tisch zur Bar, rechnete nach, kam wieder hergelaufen. Er wirkte verstört, Sabris Ton wurde von Mal zu Mal ungehaltener. Schließlich schmiß er einen Zehn-Dollar-Schein auf den Tisch, fuhr den Kellner mit seinem kehligen Arabisch an, der, die Abrechnungszettel in der Hand, hilflos neben dem Tisch stand.

»Let's go«, sagte Sabri und verstaute sein Portemonnaie.

»Warum bist denn so böse mit dem armen Kerl?« fragte Salome.

»So ein Idiot«, sage er scharf. »Kann nicht mal zwei Wasser und drei Sprite zusammenrechnen. Diese Blödiane kommen nach Libyen, wollen hier Geld verdienen und sind zu einfältig, irgend etwas richtig zu machen.«

»Was hast du denn zu ihm gesagt, daß er so bedeppert dreinschaut?«

»Ich habe ihn gefragt, ob wir ihnen jetzt auch noch das Rechnen beibringen müssen.«

Er zog lässig an seiner Zigarette, der Zorn war verflogen, er geleitete Salome höflich in die Lobby und rückte ihr einen der häßlichen ockerfarbenen Sessel zurecht.

»Cappuccino?« fragte er und machte sich schlendernd auf den Weg an die Bar.

So ein hochnäsiger Typ, dachte Salome, und doch so unglaublich entzückend, was für eine Mischung. Ob das arabisch ist? Sie sah ihm gedankenverloren nach.

Er kam zurück, stellte sich schmunzelnd vor sie hin und trug ihr mit hocherhobenem Kopf etwas in Arabisch vor. Es klang wie ein Gebet oder ein Gedicht, sehr erhaben und ernst, obwohl er übers ganze Gesicht lachte.

»Was ist das denn?« fragte Salome. »Betest du mich an?«

»Beinahe«, antwortete er. »Höre, Madame Slalom, meine Worte. Ich möcht in meinen eignen Versen mich verstecken, damit, wenn du sie sprichst, ich deine Lippen küsse.«

Salome schloß für einen Moment die Augen und spürte, wie seine Worte sich in ihren Mund schlängelten und sich in der Berührung mit ihren Lippen zu Küssen verwandelten. Ein verwirrend schönes Gefühl beschlich sie. Sie öffnete die Augen und sah in Sabris strahlendes Gesicht. Er amüsierte sich über seinen Vortrag.

»Na?« fragte er, stippte seine Zigarette ab und fläzte sich in seinen Sessel.

Er ist wie ein unbekümmertes Fohlen, dieser Sabri, dachte sie, bezaubernd und leichtfüßig, ich darf um Himmels willen nicht anfangen, ihn ernst zu nehmen.

»Salomita, du bist sehr schön«, sagte er plötzlich und sah sie mit dunkelglühenden Augen an.

Heiß durchfuhr es Salome. Schnell verzog sie abweisend das Gesicht.

»Heute früh hast du mir gesagt, ich muß endlich plastic surgery machen, und jetzt findest du mich schön.«

»Du hast das doch nicht ernst genommen?«

Er sah sie fragend an. Leise sprach er ihren Namen, dehnte jede Silbe wie eine Liebkosung.

»Sa – lo – me.«

Ihr wurde heiß.

»Salome«, wiederholte er zart. »Du bist schön.«

Salome fuhr sich mit dem Mittelfinger über die Augenbrauen.

»Woher kannst du eigentlich so gut Englisch, Sabri?«

»Das ist das Verdienst der strengen Lehrerinnen am Saint Thomas Convent.«

»Saint Thomas Convent?« fragte Salome erstaunt. »Bist du auf eine christliche Schule gegangen? In Libyen?«

»Oh, nein, nicht in Libyen«, sagte er. »Ich war in Malta in der Schule. Sechzehn Jahre. In einer boarding school, die von maltesischen Nonnen geführt wurde.« Er stützte den Kopf in die Hände und sah sie nachdenklich an. »Salome, das war so schrecklich da. Sechzehn schreckliche Jahre. Du kannst dir das nicht vorstellen.«

Er spielte mit seiner Cappuccinotasse und verfiel in Erinnerungen.

»Ich war vier, als mich mein Vater nach Malta schickte, erst vier Jahre, ein Baby.« Er schaute starr auf seine Tasse. »Ich weiß noch so gut, wie er mich hingebracht hat. Ich habe die ganze Reise über darum gebettelt, wieder mit ihm heimfahren zu dürfen, nicht in diese schreckliche unbekannte

Welt zu müssen. Ich war vorher nie weg von Sebha, nie weg von meiner Mutter. Einen dunkelbraunen Lederkoffer und eine dunkelbraune Ledertasche hatte ich dabei, meine Mutter hatte meine Spielsachen und meine Kleider hineingestopft. Das war alles, mehr durfte ich von zu Hause nicht mitnehmen.« Er fuhr sich mit seiner Hand übers Gesicht. »Ich wollte so gerne wieder nach Hause, aber mein Vater ist ein harter Mann. Er hat mich bei den Nonnen abgeliefert und ist nach Libyen zurückgefahren.« Er stülpte die Lippen nach vorne. »Ich wurde in ein holzgetäfeltes Zimmer gebracht, sechs kleine Betten standen drin.« Er sah sie kurz an, sein Blick flackerte. »Die Schwester Oberin legte einen weißen Baumwollsack auf eines der Betten und sagte ›Mister Hosman, von nun an werden Sie nur das tragen, was in dem Sack ist, die Schulkleidung. Nichts Privates, nichts Persönliches. Ausschließlich nur die Schulkleidung.‹«

»Du meinst doch nicht, daß die ›Mister Hosman‹ zu dir gesagt hat, zu einem vierjährigen Kind?«

Salome stellte ihn sich als pausbäckigen, kleinen braunen Buben mit Patschhändchen, winzigen Füßchen und großen dunklen Kulleraugen vor.

»Doch, Salome«, sagte Sabri. »Ich wurde vom ersten bis zum letzten Tag in diesem Internat mit Mister Hosman angesprochen. Wir alle. Ganz egal, was wir taten und woher wir kamen«, er seufzte. »Wenn ich aus Versehen die Krawatte nicht ordentlich gebunden hatte beim Appell frühmorgens um sechs Uhr, wurde Mister Hosman die Strafe in der dritten Person mitgeteilt. Wenn ich schwarze statt graue Socken erwischt hatte, weil ich nicht daran gedacht hatte, daß montags nur graue Socken getragen werden durften, wenn ich nicht schnell genug Englisch lesen konnte, wenn ich eine Unterhose zum zweiten Mal angezogen hatte oder wenn meine Nägel nicht kurz genug geschnitten waren. Ich blieb Mister Hosman, und Mister Hosman wurde bestraft.« Er schluckte. »Keine Nachspeise, alleine im Zimmer essen, überhaupt nicht essen, kein Ausflug am Wochenende, mit ausgestreckten Armen fünf Minuten in der Ecke stehen, kapitelweise englische Geschichten abschreiben, Sonette von Shakespeare auswendig lernen, das waren so die gängigen Strafen. Die Briefe von zu Hause wurden in der Strafperiode nicht ausgehändigt, telefonieren durfte ich natürlich auch nicht.«

Salome wollte ihm die Hand streicheln, er tat ihr unendlich leid. Aber Männer und Frauen berührten sich in arabischen Ländern nicht in der Öffentlichkeit. Sie hielt sich zurück.

»Aber weißt du, Salome«, sagte er, »ich hatte oft gar keine Lust, daheim anzurufen. Es war wie fremde Leute anrufen, ich kannte sie ja alle gar nicht richtig. Auch in den Ferien ließ mich mein Vater nicht heim, er schickte mich zum Skifahren in die Schweiz oder zum Schwimmen nach Italien. Oder ich mußte zu einer Familie in Malta und dort bleiben, bis die Ferien zu Ende waren. Nach Hause durfte ich in den sechzehn Jahren nur zweimal. Wenn wieder ein Bruder auf die Welt gekommen war, habe ich das am Telefon gehört.«

»Und deine Eltern, haben dich nie besucht?« fragte Salome.

»Doch, mein Vater kam manchmal vorbei, wenn er geschäftlich unterwegs war. Meine Mutter habe ich nur gesehen, wenn ich nach Libyen durfte. Zweimal in der ganzen Zeit.« Er sah sie traurig an. »Weißt du, ich habe eigentlich überhaupt keine Mutter gehabt.«

»Wieso haben deine Eltern das getan, Sabri? Wieso in aller Welt?«

»Das weiß ich nicht«, antwortete er.

»Ja, hast du denn nie gefragt?«

»Nein.«

»Das gibt es doch nicht! Wieso hast du nie danach gefragt?« rief sie.

»Ich wollte schon, aber ich hatte nie die Gelegenheit dazu«, sagte er unwirsch.

»Was heißt hier Gelegenheit! Da fragt man halt einfach.«

»Würdest du meinen Vater kennen, könntest du verstehen, das das nicht möglich ist. Nur wenn er mich auffordert, darf ich mit ihm sprechen.«

Er sah sie an und zog seine Lippen zu dünnen Strichen zusammen.

»What the heck«, sagte er dann plötzlich. »Es ist ja vorbei. Was soll ich jetzt da noch darüber nachdenken.« Sein Lächeln wurde breiter. »Ich heiße ja nicht Salome Winter und grüble die ganze Zeit.«

Salome lehnte sich in ihrem Sessel zurück. Ich verstehe nur Bahnhof, dachte sie, da schickt ein muslimischer Wüstenmillionär seinen Erstgeborenen mit vier Jahren in ein christliches Internat ins Ausland, läßt ihn nie heimkommen, spricht nicht mit ihm, und der Sohn läßt alles mit sich geschehen und fragt noch nicht einmal nach den Gründen.

»Und seit wann bist du wieder hier?« fragte sie.

»Nach dem Studium bin ich zurückgekommen. Vor vier Jahren.«

»Nach Sebha? Zu deiner Familie?« fragte sie.

»Mhm.«

»Was heißt mhm?«

»Ich hatte Wirtschaft studiert und sollte in das Geschäft meines Vaters. Aber Sebha war mir fremd, die Eltern, die vielen Geschwister, alles war mir fremd. Sie lebten seit Ewigkeiten in einem großen Haus zusammen, waren aneinander gewöhnt. Es war irgendwie kein Platz für mich. Ich konnte mich nicht einleben.« Er seufzte. »Kannst du das verstehen?«

»Ja, Sabri, das kann ich gut verstehen«, sagte Salome.

»Ach, und die Geschäfte, die mein Vater macht, interessieren mich überhaupt nicht. Ich bin kein Geschäftsmann.«

Nein, dachte Salome, das bist du nicht, du bist weich, phlegmatisch und nachgiebig, du hast nicht das Zeug zu einem harten Manager.

»Deshalb bin ich nach Tripolis gegangen«, meinte er und sah sie betrübt an.

»Und so kommt es, daß du in diesem Reisebüro arbeitest.«

Salome erinnerte sich an Professor Mezzogiornos abfällige Bemerkung über Sabris Arbeit. Siehst du, Professorchen, dachte sie, jetzt haben wir den Grund herausgefunden.

»Ja«, Sabri zog die Augenbrauen hoch, »mein Vater war sehr wütend damals. Aber wir sprechen nicht mehr darüber. Er hat sich wohl damit abgefunden.« Er blies den Atem aus. »Oder auch nicht. Ist mir doch egal.«

Enttäuscht wird er sein von dir, dachte Salome, immerhin hat er ja sechzehn Jahre lang eine teure Ausbildung in dich investiert. Die Frau, die er dir ausgesucht hat, willst du nicht, von der Familie hast du dich abgesondert.

»Kann ich noch einen Cappuccino haben, Sabri?« sagte sie beiläufig und lächelte ihn an.

Er nickte, hob sich aus seinem Sessel und schlenderte an die Bar. Sie sah ihm nach.

Am Ende der kahlen Halle hing eine riesige Leinwand, auf der ein Film lief. Sie sah bunte Bilder über das Leinen flirren, eine junge orientalische Frau hing schluchzend in den Armen eines älteren Mannes, der auf sie einredete. Er klopfte ihr immerzu auf die Schultern und bewegte die Lippen. Salome hörte keinen Laut, Ton gab es keinen zu der arabischen Soap Opera. Die Frau löste sich aus der Umarmung des grauhaarigen Mannes und flüsterte mit verheulten Augen etwas, worauf der Mann sie so heftig von sich stieß, daß sie stürzte, er riß sein Maul auf, fuchtelte wild herum und verließ wütend das Zimmer.

Salome sah sich um und sah, daß in den ockerfarbenen Sesseln der Halle nur Männer saßen. Mit stumpfem Blick glotzten sie auf die Leinwand. Die meisten saßen alleine, hatten ein Gläschen Tee vor sich stehen, trugen traditionelle Gewänder und schwarze Lederschuhe. Es war ruhig wie in einem Leichenhaus, nur ab und zu hörte man das Schlürfen der Männermäuler, wenn einer seinen Tee aus der Tasse sog.

»Was sind denn das für Leute?« fragte sie Sabri, als er wieder bei ihr saß.

»Das sind Männer«, antwortete er uninteressiert.

»Warum sitzen die hier und schauen sich einen Stummfilm an? Sind das Hotelgäste?«

»Nein, das glaube ich nicht.« Er drehte leicht seinen Kopf

und blickte teilnahmslos in die Runde. »Die verbringen ihren Abend hier. Wo sollen sie auch sonst hingehen?«

»Sie könnten doch zu Hause sitzen, bei ihren Frauen, zum Beispiel.«

»Salomita, tu non capisci niente«, sagte er mitleidig lächelnd. »Ein arabischer Mann verbringt doch den Abend nicht bei seiner Frau.«

»Ach, nicht?« fragte sie spitz und fühlte sich plötzlich unbehaglich. »Dann sag mir jetzt noch ein Gedicht auf oder meinetwegen auch ein Sonett von Shakespeare, und dann gehe ich, und du kannst endlich deinen arabischen Männerabend genießen.«

Sie mußte lachen, der Gedanke, daß ihre Gesellschaft weniger erwünscht sei als die der stummen Fernsehglotzer, erschien ihr sehr amüsant.

»Ich bin sehr gerne mit dir zusammen, Salome«, sagte Sabri und sah sie verträumt an.

Sie stand auf. Er führte sie sacht zum Fahrstuhl, ging neben ihr bis vor ihre Zimmertür.

»Gute Nacht, Sabri«, sagte Salome verhalten.

Er richtete einen neugierigen Blick auf sie, der erstaunt über ihr Gesicht wanderte, zärtlich und dunkel wurde. Und sie sah einen Wunsch in seinen Augen schimmern.

»Gute Nacht, Sabri«, sagte sie noch einmal.

Er senkte sofort den Blick und ging.

14

»Das einzige, was du heute tun kannst, ist Palmen zählen«, sagte Sabri.

Yussuf hielt ihm die Vordertüre auf, Sabri aber war zu Salome in den Fond gestiegen. Yussuf schwieg. Na, na, dachte Salome gutgelaunt, diesen einzigen arabischen Mann, der lieber mit einer Frau zusammen ist als mit Helden seinesgleichen, kannst du mir schon gönnen, dachte Salome fröhlich und winkte Yussuf freundlich zu, aber sie erntete nur einen schnellen Blick.

»Palmen zählen? Was soll das bedeuten?« fragte Salome überrascht.

»Das bedeutet, bellissima, daß es außer Sand und Sand und noch mal Sand auf der ganzen Strecke nur ein paar Palmen gibt, die ganzen achthundert Kilometer bis nach Benghasi. Sonst nichts, ich schwöre es dir. Die vollkommene Langeweile«, erklärte Sabri.

»Ich dachte, die Fahrt durch die Bucht von Sirte ist ein berauschendes landschaftliches Erlebnis! Meer, Palmen, Buchten«, rief Salome aufgebracht. »So steht es in meinen Unterlagen. Und das will ich jetzt auch haben!«

»Okay, dann schließ die Augen, und ich erzähle dir von Fidschi«, lachte er.

Salome kuschelte sich in ihren Sitz, das Kissen gegen das Autofenster gepreßt. Sie legte ihren Kopf darauf. Sie war müde. Sabri hatte sie schon um fünf Uhr geweckt.

»Wir haben so viele Kilometer zu fahren«, hatte er gerufen. »Und du hast noch die Ehre, einen vom Ministerium in Sirt zu treffen. Da verlieren wir eine Menge Zeit.«

Gern hätte sie gesagt, daß sie der Minister oder wer auch immer überhaupt nicht interessierte, daß sie ganz zufrieden war, einfach mit Sabri durch sein Land zu fahren. Aber dann fiel ihr ein, daß sie einen Auftrag zu erfüllen hatte, den interessanten Artikel, den sie DJ versprochen hatte. Salome hatte schon viele solcher »Exklusiv«-Treffen hinter sich. Meistens brachten sie gar nichts, nur das Gefühl des Zeitverlustes und der nagenden Sicherheit, sowieso nur angeschwindelt worden zu sein.

»Sabri«, sagte sie deshalb, »mehr als einen Minister mag ich aber nicht treffen. Oder hast du noch mehr organisiert?« fügte sie vorsichtig hinzu.

»Mir ist das doch egal, wen du von denen triffst oder nicht«, sagte er gelangweilt. »Es wird dir sowieso keiner die Wahrheit sagen.«

»Mhm«, brummte Salome, »wieso wird mir keiner deiner Politiker die Wahrheit sagen? Ich dachte, in deinem Land gibt es keine Geheimnisse!«

»Salome«, Sabris Zeigefinger schnellte nach oben, »du kannst über alles mit mir sprechen, nur über Politik nicht«, sagte er. »Ich werde mich zu nichts äußern.« Seine Stimme klang aufgebracht. »Dieses Land und sein Regime ermöglichen mir ein angenehmes Leben, ich verdiene Geld, habe eine Wohnung, ein Auto und genügend zu essen. Ich habe keinen Grund, dieses Land zu kritisieren. Es ist meine Heimat. Und außerdem interessiere ich mich nicht für Politik.«

»Das klingt sehr überzeugend, Mister Hosman«, Salome zuckte mit den Schultern. »Ich kann mich zwar nicht entsinnen, dir eine politische Frage gestellt zu haben, werde es aber auch in Zukunft unterlassen.«

Für was interessiert der Junge sich bloß, dachte Salome, während sie langsam die Augen schloß.

»Wie war das jetzt mit Fidschi?«

»Fidschi, Salomita mia, das ist das Paradies«, sagte er begeistert. »Weißer Sand, blauer Himmel, blaues Meer, die Strände stehen voller Palmen, sie wiegen sich im warmen Wind, zwischen zwei von ihnen ist eine Hängematte gespannt, und da drin liegst du, schön im Schatten, du trägst einen weißen Bikini, hast einen karibischen Cocktail in der Hand, ein großes Glas mit bunten Strohhalmen und Hibiskusblüten, eine Orchidee zwischen den Zehen. Du nippst an deinem geschwungenen Glas und schaust aufs Meer. Eine weiße Jacht taucht auf, ein Mann steht winkend an Deck, du siehst die libysche Fahne am Heck wehen und weißt, ich bin es, ich komme dich holen.«

»Du bist barfuß«, fiel sie ein, »hast nur eine hellblau karierte Badehose an, mit der linken steuerst du dein teures Boot, mit der rechten öffnest du die Champagnerflasche. Ich schwimme hinaus aufs Meer, klettere die kleine weiße Strickleiter hinauf zu dir an Bord. Die Gläser klirren, unser Lieblingslied erklingt, du drückst aufs Gas, und wir fliegen über den dunkelblauen Ozean.«

Salome drehte ganz leicht ihren Kopf und blickte zu Sabri hinüber. Er lungerte in seiner Ecke und hatte ein seliges Lächeln in seinem Gesicht.

»Ist es das, wovon du träumst, Sabri?«

»Oh, ja«, sagte er und seufzte. »Dann müßte ich nicht mehr arbeiten, hätte viel Geld, überhaupt keine Probleme, müßte nicht immer wie ein Blöder hier durch dieses Land fahren oder im Büro sitzen und blöde Formulare ausfüllen für blöde Zöllner. Ich könnte auf Deck dösen, in Ruhe rauchen, Musik hören und Bier trinken. Abends würde ich mir einen Film anschauen, mit Freunden reden und essen. Ja, das wäre ein Leben.«

»Wäre dir das nicht zu langweilig?«

»Langweilig?« fragte er erstaunt. »Wie kommst du denn auf langweilig? Nein, natürlich nicht, ich fände es wunderschön.«

»Also, ist alles, was dir dazu fehlt, das Geld?«

»Oh, ja.«

Sabri meinte es ernst. Salome sah ihn verwundert an. Ein Faulenzerleben, mehr will der gar nicht, dachte sie, ich verstehe den Vater langsam. Der Junge träumt vom dolce far niente und von sonst gar nichts, nicht einmal Frauen kommen in seinen Träumen vor oder Abenteuer, er will einfach nur nichts tun. Eigenartig, dachte sie, ich muß immer etwas leisten, arbeiten, denken, entscheiden, kämpfen, diskutieren. Und da sitzt nun einer neben mir, der das alles nicht will. Ich kann mir gar nicht vorstellen, nichts zu tun. Ob man da am Abend zufrieden sein kann? Andererseits, wann bin ich am Abend zufrieden? Meistens denke ich schon an den nächsten Morgen und was ich da wieder alles leisten muß. Ob es wohl schön ist so ein Faulenzerdasein? Sie stülpte die Lippen nach vorne.

Über die Wellen tuckern, die Arme und die Beine weit von sich gestreckt, einfach nur so daliegen, die Sonne auf der Haut spüren, faul, entspannt und ohne lästig bohrendes Gewissen. Sie stellte sich vor, wie Sabri sie mit kleinen unbedeutenden Geschichten unterhalten würde. Sie würden spät aufstehen, viel kichern, nichts ernst nehmen, dick und rund werden, und sie würde endlich ihre Gemütsruhe finden.

»Hey, Sabri, aber ein paar Bücher brauche ich schon an Bord. Okay? Dafür darfst du Fußball im Fernsehen anschauen.«

Er sah sie mit seinem neugierigen Blick aus tiefdunklen, glitzernden Augen an.

»Du kommst also mit?«

Salome nickte. Sie spürte, daß sie rot wurde, und schaute schnell zum Fenster hinaus. Kleine Sanddünen, auf denen grüne Büsche wuchsen, flogen vorbei. Yussuf fuhr sehr schnell.

»Dann mußt du Geld heranschaffen, Sabri!« rief Salome. »Viel, viel Geld.« Sie fuhr sich durch die Haare. »Wie könntest du das bloß anstellen?« grübelte sie. »Tennisspieler verdienen viel Geld und Autorennfahrer, Drogenhändler und Waffenschieber, ja, und natürlich Fußballspieler.« Sie rieb sich das Kinn. »Aber das ist alles so anstrengend und riskant, ich glaube, Sabri, das wäre nichts für dich.« Sie schnalzte mit der Zunge. »Jetzt habe ich es!« rief sie. »Sabri, du wirst Schlagersänger!«

»Salome, du spinnst«, rief er ärgerlich.

»Warum denn? Das ist genau der richtige Job für dich.« Salome begeisterte sich. »Du kaufst dir einen weißen Anzug, schmierst ein bißchen Pomade in deine schönen Locken, die Wimpern machen wir mit schwarzer Tusche noch länger, auf die Lippen kriegst du Gloss und in die Augen Belladonna. Eine dicke goldene Kette um den Hals, eine große goldene Uhr am Gelenk, und dann wackelst du mit deinen Hüften sexy hin und her und hauchst und schluchzt romantische Liebeslieder für Teenies in dein Mikrofon.«

Sabri sah sie zornig an.

»Ich finde das nicht lustig. Hör auf!«

»Ach, was! Sabri, sei nicht so.« Salome hatte ihren Spaß. »Das wird dir schon gefallen. Die Mädchen werden zu Tausenden in Ohnmacht fallen, wenn du auf der Bühne erscheinst, nur eine Bewegung von dir, und der Saal zittert vor Begeisterung.« Sie lachte vergnügt auf. »Deine CDs werden verkauft wie warme Semmeln, du verdienst Unmengen von Geld und ...«

»Jetzt hör schon auf«, fiel er ihr ins Wort.

Ihre Idee verärgerte ihn, mit wütenden Augen starrte er sie an.

»Na, dann mußt du halt arm bleiben«, sagte sie bedauernd. »Schade, ich wäre gerne mit dir nach Fidschi gefahren.«

Er schüttelte den Kopf.

»Salome, manchmal glaube ich wirklich, du bist verrückt.«

»Ich bin nicht verrückt«, rief sie und zeigte ihm eine lange Nase. »Aber im Gegensatz zu dir, mon cher, habe ich Fantasie!«

Er zündete sich eine Zigarette an.

»Schlager zu singen ist anrüchig«, sagte er beleidigt. »Wie kannst du mir nur so etwas vorschlagen.«

Salome mußte ein Lachen unterdrücken.

»Anrüchig? Was soll denn daran anrüchig sein? Du liebst doch deine Mariah Carey und Josephine Braxton.«

»Tony«, korrigierte er sie, »Tony Braxton.«

»Okay, Tony. Du pfeifst ihre Lieder, schaust ihre Videos an, kaufst ihre CDs, findest sie attraktiv und ich weiß nicht was. Und was ist an ihnen dann so anrüchig?«

»Ich würde sie niemals mit nach Hause nehmen«, sagte er. »In meiner Familie ist ein Schlagersänger nicht denkbar.«

»Also gut, Schlagersingen kommt nicht in Frage«, sagte sie entwaffnet. »Ich gebe auf.«

Sie sah ihn an.

»Mein Gott, Sabri, da bist du sechzehn Jahre im Ausland, wirst europäisch erzogen und bist so traditionell wie ein Kamelhirte aus der Sahara. Warum bist du nur so schrecklich arabisch?«

»Warum bist du nur so schrecklich arabisch?« äffte er sie nach. »Warum wohl, Salome? Ich bin ein Araber, und deshalb bin ich so arabisch!« rief er. »Und ich denke nicht daran, irgend etwas anderes zu sein.« Er lachte laut über ihre dumme Frage und zündete sich eine Zigarette an.

15

»Wir sind in Sirt«, sagte Sabri.

Die Stadt lag am Rand der großen Bucht, da, wo die beiden großen Landstriche Libyens sich treffen, das westlich gelegene Tripolitanien und die Kyrenaika im Norden. Die beiden Gebiete gehören seit der Gründung des Nationalstaates im Jahre 1969 zum ersten Mal in ihrer langen Geschichte zusammen. Und damit sie endlich zusammenwachsen können und die abseits gelegene Kyrenaika nicht länger im Schatten der Metropole Tripolis steht, hat der Staatspräsident kurzerhand seinen Heimatort Sirt, ein staubiges, vom Sahara-Wind verblasenes Nest, zur Regierungshauptstadt des Landes gemacht.

Ein Regierungsviertel wurde aus dem Boden gestampft, ein hypermoderner Polit-Campus mit mächtigen Ministeriumspalästen, Parkanlagen, Blumengärten, Gästehäusern und dem großen Gebäude des Volkskongresses, wo die Vertreter der Großen Sozialistischen Libysch-Arabischen Volksmassenvertretung tagen. Zur Reminiszenz an die Herkunft des Staatspräsidenten und seines Volkes ließ Ghaddafi das Kongreßgebäude in Form eines überdimensionierten Zeltes bauen, das weniger an ein Nomadenzelt erinnert als an ein spitz zulaufendes Zirkuszelt, in dem nunmehr endlos lange politische Reden geschwungen werden.

Die Kyrenaika war von Griechen besiedelt worden, von armen Schluckern, die auf ihrer Heimatinsel Thera, dem heutigen Santorin, zu verhungern drohten und sich auf den Weg nach Westen machten. Tripolitanien hinkte zeitlich ein bißchen hinterher, seine große Zeit kam erst mit den Römern. Als es in der Antike darum ging, die griechisch-karthagische Grenze ein für allemal festzulegen, entschied man sich, allerdings erst nach vielen Schlachten und Scharmützeln, zu einer sportlichen Lösung.

Salome fand es die amüsanteste Geschichte, die sie in den Unterlagen ihres fleißigen Maulwurfs aus der Redaktion fand. Zwei Athleten wurden ausgewählt, Brüder, schwarze Sklaven, deren Hobby der Langstreckenlauf war. Der eine startete in Karthago, der andere in Kyrene. Dort, wo sie sich treffen würden, sollte künftig die Grenze der beiden Großreiche sein. Als der eine Bruder schnaufend den Sirtebogen erreichte, mußte er erstaunt feststellen, daß sein Bruder aus Karthago, das etwa doppelt so weit weg lag wie seine Heimat Kyrene, bereits angekommen war. Die Griechen aus Kyrene fühlten sich hintergangen, setzten das Gerücht von Schummelei in die Welt und stimmten damit die beiden ehrenwerten Brüder so traurig, daß sie sich bei lebendigem Leib begraben ließen, um nicht länger einer so unwürdigen Verleumdung ausgesetzt zu sein. So kann man auch Grenzen ziehen, dachte Salome.

Aber auch die Italiener, die Kolonialherren des 20. Jahrhunderts, teilten das Land in die traditionellen zwei Teile. Die Einheimischen mußten einen italienischen Reisepaß vorweisen, wenn sie von einem Teil der italienischen Besatzungszone ihres Landes in die andere wollten. Den bekam man aber nur, wenn man Italienisch in Sprache und Schrift beherrschte. Ziemlich gemein in einem Land, in dem es beinahe nur Analphabeten gab, befand Salome.

Sabri ließ Yussuf in der Nähe des Regierungsviertels anhalten, er sollte den staubigen Wagen abwischen. Nun setzte er sich wieder nach vorne zum Fahrer. Am großen schmiedeeisernen Tor, der Einfahrt zu den Ministerien, mußten sie lange warten, die Dokumente wurden eingesammelt, der Wagen durchsucht, Sabris Gesicht verfinsterte sich mehr und mehr.

Das Dokument, das Salome Winter zu einem Gespräch mit der Kultusministerin des Landes, Frau Fauzia Shalabi, einlud, hatte er dem wachhabenden Offizier übergeben, der keineswegs davon beeindruckt war. Er griff zum Telefon, und während er lange und ausführliche Gespräche führte, ließ er den Mercedes und seine Insassen bis auf die Unterhosen durchchecken.

Endlich kam das erlösende »Yalla«. Sabri sprach kein Wort, rauchte eine Zigarette nach der anderen und starrte vor sich hin.

»Wie spreche ich die Ministerin denn an? Exzellenz?« fragte Salome und stupste Sabri leicht an.

Er lachte auf.

»Hey, Salomita, wir sind doch nicht im Vatikan. Sag einfach Mrs. Shalabi zu ihr. That's it.«

Der Mercedes hielt vor einem ummauerten Gebäude, das aussah wie ein altorientalischer Tempel. Über die Fassade liefen vertikale Bänder aus glasierten grünen Fliesen in geometrischen Formen. Den Eingang verzierte eine elegante Pergola. Yussuf mußte draußen bleiben, der Offizier geleitete Salome und Sabri in den vierten Stock. An einer dickwattierten Türe klopfte er. Er klopfte noch einmal, aber es kam keine Antwort. Mit einer herrischen Bewegung des rechten Unterarms forderte er Sabri und Salome auf, ihm zu folgen.

Der Offizier klopfte an einer anderen Tür, einer normalen Holztür. Sofort erklang »yalla«, und die drei traten ein.

Hinter einem riesengroßen altmodischen Schreibtisch thronte eine korpulente Frau vor einem Computer. Der Offizier erklärte ihr ausführlich, worum es ging, dabei deutete er mehrmals auf Salome. Die große Frau folgte seiner Bewegung, aber nur mit den Augen, sie bewegte ihren Körper nicht um einen Millimeter. Als der Offizier geendet hatte, sagte sie »Ah«, stand auf und ging auf Salome zu.

»Es ist mir eine Freude, Sie kennenzulernen«, sagte sie in hartem Englisch und schüttelte Salome die Hand.

Alles an dieser Frau war groß, der Kopf, die Nase, die Hände, der Busen, der Bauch. Sogar die Brille und die Turmfrisur waren überdimensional, auch die weiße Schleife, die sie an ihrer Bluse trug und die aus dem dunkelblauen Kostüm herausragte wie ein Bajonett.

»Ich freue mich auch, Exzellenz«, sagte Salome.

Sabri stieß sie in die Seite.

»Das ist nicht die Ministerin«, flüsterte er. »Das ist die Sekretärin.«

Salome mußte sich das Lachen verkneifen.

»Wieso?« flüsterte sie zurück.

»Die Ministerin ist nicht da.«

»Ich bin Fatima El Jaer«, sagte die Sekretärin. »Die erste Staatssekretärin von Frau Minister Shalabi.«

Sie wies mit der Hand auf einen Stuhl. Ah, grün, dachte Salome. Dem Offizier und Sabri gab sie zu erkennen, daß sie draußen warten sollten.

»Es tut mir sehr leid«, sagte Fatima El Jaer, »aber wir haben Sie erst morgen erwartet.« Sie suchte in ihren Unterlagen und legte Salome ein Fax vor, arabisch. »Morgen wird hier ein panarabisches Treffen aller Gewerkschaftssekretärinnen stattfinden, dazu wollten wir Sie einladen. Sie interessieren sich doch sicher für diese Themen. Nicht wahr?«

»Oh, ja, natürlich, sehr«, sagte sie höflich. »Aber morgen sind wir bereits in Benghasi.«

Gott sei Dank, dachte sie, sonst müßte ich mir den ganzen Tag Gewerkschaftsvorträge anhören, und das auch noch auf Arabisch.

Frau El Jaer setzte sich auf den zweiten Stuhl. Er quietschte, als sie ihren großen Körper auf ihn fallen ließ. Sie saß steif, die Beine nebeneinandergestellt, die Füße waren geschwollen und fühlten sich nicht wohl in den engen schwarzen Stöckelschuhen, deren Ränder in das Fleisch der Füße schnitten.

»Ich nehme an, Sie haben einige Fragen«, sagte Frau El Jaer freundlich.

Sie war etwa vierzig und trug einen breiten goldenen Ehering. Neben ihrem Schreibtisch hing ein Foto von drei lachenden Kindern in Schuluniform.

Oh, Gott, nicht eine einzige Frage fällt mir jetzt ein, dachte Salome erschrocken, ich wußte ja noch nicht mal, daß ich hierhergebracht werden sollte. Sie lächelte, suchte nach ihrem Block und zog die Kappe von ihrem Füller.

»Ich bin sehr beeindruckt von der hohen Position, die Sie

innehaben«, sagte sie ernst. Frau Fatima nickte. »Und deshalb wäre es mir ein Vergnügen, zu erfahren, ich meine natürlich nur, wenn Sie nichts dagegen einzuwenden haben, ich meine, äh, ich würde gerne wissen, wie«, Salome mußte sich mehrmals räuspern, »also wie Sie das in einem so männerorientierten, muslimisch geprägten Land wie Libyen überhaupt geschafft haben.«

Frau El Jaers Lächeln gefror und bedachte Salome mit einem mitleidigen Blick.

»Libyen ist keineswegs männerorientiert, wie Sie das bezeichnen«, sagte Frau El Jaer bestimmt. »Dieser Ausdruck ist hier nicht einmal bekannt.«

Es klopfte an der Tür, ein Mann brachte auf einem kleinen Tablett Kaffee und Gebäck. Er verbeugte sich vor Frau El Jaer, die ihn anwies, das Tablett abzustellen und wieder zu verschwinden. Er buckelte ergeben aus der Türe.

»Libyen ist ein Land, in dem jeder gleichwertig ist. Jeder Bewohner und natürlich jede Bewohnerin, ob arm oder reich, schwarz oder weiß, Städter oder Landmensch. Jeder hat exakt die gleichen Chancen.« Jetzt lächelte sie wieder. »Die ärztliche Versorgung ist kostenlos, die Schulen sind kostenlos, die Universitäten sind kostenlos. Begabung und Fleiß sind die ausschlaggebenden Grundelemente der Ausbildung in Libyen. Wir nehmen das Prädikat sozialistisch in unserem Staatsnamen ernst. Sie sollten gelegentlich das ›Grüne Buch‹ konsultieren, Frau Winter. In der dritten Universaltheorie hat Oberst Ghaddafi sehr klar Stellung zu den gesellschaftlichen Werten genommen.«

Salome nickte aufmerksam, insgeheim dachte sie an Sabris Urteil über das »Grüne Buch«. »Salome«, hatte er lachend gesagt, »lies es nur, die Touristen sind sowieso die einzigen, die das noch lesen.«

»Müssen Frauen zum Wehrdienst?« fragte Salome.

»Nein«, antwortete Frau El Jaer. »Aber sie können, selbstverständlich. Es gibt sogar eine Militärakademie für Frauen. Vielleicht hat Herr Hosman Sie darauf aufmerksam gemacht. Es ist ein moderner Bau an der großen Uferstraße in Tripolis.«

Sie schob ihre Brille zurecht. »Wir haben Militär-Pilotinnen, Ärztinnen im Offiziersrang, Computerexpertinnen, Juristinnen, Professorinnen, Ingenieurinnen«, zählte sie zufrieden auf.

Salome schrieb fleißig in ihren Notizblock.

»Soweit ich weiß, Frau Staatssekretärin, müssen die Männer zwei Jahre Wehrdienst leisten. Diese zwei Jahre werden den Frauen, wenn ich das recht verstanden habe, also geschenkt?« fragte Salome höflich.

»Es wird empfohlen, daß jede junge Frau ein soziales Jahr absolviert. Das ist aber beileibe keine Pflicht«, antwortete sie und nippte an der kleinen Kaffeetasse. »Nach Abschluß dieser Aufgabe erhält das Mädchen ein Dokument, das sie bei einer späteren Stellungssuche oder bei einer Studienplatzanfrage vorzuweisen hat.«

»Also ohne Zettel kein Job?«

»Selbstverständlich werden Frauen, die sich aktiv an der Gestaltung unserer Gesellschaft beteiligen, vorgezogen«, sagte sie.

Frau El Jaers Brille rutschte wieder die fettglänzende Nase herunter, sie rückte sie zurecht. Die Brille ist zu groß und zu schwer, dachte Salome, du solltest dir ein anderes Modell kaufen.

»Stichwort Kinder, Frau El Jaer«, sagte Salome.

»Wir haben erstens selbstverständlich kostenlose staatliche Kindergärten«, sie nahm ihre Finger zum Aufzählen zu Hilfe und begann mit dem kleinen. »Zweitens«, jetzt kam der Ringfinger, »hat jede Fabrik einen eigenen Kindergarten. Drittens«, das war der Mittelfinger, »ist das soziale Gefüge intakt, so daß Mütter, Großmütter, Tanten, Schwiegermütter und Nachbarinnen sich selbstverständlich um die Kinder der anderen kümmern. Und sobald die Kinder in die Schule kommen, übernimmt die Schulorganisation auch ihre Betreuung.«

»Wie hoch ist denn die Analphabetenquote?«

»Wir konnten sie seit der Revolution im Jahre 1969, wo wir praktisch ein hundertprozentiges Analphabetentum vorgefunden haben, auf etwa dreißig Prozent senken.« Sie räusperte sich. »Heute besteht eine Schulpflicht von neun Jahren«, fuhr Frau El Jaer fort. »Das heißt, jedes Kind lernt lesen und schreiben.«

»Und wie sah denn Ihr eigener beruflicher Werdegang aus, Frau Staatssekretärin?« fragte Salome.

Sie erläuterte stolz ihr Studium im Bauingenieurwesen und ihre Arbeit in einer Erdölraffinerie. Dann sah diese eigenartige Mischung aus warmherziger Hausfrau und sozialistischer Parteigenossin auf die Uhr.

»Leider ist meine Zeit begrenzt«, sagte sie.

Salome packte sofort ihre Sachen zusammen.

»Ja, natürlich. Ich danke Ihnen für dieses Gespräch, Frau Staatssekretärin.«

Frau Fatima stand auf, mußte sich dabei an der Stuhllehne abstützen, um überhaupt hochzukommen.

»Sie waren bei Frau Ministerin angemeldet. Meine Funktion ist natürlich eine bedeutend geringere«, sagte sie bestimmt. »Aus Gründen der Korrektheit werden Sie nun einen Minister treffen, damit wir der Zusicherung entsprechend verfahren sind.« Ihre Stimme klang offiziell. »Der Energieminister, Herr Mohammed Baschra, wird Sie empfangen.«

»Das ist sehr freundlich«, stotterte Salome. »Aber ich verstehe überhaupt nichts von Energie.«

»Ah«, sagte Frau Fatima und blätterte in einem Heftchen, das neben ihrem Telefon lag. »Der Transportminister ist noch im Haus oder der Minister für Maritime Ressourcen.«

Heiliger Antonius, dachte Salome, erlöse mich doch. Was soll ich mit denen reden, wo ich nicht einmal Watt von Volt unterscheiden kann.

»Herr Mouchtar As-Salam, der Leiter des Projektes ›Großer künstlicher Fluß‹ wäre auch noch eine Möglichkeit«, sagte Frau Fatima und klappte das Büchlein zu.

Na, gut, dachte Salome, dann nehm ich den mit dem künstlichen Fluß.

»Ich würde sehr gerne mit Herrn As-Salam sprechen, wenn es seine Zeit erlaubt«, sagte sie höflich.

Frau Fatima griff zum Telefon. Nach Beendigung eines längeren Gesprächs erklärte sie Salome, daß der Offizier sie zu Herrn As-Salam führen würde. Die beiden Frauen schüttelten sich die Hände.

»Ich darf Sie abschließend noch darauf aufmerksam machen, Frau Winter, daß Libyen in Bezug auf die Verfassung kein muslimisch geprägtes Land ist, wie Sie das anscheinend glauben«, sagte sie freundlich, aber sehr bestimmt. »Religiöse Parteien sind bei uns nicht erlaubt. Ganz im Gegensatz etwa zur Schweiz.« Sie ließ Salomes Hand los und öffnete ihr die Türe. »Assalamaaleikum.«

Draußen vor der Türe saß der Offizier. Und in einer Ecke sah Salome Sabri an einer Fensterbank lehnen, er kaute an seinem kleinen Finger.

Als er sie sah, atmete er auf.

»Fertig?« fragte er.

»Nein!« Salome zog die Augenbrauen hoch und rollte mit den Augen. »Ich muß noch zu einem Minister«, stöhnte sie. »Sabri, ich mach, so schnell ich kann.«

»Okay«, sagte er und sah sie mit einem verträumten Blick an. »Ich warte auf dich.«

Der Blick, den Herr Mouchtar As-Salam Salome schenkte, war weniger schwärmerisch, er sah sie nämlich gar nicht an. Seine Augen waren auf ihren Haaransatz gerichtet. Er führte sie zu einem Tischchen und wies sie an, sich auf den angebotenen Stuhl zu setzen.

Der Minister war ein Mann mittleren Alters, mit dichten dunklen Locken, der in einem dunkelgrauen Anzug steckte. Er war nicht aus feinem glänzenden Stoff wie Sabris', sondern billige Knitterware, außerdem war er zwei Nummern zu groß und hing an dem Minister wie ein Monteurkittel. Herr As-Salam hatte großporige Haut, weit auseinanderstehende Zähne und warme, freundliche Augen.

»Ja«, sagte er und sah auf ihren Haaransatz. Der Schweiß tropfte ihm aus den Haaren. Er wischte ihn mit einem weißen Taschentuch ab. »Ja«, wiederholte der schwitzende Minister und zupfte an seiner Krawatte.

Also, dann muß wohl ich das Gespräch in Gang bringen, dachte Salome.

»Sie sind verantwortlich für das Projekt ›Großer künstlicher Fluß‹, Herr Minister.«

»Ja«, sagte er und wischte sich wieder mit dem Taschentuch über sein Gesicht.

»Um was genau handelt es sich dabei, Herr Minister?« fragte Salome geduldig.

»Ja«, antwortete Mouchtar As-Salam. Er fuhr sich über die Stirn. »Ja, äh, das Projekt ist ein Projekt, das fossiles Grundwasser aus der Wüste im Süden des Landes über viele Hunderte von Kilometern in unterirdischen Pipelines zu den fruchtbaren Küstenstreifen im Norden des Landes führt. Geplant ist die Bewässerung von etwa zweihundertfünfzigtausend Hektar. Das Projekt steht in seinem zweiten Bauabschnitt, der 1991 begonnen wurde.«

Der Minister hatte sein Sprüchlein, ohne Luft zu holen, heruntergeleiert. Jetzt war er außer Atem und hatte einen roten Kopf bekommen. Der Schweiß lief ihm über die Stirn. Er wischte ihn ab.

»Das ist sehr interessant«, sagte Salome aufmunternd.

Für einen Moment glitt sein Blick dankbar zu ihren Augen, verrutschte aber gleich wieder nach oben.

»Was ist das denn, fossiles Wasser?«

Er holte tief Luft.

»Die hydrogeologische Forschung hat herausgefunden, daß Wasser in Poren und Klüften der Gesteine enthalten ist, die sich im Laufe der wechselvollen Erdgeschichte übereinander lagerten.« Er räusperte sich nervös. »Das wachsende Gewicht dieser Sedimentgesteine dellte die Erdkruste an mehreren Stellen ein. Dadurch entstanden gewaltige geologische Becken mit Durchmessern von fast tausend Kilometern in einer Tiefe bis zu sechstausend Metern.« Es klang wie auswendig gelernt. »In vielen dieser Bassins ist fossiles Wasser enthalten, zurückgeblieben von tropischen Wolkenbrüchen, die in der Zeit der Dinosaurier, also vor mehr als hundert Millionen Jahren niedergingen, aber auch salziges Meerwasser, das bis vier Millionen Jahre alt ist.«

Salome schrieb alles mit, obwohl sie nicht genau verstand, was Herr As-Salam erzählte. Sie wollte ihn nicht unterbrechen, jetzt, wo er so schön in Fahrt war.

»Es ist also sehr altes Wasser«, half Salome nach, als er stockte.

»Ja«, sagte er.

Salome dachte angestrengt nach. Irgendwo in den Notizen des Maulwurfs habe ich doch darüber gelesen. Wie war das noch? Das Risiko bei der Bergung fossilen Wassers ist, daß die Becken eines Tages leergepumpt sind, weil sich das Wasser nicht mehr auffüllt. Das war's!

»Wie lange werden die Wasservorräte denn halten?« fragte sie.

»Das wissen wir nicht genau«, antwortete Herr As-Salam vorsichtig.

»Ungefähr?«

»Ja.«

Er zupfte wieder an seiner Krawatte. Es klopfte an der Tür. Ein Mann brachte ein Tablett mit Kaffee und Gebäck. Herr As-Salam reichte Salome eine Tasse. Er verschüttete ein wenig vom Kaffee, weil seine Hand zitterte.

»Sie wollten mir gerade erklären, wie lange der Wasservorrat für Libyen reichen wird?« insistierte Salome sanft.

Er fuhr sich durch das Haar. Dann mit einem Mal leuchteten seine Augen, er kramte in einer Schublade und holte eine Broschüre hervor.

»Ja«, er hielt ihr den Prospekt hin, »darin sind alle wichtigen Daten enthalten.«

Salome nahm das Heft und sah, daß es in englisch verfaßt war. In dem Moment klingelte das Telefon.

»Entschuldigen Sie mich, bitte«, sagte der Minister höflich und hob den Hörer ab.

Während er telefonierte, blätterte Salome in den Daten des »großen künstlichen Flußprojektes«.

Ihr schwirrte der Kopf von den vielen Details und Zahlen. Am Schluß las sie, daß das Projekt ungefähr siebenundzwanzig Milliarden US-Dollar kosten würde. Herr As-Salam hatte sein Telefongespräch beendet.

»Ja, und wer zahlt das jetzt alles?« fragte sie verwirrt.

»Der Staat trägt die Kosten dafür.« Herr As-Salam legte den Hörer auf die Gabel. »Und es besteht eine allgemeine Steuer auf das Projekt«, fügte er neutral hinzu.

»Und wie hoch ist die?«

»Zehn Prozent des Einkommens.«

Er stand von seinem Schreibtisch auf und kam wieder zu ihr ans Tischchen.

»Für jeden?«

»Ja, für jeden.«

Ganz schön happig bei einem Durchschnittseinkommen von dreihundert Dinaren im Monat, was je nach Kurs nicht mehr als hundertfünfzig Dollar sind.

Der Minister kam noch mehr in Fahrt, Salome nickte ein ums andere Mal, und ihr Bleistift flog über das Papier. Kaum nutzbare Fläche hatte dieses bitterarme Wüstenland. Klar, daß sie alles unternahmen, um an Wasser zu kommen und landwirtschaftliche Projekte zu entwickeln.

»Finden Sie denn für diese Pläne interessierte Bauern?« fragte Salome gespannt.

Er zuckte mit den Achseln.

»Sehen Sie, Frau Winter, das ist ein Problem. Die Libyer arbeiten lieber in der Verwaltung, sie haben sich daran gewöhnt. Was bleibt uns übrig? Wir müssen in Betracht ziehen, fremde Bauern anzusiedeln, um die Idee zu realisieren. Ägypter, Marokkaner. Hunderttausende davon. Und Europäer für die verwaltungstechnischen Belange. Das birgt neue Probleme.«

Er strich sich mit der Hand über die Haare.

»Sie haben also nicht genügend Fachkräfte im Land? Weder Bauern noch sonst was?« fragte Salome aufmerksam.

»Genauso ist es, Frau Winter. Und es wird noch dauern,

bis wir eigene Kräfte mobilisieren können. Es wird dauern, dauern«, sagte er müde.

»Kommt denn die ökonomische Bewertung des Projektes zu positiven Ergebnissen, Herr As-Salam?«

»Leider nicht«, antwortete er bedrückt. »Die Produktionskosten werden im Vergleich zum Weltmarkt zu hoch sein.«

Er sah plötzlich auf seine Uhr.

»Das war ein sehr aufschlußreiches Gespräch, Herr Minister, ich danke Ihnen«, sagte Simone schnell und setzte ihr bezauberndstes Lächeln auf. »Seit wann leiten Sie denn dieses Projekt?« fügte sie freundlich hinzu.

»Seit drei Monaten«, antwortete er sorgenvoll.

Ach so, dachte sie, deswegen schwitzt er so. Er befindet sich noch auf rutschigem Terrain.

»Und was haben Sie vorher gemacht, wenn ich fragen darf?«

»Ich komme vom Militär«, antwortete er zögernd und zog die Augenbrauen hoch. »Mehr kann ich aber beim besten Willen nicht sagen.«

»Verzeihen Sie meine Aufdringlichkeit.«

Salome nickte bescheiden mit dem Kopf. Militär, Geheimdienst und Gewerkschaften sind die drei Säulen des Systems, hatte sie gelesen.

»Sind Sie denn aus Sirt, Herr Minister?« wechselte sie höflich das Thema.

Herr As-Salam stöhnte vernehmlich. »Aber nein. Ich bin aus Tripolis.«

»Ja, gefällt es Ihnen denn hier nicht?« fragte sie vertrauensvoll.

»Wie kann es einem hier gefallen?« entwischte es ihm. »Ministerien und Staub, sonst gibt es nichts. Ich werde nur hiersein, wenn ich muß. Ansonsten lebe ich weiter in Tripolis.« Er lächelte sie verschmitzt an. »Wie die meisten von uns.«

Er machte plötzlich eine abwehrende Geste mit der Hand.

»Keine Sorge, Herr Minister, ich werde davon nichts

erwähnen«, beteuerte sie und stand auf. »Jetzt werde ich Ihre kostbare Zeit aber nicht länger in Anspruch nehmen. Vielen Dank für das Gespräch, Herr Minister.«

Er nestelte in seinem Schreibtisch, holte eine gebundene Ausgabe des »Grünen Buches« hervor und überreichte sie ihr feierlich. Aus seiner Sakkotasche zog er ein kleines Schächtelchen, nahm eine vergoldete Anstecknadel mit dem Portrait des Staatspräsidenten hervor.

»Sie erlauben doch«, sagte er und heftete sie an ihre Bluse. Sie schüttelten sich die Hände.

Sabri wartete im Parterre auf sie.

»Sag mal, Sabri«, fragte sie, »mußt du auch Steuern für das Wasserprojekt zahlen?«

»Ja, natürlich«, sagte er. »Ein Scheißprojekt.«

16

»Mein Gott, hat das lange gedauert«, sagte Sabri und bugsierte sie in den Mercedes. »So kommen wir ja nie nach Benghasi. Wir haben noch fast sechshundert Kilometer vor uns.«

Yussuf war aufs Gas gestiegen und aus der Stadt gebraust.

»Hoffentlich haben die in dem Restaurant noch was zu essen für uns«, sagte Sabri.

»Warum hast du nicht angerufen?«

»Dort gibt es kein Telefon, Salome. Das ist einfach ein Schuppen in the middle of nowhere. Das einzige Lokal auf der ganzen Strecke. Links und rechts nur Sand, der nächste bewohnte Ort ist eine halbe Autostunde entfernt, aber da gibt es nichts zu essen.« Er strich sich über die Haare. »Weißt du, manchmal müssen wir in diesem Lokal für durchreisende Touristen Essen bestellen. Und dafür haben wir einen Mann angestellt im nächsten Ort, der dann unseren Auftrag telefonisch entgegennimmt, sich auf sein Fahrrad setzt und hinfährt, um die Bestellung weiterzugeben. Wenn wir Glück haben, hat er es nicht verschlafen, für Madame Winter ein Fünf-Gänge-Menü zu bestellen.« Sabri grinste. »Was für ein Land!«

»Wie oft rufst du ihn denn an?«

»Ach, so jede zweite Woche, vielleicht.«

»Und dazwischen? Was macht er da?«

»Nichts, denke ich.« Er überlegte einen Moment. »Nein, er wird einfach nichts tun.«

Jetzt saßen sie im Garten dieses »Schuppens«, sie hatten soupe marocaine, ein saftiges Grillhuhn und einen Reispudding mit Rosinen gegessen. Den Cappuccino wollte Salome draußen trinken. Sie hatten die Mahlzeit bei eiskalter Lüftung im Inneren des Lokals zu sich genommen. Sabri zog eine Schnute, es war ihm zu heiß draußen, aber er kam dennoch angetrabt und setzte sich zu Salome unter einen rotblühenden Feuerbaum, dessen gefiederte Blätter herrlichen Schatten spendeten. Sie lehnten ihre Füße an den Stamm des Baumes, schlürften ihren Cappuccino. Es gab nichts zu sehen, nichts zu tun, es war sehr heiß, sie dösten wohlig vor sich hin, wie unterm Apfelbaum im Paradies.

»Wie schafft ihr das denn eigentlich«, murmelte Salome nach einer Weile, »so ein geringes Einkommen und zehn Prozent davon für das Wasserprojekt. Da bleibt ja nichts mehr zum Leben.«

»Viel bleibt nicht, da hast du recht«, gähnte er. »Aber so schlimm ist es auch nicht. Die Grundnahrungsmittel können wir sehr billig einkaufen. Zucker, Reis, Öl, Makkaroni kriegen wir für sechs Dinare pro fünfzig Kilo. Da sorgt der Staat ganz gut für uns. Ein Liter Benzin kostet einen Viertel Dinar.« Er sah sie an. »Für mich ist es sowieso nicht so tragisch, weil ich ja nur für mich selber sorgen muß.«

»Du wohnst alleine?«

»Ja, ich habe eine kleine Wohnung.«

»Gemietet?«

»Nein, das gibt es hier nicht. Man kauft sich eine Wohnung oder ein Haus.«

»Ja, aber dafür brauchst du doch auch Geld?«

»Und jetzt willst du natürlich genau wissen, wieviel, stimmt's?«

»Genau, mein Herr!« sie zeigte mit dem Finger auf ihn. »Also, wieviel?«

»Ich bewohne eine Zwei-Zimmer-Wohnung, meine Gnädigste, und habe fünfunddreißigtausend Dinare dafür bezahlt. Und weil ich das nicht flüssig hatte, habe ich einen Kredit beim Staat aufgenommen. Zufrieden?«

Er schnappte nach ihrem Finger.

»Ich seh schon, Sabri, unsere weiße Jacht muß warten!«

Yussuf hupte, und die beiden machten sich träge auf den Weg zum Auto, weiter nach Benghasi.

»Ich habe noch einen Besuch in der großen Raffinerie von Ras Naluf für dich organisiert, Salome. Die wirst du jetzt bald auftauchen sehen«, sagte Sabri und zeigte ihr ein Dokument. »Aber das machen wir auf dem Rückweg, okay, bellissima?«

»Oh, ja, für heute reicht's mir mit deinen offiziellen Besuchen. Das ist so anstrengend.«

Sie machte es sich in dem ausgeleierten Sitz bequem, sah eine Weile zum Fenster hinaus, schloß dann die Augen und ließ sich in einen entspannenden Halbschlaf schaukeln.

17

Das gleichmäßige Geschaukel des Autos holte eine tiefversunkene, wie nicht mehr zu ihr gehörende Erinnerung aus der Unterwelt ihres Gedächtnisses hervor, die Erinnerung an ein ähnliches Gefühl des Gleitens, des Schwankens, des Nicht-mehr-Unterscheidenkönnens, ob schon Traum oder noch tatsächliche Wirklichkeit.

Es war wie damals, vor bald zehn Jahren, als Salome auf dem Heck der Zvezda lag, ein jugoslawischer Frachter, mit dem sie nach Brasilien unterwegs gewesen war. Salome hatte gewußt, daß sie mit dieser Fahrt ihr altes Leben endgültig hinter sich gelassen hatte, ein neues allerdings war nicht in Sicht. Sie hatte sich ausgelaugt gefühlt, hundemüde, uralt und verdammt allein auf ihrem schaukelnden Weg in ein vermeintliches zweites Leben. Ihr war nur klargewesen, daß sie sich von ihrem bisherigen verabschieden mußte. Sie hatte die Schnauze voll. Voll. Voll. Voll.

Seit dem Tag, an dem sie erfahren hatte, daß Hubertus, das elende Schwein, mit dem sie verheiratet gewesen war, das minderjährige bosnische Mädchen, das bei ihnen im Labor putzte, gebumst und es tatsächlich fertiggebracht hatte, von ihr, Salome, seiner Ehefrau, zu verlangen, ihm ein Daueralibi zu verschaffen, weil der muslimische Vater des kleinen Biestes dem reichen Doktor mit Blutrache gedroht hatte. Da hatte sie mit einem Mal die Schnauze voll gehabt. Randvoll und unabänderlich. Endlich.

Sie war aufgewacht aus diesem dreizehnjährigen Alptraum, buchstäblich im letzten Moment, beinahe zerborsten vom Leben mit diesem Mann, den sie so geliebt hatte, daß sie sich jahrelang wortlos vom ihm entwürdigen, entehren, mißhandeln, hintergehen, betrügen und belügen ließ.

Als sie da in ihrem kaputten Liegestuhl auf dem Hinterdeck des Schiffes lag, zwischen verrosteten Schrauben, altgedienten, abgewetzten Seilen, zwischen Ankerwinden und schmierigen, öligen Lumpen, und aufs Meer starrte, war sie immer noch wie gerädert, wie gevierteilt und gehäutet von den vielen Schmerzen der scharfen, mitleidlosen Klinge, mit der Hubertus ihr Stück für Stück das Herz zerschnitten hatte. Hühnerklein, mehr war von Salomes mutigem Adlerherzen nicht übriggeblieben. Alles, was sie nun wollte, war vergessen.

Hubertus sah verdammt gut aus, als sie ihn das erste Mal gesehen hatte, groß, durchtrainiert, elegant. Er war beinahe fertig mit dem Facharzt für Lungenpathologie, wollte so rasch wie möglich eine eigene Praxis, ein Institut gründen, Dienstleistungen für andere Ärzte anbieten, viel Geld verdienen und viel Geld ausgeben. Das erzählte er ihr schon am ersten Abend auf dem Uni-Ball der Mediziner in Hamburg.

Sie war mit einem Kommilitonen gekommen, Hermann, der wie sie Medizin studierte, um Kinderarzt zu werden. Dieser Traum verband die beiden, und obwohl Hermann ein eher unscheinbarer Knabe war, Salome hingegen eine prachtvolle Schönheit mit glänzenden goldbraunen Haaren, die ihr weit über die Schulter fielen, einem herzförmigen Gesicht und schräggeschnittenen Augen, die wie blaue Topase leuchteten, konnte sie sich eine gemeinsame Zukunft mit diesem ehrlichen Burschen vorstellen. Sie würden vielen Kindern helfen, vielleicht selbst welche haben. Auf Geld legten sie beide keinen Wert, sie hatten hohe Ideale, wollten ihrem Leben Sinn geben, indem sie anderen, weniger Privilegierten halfen.

Hubertus warf Hermann einen uninteressierten Gruß zu, sie kannten sich vom Basketballspielen, musterte dafür um so intensiver Hermanns Begleiterin. Sein Blick glitt über ihre nackten Schultern, über den üppigen Busen, der sich weiß und glatt von dem enganliegenden Oberteil in purpurrotem Samt abhob.

»Komm tanzen«, sagte Hubertus, schob Hermann rücksichtslos beiseite, faßte Salome um die Taille und schob sie auf die Tanzfläche.

Seine Augen waren brutal. Sie hätte ihn im ersten Augenblick erkennen können, statt dessen befiel die Einserstudentin ein zitternder Schwindel, legte sich ein geistiges Koma um ihre Sinne. Er hielt sie fest, kam nah, sie spürte seine Muskeln, in seinen Augen leuchtete ein Feuer, das in ihr eine ungeahnte Begierde weckte. Sie war vom ersten Moment an verwirrt. Sie ließ ihn schon in der ersten Nacht ihre Haut streicheln, ihren Mund mit stoßender Zunge küssen und an ihren Brüsten saugen, daß sie aufjaulte vor Schmerz. Ihr Hirn löste sich auf wie eine Brausetablette. Sehr schnell war sie Hubertus verfallen.

»Wir heiraten«, bestimmte er ein paar Tage nach dem Ball, und Salome glühte vor Glück.

Hubertus von Langendorff schien ihr wie ein wahrgewordener Traum. Er hatte die lässige Art des wohlerzogenen Kleinadeligen, verarmt zwar, dennoch dünkelhaft und selbstherrlich, er konnte gut reiten, gut tanzen, gut Konversation machen. Ein erfahrener Mensch, erfahrener, als Salome es damals gewesen war, hätte diese Show durchschauen können, es war nur die Tarnung eines gefährlichen Inhalts, die Camouflage eines Irren.

Hubertus wartete ein paar Tage, dann nahm er sie, obwohl sie ihre Tage hatte. Er schmierte ihr ihr eigenes Blut auf die Brüste und leckte es schmatzend wieder ab. Hubertus war pervers. Und er war potent. Es gab keine Nacht ohne Sex, es gab keine Nacht ohne Ekel. Salome wehrte sich nicht. Zuerst dachte sie, daß es so sein müßte, er war ihr erster Mann. Dann weinte sie viel und wurde langsam sicher, daß es auch anders sein könnte. Aber sie brachte keine Kraft auf, sich gegen ihn zu wehren. Sie liebte ihn, und bald fürchtete sie ihn auch.

Noch vor der Hochzeit meldete sie sich für die Vorkurse zur Pädiatrie ab und für die zur Lungenpathologie an. Hubertus fand die Idee, armen Kinderchen zu helfen, infantil und tat es als Proletengetue ab. Seiner Idee nach konnten sie in einer Fachgemeinschaft viel mehr erreichen und erfolgreicher sein.

»Salome, wir sind ein unschlagbares Team. Komm, sattle um. Dann können wir nicht nur die Nächte zusammen verbringen, alle Tage auch, in alle Ewigkeit«, flüsterte er ihr zu.

Salome, das dumme Ding, war gleich bereit, sich seinen Wünschen anzupassen. Sie wurde Lungenpathologin. Die Leidenschaft, die sie für dieses Fach aufbrachte, und der Erfolg, den sie dabei einheimste, galten Hubertus, nicht dem Fachbereich, ihm wollte sie gefallen, immer nur ihm. Ihre medizinische Liebe blieb die Kinderheilung, aber diese Liebe wurde nie erfüllt.

Ihre Eltern warnten sie nicht vor der Vereinigung mit diesem Mann, im Gegenteil sie blähten ihre Spießerbäuche vor Stolz. Eine Tochter, die Ärztin wird, und nun auch noch einen adeligen Schwiegersohn. Vater und Mutter Winter waren rechtschaffene Leute, die zu Geld gekommen waren. Der Vater betrieb eine Schraubenfabrik, eine Firma, in der er seine Lehre als Schleifer gemacht hatte, durch Fleiß und Einsatz langsam in der Hierarchie nach oben gerutscht war und dann, als der Inhaber gestorben war und seine Erben das Geschäft loswerden wollten, es selbst übernahm. Er war also Fabrikant, aber es fehlte ihm die Grandezza eines Industriellen und seiner Frau die Selbstverständlichkeit der Reichen. Sie gaben selten Trinkgeld, verwechselten die Besteckfolge bei großen Essen, waren meist unpassend angezogen und redeten über die falschen Dinge. Es mangelte ihnen an Ahnen und an Exotik, die sie mit den Namen, die sie ihren Kindern gegeben hatten, Salome und Attila, gutzumachen versuchten. Und so waren sie denn auch geblendet vom »von« des jungen Mannes und von seiner beherrschenden Familie.

Hubertus' Mutter, eine kettenrauchende, spindeldürre falsche Blondine mit Knollennase und rotgeädertem Gesicht, riß die Organisation der Hochzeit an sich, bestellte Silberbestecke, Bettwäsche, Vasen und Tischtücher nach ihrem Gusto. Die Rechnungen bekam Herr Winter zugesandt. Sie trieb die Hochzeitsfeierlichkeiten mit viel Hast und Ungeduld voran. Später erkannte Salome auch, warum. Hubertus'

Mutter war froh gewesen, den jedes Maß überschreitenden Sohn endlich loszuwerden.

Einen Vorgeschmack auf seinen Charakter lieferte Hubertus schon während der Hochzeitsfeier. Er war zu spät aufgestanden, hatte nichts gefrühstückt, verfolgte die Trauung mit mißmutigem Gesicht. Als die Gesellschaft dann endlich feierlich im Kaiserhof bei Tisch saß, dauerte ihm die Bedienung zu lange. Er sprang vom Stuhl hoch, warf ihn um und riß ein paar Gläser und Vasen mit, schrie so fürchterlich, daß ihm die Adern am Hals anschwollen und der Kopf rot aufquoll.

»Ich will was zu essen, und zwar sofort. Gibt's denn in diesem Scheißlokal nichts zu essen«, brüllte er.

Er schlug mit der Faust auf den schön gedeckten Tisch. Die Runde erstarrte, sein Vater, ein weißhaariger, ehrwürdiger Syndikus, rannte rasch in die Küche, um seinem wildgewordenen Sohn eigenhändig einen Teller mit Hirschragout herbeizuschleppen. Der Rest der Familie schwieg und löffelte betreten die heiße Bouillon. So begann Salomes Reise in den Schrecken.

Sie studierte und schuftete wie besessen, um möglichst rasch ihren Abschluß zu machen und zu Hubertus in das »Institut Dr. Hubertus von Langendorff für Lungenpathologie« eintreten zu können. Er stellte sie als Assistentin ein, und das blieb sie. Sie schmiß den Laden, rackerte sich ab, machte Überstunden, trainierte das Personal, holte fachlichen Rat bei Kollegen. An den Wochenenden belegte sie Fortbildungsseminare, während Hubertus Segelkurse besuchte oder sich nach einem neuen Pferd umsah.

Das Institut lief von Anfang an sehr gut. Sie hatten große Krankenhäuser als Stammkunden, wurden zu internationalen Gutachten gebeten, zu Kongressen und Forschungsprogrammen. Hubertus erledigte den repräsentativen Teil, trat gerne öffentlich auf, die Arbeit erledigten Salome und das Team im Hintergrund.

Sonst vertrieb Hubertus sich die Zeit mit Geldausgeben, er warf angeberisch mit Scheinen um sich. Salome arbeitete so viel, daß ihr hübsches Gesichtchen hager wurde und die Haare stumpf. Sie überdachte ihre Situation gelegentlich, aber schob ein klärendes Gespräch mit Hubertus immer wieder hinaus. Keine Zeit, dachte sie, und ach, was würde es schon ändern. In der Nacht schmiß er sie auf den nackten Boden, über den harten Tisch oder die marmornen Treppen, selten befriedigte er seine Lust an ihr im weichen Bett.

Nach fünf Jahren wurde Stanislav geboren, Salome blieb eine Weile zu Hause. Sie wollte diesem zauberhaften kleinen Geschöpf eine gute Mutter sein. Er hatte ihre blauen Augen geerbt, mit denen er sie sanft und unschuldig ansah. Salome saß stundenlang an seinem Bettchen, erzählte ihm Geschichten, hielt seine Hände mit den winzigen Fingern, strich ihm über die Haare.

»Stani«, sagte sie, »Stani, mein süßer kleiner Liebling.«

In diesen seltenen Momenten war sie glücklich.

Kurz nach Stanis Geburt fing Hubertus an, sie zu betrügen.

»Ich spür bei dir nichts mehr«, sagte er.

Sie stand in ihrer Schürze an der Treppe, das kleine Hausmütterchen, das sie geworden war, und sah Hubertus verzweifelt hinterher, als er das Haus verließ. Einmal konnte sie sich nicht beherrschen und wollte ihn abhalten, wegzugehen. Sie wußte ja, wohin er ging, und konnte sich vorstellen, was er dort tat. Lola hieß sie und war ein ordinäres Weib.

»Bleib doch«, rief Salome weinend. »Bleib doch bei mir und Stani.«

Hubertus packte sie an den Haaren, riß sie hin und her.

»Bei dir soll ich bleiben?« schrie er. »Du stinkst nach Suppe und Babyscheiße. Meinst du, das törnt mich an?«

Er riß sie so lange an ihren Haaren, bis er ein Büschel in der Hand hielt. Als sie aufschrie, stieß er sie die Treppe hinunter. Er ging, und sie lag mit gebrochenen Rippen wimmernd auf dem kalten Marmorboden.

Dem Arzt, der sie behandelte, und ihrer Familie gegenüber erfand sie Lügengeschichten, um ihre Verletzungen zu erklären, ersann eigene Ungeschicklichkeiten, Schwindelanfälle und nächtliche Stolpereien auf dem Weg ins Kinderzimmer, um Hubertus zu schützen und vor Anklagen zu bewahren. Reuevoll saß er danach an ihrem Krankenbett, schluchzte und brachte armweise rote Rosen. Das Kind rührte er nie an.

Im Institut ging während ihrer Abwesenheit alles drunter und drüber, und Hubertus zwang sie, ein Kindermädchen anzuheuern und zur Arbeit zurückzukehren. Das Kindermädchen hieß Hannelore, war jung und mollig, ließ sich Hasi nennen, und Hubertus verbrachte immer öfter die Nächte in ihrem Zimmer.

Jahrelang hielt Salome ihm die Stange, erst als er das bosnische Kind wilderte, erwachte sie aus ihrer unglücklichen Trance. Sie schüttelte sich wie ein nasser Köter und ging zu ihrem Schulfreund Benni Kullmann, der ein renommierter Anwalt geworden war, und übergab ihm ihre Angelegenheit. Kullmann machte sich an die Arbeit. Das Resultat seiner schlau durchdachten Schachzüge setzte Hubertus gewaltig unter Druck. Kullmann drohte ihm mit einer Anzeige und zwang ihn damit in die Knie. Hubertus akzeptierte die brutalen Bedingungen, die Kullmann für seine Mandantin forderte, nur um nicht vor Gericht gestellt zu werden. Die Scheidung wurde rechtsgültig, und Salome war plötzlich eine reiche Frau. Hubertus hatte auf alles verzichtet, das Institut, das Haus, die gräßlich angeberische Jacht, die Pferde. Selbst der unbequeme Sportwagen gehörte jetzt Salome.

Sie war weit entfernt von einem Gefühl des Triumphes. Ihr war nur klargeworden, daß dieses Kapitel ihres Lebens versiegelt und für immer beiseite gestellt werden mußte.

In einem plötzlichen Entschluß schmiß sie ihren Job hin, verkaufte das Institut, das Boot, das Haus, nahm ihren Sohn und verließ Hamburg. Die beiden zogen nach München. Benni Kullmann hatte ihr eine Wohnung besorgt, hoch über den Dächern von Schwabing mit Blick auf einen verträumten Biergarten mit Kastanienbäumen und auf einen aufgelassenen Friedhof aus dem letzten Jahrhundert, in dem die Großen der Stadt beerdigt worden waren und in dem jetzt Spaziergänger zwischen den Gräbern flanierten und sich Sonnenanbeter auf den Rasen zwischen den Monumenten zur Erinnerung an die Toten legten.

Als sie einzog, blühten die Kastanienbäume, und der Kies unter den Schuhen der Spaziergänger knirschte. Der Biergarten war schon in Betrieb, sie hörte die Stimmen und das Lachen der Besucher. Das Haus, in dem sie die geräumige Dachwohnung kaufte, war ein Jugendstilgebäude mit Stuck im Entrée und einem kleinen verglasten Atelier, zu dem eine Wendeltreppe führte. Salome ließ alles weiß tünchen und stellte ihre wenigen Habseligkeiten, die sie aus Hamburg mitgeschleppt hatte, in die riesigen Räume.

Stani war acht und saß Tag und Nacht am Klavier. Er wollte Pianist werden und sonst gar nichts. Ständig lag er Salome in den Ohren damit.

»Bitte, Mami, laß mich auf ein Musikinternat gehen«, bettelte er. »Ich möchte immer nur Klavier spielen. Bitte, bitte.«

Er war ein zauberhafter Junge geworden, hatte nichts von seinem Vater geerbt, er war geduldig, zu höchster Konzentration fähig, dunkelhaarig und hübsch.

Einen Sommer lang stellte sich Salome taub, wollte auf die Gesellschaft des geliebten Kindes nicht verzichten, bis Benni Kullmann ihr eines Abends ins Gewissen redete.

»Laß ihn seinen eigenen Weg gehen, Salome.«

Nach der dritten Flasche Rotwein gab sie ihre Zustimmung. Stani ging freudestrahlend ins Internat in der Nähe von Boston, nun war sie alleine in der fürstlichen Wohnung.

Was mache ich nun mit meinem Leben, fragte sie sich tagein und tagaus, während sie gelangweilt ihre Kontoauszüge studierte. Immerhin gefiel ihr die Münchner Umgebung, sie lief durch die Museen, fuhr in die Berge, fing an, durch den Englischen Garten zu joggen. Benni Kullmann und seine Frau schleppten sie von Party zu Party, sie abonnierte Zeitungen, förderte ein Kindergartenprojekt in Mali und langweilte sich weiter.

Stani war glücklich in seinem Internat, zwar mußte er Latein, Physik und Mathematik büffeln, jede freie Minute verbrachte er aber mit seinen Klavierlehrern, übte Chopin, Bach, Rachmaninoff und immer mehr Jazz.

»Mum«, erzählte er begeistert bei seinem ersten Besuch, »ich werde Jazzpianist.« Er sah sie mit seinen sanften Augen an. »Und du, Mum, solltest auch etwas machen.«

»Ja, ich weiß, sollte ich«, antwortete Salome und schenkte sich ein Glas Rotwein ein. »Aber was, Stani, was nur?«

Es dauerte lange, bis sie wieder zu Kräften kam. Dann wurde ihre Haut wieder rosig und straff, die Haare bekamen den alten Glanz. Sie kaufte sich Kleider und Schmuck, vor allem Ohrringe, die sie in ihre winzigen Ohrläppchen hängte. Es nützte alles nichts, sie fühlte sich leer, wie ein ausgebombtes Haus, von dem nur noch ein paar verkohlte Dachbalken herunterhingen.

Sie hatte sich von einem Gärtner die Terrasse bepflanzen lassen, und da saß sie nun zwischen herrlichen Blüten, die dufteten und vor Leben strotzten, und fühlte sich beschissen.

Zu ihrem dreiundvierzigsten Geburtstag kam Stani aus Boston.

»Mum, so geht das nicht weiter mit dir.«

Der Bub war erst fünfzehn, lebte weit weg von seiner Mutter. In ihren Briefen erzählte sie voller Begeisterung von ihrem neuen Leben, um ihn nicht zu betrüben. Nun genügte ihm ein Blick auf seine Mutter, und er hatte ihre Misere erkannt.

»Jetzt gehen wir erst mal ins Kino«, sagte er und blätterte mit seinen schönen Klavierspielerhänden in der Zeitung. »Und ich bleibe so lange bei dir, bis du was gefunden hast, was deinen Stumpfsinn beendet. Mum, Kleiderkaufen, Friseurbesuche, Kosmetiktermine sind doch kein Lebensinhalt.«

Salome mußte lachen. »Puh, da muß ich mich beeilen, dein Semester fängt bald wieder an.«

Er blätterte weiter in der Zeitung, plötzlich pfiff er durch die Zähne.

»Hey, hör mal, Mum, da ist was für dich.« Sie sah erstaunt auf. »Ich lese es dir vor: Frachtschiff M/S Zvezda der Reederei Jadrotours, Heimathafen Rijeka, bietet auf Transatlantikfahrt zwölf Kabinen für die Überfahrt nach São Paulo, Brasilien an, Abreisedatum 12. September. Wie findest du das, Mum, das wäre doch was für dich. Da kämst du bestimmt auf andere Gedanken.«

Und du könntest beruhigt nach Boston zurückfahren, dachte Salome.

»Stanilein, mein Süßer, was soll ich denn da? Mutterseelenallein!«

Ihre Stimme begann zu zittern, sie schluchzte auf, ihre Tränen begannen zu strömen, sie hatte keine Kraft, sie zurückzuhalten.

»Ist es so schlimm, Mum?« fragte Stani mit leiser Stimme.

»Ich glaub, ich bin am Ende, Stanilein«, nickte sie unmerklich.

Er nahm sie in den Arm, ihr kleiner Teenagersohn, wiegte sie leicht hin und her, so wie sie es mit ihm gemacht hatte, als er ein Baby gewesen war. Es tat ihr unendlich gut, all die ungeweinten Tränen fließen zu lassen. Ein Fünfzehnjähriger tröstet seine wimmernde Mutter. Sie genierte sich dafür, fand die Situation unwürdig, schluckte ein paar Mal, atmete zitternd durch, suchte ihr Taschentuch.

»Jetzt gehen wir erst einmal ins Kino, okay, Stani?«

Sie brachte sogar so etwas wie ein Lächeln zustande.

Stani hatte einen Actionfilm ausgesucht, die meiste Zeit dachte Salome an etwas gänzlich anderes. Aber ihrem Sohn gefiel der Film.

»Ich werde diese Reise buchen, Stani«, sagte sie, als sie anschließend beim Italiener aßen.

Und so kam es, daß sie auf dem Achterdeck der Zvezda zwischen dem Gerümpel saß, ihr Liegestuhl hatte nur drei Beine, hinter ihr hingen blaue Arbeiterhosen zum Trocknen auf der Leine. Es war das Deck, das der Crew vorbehalten war, aber Salome liebte ausgerechnet diesen Platz mit dem Blick auf die Fahrrinne, und so hatten ihr die freundlichen Matrosen und Kellner gestattet, daß sie hier ihre Stunden absaß.

»Ich werde ganz still sein«, hatte sie versprochen und großzügig Trinkgelder verteilt.

»Sve uredu, Madame«, lachten die braungebrannten Männer.

Und still war sie wirklich, lag in ihrem Liegestuhl und versuchte an nichts zu denken.

Einer der Gäste an Bord, ein Mann, der wie sie alleine unterwegs war, kam in ihr Versteck und sagte »Hey!« Er lehnte sich über die Reling und schaute aufs Wasser. Er hatte eine Hasselblad und eine Nikon um den Hals baumeln. Sechs Passagiere waren insgesamt an Bord, zwei befreundete Ehepaare aus Olpe, die immerzu von ihren Reisen durch Ägypten erzählten, und ein einzelner Mann, der sehr viel trank. Und der stand ihr nun im Blickfeld. Er hatte angegraute schwarze Haare, ein wenig schütter schon, die er zu einem dünnen Pferdeschwanz zusammengebunden hatte.

»Na«, fragte er jovial, »wo geht's denn hin?«

»Nirgendwohin«, antwortete Salome. »Ich habe keine Pläne.«

»Das ist Scheiße«, sagte er und betrachtete sie eine Weile.

Salome hatte ihre alten Formen wieder, vom vielen Essen und Rotweintrinken in München, und nun an Bord hatte sie sogar ein wenig zuviel auf den Knochen, was ihr aber ausgezeichnet stand. Sie bewegte sich lasziv, hatte eine leicht rauhe Stimme, ihr Mund wiederholte im Kleinen die Herzform ihres Gesichtes, und die Augen waren blauer als der atlantische Himmel. Die Männer an Bord drehten sich nach ihr um, sie wirkte trotz ihrer dreiundvierzig Jahre sehr erotisch, obwohl sie es in keiner Weise war. Wer aber sollte das ahnen?

Der Kapitän des Schiffes hieß Aleksa Fabrotoff, kam aus Istrien, war Ende Vierzig und von Salomes höflicher Unnahbarkeit fasziniert. Er lud sie jeden Abend ein, bei Tisch an seiner Seite zu sitzen, versuchte, ihr alle Wünsche von den Augen abzulesen. Salome blieb neutral, hörte ihm zu, spielte mit den Fingern an ihrem Ohrring und lächelte dabei. Nach acht Tagen wagte der Kapitän eines Abends, als er sie zu ihrer Kabine begleitet hatte, ihre Hand zu streicheln.

»Lassen Sie das«, zischte sie ihn erschrocken an und riß ihre Hand zurück.

Kalter Schweiß brach ihr bei der Berührung dieser Männerhand aus. Es war der erste Kontakt mit einem Mann seit zwei Jahren, und sie erinnerte sich plötzlich an Hubertus, wie grausam weh er ihr oft getan hatte, wenn die Geilheit seiner Abnormität noch Vorschub geleistet hatte.

Sie schloß für einen Moment die Augen und fuhr sich mit der Hand an den Hals. Nie wieder, dachte sie, nie wieder wird mich so eine Drecksau von Mann anlangen.

»Verzeihen Sie bitte meine Schroffheit, Herr Kapitän«, sagte sie bleiern. »Gute Nacht.«

Der Kapitän sah sie mit gerunzelter Stirn an.

»Wenn ich Sie erschreckt habe, tut es mir unendlich leid«, sagte er behutsam.

Er blieb die restliche Reise über von ausgesuchter Höflichkeit Salome gegenüber, plauderte mit ihr über Literatur, zeigte ihr sein kleines Atelier, wo er Holzschnitzereien anfertigte, ließ ihr gefüllte Krautwickerl zubereiten, weil sie sie so gerne aß, erklärte ihr die Sternbilder und die Navigation. Sie begann seine Nähe zu suchen und faßte langsam Vertrauen zu diesem Menschen, obwohl er ein Mann war.

Am letzten Abend ihrer langen Reise bat sie ihn in ihre Kabine.

»Ich möchte mit dir schlafen«, sagte sie ein wenig ängstlich.

»Aber ...«, begann Aleksa.

»Bitte«, sagte Salome leise, »bitte.«

Und der erfahrene Mann aus Istrien taute mit unendlicher Zärtlichkeit und Geduld den Eisbrocken, der sich hart und schier unschmelzbar um Salomes Weiblichkeit gebildet hatte, auf. Ganz sanft kam er zu ihr, wohl spürend, daß er eine Verwundete im Arm hielt. Er flüsterte wundersame Liebesworte und erlöste sie mit seinem warmen, wissenden Feuer von einem Übel, von dem sie niemals mehr Erlösung erhofft hatte.

Als er gegangen war, weinte sie lange. Wie aus einer Quelle, deren Austritt lange verstopft war, lief das Wasser aus ihr heraus. Aber es waren keine Tränen des Schmerzes mehr, es waren die der Erleichterung.

Als sie am nächsten Tag das Schiff verließ, küßte ihr Aleksa die Hand.

»Du bist eine wunderbare Frau«, sagte er.

Und das Lächeln, das Salome ihm dankbar schenkte, hatte endlich wieder den Glanz der frühen Tage. Männer blieben ihr auch nach Aleksa gleichgültig, aber die Abscheu war weg, der Ekel. Sie fühlte sich befreit.

»Ich bin George«, sagte der Mann mit dem Pferdeschwanz und den Kameras auf dem Bauch, er hatte den Arm auf die Balustrade des Hinterdecks gestützt. Er sprach englisch mit einem griechischen Akzent. »Wenn du willst, kannst du mit mir kommen. Ich suche so einen verrückten Engländer, der im brasilianischen Busch nach Smaragden sucht. Über den mache ich eine Story.« Er sah sie abwartend an. »Na, wie sieht's aus?«

Salome zuckte mit den Schultern.

»Vielleicht«, antwortete sie. »Wieso fliegst du nicht, sondern fährst im Schneckentempo mit dem Schiff?«

»Ich fahre immer mit dem Schiff, wenn ich Zeit genug habe. Wenn's ums Reisen geht, ist das Schiff das weitaus angemessenere Fortbewegungsmittel als ein Flugzeug.« Er hob seine Hände in die Höhe. »Finde ich.«

Salome verstaute den größten Teil ihres Gepäcks in einem Schließfach im Hafen von São Paulo. George meinte, im Urwald brauche sie eher Stiefel und Jeans als Stöckelschuhe und Cocktailkleidchen. Als sie alles beieinander hatten, stiegen sie in einen gemieteten Landrover und fuhren tagelang Richtung Norden. Dann Richtung Westen. Am Abend bauten sie ihre Zelte auf, kochten klumpige Suppen und tranken Unmengen von Whisky.

»Sex?« fragte George sie nach drei Tagen.

»Nö«, antwortete sie entschieden.

»Wirklich nicht?« meinte er staunend.

Als sie den Engländer, der eigentlich ein Grieche war, fanden, hatte er gerade einen schweren Brocken Smaragd aus den schlammigen Tiefen seiner Mine gezogen. Sie hausten eine Weile bei ihm im Urwald, in einem unglaublichen Gemisch aus Dreck, Sumpf und Unrat.

Salome schrieb abends in ihrem Zelt, eine Lampe um die Stirn gezurrt und in faszinierter Konzentration, die Geschichte von Michael Peridis, dem Smaragdgräber, auf. Eines Abends überraschte George sie dabei, nahm ihr das Notizheft weg und ging nach draußen. Nach einer Weile kam er zurück.

»Das ist gut«, sagte er kurz. »Saugut. Das nehme ich. Da spar ich mir einen Haufen Arbeit. Und schreiben finde ich eh Scheiße.«

Das war es, das neue Leben. Es hatte soeben begonnen. Sie fuhren zusammen nach Hamburg, Salome unterschrieb einen Vertrag mit Meridian. Die nächsten beiden Reisen machte sie mit George. Gutmütig führte er sie in die Geheimnisse ihres neuen Jobs ein. Dann verließ sie ihn, probierte ein paar andere Fotografen aus. Schließlich fand sie in Thierry ihre ideale Entsprechung.

18

Yussuf bremste, ein Lastkarren holperte über die Straße. Salome fuhr aus ihrem Dämmerschlaf auf und blickte zu Sabri hinüber. Er war eingenickt. Schön sah er im Schlaf aus, sorglos war sein Gesicht, die Lippen gewölbt, ganz seinem Schlummer hingegeben. Er träumt sicher nur angenehme Sachen, dachte Salome und lächelte.

Plötzlich öffnete er die Augen und sah sie an.

»Ich wußte, daß du da bist«, sagte er, »ich habe deinen Duft schon im Traum gespürt.«

»So, so«, sie mußte schmunzeln, »und was ist das für ein Geruch, der dich bis in den Traum verfolgt?«

»Dein Duft, Salomita, ist der Duft der schönsten Frau der Welt.«

Sie schlug die Augen nieder. Bloß nicht ernst nehmen, dachte sie. Der zauberhafte Knabe ist ein orientalischer Märchenerzähler. Trotzdem klopfte ihr Herz plötzlich so stark, daß sie kaum atmen konnte.

Sie preßte die Hände fest zusammen, damit er nicht sehen konnte, daß sie leicht zitterten. Ich muß jetzt ganz schnell was sagen, dachte sie. Themenwechsel. Das ist die einzige Rettung. Sie blies den Atem langsam aus.

Da fiel ihr Blick auf den kleinen silbernen Ring, den er an der linken Hand trug. Ein schmaler Reif mit einem winzigen dunkelroten Stein.

»Was ist das für ein Ring?« fragte sie. »Du hast ihn immer an.«

»Oh, das ist nichts Besonderes«, sagte er, spreizte die Finger und besah sich sein Schmuckstück.

Sabris Hände waren biegsam und weich, nicht gezeichnet von Arbeit, es waren verwöhnte Hände, unsportlich. Vielleicht dafür sehr zärtlich, dachte Salome und war erschrokken über diesen Gedanken.

»Ich habe den Ring von meiner Großmutter. Sie war noch eine Beduinin, eine kleine faltige Frau aus der Wüste. Sie hat ihn mir geschenkt. Trag ihn, hat sie gesagt, damit du nicht ganz vergißt, daß auch du aus der Wüste stammst. Weißt du, Salome, sie war der Meinung, daß das größte Unglück für uns Libyer war, daß wir so viel Öl in unserem Land gefunden haben. Wir verlieren unsere Wurzeln, hat sie immer gesagt.«

»Er paßt gut zu dir«, Salome schaute den Ring an. »In der Wüste kann ich dich mir aber nicht vorstellen. Du würdest verdursten, vertrocknen, ganz jämmerlich verrecken, so ein verwöhnter Städter, wie du bist.«

»Was redest du da?« Er war wütend. »Natürlich kann ich in der Wüste überleben. Ich fürchte die Wüste, wie alle Beduinen, aber ich kenne ihre Regeln. Kannst ja mal mitkommen, dann wirst du schon sehen, daß ich nicht so blöd wie ein Amerikaner bin, der die Kühe nur noch aus dem Milchregal kennt.«

»He, he, keine rassistischen Witze, mein Herr!« rief sie und hielt ihm abwehrend ihre Hand entgegen.

Er deutete auf ihre Finger.

»Aber du hast auch immer denselben Ring an, Salome.«

»Ja«, sie streifte über den breiten goldenen Ring mit dem indischen Swastikamuster, den sie am Mittelfinger ihrer linken Hand trug. »Der ist nicht von meiner Oma«, sagte sie, »den habe ich von meinem Mann.«

»Mann? Ich denke, du bist geschieden?«

»Ja, ich bin geschieden, aber den Ring habe ich behalten. Er hat ihn mir mal aus Indien mitgebracht, und seitdem trage ich ihn. Aber er erinnert mich nicht an ihn. Es ist einfach mein Ring.«

Sie streckten beide ihre Hände von sich, drehten sie, spreizten die Finger und begutachteten ihre Ringe. Eine dunkle, schmalgliedrige Araberhand und eine hellhäutige europäische. Salome hatte kleine Hände, denen man ansah, daß sie gut zugreifen konnten, mit kurzen, durchsichtig hellackierten Nägeln. Was für ein Gegensatz, dachte Salome und drehte ihre Hand nach oben.

»Schau mal«, rief Sabri und legte seine Hand auf die ihre. »Meine Hand ist größer.«

Für den Bruchteil einer Sekunde berührten die beiden Hände sich, eine einzigartige Sekunde lang spürte Salome seine Haut, und sie fühlte sich so an, wie sie es geahnt hatte, weich, sinnlich, mild, zärtlich. Liebeshände. Federleicht lag seine Hand auf der ihren, die Berührung erfüllte sie mit der Gewißheit einer nicht mehr umkehrbaren Zuneigung, die sich wohlig windend durch ihren Körper schlängelte.

Sie zog ihre Hand schnell zurück, versteckte sie unter ihrem Bein und wandte ihren erstaunten Blick Sabri zu, der sie mit leuchtenden Augen ansah, mit einem Blick, erhitzt und glänzend, fragend und überrascht, als habe sich ein Bild aus einem Traum gelöst und sich wundersamerweise an seine Seite gesetzt.

19

»Hai mangiato bene?« rief Sabri aufgekratzt und steckte sich einen letzten Bissen Lasagne in den Mund. Salome nickte.

»Dann komm, Salomita, du hast ein date im vierzehnten Stock.«

»Ein date? Im vierzehnten Stock?«

»Ja, bella, im vierzehnten Stock. Da ist ein herrliches Café mit einem wunderbaren Ausblick über die Stadt.«

Sabri war in sonniger Stimmung, die kleinen lustigen Teufelchen tanzten in seinen Augen. Er zupfte am Ärmel ihrer Bluse, einem japanischen Design, dessen enge Ärmel sich am Handgelenk wie Blumenkelche öffneten.

»Steht dir gut, Salome.« Er ließ seine Augen über ihr Gewand gleiten. »Italienisch?«

»Nein, Hoheit, japanisch.«

»Japanisch!« amüsierte er sich. »Seit wann können die denn Blusen nähen?« er schüttelte belustigt den Kopf. »Gute Sachen kommen aus Italien«, bestimmte er.

»Also vierzehnter Stock, Mister Hosman!« Salome hob den Finger. »Und wer, bitteschön, ist der Held, den ich dort treffe? Ist es Herakles?«

»Herakles, meine Liebe, hätte dir nur die goldenen Äpfel abgenommen und wäre dann wieder verschwunden«, rief er übermütig. »Nein, ich bin es, den du dort oben triffst.« Er breitete die Arme aus. »Und ich werde dich nicht verlassen. Salomita. Nie!« Er grinste. »Außerdem kann Herakles keine Gedichte! Aber ich. Here is one for you.«

Er setzte sich in Positur und blickte sie mit schillernden Augen an.

»Hab die ganze Nacht geträumt,
daß am Tag du zu mir kämst,

Und den ganzen Tag gehofft,
daß du nachts im Traum erschienst!«

Salome spürte, wie sich ihr Herz stürmisch aufbäumte, sie wurde rot und senkte schnell den Blick.

»Führ jetzt Frau Dracula ins Café«, sagte sie.

Er bot ihr galant den Arm, und die beiden spazierten aus der Taverna Italiana des Hotels Tibesti in Benghasi.

»Das schönste Zimmer für dich«, hatte Sabri verheißen.

Und wirklich, der Blick, den sie von ihrem Zimmer im zehnten Stock hatte, war grandios. Ihr zu Füßen breitete sich eine künstliche Lagune aus, in deren Wasser sich die Hochhäuser von Benghasi spiegelten. Das Hotel war modern, vom Vorbau hingen dicke Pflanzenteppiche herab. So hatte Salome sich immer die hängenden Gärten der Semiramis vorgestellt.

Das Zimmer war kirschholzgetäfelt, die Lampen funktionierten alle, und mit dem Vorhang konnte man Theater spielen: Ein Knopfdruck am kleinen Schalter des Nachtkästchens genügte, und die schweren Gardinen tanzten ganz nach Wunsch hin und her.

Den Rucksack noch geschultert, den Zimmerschlüssel in der Hand, hatte sich Salome aufs Bett gesetzt und den Vorhang mit kindlicher Begeisterung hin und her sausen lassen. Dann erst zog sie die Schuhe aus.

»Yeeppee«, rief sie erleichtert und schmiß ihre Slipper in die Luft. Pfeifend ließ sie sich ein heißes Bad einlaufen, trällerte vor sich hin, als sie sich für den Abend zurechtmachte.

»Begnadet schön«, lächelte sie ihrem Spiegelbild zu, und als i-Tüpfelchen zu ihrer nachtblauen Eleganz legte sie sich die Kette mit den dicken rosaschimmernden Perlen um den Hals.

Gott, ist dieses Libyen ein herrliches Land, dachte sie, drehte sich vor dem Spiegel, fuhr sich durchs frischgewaschene glänzende Haar, fischte den Zimmerschlüssel zwischen dem Durcheinander ihrer herumliegenden Sachen hervor und machte sich auf den Weg zur Taverna Italiana, wo Sabri sie mit seinem anmutigen Lächeln erwartete.

»Was darf's denn sein?« fragte Sabri jetzt und rückte den Stuhl so, daß Salome die Aussicht vom Dachcafé aufs nächtliche Benghasi genießen konnte.

Im Hintergrund der Dachterrasse spielte ein Mann in traditioneller weißer Kleidung sanfte Klänge auf der Laute. Sabri summte mit.

»Das ist schön«, schwärmte er. »Salome, das ist ein wunderbares Lied. Paß auf, vielleicht kriege ich den Text noch hin.« Er strich sich mit seiner Hand über die braune Stirn, überlegte, und plötzlich hellte sich sein Gesicht auf. »Ich hab's, Salome, ich hab's.«

Er beugte sich ganz nah zu ihr, im tiefen Dunkel seiner Augen spiegelte sich der sternenübersäte Himmel.

»Ich liebe eine Frau. Sie will von mir nichts wissen.
Und läßt sich hätscheln von den Gecken nach der Mode.
Ihr Schelmenlachen hat mein Herz zerrissen.
Ihr Kokettieren foltert mich zu Tode.«

Er geriet einen Moment ins Stocken, wiederholte summend die Melodie.

»Ah«, machte er, fuhr sich mit seiner rosaroten Zunge über die Lippen und rezitierte.

»Vor ihrer Schönheit liegt die Welt in Ketten.
Von ihren Blicken bleibt kein Mann verschont.
Wie soll ich mich vor ihrem Zauber retten?
Solange sie in meinem Herzen thront?
Entflohne Frau! O könnt ich dir entsagen –
Ich wäre glücklicher. Doch ich vermag es nicht.
Hast du kein Mitleid mit dem Mann, den Tränen plagen,
Wenn es ihm in der Nacht an Schlaf gebricht?«

»Schön?« Ein schnelles Lächeln huschte über sein Gesicht. »Soll ich es dir noch einmal vorspielen lassen?«

Salome blickte auf.

»Ja, mein betörender Sänger, gerne.«

Als sich ihre Augen trafen, regte sich ein kitzliges Gefühl in ihrem Bauch, das ihr ein verwirrtes Lächeln ins Gesicht zauberte.

»Gerne«, wiederholte sie.

Der Wehklang der Laute umhüllte die Terrasse, Salome schaute verträumt in den nächtlichen Sternenhimmel. Sabri holte eine Wasserpfeife, rutschte in seinem Stuhl zurecht und sog voller Genuß an seiner Nargila. Der Geruch von Äpfeln und Minze durchzog die Luft. Sabri lümmelte gemütlich in seinem Stuhl.

»Wenn ich zu Hause in Sebha bin, schnappe ich mir manchmal mit meinen Freunden einen Jeep, und wir fahren an die Seen in der Nähe«, erzählte er in Salomes Gedanken hinein. »Wir kurven ein bißchen durch die Dünen, das macht Spaß. Wir setzen uns irgendwo hin und erzählen uns was. Wenn es warm ist, gehen wir schwimmen, abends machen wir uns ein Feuer und kochen Tee. Manchmal haben wir Fleisch dabei oder Maiskolben, und das legen wir dann aufs Feuer.«

Sie versuchte ihm zu folgen, sah ihn mit anderen braunen Jungs in den Dünen sitzen, hörte ihn harmlose Witze erzählen und sein kehliges Lachen, wenn seine Freunde ihm drollige, erdachte Geschichten erzählten.

»Sind da nie Mädchen dabei?« fragte sie.

»Nö. Nie. Wir führen keine Mädchen aus«, antwortete er.

»Auch nicht in Tripolis?«

»Nein. Libyen ist ein arabisches Land, Salome.«

»Geht dir das nicht ab, Sabri?«

»Manchmal fahre ich ja nach Tunesien. Da ist es nicht so streng.«

Er sog an seiner Wasserpfeife.

»Erzählst du den Mädchen dann auch deine Gedichte?«

Er lachte abwehrend.

»Nein, Salome, arabische Frauen interessiert das nicht. Ich glaube, das einzige, was die interessiert, ist Schmuck und Schminke.« Er zuckte mit den Schultern. »Sie sind albern, plappern die ganze Zeit dummes Zeug und wollen geheiratet werden.« Er schaute sie nachdenklich an. »Die sind nicht wie du«, fügte er leise hinzu.

»Wie bin ich denn?«

»Wenn ich das wüßte, Salome. Wenn ich das nur wüßte. Ich habe schon mehrmals darüber nachgedacht.« Er hielt ihr die Wasserpfeife hin. »Willst du mal?«

»Ja«, sie nahm einen tiefen Zug, kalt drang der Rauch in ihre Kehle, und sie mußte husten.

Sabris Augen musterten sie eindringlich.

»Manchmal glaube ich, du lebst schrecklich gerne, und dann glaube ich wieder, du bist traurig und hast Geheimnisse.«

»Bingo, Mister Sigmund Freud!« rief sie und fühlte sich ertappt. »Und sag, Sabri, was tust du so in Tripolis, wenn du freie Zeit hast?« lenkte sie schnell ab.

»Na ja, meistens sitze ich mit meinen Freunden zusammen.« Er wiegte den Kopf hin und her. »Weißt du, genau genommen habe ich nur zwei Freunde. Amir und Adil. Sie waren beide mit mir in Malta in der Schule. Wir sind wie Brüder, richtige Brüder, dicke Freunde. Wir erzählen uns alles und sehen uns jeden Tag, wenn's geht.«

In seinem Leben kommen überhaupt keine Frauen vor, dachte Salome erstaunt.

»Amir hat ein Fotogeschäft in der Omar-Mouchtar-Straße, und Adil ist Ölingenieur. Er ist in letzter Zeit viel im Ausland, meistens in Algerien. Aber Amir und ich sind immer zusammen.«

Maltageschädigte Schicksalsgenossen, dachte Salome, die nicht gelernt haben, zu irgend jemandem außerhalb ihres winzigen Kreises Vertrauen oder gar Zuneigung zu entwickeln.

»Ich gehe meistens zu ihm in den Laden nach der Arbeit, dann rauchen wir Nargila, reden, hören Musik, schauen uns Videos an. Oder ich kaufe frischen Fisch am Hafen und koche für ihn, dann kommt er zu mir.«

»Du kannst kochen?«

»Ja, klar. Ich habe dir doch gesagt, daß ich alleine lebe. Ich koche, ich putze, ich wasche, ich bügle.«

»Ich habe dich für einen verwöhnten kleinen Prinzen gehalten, Sabri, dem Papa und Mama goldene Schühchen ans Bett stellen.«

»Ich bin nicht verwöhnt, Salome. Ich muß meinen Haushalt selber machen, weil ich mir manchmal ein paar teure Hosen oder Schuhe kaufen möchte, und dafür brauche ich meinen ganzen Verdienst. Der ist nicht hoch, weißt du. Wir verdienen hier nicht viel.« Er reckte den Hals. »Aber das Geld meines Vaters brauche ich nicht. Ich bin selbständig.«

Salome stützte ihren Kopf auf die Hand und blickte ihn an.

»Und wenn du mal heiratest?« fragte sie sanft.

»Dann brauch ich die Kohle von Vater«, sagte er salopp, zog die Nase kraus, fuhr sich mit dem Finger über die winzigen kleinen braunen Falten. Er wedelte mit der Hand hin und her. »Aber glaub mir, Salomita, das wird so schnell nicht passieren.«

»Mein Leben ist langweilig, nicht wahr?« stellte er plötzlich verwundert fest. »Und du, was machst du so, Salome?«

»Ich?« sagte sie ausweichend.

»Ja, du«, er ließ nicht locker.

»Ich gehe viel ins Theater und in die Oper.«

»Oper?« schrie er. »Du meinst, dieses schreckliche Gesinge, stundenlang und einschläfernd, diese uralten Geschichten in verstaubten Kostümen, wo die Leute noch drei Stunden singen, wenn sie schon lange tot sind.« Die Vorstellung belustigte ihn. »Nein, Salome, das kannst du mir nicht erzählen, das glaube ich dir nicht. Du bist doch keine Mumie.« Er schüttelte sich. »Nie, nie würde ich in eine Oper gehen.« Er hob die Fingen zum Schwur. »Nicht einmal mit dir«, fügte er leise hinzu. »Oder vielleicht doch. In eine kurze Oper. So was gibt es doch, oder?«

»Die kürzeste, die ich kenne, geht etwa fünf Stunden«, lachte sie. »Aber weißt du, Sabri, je länger es dauert, desto besser. Davon kannst du nicht genug bekommen. Sieben Stunden, neun Stunden. Einfach herrlich.«

»Du meinst, du sitzt sieben Stunden ohne zu reden, einfach nur in so einem Sessel und glotzt auf die Bühne, wo nichts passiert. Ich glaube wirklich manchmal, du spinnst, Salomita.«

»Man kann dabei herrlich träumen, Sabri«, sagte sie und sah ihn an. »Wenn die Musik ertönt, Sabri, dann mache ich manchmal ganze Weltreisen im Kopf«, schwärmte sie, biß sich mit den Zähnen auf den Zeigefinger und lachte. Ihre Zähne waren ebenmäßig, nur der rechte Schneidezahn drängte sich ein wenig vor. »Ich fahre durch wunderbare Landschaften, tanze auf Hochzeiten, liege im Mondschein, sehe die Sterne flimmern, und wenn die Geigen jauchzen und die Tenöre ihre hohen Cs schmettern, dann bin ich glücklich.«

»Ich fasse es nicht, Salomita, du bist ja kitschig!« rief er und klatschte vor Vergnügen in die Hände.

»Ich nehme dich mal mit auf so eine Reise, Sabri, dann schwingen wir uns zusammen auf die Mondsichel.«

»Nein, nie!« rief er. »Ich würde sofort einschlafen, so langweilig ist das.«

Sie kicherten vergnügt und plauderten Unsinn in die Nacht hinaus.

»Jetzt muß ich aber ins Bett«, sagte Salome nach einer Weile, nahm ihren Schlüssel, ihre Zigaretten und stand auf. »Gute Nacht, Sabri, und hab Dank für diesen zauberhaften Abend.«

»Möchtest du, daß ich dich begleite?« fragte er und rollte sich aus seinem Stuhl.

»Nein, danke«, antwortete sie sanft.

Sie winkte ihm zu und verließ das Café.

Morgen fahren wir nach Ptolemais, hat er gesagt, dachte sie, als sie in ihr Zimmer kam. Sie schaltete das Radio ein, summte die arabischen Klänge mit und kramte nach ihren Unterlagen. Sie legte sich aufs Bett, breitete die dichtbeschrifteten Zettel vor sich aus und wanderte in Gedanken durch die griechisch-römische Stadt, den Cardo entlang, bis sie zum Odeion kam, in dem die Griechen gerne Kammerkonzerten lauschten, was den Römern weniger zusagte, also verwandelten sie das ptolemaische Konzerthaus in einen Springbrunnen.

Am Ende der Hauptstraße kam sie zur Agora, unter der die riesigen Wasserreservoirs lagen, die die Stadt das ganze Jahr hindurch mit klarem Wasser versorgten. Sie stieg hinunter, verirrte sich beinahe in dem Gewirr von aneinandergrenzenden Wasserbecken, fand schließlich ein kleines Treppchen, das sie wieder hinausführte in die frühlingshafte Helligkeit. Sie setzte sich auf eine Säulentrommel, blickte hinüber zu den Gebirgshängen, wo einst das griechische Theater, eng angeschmiegt in die weichen Hügel, eingebettet lag.

Sie legte sich auf den Rücken, kuschelte sich in ihr Kissen und dachte zum hundertsten Mal, wie wunderschön doch diese Reise war.

Da hörte sie etwas an der Türe. Komisch, dachte sie, da muß ich mich wohl verhört haben. Aber das Klopfen hörte nicht auf. Sie rutschte aus dem Bett, lief zur Türe und öffnete sie.

»Sorry, Salome«, es war Sabri, »ich habe gerade ein Fax von meiner Agentur erhalten. Aber es ist für dich. Und es ist auf deutsch. Das kann ich nicht lesen«, sagte er entschuldigend. »Ich weiß ja nicht, was drin steht. Vielleicht ist es wichtig für dich.«

Er hielt ihr den Bogen hin und trat einen Schritt zurück.

»Komm doch rein«, sagte sie ungeniert. »Setz dich.« Sie warf ihre Kleider, die über der Couch hingen, auf die Ablage. »Setz dich doch«, wiederholte sie.

Ihr erster Gedanke hatte Stani gegolten, schnell überflog sie das Fax.

»Nichts Wichtiges«, sagte sie erleichtert. »Du mußt dir keine Sorgen machen. Es ist nur von meiner Redaktion. Meine nächste Reise ist abgesagt. Es herrschen irgendwelche Unruhen, und ich soll jetzt nicht nach Tibet fahren.«

Sie setzte sich zu ihm auf die Couch.

»Komm, laß uns noch eine rauchen und dann schlafen gehen.«

Sie holte ihre Zigaretten und bot ihm davon an.

»Ich will jetzt nicht rauchen, Salomita«, sagte er leise und sah sie versonnen an.

»Aber ...«

»Schsch«, machte er und legte den Finger auf seinen Mund. »Du bist so schön, Salomita, laß mich dich einfach nur anschauen.«

Er nahm den Finger von seinem weichen Mund, die Lippen bewegten sich ganz leicht.

»Nur anschauen«, wiederholte er flüsternd.

Seine dunklen Goldaugen wanderten über ihr Gesicht. Er griff nach ihrer Hand, strich sanft darüber und blickte ihr in die Augen.

»Wunderschön bist du, Salomita, wunderschön.«

Sie spürte, wie ihr Herz zusammenzuckte. Sie war erschrocken über seine Worte. Ich gefalle ihm, dachte sie aufgeregt. Der Gedanke verwirrte sie, rasch senkte sie den Blick, legte ihre Zigarette beiseite und nestelte betreten an dem kleinen Zierdeckchen auf dem Tisch. Ein heißer, beunruhigender Strom ungestümer Gefühle begann plötzlich fordernd und unkontrolliert in ihr hochzurasen. Das darf nicht sein, dachte sie, aber die zitternde Erregung in ihrem Bauch wollte nicht aufhören, breitete sich heiß in ihr aus.

Sie sah auf, und als sie seinen dunklen, wartenden Blick auffing, ergriff sie Furcht vor den Geistern, die sie übermütig selbst gerufen hatte. Den ganzen Tag über hatte sie in Gedanken Sabris jungen Mund berührt und davon geträumt, seine Lippen zu küssen, hatte die Berührung ersehnt. Jetzt war der Moment da, und sie hatte Angst vor diesen heftigen Gefühlen. Ihr Herz rumpelte wild, der Junge mit den wunderschönen sanften Augen war ihr schon viel zu nahe gekommen.

Zwischen all den Gedankenfetzen spürte sie in jeder Faser ihres Körpers, wie ihr harmloses, schwärmerisches Sehnen auf seinen Mund, auf seinen Körper, auf seine Nacktheit zur

Lust wurde, die in ihr gewissenlos zu pulsieren begann. Sie hielt ihren Atem an, suchte seinen Blick. Als sich ihre Blicke trafen, sah sie ein kostbares Leuchten, ein warmes Feuer flackerte in seinem Blick, es schien ihr wie das tausendfache Glitzern eines Edelsteins.

Und sie gab nach, verschmolz in dem Sog der Nähe des traumschönen Mannes, dessen Haut sie jetzt berühren, dessen Lippen sie jetzt küssen würde. Mit Riesenstößen entfachte die Gewißheit, einander berühren zu wollen, in ihr eine unaufhaltsame Sehnsucht, das erregende Gefühl des Neuen, Unbekannten, das sich zart und pochend, wild und sanft durch alle Poren und Nerven kräuselte, die Flamme der Sexualität entzündete und den Funkenflug in ihren Körpern vorwärtstrieb und vervielfachte. Ein Feuermeer der Lust breitete sich in ihnen aus, dem sich zu widersetzen es nun zu spät war.

Behutsam umfaßte Sabri ihren Kopf mit seiner Hand, zog ihn zu sich, sah sie mit Augen an, in denen Zärtlichkeit und Überraschung durcheinanderwirbelten, senkte seinen Blick auf ihren Mund und beugte sich ihr entgegen. Sie spürte seine warmen Lippen zart, und vorsichtig begrüßten sie ihre vibrierenden Partner, bahnten sich ihren Weg durch die Hügel des rosigen Fleisches, bis sich ihre Zungen trafen.

Salomes Bedenken waren wie weggeblasen. Nichts zählte mehr, keine Scham, kein Mißtrauen. Offen fühlte sie sich und schmiegsam, wie die Ärmelkelche ihrer Bluse, aus der Sabri sie zärtlich schälte. Sie bot sich ihm ohne Scheu, ließ der Zärtlichkeit freien Lauf, empfing seine und schenkte ihm ihre, bedenkenlos, der einmaligen Schönheit des Moments hingegeben.

»Salome, meine wunderschöne Zauberin«, flüsterte er leise.

Sie sah kleine Schweißperlen auf seiner zierlichen Nase und küßte sie weg.

»Sabri, mein süßer, süßer Sabri«, sie knöpfte ihn aus seinem Hemd, schmiegte sich an seinen nackten Oberkörper, der sich wie ein warmer Kuchen anfühlte.

Sie legte ihren Kopf auf seine Brust und hörte sein Herz, wie es erregt unter seiner Haut hämmerte. Seine Hände ließen sich Zeit, behutsam glitten seine Finger über ihren Hals, ihren Rücken, bis er den Verschluß des Büstenhalters fand und ihren Busen aus der Enge befreite. Das weiche, nachgiebige Fleisch ihrer Brüste entlockte Sabri Seufzer, leicht drückte er ihre Brüste zusammen, legte seinen Kopf auf das herrliche Kissen aus Fleisch, küßte es mit seinen feuchten Lippen, ließ seine Zunge wandern und sog erregt an ihren Brustwarzen.

»Ah, Salome«, stöhnte er heiser. »Salome, Salome. Meine Salome.«

Seine Hände glitten an ihrer Taille entlang, zu ihren Hüften, schnell zog er ihr den Rock aus, den Slip, die Schuhe. Nackt lag sie vor ihm, weiß und weich, die Beine leicht gespreizt, wie Aphrodite, die Jägerin, bereit, den jungen Adonis zu empfangen.

Sabri erforschte ihren Körper mit tausend Küssen, heiß spürte sie die Spuren seiner Lippen, seine Hände wühlten in ihrem Haar, sein Mund suchte den ihren. Sie wollte ihn nackt spüren, öffnete langsam seinen Gürtel, er wand sich wie eine Schlange aus der Hose. Ausgebreitet lag er auf dem Rücken, ihre Hände suchten seine Schenkel, fühlten sein Glied. Es dehnte sich erregt zum Spiel ihrer Finger. Sie küßte seinen Bauch, steckte ihre Zunge in seinen Nabel, rutschte nach unten und führte seinen Penis in ihren Mund. Sie fühlte, wie er unter ihren Liebkosungen anschwoll und sich in leichtem Tanz hin und her bewegte.

»Salome«, hörte sie ihn stöhnen. »Salome, das ist schön. So schön.«

Sie spürte, wie die heißen Flammen seiner Erregung sich mehr und mehr auf sie übertrugen, ihre Hüften bewegten sich ihm zu, sie umschlang ihn mit den Beinen.

»Komm zu mir, Sabri«, flüsterte sie.

Schnell legte er sich auf sie. Plötzlich zögerte er, hob langsam den Kopf und sah sie hilflos an.

»Was ist, mein Süßer?« murmelte sie.

»Ich ...«

Sie hob verträumt den Kopf, sah Schweißperlen aus seinen Haaren rinnen, die sie ihm sanft abwischte.

»Ich ...«, seine Stimme verebbte. »Ich ...«, begann er von neuem. »Ich ... niemals ...«, stotterte er, »daß es mit einer Deutschen ...«, er stolperte über seine eigenen Worte, »daß es mit dir sein wird ...«, er konnte nicht weitersprechen, »daß du ... oh, mein Gott.«

Salome blickte ihn an, studierte sein verwirrtes, verschwitztes Gesicht, und eine Ahnung breitete sich in ihr aus, ein Gedanke, der schon seit Tagen in ihr war, den sie sich aber nie zu Ende zu führen getraut hatte. In der Welt, aus der sie kam, war es geradezu ein Ding der Unmöglichkeit, ein Relikt aus Urgroßmutters Zeiten, was sie da vermutete, es war ihr unglaublich, unvorstellbar erschienen. Und doch war ihr, als sagten jetzt gerade seine Augen genau das.

»Daß du ... daß ich«, stotterte sie verdutzt. »Daß du ... noch nie?« Sie fuhr ihm mit der Hand durch das zerzauste dichte Haar. »Daß es das erste Mal für dich ist?« flüsterte sie ungläubig. »Ist es das?«

Er nickte wortlos und legte seinen Kopf beschämt auf ihre Brust.

Er ist fast dreißig, dachte sie erschrocken, und ihr Herz klopfte dabei wie wild, wie kann es denn so etwas geben, Sabri, mein ungestümer Sabri, der wunderschöne Bub ist eine Jungfrau, mein Gott, der arme, arme Junge. Sie hob seinen Kopf von ihrer Brust und lächelte ihn an.

»Oh, Sabri, mein Sabri«, sagte sie leise und streichelte über seine Haare. »Komm, du wirst es schön haben. Komm zu mir, mein Süßer.«

Sie öffnete ihre Beine, half ihm, den Weg zu finden, ungeschickt und atemlos glitt er in sie, sein Glied zuckte und wand sich, fand nach wenigen Sekunden seinen Höhepunkt, den ersten im Körper einer Frau.

In Salomes Kopf herrschte ein wildes Durcheinander, es war ihr wohl und unwohl zugleich, sie war nicht zum Höhepunkt gekommen, aber sie hatte das merkwürdige Gefühl, daß ihr das nichts ausmachte, sie konnte nur daran denken, was diesem herrlichen jungen Mann von seiner altertümlichen Welt so lange vorenthalten worden war.

Sie streichelte sein Gesicht, küßte seine Locken.

»Wir werden alles nachholen, Sabri«, sagte sie zärtlich. »Du wirst sehen, wir werden alles, alles nachholen. Ich verspreche es dir.«

Er lächelte sie an und nickte ganz leicht, seine Augen glänzten wie Seide, sie sah, wie erleichtert er war, und wie unendlich erschöpft. Sie spürte die Hitze, die aus ihm drang, seine Haut war feucht.

Sie nahm seine Hände, küßte behutsam die Fingerspitzen, die Linien seines Handgelenks, fühlte seine erschlafften Muskeln, traf auf seinen Mund, spürte, wie sein Körper unter ihren Küssen zu neuem Leben erwachte. Jetzt, wo er den Weg kannte, wollte er ihn immer und immer wieder gehen.

Erschöpft lagen sie endlich auf dem großen zerwühlten Hotelzimmerbett und lächelten einander erstaunt an.

Sabri griff nach der Zigarettenschachtel, sie zogen abwechselnd gemeinsam an einer Zigarette, der Aschenbecher wackelte auf Sabris Bauch wie eine vergnügte Ente im Schilf. Sie tranken Wasser aus der häßlichen Plastikflasche.

Schläfrig kuschelte Sabri sich in ihre Schulterhöhle, rückte seinen Kopf bequem zurecht und schnurrte zufrieden wie ein sattes Löwenbaby.

»Kann ich bei dir duschen?« fragte er plötzlich.

»Klar.«

Er lief rasch ins Bad, sie wickelte sich in sein weinrot kariertes Hemd, schnupperte nach seinem Duft, setzte sich auf den Sessel am Fenster und träumte einem wunderschönen Gefühl nach, das ihr versicherte, nun sei sie wieder jung und die Zukunft gehöre ihr. Sie hörte ihn im Badezimmer hantieren und lächelte dabei. Als er herauskam, hatte er seine Hosen an, schnappte nach seinen Schuhen, entzog ihr das Hemd.

»Ich muß jetzt gehen, Salome.« Er küßte sie auf den Nacken. »Bis morgen«, flüsterte er.

Sie hörte, wie die Tür ins Schloß fiel. Bäng. Sie blieb nackt auf dem Sessel sitzen, schaute hinaus in die Ruhe der Nacht, sah hinauf zu den Sternen und ließ ihre Blicke über das Glitzern des Wassers auf der Lagune schweifen.

Sie blieb noch lange wach. Die Beine auf den Tisch gelegt, die Hände hinter dem Kopf verschränkt, lag sie nachdenklich auf dem Sessel, ihr zu Füßen das nächtliche Benghasi.

20

»Jetzt bist du meine Frau, Salomita«, Sabri hielt ihre Hand, hauchte winzige Küsse auf ihre Fingerkuppen, hob den Kopf und strahlte sie an.

Aus seinen Augen leuchtete der Zauber des Glücks. Er erschien Salome wie ein junger Tannenzapfen, dessen Triebe aufgeplatzt sind.

»Meine Frau«, wiederholte er mit seiner melodiösen, kehligen Stimme.

Die Zartheit in Sabris Stimme ließ Salome an den Wohllaut des Sufi-Konzertes denken, kein Mißton störte, träumerische Klänge des Herzens waren es, warm und rein.

»Meine Frau. Meine schöne, süße Frau,
Alle Früchte koste ich in dir,
Wie ein roter Apfel bist du,
Der aus meinen Zweigen wächst.«

Tief in ihr Ohr, ganz leise, sang er ihr die uralten Liebeslieder der Dichter seiner Welt.

»Ich trank die Liebe,
Becher über Becher,
Der Trank versiegte nie,
Noch ward ich satt.«

»Ach, Salomita, Seele meiner Seele, jetzt verstehe ich endlich, was Hamadhani da schrieb.«

Er küßte sie sanft auf ihre Ohrmuschel.

»Wie der Wind des Morgens bist du,
Der über die Wüste streicht,
Silberner noch als der kühle Wind,

Wie Atlas und Brokat.
Deine Augen sind wie Palmenhaine am frühen Morgen,
Und Zinnen, hinter denen der Mond versinkt.«

Ganz still lag Salome, sie wollte die Zerbrechlichkeit dieses kostbaren Moments nicht gefährden, jede Sekunde dieses Glückes, das ihr wie einer Pechmarie in die Arme geflogen war, wollte sie auskosten.

»Verbrenne meine Glieder, meinen Leib,
Doch möglichst nicht mein Herz –
Denn du wohnst drinnen.«

Sabris Mund zitterte über ihrem Ohr, als er die Worte sprach.

»Mein durchscheinender, glasklarer,
Mein silbernackiger, mein lichtgesichtiger
Vollmond du.«

»Vollmond! Aber ich darf doch sehr bitten! Vollmond!« rief Salome. »Apfel, okay, meinetwegen auch Palmenhain. Zinnen, das geht auch noch gerade. Aber Vollmond. Ehrlich Sabri, das geht zu weit.«

Sie stupste ihn auf die Nase.

»Siehst du, Salome, meine schlanke Zypresse, mein anmutiges Reh, ihr Europäer seid eben ein Volk ohne Poesie, eure Augen sehen nur Dollarscheine und suchen Renditen. Wir Araber aber sind ein Volk voll Hunger auf Narzissenfelder schöner Worte, Salomita, und wir denken bei Vollmond an das Glück der Nacht und an die Quelle dieses Glücks, an eine geheimnisvolle Frau, die hinter ihrer gläsernen Hülle die Glut des Universums verbirgt. ›Enti gamarr‹ ist das schönste Kompliment, das man einer arabischen Frau machen kann. Enti gamarr, du bist der runde, volle, durchsichtig zarte Vollmond, du bist die Kerze in der dunklen Nacht.«

Er kitzelte sie mit einem Grashalm am Ohrläppchen.

»An Schönheit übertreffen kann eigentlich nur das Kamel

den Vollmond«, fügte er grinsend hinzu. »Und du, bellissima, bist mein Vollmond, und mein Kamel bist du auch. Deine Augen hinter dem geschmeidigen Schleier der Wimpern leuchten voller Ewigkeit, tief wie die Brunnen der Wüste, erquickend wie das Wasser einer Oase, süß und weich wie die Datteln einer Palme von Ghadames.«

Er lachte sie an, seine Zähne leuchteten weiß in seinem dunklen Gesicht, die rosa Zunge spitzte hervor. Salome fuhr ihm über die Lippen, sein Pharaonenmund schien ihr heute noch üppiger, wie aufgeblüht unter ihren Küssen, wie ein lang versiegeltes Buch, dem man endlich die Seiten aufgeschnitten hatte, so daß es atmen kann, um mit seinen herrlichen Geschichten den Menschen Freude zu bringen.

Ich bin dein Vollmond, dachte sie, wie armselig schienen ihr mit einem Mal die Komplimente, die ihr europäische Männer hingeworfen hatten, fantasielos und einfältig. Ich bin dein Kamel, wie fein ziseliert dagegen waren arabische Liebesworte.

»Verrate mir mehr aus eurem Repertoire der Schmeicheleien, mein bunter Schmetterling.«

Sie schmiegte sich eng an ihn.

»In der Tiefe deiner Augen pulsiert der Sterne Leben. Noch den Käfern im Grab erzähle ich von deiner Schönheit.« Er breitete seine Arme aus und wirbelte sie durch die Luft. »Ich war ein Vogel, der im Käfig schreit.«

»Mehr, mehr«, bettelte Salome.

»Ihre Augen sind Narzissen, Rosen ihre Wangen rot, ihre Locken Hyazinthen, die Gestalt: Zypresse schlank. Und von ihrem Widerscheine ward der Spiegel ganz zum Garten.« Er zwickte sie am Kinn. »So, jetzt ist es genug, Salome, sonst wirst du noch eingebildet.«

»Eins noch, Sabri, bitte, noch eins.«

Sie fuhr leicht über seine Haare. Jetzt am Tage waren sie gebändigt, lagen gemeißelt wie der bronzene Prachthelm eines babylonischen Königs, Löckchen an Löckchen gereiht, um seinen Kopf. In der Nacht hatte sich sein fester Helm gelöst, waren die Locken in wilder Glut verstrubbelt, wie das

Haar einer Gorgone, in alle Richtungen gestanden. Jetzt, beim Licht des Tages, war er wieder der gepflegte, auf sein Äußeres bedachte Araber. Die nächtliche Leidenschaft war hinter die Tore des Privatbereichs verbannt. Am Tage gehörte Sabri dem Morgenland.

»Laß«, er schob ihre Hand ganz leicht von seinem Haar, »es ist so viel Arbeit, meine Haare zu kämmen.«

»Eins noch«, bettelte Salome. »Nur noch ein Gedicht. Bitte, Sabri.«

Er machte ein strenges Gesicht.

»Ich verlange pro Wort einen Kuß.« Er legte seinen Zeigefinger auf den Mund und grübelte nach. »Ah, Mann«, sagte er, »jetzt fällt mir kein langes Gedicht ein. Das wäre die Chance. So ein Mist.« Er rechnete. »Dann nehme ich eben pro Wort zwei Küsse«, bestimmte er. »Das macht dreihundertfünfundsechzig. Dann noch am Anfang drei und zwischen jeder Zeile noch mal drei.« Er rollte mit den Augen. »Und bevor er anfängt, dein Poet, meine honigsüße Pfirsichblüte, dich mit seinem herzbetörenden Gesang zu erquicken, muß er seine Lippen ölen.«

Er beugte sich über sie, Salome spürte seinen Mund, eine leichte Berührung nur, wie sprühende, tanzende Funken aber knisterte sie durch ihren Körper. Seine schmiegsamen Lippen wühlten sich erregt saugend in die heiße Höhle ihres Mundes. Das Blut schoß ihr in alle Poren, stöhnend drückte sie sich ganz tief ins moosige Gras, sie fühlte sich wie ein Stausee, dem man die Schleusen auftut und der sich in nicht zu bremsender Gewalt ausschüttet, das kostbare Naß verschenkt, bis kein Tropfen mehr bleibt.

»Du mein wanderndes Kamel, Moschusreh, du ohne Fehl, du mein Silber, mein Juwel«, flüsterte Sabri zwischen unzähligen Küssen in ihr Ohr, sie fühlte seine Hände zwischen ihren heißen Schenkeln, seine Finger gruben sich tief in ihr Geschlecht. »Du mein Viel, und du mein Fehl, heiles Glück du meiner Seel.«

Seine Stimme war nur noch ein Zittern, er öffnete keuchend ihre Bluse.

»Nicht hier, Sabri.«

Ganz leise kam ihr Protest, spürte sie doch, wie seine Finger sie näher und näher zum Höhepunkt rasen ließen. Er öffnete seine Hose und holte seinen Pimpeg heraus.

Salome hatte sein Glied so getauft, weil sie fand, nur ein Esel oder ein Orang-Utan habe einen Schwanz, ihr wendiger Bogenschütze aber besitze ein tänzelndes Glockenspiel. Den singenden arabischen Laut hierfür hatte sie zu Sabris Belustigung mit ihrer harten deutschen Zunge nicht nachsprechen können, am Ende erfanden sie lachend ein neues Wort, Pimpeg.

»Nicht hier, Sabri«, wiederholte Salome zaghaft.

Sofort setzte er sich auf, strich sein Hemd gerade, fuhr mit schwebender Hand über seinen Bauch bis zu seinem Geschlecht, eine Geste, die Salome auch bei Yussuf gesehen hatte, eine rasche, zärtliche Bewegung des Vergewisserns, daß alles Wichtige am richtigen Platz war.

»Sorry, Salomita«, er blickte besorgt um sich. »Sorry. Ich sollte besser auf deine Ehre achten. Sorry.«

»Auf meine?« fragte sie lachend. »Verwechselst du da nicht etwas, mein Januskörpfchen?«

Stirnrunzelnd sah er sie an, er verstand die Bemerkung nicht.

Sie lagen in einer kleinen Grasmulde hinter den Ruinen des Hauses des Hesychius. Aus der prachtvollen römischen Villa quoll wildes, gelbblühendes Kraut, überwucherte die Granitsäulen am Eingang, schlängelte sich über die groben byzantinischen Mosaiken, auf denen unförmige Engelchen für den christlichen Hausherrn um den Schutz des Gottes flehten.

Hesychius war ein früher reicher Christ in der Stadt Kyrene gewesen. Angeschmiegt an den sanften Hügel lag seine peristylgeschmückte Villa und gab den Blick frei hinunter auf den schlängelnden heiligen Pfad, der zum Säulengewirr des Kultplatzes des Stadtgottes Apollon führte. In der Ferne, weit unter ihnen, schimmerte das blaue Band des Mittelmeers, das mit friedlichen, langen Wellen die roten Sandsteinklippen der Küste umarmte.

Sabri hatte einen geflochtenen Korb, prall gefüllt mit frischen Aprikosen, Mandeln mit grünem pelzigem Fell, runden roten Äpfeln, aus dem Kofferraum des braunen Mercedes mitgenommen. Yussuf hatte am Zeus-Tempel parkiert, und Sabri hatte Yussuf ein wenig von oben herab zu verstehen gegeben, daß er ihn erst am Nachmittag im Café Apollo am Ausgang von Kyrene wiederzusehen wünschte.

Spät waren sie an diesem Morgen aufgebrochen, spät durch die Sonnenstrahlen geweckt, die glitzernd durch die Löcher der zerschlissenen, spinnwebenübersäten Vorhänge des Zimmers im Palasthotel Al Bayda blinkten und ihnen den neuen Tag verkündet hatten.

»Sabri, es ist schon hell.« Eingerollt wie eine braune Schnecke hatte er neben ihr gelegen und fest geschlafen. »He, Sabri, mein Süßer, wach auf, es ist Tag.«

Er fuhr auf, starrte sie ungläubig an, blickte erschrocken auf das helle Licht, das durch das zerfetzte Rosenmuster der Vorhänge blinkte, die träge und staubig herabhingen.

»Um Gottes willen«, rief er aufgebracht und sprang aus dem Bett. »Wenn mich jemand sieht!« rief er verstört, suchte nach seinen Kleidern, band sich schnell die Schuhe. »Wenn mich jemand sieht.« Er fuhr sich durch die Haare. »Kann ich deinen Kamm benutzen?« fragte er schnell.

»Wieso regst du dich auf, Sabri?« fragte Salome verwundert. »Ist es dir peinlich, daß du die Nacht bei mir verbracht hast?«

»Aber, Salome«, er fuhr sich mit dem breiten Kamm durch die zerzausten Locken. »Du verstehst gar nichts. Es ist doch wegen dir. Stell dir vor, jemand sieht mich. In welches Licht würde dich das rücken.«

Nun ja, dachte Salome achselzuckend und kuschelte sich zurück in das Durcheinander der Bettlaken. Sie schloß die Augen und zog die Decke bis zum Kinn. Es war fröstelnd kalt in dem Zimmer.

»Stell den Heizkörper an. Sabri, bitte«, murmelte sie.

Sie hörte, wie er den transportablen Radiator an ihr Bett rückte.

»In einer Stunde am Auto«, sagte er schnell, und schon hörte sie das Geräusch der Türe, als sie ins Schloß fiel.

Ich will nicht aufstehen, dachte sie, es ist kalt, und die Nacht war so schön. Sie drehte sich auf die Seite, schnappte sich das Kopfkissen, auf dem Sabri seinen weichen Duft hinterlassen hatte, und glitt in eine schlaftrunkene Seligkeit.

Sie hatten viel Zeit in Ptolemais vertrödelt, waren hinaufgeklettert bis zum griechischen Theater, das verlassen in einer weitläufigen Nische am Hang den tristen Schlummer der Vergessenen schlief. Man konnte das Rund der Sitzreihen nur noch erahnen, die Zeit hatte den Schauplatz pathetischer griechischer Schauspiele mit einem Schleier aus Unkraut und wildgewachsenen Büschen, in denen Kolonnen von Ameisen ihre Runden drehten, bedeckt.

Salome und Sabri sahen in diesem untergegangenen Theatertempel nichts Tragisches, sie lagen hinter der obersten Reihe im Gras, kicherten, lachten, stupsten einander und küßten sich. Sie waren vollkommen glücklich, verzaubert von der ersten Nacht, getrennt von der Realität ihrer Welten.

Staunend sahen sie sich in die Augen, mit klopfendem Herzen und einem süßen Ziehen im Bauch. Sabris Gesicht leuchtete wie das sonnendurchflutete, glitzernde Meer, leicht fuhr er mit seiner Hand die Konturen ihres Körpers nach.

»Deine Augen, Salomita, schimmern schön und unendlich, gläsernblau wie das Himmelszelt, geheimnisvoll türkis wie die geschwungene Kuppel der heiligen Moschee von Isfahan.«

Ich sollte diese wunderbaren Lügen nicht glauben, dachte Salome, ich verliere mich darin. Sie drehte den Kopf, um ihm zu sagen, daß sie ihm nichts von all den Sprüchen abnähme, aber als sie ihn da lässig elegant an einer abgebrochenen Säule lehnen sah, die herrlichen Augen auf sie gerichtet, und wie er ihr dieses zärtliche, vertraute Lächeln schenkte, das sie so an ihm mochte, wußte sie, sie würde ihm alles glauben.

Die Sonne stand schon schräg, als sie den Hügel endlich hinunterschlenderten, die alte Stadt durchquerten, von der so gut wie nichts zu sehen war. Hie und da ein Säulenschaft, der aus der Trockenheit der Erde spitzte, oder ein Kapitell, das malerisch an einen Baum gelehnt lag. Ansonsten döste diese Metropole der Antike unter steinigem Schutt.

»Du willst sicher noch ans Meer?« fragte Sabri schmunzelnd.

Kurz vor dem Parkplatz hatte er Salomes Hand losgelassen, die er den ganzen Weg fest umschlossen gehalten hatte. Nun gingen sie in distinguiertem Abstand voneinander. Der Hafen lag verlottert, mit Tang und Abfall übersät, in seinem Bogen. Das blaue Meer schleuderte vergnügt seine sauberen Wellen in den Verhau, der das Ufer belagerte. Sie setzten sich zwischen Coca-Cola-Dosen und abgebrochenen Armierungseisen auf einen Stein und atmeten den salzigen Wasserduft ein.

»Schön, Sabri«, Salome fuhr gedankenverloren mit dem Schuh durch den Sand. »Wieso hast du es denn nicht wenigstens mal bei einer Nutte versucht?« sagte sie leise und hob den Kopf.

»Nutte?« rief er empört. »Nutte? Also weißt du! Ich gehe doch nicht zu einer Nutte!« Er schüttelte entrüstet den Kopf. Dann fing er plötzlich an zu lachen. »Salomita, du mußt wissen, daß ich nicht besonders neugierig bin«, er blickte ihr ein wenig schuldbewußt in die Augen. »Irgendwann würde es mal passieren, wann genau war mir nicht wichtig. Weißt du, Salome, Warten macht mir überhaupt nichts aus.«

»Happy hippopotamus«, sagte Salome leichthin.

Er würde es zu nichts bringen, dachte sie, ihr süßer Araber war kein Kämpfer wie seine Urahnen, der machtwütige Kalif Harun ar-Raschid etwa oder der schneidige General Saladin.

Er schenkte ihr einen behutsamen Blick.

»So schön wie du hätte mir niemand auf der ganzen Welt die Liebe zeigen können, Salomita. Meinst du nicht, daß es sich gelohnt hat zu warten?«

Für ihn die erste, für mich die letzte Liebe, fuhr es Salome durch den Kopf, und ihre Eingeweide verkrampften sich bei diesem Gedanken.

Am anderen Ende der Bucht saß eine Familie im Schatten ihres Autos, das sie direkt am Wasser geparkt hatten. Frauen mit Kopftüchern und schweren, dunklen Kleidern, Männer in Plastikschlappen und Unterhemden. Sie unterhielten sich laut, scherzten mit den Kindern, die zwischen dem Abfall herumtobten. Der Geruch nach gegrilltem Fisch zog durch die ganze Bucht. Zwei der Mädchen lösten sich aus der Sippschaft und kamen langsam auf Sabri und Salome zu. Sie blieben in ein paar Meter Entfernung zögernd stehen, hielten den beiden zwei gefüllte Gläser mit Tee hin und sagten feierlich »ahlan«, willkommen. Sabri erhob sich, legte kurz die rechte Hand auf sein Herz und verbeugte sich zurückhaltend.

»Du mußt ihnen den Tee abnehmen, Salome«, flüsterte er ihr zu. »Los, steh auf.«

Salome ging auf die beiden Mädchen zu, lächelte ihnen aus ihren blau flackernden Augen freundlich zu und nahm die pappigen Gläser in Empfang.

»Thank you«, sagte sie. »That's very kind.«

Die dunkeläugigen Teenager starrten Salome an. Ach, schon wieder meine Augen, dachte Salome, dabei sind die dunklen doch so viel schöner. Sie setzte rasch ihre Sonnenbrille auf und wiederholte ihren Dank. Die zwei Mädchen machten kehrt, schwatzend und kichernd tippelten sie zurück zu ihrer Familie.

»Da müssen wir jetzt hin«, sagte Sabri. »Das war eine Einladung.« Er nippte an dem Tee. »Komm!«

»Ich will aber nicht mit wildfremden Leuten zusammensitzen«, erwiderte Salome. »Bring du doch die Gläser zurück, sag schön danke und komm wieder zu mir.« Sie legte den Kopf schief. »Na, Sabri?«

»Nein«, antwortete er, und Salome hörte einen Hauch Zurechtweisung heraus. »Wir sind hier in Libyen, und seine Spielregeln müssen wir einhalten.«

Er stand auf, streifte seine Hosen glatt, fuhr sich mit leichter Hand über den Bauch bis hinab zu seinem Geschlecht und setzte sich in Bewegung. Salome folgte ihm. Als die arabische Familie sah, daß die Gäste auf sie zukamen, reckten alle neugierig die Hälse. Salome wurde sofort umringt und begutachtet. Where are you from? What is your name? You have children? Die Verständigungsmöglichkeiten waren auf diese drei Fragen begrenzt.

Familie El-Eseed sprach keine andere als ihre eigene Sprache. Die Frauen plapperten dennoch auf Salome ein, befühlten den Stoff ihres roten Kleides, fingerten an ihren goldenen Ohrringen.

»Quweies«, riefen sie und nickten anerkennend, »gut.«

Die Kinder wurden vorgeführt, mußten knicksen, einen kleinen Diener machen und ihre Namen nennen. Fausi, Tarek, Lutfi, Hani, Schoukie, Amira, Laila, Suna, Nura hießen die Kinder, und so entzückend ihre Namen klangen, sahen sie auch aus.

Sabri hatte sich ein wenig abseits in den Kreis der Männer gesetzt, die das Feuer bewachten, auf dem die Fische brutzelten. Nach einer Weile erhob sich der älteste Mann der Runde. Die Frauen wuselten augenblicklich auseinander, holten aus dem Auto Plastikteller, Wasserflaschen, Gewürze, riefen nach den Kindern, breiteten zusätzliche Decken aus. Die Familie setzte sich im Kreis um das Feuer, jeder bekam einen Fisch, Sabri als erster. Für Salome wurde der Fisch in kleine Stückchen geschnitten. Als sie nach dem ersten Bissen in die Hände klatschte und »quweies« rief, strahlten die Gesichter um sie her, nickten die Köpfe der Familie wohlwollend, und Salomes Teller wurde mit neuen Gaben überladen, geschnittene Paprika, Zwiebelringe, Tomatenstückchen. Rafia, die älteste der Frauen, verfolgte mit liebevoll abschätzenden Blicken jede Bewegung, die Salome tat.

»Enti dschamila«, sagte sie anerkennend und schnalzte mit der Zunge, »schön bist du.«

Salome respektierte die Spielregeln, lächelte geduldig und wartete auf das Zeichen des Aufbruchs. Sabri schien die Zeit vergessen zu haben, ruhig hatte er seinen Fisch wie ein hungriges Kätzchen ausgesaugt. Jetzt genoß er seine Zigarette und unterhielt sich mit den Männern. Wie der Prinz von Wales, der sich unters Volk mischt, dachte Salome.

»Du machst dich nicht schlecht«, lobte Sabri sie und lachte aus vollem Hals, als sie endlich die Abschiedszeremonie hinter sich gebracht hatten und auf dem Weg zu Yussuf waren, der am Parkplatz vor der Ausgrabung auf sie wartete. Sabri äffte sie nach, klatschte in die Hände und rief mit piepsiger Stimme und übertriebenem deutschem Akzent: »quweies, kullo quweies«. Er amüsierte sich kindisch, das fürstliche Getue hatte er abgelegt, jetzt war er wieder der leichtfüßige Kindskopf, der unbeschwert durchs Leben tanzt.

Er hatte die ganze Zeit, die sie mit Familie El-Eseed am Ufer gesessen hatten, kein Wort mit Salome gesprochen, überhaupt mit keiner der Frauen. Salome überlegte, ob sie ihn darauf ansprechen sollte, verpackte statt dessen schweigend ihre Kamera. Familie El-Eseed hatte sich bereitwillig von ihr ablichten lassen, würdevoll hatten alle in die Linse geblickt. Vater, Mutter, Schwiegertöchter, Söhne, Tanten, Kinder.

»Dem alten El-Eseed hat zum Scheich nur die Zigarre von deinem Vater gefehlt!« rief Salome.

»Das war eine ganz einfache Familie«, wies Sabri sie sofort zurecht. »Bauern, die ein paar Kilometer von hier ihren Hof bewirtschaften. Mit solchen Leuten haben wir nichts zu tun.« Er deutete mit der Hand Richtung Küste. »Siehst du da drüben das Monument?«

Salome drehte schnell den Kopf und sah im Vorbeihuschen einen metallenen Pylon in den Himmel ragen.

»Das Ding da hat man zur Erinnerung an die Bombardierung der Amerikaner 1986 hingebaut. Nasser El-Eseed hat mir gerade erzählt, daß seine Mutter und einer seiner Brüder bei diesen Angriffen umkamen«, erklärte er ungehalten. »Die Amerikaner haben einfach die Küste vom Meer her beschossen, obwohl hier weit und breit keine militärischen Ziele zu finden sind.«

»Ohne Grund? Einfach so?«

»Ja, und nicht nur hier, auch in Benghasi, in Tripolis und

im Hinterland. Die Amerikaner können sich alles erlauben.« Er sah sie an. »Bist du auch manchmal in Amerika für deine Reportagen?«

»Nein, nicht so oft«, antwortete Salome. »Ich fahre nicht so gerne in die Staaten.«

»Und wo warst du als letztes?«

»Auf der Biennale.«

»Was ist das denn?«

»Sabri! Es gibt eine Welt außerhalb von Libyen, stell dir vor«, lachte Salome.

Sie war hingerissen von der Tatsache, daß es offensichtlich Menschen gab, die nichts wußten von diesem Affenzirkus, wo sich die internationale Künstlergilde und alles, was sich drumherum drapiert, ein eitles Stelldichein gab.

»Die Biennale, mon cher Sabri, ist *die* Ausstellung zeitgenössischer Kunst, die alle zwei Jahre in Venedig stattfindet. Die Länder, die sich daran beteiligen, haben einen Pavillon in den giardini pubblici und zeigen Kunst von heute.«

Er zuckte mit den Schultern.

»Ja und? Was zeigen die da?«

»Tja, da war zum Beispiel ein Schweizer, der so eine Art Weizenfeld aus dünnen, unzähligen Holzstangen gebaut hat, einen riesigen Raum voll. Vor der Türe hat er eine Holzrampe aufgestellt und darauf eine blaue Tonne gelegt, die in regelmäßigen Abständen ins Stangenfeld rollte. Dann kamen die Arbeiter, haben alles wieder in Ordnung gebracht, und die Tonne rollte wieder ins Stangenfeld.«

»Du nimmst mich auf den Arm«, rief er laut.

»Nein, bestimmt nicht«, gluckste Salome. »Ich habe einen ganz ernsten Artikel darüber geschrieben.«

Noch in der Erinnerung an diesen Text kribbelte es Salome vor Vergnügen im Bauch. Sie hatte eine Bankrotterklärung der zeitgenössischen Kunst formuliert und damit für viel Aufregung gesorgt. Die Leitung der Biennale hatte ihr postwendend und sehr dramatisch den Zutritt für das nächste Mal schon im voraus verwehrt.

»Sabri, bei solchen Performances handelt es sich um so

schwerwiegende Fragestellungen wie Transparentmachen von omnipräsenter Gewalt in Form von tautologischen Rezeptionsversuchen.«

»Hä? Was soll das sein? Salomita! Hast du wieder Märchenstunde?«

Er lachte vergnügt und hielt sie für wahnsinnig.

»Hey, Sabri, tu nicht so. Eure Nachbarn, die Ägypter, waren schließlich auch da.«

»Die Ägypter?« Er tippte sich an den Kopf. »Ja, ich dachte, die haben nichts zu fressen, und dann gehen sie zu sinnlosen Veranstaltungen?« Er stutzte. »Und was haben sie gezeigt? Vertrocknete Mumien?« Dabei tippte er sich an die Stirn. »Yalla, erzähl mir noch mehr aus deiner verrückten Welt«, forderte er dann.

»Also, höre, Mister Hosman. Der ägyptische Pavillon, der war auch nach der Eröffnung noch nicht fertig. Und die Russen zeigten einen Elefanten aus Thailand. Bert hieß er. Er bekam einen Pinsel in den Rüssel und ein paar Farbeimer vor die Füße und begann die Leinwand zu bemalen. Ein höchst interessantes, ethnologisch animalisches Phänomen, sagten die Sachverständigen.«

»Salomita, ich glaube dir kein Wort!« Er schüttele den Kopf. »Das ist nicht normal. Das kann ich nicht glauben. Was ist das für eine Welt, Salome?«

»Keine für dich, mein Liebling«, sie lächelte ihn an. »Taubenfüttern auf dem Markusplatz würde dir noch gefallen, aber sonst wäre Venedig für dich zu anstrengend. Du gehst doch nicht gerne zu Fuß«, sagte sie zärtlich.

21

Als sie in Al Bayda, hoch oben in den Bergen der Kyrenaika, aus dem Wagen stiegen, war es beinahe Nacht, und ein eisiger Wind fegte durch die Straßen. Es war plötzlich sehr kalt.

»Puh«, rief Salome und schlang ihre Arme um die Schultern.

»Wir sind auf siebenhundert Metern Höhe, da kann es im Frühling am Abend noch kalt werden.«

Er öffnete ihr zögernd die Tür zum Hotel.

»Das Hotel ist scheußlich. Bitte, denk daran, es ist nur für eine Nacht.«

In der Halle war es kalt, durch die Fenster pfiff der Wind, dem Boden aus Stein entströmte der Eishauch einer Schlittschuhbahn, es roch nach einer mit Staub getränkten Feuchte.

In einer Mischung aus Hochmut und Loyalität sprach Sabri den Mann, der mit schläfrigen Augen und uninteressiert am abgewetzten Empfangsschalter lehnte, an. Als er Sabris Stimme hörte, hob er langsam den Blick, fuhr sich über den Schnurrbart und kratzte sich am Bauch. Nach längerer Diskussion schlurfte er träge zur Zimmertafel, studierte sie und entnahm ihr zwei Schlüssel, deren Nummern auf einem Papierschnipsel standen, das mit einem Gummiband am Schlüssel befestigt war. Der Mann bewegte seine schwere Zunge, murmelte einiges, von dem Salome nur das Wort Suite verstand, wies auf die Treppe und fiel in seinen Dämmerzustand zurück.

Obwohl mehrere Männer in verlotterten Pagentrachten in der Halle herumlungerten, machte keiner von ihnen Anstalten, den neuangekommenen Gästen die Koffer abzunehmen. Sie unterhielten sich schwerfällig, stocherten in den Zähnen, konnten sich kaum zu einem neugierigen Blick aufraffen. Sabris und Salomes Erscheinen wurde vollkommen ignoriert.

»Yussuf«, rief Sabri, »die Koffer! Zimmer 240.«

Yussuf schleppte die Koffer kommentarlos die Treppen hinauf, der Aufzug war defekt. »Suite« geisterte es in Salomes Kopf herum. Suite. Wie die wohl aussieht, dachte sie schmunzelnd, hoffentlich sind wenigstens die Fenster dicht, oder noch schöner wäre es, wenn meine Suite geheizt wäre. Aber das war sie nicht. Eiskalte Luft hing in den beiden Räumen, übertroffen noch von der arktischen Kälte im Badezimmer.

Salome schlotterte und riß die Schranktür im Schlafzimmer auf, weil sie Ersatzdecken darin erhoffte, die Türe krachte aus dem Scharnier und fiel krachend zu Boden. Der Schrank war leer.

»Hey, Salmonella«, rief Sabri. »Laß mein Land heil.«

Er scheuchte Yussuf zur Türe hinaus, nahm seinen weinroten Pulli und legte ihn um Salomes Schultern.

»Leg dich schnell ins Bett«, sagte er fürsorglich. »Ich bringe dir noch was Warmes. Es dauert nicht lange. Nur fünf Minuten.«

Sie legte sich ins Bett, zog die Decke bis zum Kinn. Hoffentlich kommt er bald, dachte sie fröstelnd. Da hörte sie ein seltsames Geräusch, hob den Kopf und sah, daß Sabri einen fahrbaren Heizkörper ins Zimmer schob, über seiner Schulter stapelten sich mehrere Decken.

»Herrlich, danke!« rief Salome.

Er wickelte sie in die zerfransten Decken, rieb ihre Hände warm, stellte den Heizkörper neben das Bett. Eine wunderbare Wärme entströmte dem Gerät.

»Ruh dich ein wenig aus, Salomita«, flüsterte Sabri. »In einer Stunde gibt es Abendessen. Ich warte unten im Restaurant auf dich. Ja?«

Salome nickte, wälzte sich in ihren Decken zurecht und schloß die Augen. Sie fühlte sich wohlig in ihrem dampfend warmen Pferch. Mein Gott, dachte sie und spürte, daß sie lächelte, der Junge macht mir das Leben angenehm. Er ist wie ein Regenbogen über mich gekommen, aufgetaucht aus den Wolkenbrüchen meines Lebens, ist einfach da, umfängt mich in Himmelblau, in Rosarot, in Zartgrün, in Gelbgold.

Mein kleiner Sohn hatte seine erste Frau schon mit fünfzehn, ein hübsches, unschuldiges Ding mit sanften braunen Augen, dachte Salome verträumt, wie hat es Sabri nur so lange ausgehalten? Wie kann er denn alles so leicht nehmen, selbst das? Sie schlief beinahe ein über ihren Gedanken, rollte sich schließlich aus dem Bett und sah, daß Sabri ihre Schuhe, ihren Anorak, ihren Schal zum Wärmen auf den Radiator gelegt hatte.

Schnell schlüpfte sie in die angewärmten Kleider und machte sich auf den Weg, ihren Geliebten im schäbigen Restaurant des Palasthotels Al Bayda zu treffen. Wieder waren sie die einzigen Gäste, saßen schlotternd in Anorak, Schal und dicken Socken am Tisch, hatten die Füße auf Stühle gebettet, damit sie nicht auf dem eisigen Boden standen, und löffelten die laue Suppe. Das Huhn war kalt, die Pommes frites auch.

»Ich bekomme gleich Zahnweh«, rief Salome. »Meinst du, daß wenigstens der Tee warm ist?«

Er war so heiß, daß sie sich die Lippen verbrannten. Sabri sah sie fragend an, spielte mit seinem Feuerzeug, rutschte unentschlossen in seinem Stuhl hin und her, blickte auf die Uhr. Braucht er eine Einladung, dachte sie und lächelte ihn an.

»Kommst du zu mir?«

Seine Zustimmung kam blitzschnell, und auf seinem Gesicht tänzelte ein erleichtertes Lachen.

In der Nähe des Heizkörpers war es in Salomes Suite inzwischen wunderbar warm. Sie legte ihre Füße auf die heißen Rillen, bis ihre Schuhe anfingen, verbrannt zu riechen. Sie hörte Sabri ins Zimmer treten und spürte gleich darauf seinen Kuß.

Wie die Haut einer jungen Viper, die sich durch den heißen Sand schlängelt, fühlte sie die geschmeidige Glätte seines Mundes. Ihr Herz fing wie rasend an zu klopfen, der Magen schob sich auf und ab wie eine Ziehharmonika. Ganz schnell zogen sie einander aus und vergruben ihre Körper ineinander. Sabris Haut war so zart wie die Zitzen eines Kuheuters.

»Du bist so wunderbar weich«, stöhnte Salome.

»Meine Mutter hat mich als Baby jeden Tag mit Rosenöl eingeschmiert«, hörte sie ihn flüstern, den Mund ganz nah an ihrem. »Sie wußte, daß du das mögen wirst.«

Und wieder und wieder tanzten die beiden zur sanften Serenade ihrer Lust, Sabris Begierde hatte nichts Brutales, er hüllte sie in eine Girlande von Zärtlichkeit ein, das ungepflegte Zimmer schien ihr wie ein Mondpalast, in dem die Sterne um die Wette glitzerten.

»Ich kann nicht mehr«, flüsterte Salome. »Mein Bauch ist schon ganz voll von deinem Samen.«

»Du ziehst ihn ja auch raus wie eine Presse«, lachte er, rollte sich auf den Rücken und blieb mit breitgespreizten Beinen liegen.

»Du mußt aufpassen, daß du nicht fett wirst, mein kleiner Putto.« Salome strich über seine Oberschenkel, noch waren sie straff und muskulös. »Machst du keinen Sport?«

»Ach, Sport.« Er verschränkte die Hände hinter dem Kopf. »Du siehst ja, was daraus wird. Ich war der beste Wasserballspieler im Internat. Seit ich das nicht mehr mache, habe ich keine Muskeln mehr, dafür ein bißchen Fett.«

»Dann mach doch wieder Sport, Sabri.«

»Mach ich doch«, er nahm sie in die Arme, legte sie auf seinen Bauch, balancierte sie leicht hin und her, auf und ab. »Mach ich doch, Salomita«, lachte er atemlos.

Ihre Körper begannen sich zu erhitzen, fühlten sich ineinander verwoben, waren einander Kissen aus purpurnem Samt, filterten die Welt aus ihrem Bewußtsein, nichts Verwirrendes, Verdunkelndes trat zwischen sie, ganz nahe an der Unendlichkeit waren sie in diesen Stunden. Bis die Müdigkeit sie übermannte.

Erst die morgendlichen Sonnenstrahlen riefen ihre eigenen Ichs zurück in das kalte Haus in den libyschen Bergen.

22

Die Kälte der Nacht war vorbei, der Tag versprach warm und heiter zu werden. Sie waren zum Zeus-Tempel von Kyrene gefahren. Sabri hievte den Picknickkorb aus dem Wagen und zeigte ihr mit der Hand die Richtung.

»Kommst du nicht mit?« fragte sie.

»Nein«, er setzte sich auf eine schattige Bank am Eingang zum Tempelareal. »Geh nur zu deinen Ruinen. Ich erwarte dich hier.«

Er nahm sich eine Mandel aus dem Korb und winkte ihr freundlich nach.

»Ciao!«

Salome hängte sich ihre Kamera um und betrat den kleinen Trampelpfad, der zum Tempel führte. Sie blickte hoch.

Wie eine Erscheinung entwuchs der gewaltige Zeus-Tempel mit seinen wuchtigen dorischen Säulen dem Frühlingsgrün der Erde. Als hätte die Unterwelt sich aufgetan, den Tempel mit dröhnenden Kräften aus ihrem Inneren hinaufgeschoben zu den Menschen, auf daß sie vor diesem Wunder in die Knie gingen, es lobten und heiligten. Mächtiger als der Parthenon, größer als der Zeus-Tempel in Olympia stand das Heiligtum des obersten Gottes auf einer Hügelkuppe, die gewaltigen Säulen waren wieder aufgerichtet worden und wirkten wie unbezwingbare, strammstehende Soldaten. Beleuchtet vom mildblauen Morgenlicht, die Konturen scharf wie mit dem Graphitstift herausziseliert, glich das ramponierte Haus des Gottes einem fiebrigen Trugbild.

»Ich danke dir, Zeus«, rief sie übermütig. »Mach weiter so, beschütze mich, und gieße das Füllhorn des Glücks über deine arme Dienerin.«

Sie griff nach einem kleinen, mit einer Rosette verzierten Stein, trug ihn feierlich in den Tempel und legte ihn Zeus zu

Füßen. Sie zwinkerte verschwörerisch dabei und glaubte den Gott zu sehen, der ihr wohlwollend zunickte. Langsam ging sie zurück zum Ausgang.

»Super war das, Sabri«, ihre Augen glänzten im gleichen Blau wie der milde Morgenhimmel. »Ich habe zwei Filme gebraucht.«

»Ich habe dich so vermißt«, sagte Sabri und sah sie lächelnd an.

Sie vergaß die Säulen sofort. Wie durch einen magnetischen Sog angezogen, floß sie in die erregenden Tiefen seiner Augen, ihr Herz tobte wildklopfend durch den ganzen Körper.

»Im Koran steht, daß die Augen das Tor zur Sünde sind«, sagte er leise, seine kehlige Stimme klang erregt, seine Augen saugten sich in ihre, gruben sich fest. Salome wurde weiter, tiefer hineingezogen in die Turbulenz seines Blickes, wollte sich nicht wehren gegen die süße Sehnsucht auf das, was tief drinnen, ganz drinnen auf sie wartete.

»Deine sind es, Salomita.«

Sein Atem ging schnell, aus seinen Augen drang eine Hitze, die ihr wie eine heiße Kaskade durch das Blut raste.

»Deine auch«, sagte sie ebenso atemlos und spürte, wie die Erregung in ihr pulsierte und sich in einem herrlichen Beben entlud. »Deine auch, Sabri«, wiederholte sie zitternd.

Sie starrten einander an. Überrumpelt und atemlos. Der maßlose Eros ihrer Blicke hatte sie beide überwältigt, hatte die Lust in ihnen ohne Berührung ausgeschüttet.

Sie verließen Zeus. Seine Magie hatten sie soeben am eigenen Leibe gespürt, und sie spazierten zum säulengeschmückten Caesareum, sahen einander in die Augen, naschten aus dem Korb und alberten ausgelassen herum. Sabri führte sie weiter auf die Hauptstraße von Kyrene, den Boulevard von Battos.

»Dieser Battos war ein Stotterer von der Insel Santorin«, Sabri hielt den Kopf geneigt. »Weißt du, er wollte sich gerade auf den Weg zum Orakel von Delphi machen, um dort Rat zu holen. Er litt so unter seinem Gesto... Gestot...ttter. Die anderen Männer von Santorin gaben ihm den Auftrag, das Orakel auch nach ihren Problemen zu befragen. Es herrschte nämlich eine arge Hungersnot in Santorin, und die Menschen wußten nicht mehr ein noch aus.« Er steckte die Hände in die Hosentaschen. »Der delphische Apollo erklärte Battos, er solle mit den Männern aus Santorin nach Libyen fahren und dort eine Kolonie gründen. Was sie dann auch taten. Als Battos an der libyschen Küste an Land ging, war das erste, was er sah, ein riesiger Löwe. Un leone così grande.« Sabri breitete die Arme aus. »Un mostro. Battos erschrak so sehr, daß er von diesem Moment an nicht mehr stotterte. Die Männer von Santorin kamen hier herauf in die Grünen Berge, weil es hier genug regnet. Sie wurden Bauern, heirateten die einheimischen Mädchen, bauten dem Apoll, der sie so gut beraten hatte, einen Tempel. Und Battos machten sie zu ihrem ersten König.«

Sie bummelten den Boulevard entlang, warfen einen Blick ins kleine Theater und ins Konzerthaus, staunten über den Pomp in der Villa des Jason Magnus. Schließlich fanden sie ihr stilles Nest hinter Hesychius' Haus und legten sich dort ins Gras.

»Jetzt bist du meine Frau, Salomita«, flüsterte Sabri leise.

Er zog den silbernen Ring seiner Großmutter mit dem kleinen roten Stein von seinem Finger und schob ihn ihr mit einem zärtlichen Lächeln auf den Mittelfinger.

»Für immer?« fragte er leise.

Mein Gott, dachte sie, für immer, er weiß gar nicht, was er da sagt. Wenn er fünfzig ist, bin ich siebzig, eine verschrumpelte, schiefe alte Frau. Ihr schossen die Tränen in die Augen.

»Für immer, Salomita?« wiederholte er eindringlich.

»Für immer und ewig, Sabri.«

Sie war sich sicher, daß es für sie stimmte. Sie packten ihren Korb aus, fütterten sich mit Mandeln, Pfirsichen und Apfelstückchen und küßten sich bei jedem Bissen.

»Für immer und ewig.«

»Rasierst du dich, oder wachsen dir keine Haare am Körper?« fragte Salome und fuhr über Sabris glatte Brust.

»Und du, Madame Slalom, hast du deine Zähne rasiert, oder wachsen dir da etwa keine?« lachte er.

Sie grinste. Ein Schmetterling setzte sich auf den Korb.

»Schau, Sabri, ein Zitronenfalter.«

»Wer glaubt, daß ein Abteilungsleiter eine Abteilung leitet, glaubt, daß ein Zitronenfalter Zitronen faltet.«

»Ah, ein arabisches Sprichwort.«

»Bei uns gibt's keine Abteilungsleiter, Salome, bei uns gibt es nur Direktoren. Wir sind alle Direktoren. Kullo direktor.«

Sie lachten ausgelassen, redeten verliebten Unsinn, legten sich ins Gras, spielten mit ihren Händen, und bald war Sabri eingeschlafen. Leicht ging sein Atem, das Gesicht war entspannt, er lächelte noch im Schlaf.

Wenn das der mit der Zigarre wüßte, würde er mir sofort einen Killer an den Hals schicken, fuhr es Salome durch den Kopf. Sie schaute Sabri nachdenklich beim Schlafen zu, legte seine Hand, die ihre umschlossen hielt, sacht auf seinen Bauch und stand auf.

Sie bummelte durch das Haus des Hesychius hinüber zur Agora, einem riesigen Komplex zerstörter Denkmäler. Marmoraltäre standen herum, Rundbauten mit sitzenden Göttern, denen die Köpfe fehlten, verstümmelte Säulengänge, Grabkammern und kleine Tempel, von denen nur noch die Fundamente hervorlugten. Sie fotografierte die flügellose Siegesgöttin, die mit wehendem Gewand über dem marmornen Bug eines Schiffes wie über den Platz schwebend stand. Sie kraxelte über Wacholderbüsche, Erdbeersträucher, setzte sich in den Schatten niedriger Zypressen und Pistazienbäume und rauchte eine Zigarette zwischen den weißen Marmorsäulen vor dem Eingang zum Capitolium.

Sie holte ihren Notizblock hervor, kritzelte schwärmerisch die wunderbaren Impressionen, die sie umfingen, aufs Papier. Es wird mir sowieso keiner glauben, wie herrlich dieses Land ist, dachte sie und betrachtete Sabris kleinen Ring an ihrem Finger.

»Na, jede Säule vermessen und fotografiert?« rief Sabri ihr

zu, als sie zurückkam. Er warf die Reste ihres Picknicks in den Korb. »Komm, jetzt besuchen wir Apollo.«

Der Weg hinunter zum Heiligtum des delphischen Gottes war überwuchert mit bunten Frühlingskräutern, es duftete nach Minze und Rosmarin. Vor dem Tempel lagen zerbrochene Statuen, Eidechsen kletterten auf ihre steinernen Leiber und sonnten sich in der Frühlingswärme.

»Im Tempel wurde ein kytharaspielender Apoll gefunden.« Sabri deutete auf die Cella. »Leider kann ich dir die Statue nicht vorführen, sie ist im British Museum gelandet.«

Er zeigte ihr die Stufen, die hinunter zur Krypta führten, wo das Heilige Feuer von jungfräulichen Priesterinnen des Apoll bewahrt worden war. Sie stiegen eine Treppe hinauf und hörten Wasser plätschern.

»Salomita, schau, das ist die Apolloquelle, hier war die Nymphe Kurana zu Hause, eine bildschöne Löwenjägerin, in die sich Apollo unsterblich verliebt hatte.«

Ein winzig kleiner See hatte sich am Ausgang der Höhle gebildet. Er wurde von den sprudelnden Wassern der Quelle im Inneren des Felsens gespeist.

»Der Gott war ihr heimlich gefolgt, und als er die Feingliedrige hier am Wasser sitzen sah, fragte er sie: Erlaubt es die Sitte der Götterhand, sich ihr zu nahen, die honigsüße Frucht ihrer Umarmung zu pflücken? Und so geschah es, Salomita, daß sich Apollo und Kurana in Libyens goldumschimmertem Brautgemach umarmten.«

Sabri amüsierte sich über seine eigene Geschichte. »Das gefällt dir, was?« Sein Blick wurde mit einen Mal versonnen. »Die schöne Kurana wurde die Namensgeberin von Kyrene. Ach, Salomita, ich würde dir auch gerne eine Stadt weihen oder einen Tempel erbauen oder wenigstens einen Stern nach dir benennen.«

»Das kannst du ja«, rief sie, »heute nacht suchen wir uns einen aus.«

23

Am Abend, als sie auf der Terrasse des Hotel Tibesti in Benghasi saßen und sich im Sternenmeer des libyschen Himmels, in dem die dünne Sichel des Mondes hing, *ihren* Stern aussuchten, wandte Sabri seinen Blick plötzlich vom Firmament ab und sah Salome an.

»Als du in meinem Land ankamst, war der Mond voll«, sagte er leise. »In ein paar Tagen ist er wieder rund, und ich werde ihn alleine anschauen müssen, weil du mich verlassen haben wirst.«

Rede nicht von Abschied, schrie es in Salome, ihr Herz klopfte erschrocken, bitte, rede nicht von Abschied, ich weiß selbst ganz genau, daß wir auf dem Rückweg sind. Unsere Stunden sind gezählt, ich weiß es. Wie ein gräßliches Ungeheuer krallte sich der Gedanke in ihr Herz. Sie nickte beinahe unmerklich.

»Salomita?«

»Ja?«

»Wenn du nicht nach Tibet mußt, könntest du doch eigentlich noch länger in Libyen bleiben, oder?«

»Ist das dein Ernst?« rief sie überrumpelt. »Meinst du das wirklich ernst?«

»Ja!«

Ich bleibe, solange du willst, wollte sie eilig rufen, du mußt nur mit dem Finger schnippen.

»Ich könnte schon ein paar Tage anhängen«, sagte sie.

»Gut«, er lächelte erleichtert, die dunklen Augen blickten beruhigt. »Dann kann ich dir noch die Wüste zeigen.« Er legte die Hände hinter den Kopf und dehnte sich. »Wir werden in den Akakus hinunterfahren, da, wo die Wüste am schönsten ist, Salomita, nur du und ich, dorthin, wo wir ganz allein sind. Ich werde dich in orangefarbenen Sanddünen küssen, dir in einem kleinen Wadi Tee kochen, dich unter roten Felsen lieben, und die Urmenschen auf den Malereien der alten Steine werden ein bißchen neidisch herunterschauen, weil die schönste Frau der Welt an meiner Seite ist.«

Salome mußte lächeln. Die Liebe hatte sie weichgeformt, den Ausdruck ihres Gesichtes besänftigt, alle Härte war aus ihren Adern entwichen, dafür jagte Eros durch ihr Blut, erhitzte sie und ließ sie glitzern wie ein Juwel. Salomes Augen blickten nicht länger kühl und gläsern, sie flackerten in einem milden, wie von Kerzenschein beleuchteten, seidigen Blau.

»Heute hätte Paris *dich* gewählt«, sagte Sabri.

Sie spürte wieder diese knisternde Lust, seinen Mund zu küssen, zum millionsten, zum milliardsten Mal.

Als sie in der Nacht aus dem Taumel ihrer Umarmungen zurückkehrten, die Verbindung mit dieser Welt wiederaufnahmen, beleuchtete die Mondsichel ihr Lager.

»Salamaleikum, Madame Salome«, flüsterte Sabri, »willkommen im Paradies.« Er ließ ihr Haar durch seine Finger gleiten. »Du bist wie eine vielblättrige Dahlie, und jedes Blatt erzählt mir eine andere Geschichte.« Er fuhr ganz leicht mit dem Finger über ihren Mund. »Und jede Geschichte gefällt mir.«

Er beugte sich langsam über sie, sie spürte den Hauch seiner Umarmung, und in ihrer so lange versperrten Muschel, die Leben zeugt, regte es sich, pulsierte und klopfte es heiß.

»Eine der Blüten strahlt in Schönheit«, flüsterte er in ihr Ohr, »und sie schimmert rötlich und weiß. So, als blickten auf uns ihre Augen, Augen, von Rausch noch gerötet und heiß.« Er küßte ihren Nacken. »Diese Pfirsichblüte bist du für mich, Salomita.«

Sabri, das ungestüme Fohlen, das gerade erst die Liebe entdeckt hatte und nun im wilden Galopp unersättlich die Hürden übersprang, einriß, mit ungezügeltem Temperament die Sporen zum neuen Sprung ansetzte, dem keine Barriere hoch genug war, kein Parcours zu lang, Sabri, ihr knospender Lebensbaum, geduldig so lang, blühte unter ihren Berührungen auf in sonnenfarbige Blätter. Sie waren einander so viel, ihre Kontinente trennten sie nicht länger, sie hatten darüber ihr eigenes Firmament gebaut.

»Salomita«, er suchte ihre Hand, küßte sie sanft, hob zögernd den Blick und sah sie mit Augen, dunkel und erstaunt, an. »Salomita«, wiederholte er ganz leise, »ich liebe dich.«

Sie hörte diese drei kleinen Worte, schmiegte sich still in die Kissen, schloß die Augen und ließ die Worte langsam in ihr Bewußtsein sickern, sog sie wie durch einen zarten Filter, ließ sie behutsam in sich kreisen, auf und ab wandern, hin und her streifen, bis sie ganz Besitz von ihr genommen hatten. In jeder Faser ihres Körpers nisteten sie sich ein, verdrängten alle anderen Regungen, sie hatte das Gefühl, als wiederholte ihr ganzer Körper tausendfach Sabris Liebesworte, sie vibrierten in ihr, bis ihr schwindlig wurde vor Glück.

»Es wird nicht leicht für dich sein, in Libyen zu leben«, sagte Sabri behutsam.

Sie rauchten gemeinsam, und der Aschenbecher schaukelte auf seinem Bauch.

»Tja, in die Oper werde ich wohl nicht oft kommen«, lachte Salome und schmiegte sich in seine Arme. »Aber dann kauf ich mir eine riesige Stereoanlage und lasse den Ballo in maschera im Wohnzimmer aufführen.«

»In welchem Wohnzimmer?« lachte er. »Meine ganze Wohnung besteht nur aus einem Zimmer. Und ich mag keine Opern.«

»Dann mußt du mir ein Schloß bauen.« Sie küßte seine Fingerspitzen. »So, wie ich es gewöhnt bin.«

»Mein Vater hat mir zur Verlobung einen Bauplatz in Tripolis geschenkt.« Er strich leicht über seinen Ring an ihrem Finger. »Ich habe ihn mir noch nicht einmal angesehen. Aber das wird schon in Ordnung sein, er macht keine popeligen Geschenke.« Er öffnete die Arme. »Dort, meine Geliebte, werde ich dir dein Schloß bauen.« Er bettete seinen Kopf auf ihren Bauch. »Du bekommst ein europäisches Klo, versprochen.«

»Ich brauche auch einen Fitneß-Raum, mon cher, sonst werde ich so fett wie du.«

»Ich bin nicht fett«, rief er entrüstet, setzte sich auf und zeigte seine Arme. »Da schau, wie hart meine Muskeln sind.«

»Dann, mein Gebieter, brauche ich einen Diener. Einen feschen, jungen Araber, wenn ich bitten darf.«

»Salomita, kein Araber auf dieser Welt wird dir den Dreck wegputzen. Das ist nicht unsere Sache. Wir sind keine Lakaien. Nimm doch einen Thailänder.«

»Nein, bestimmt nicht. Die benutzen so komische Gewürze, da riecht das ganze Haus danach.« Sie schüttelte sich. »Na, dann nehme ich eben einen Sherpa. Die singen den ganzen Tag und sind strapazierfähig.«

»Du spinnst, der würde hier durchdrehen. Der braucht mindestens dreißig Grad unter Null, damit er gut drauf ist. Für einen Mann aus dem Himalaya ist Libyen zu heiß, bellissima.«

»Dann nehme ich einen Südtiroler. Die kochen gut.«

»Südtirol? Was ist das denn?« Er rieb seine weiche Nase an ihrem Oberschenkel. »Ist das wieder so ein exotisches Land, wo Madame Winter den elektrischen Strom eingeführt hat?«

»So kultiviert wie ihr sind sie natürlich nicht!« Salome dehnte ihre Beine auf dem weißen Laken. »Dann brauche ich einen Rosengarten, Sabri. Cleopatra, Queen Elizabeth, Princess Diana, Madame de Pompadour, Joséphine de Beauharnais, Kaiserin Sisi, Agatha Christie: Alle sollen ihren Duft verstreuen, wenn du dort des Abends mir deine Gedichte vorträgst.«

»Auf den Knien?« Er streichelte ganz leicht die Innenseite ihrer Schenkel.

»Auf den Knien.« Salomes Stimme zitterte. »Und was kochst du mir, Sabri?«

»Lobster in Knoblaucholivensauce, indisches Rebhuhn mit Honigkruste, Lammbraten mit Dattelfüllung auf Beduinenreis. Oder wie wär's mit Trüffeln?«

»Trüffel?« Ihre Gedanken kreisten um seine Hände, die

über ihre Haut huschten. »Wo wollt ihr denn um Himmels willen Trüffel herhaben?«

»Salomita, du bist wunderschön, aber ebenso dumm. Natürlich gibt es Trüffel in der Wüste. Wärst du ein paar Wochen früher gekommen, hätte dir dein Gebieter«, er unterbrach sich lachend und kitzelte sie mit der Zunge an ihrer Leiste, »einen Riesentopf dicker tartuffi gemacht.«

»Wie machst du sie denn?«

»Ich nehme einen großen Topf voll Wasser«, seine Zunge rutschte weiter nach unten, »werfe die Trüffel ins kochende Wasser und warte, bis sie beinahe platzen.« Er war am Ort seiner Begierde angekommen. »Dann fresse ich sie auf. Eine nach der anderen.«

»Oh«, stöhnte Salome, »das klingt gut.«

Sie tanzten ihren himmlischen Tanz, ganz dem Rhythmus ihrer Lust hingegeben, öffneten einander bedenkenlos die tiefsten Zonen ihrer Sehnsüchte. So liebten sie sich durch die Nacht von Benghasi, plauderten und schmusten, bauten sich Paläste, hoch in den Lüften, nahe beim Mond, licht und kristallen. Und sie waren die einzigen Bewohner ihres perlenumsäumten Reiches.

24

Sabri lebt, dachte Salome. Tief in Gedanken versunken lehnte sie an der Fensterbank des Krankenzimmers in Sirt.

»Sabri lebt«, murmelte sie heiser.

Ihr Mund war ausgetrocknet. Sabri lebt. Das ist das einzige, was zählt. Sie stützte sich auf den Sims und starrte, ohne etwas zu sehen, aus dem Fenster.

Sie hörte nicht, daß der Arzt eingetreten war, spürte seine leichte Hand erst, als er sie behutsam zum Bett zurückführte.

»Mein Gott, Herr Doktor«, wie ein Windhauch so dünn war ihre zerbrechliche Stimme, »ich bin so froh, daß er lebt.«

Georges Kayasseh nahm ihre Hände in die seinen.

»Sie lieben ihn?« fragte er besorgt, und seine Finger glitten über Sabris silbernen Ring an ihrer Hand.

Sie nickte hilflos.

»Ich weiß, daß Eros seine Pfeile wahllos schießt«, sagte der Arzt nachdenklich, »und Herzen mit seinen schrecklichen Flitzbögen in Flammen setzt. Aber«, er blickte sie ernst an, »aber, mein Kind, die Liebe Ihres Sabri ist nicht mehr wert als dieser billige Ring.«

Salome schoß das Blut in alle Poren. Ihr Gesicht glich einer Lampe, die zuviel Watt in sich entlädt.

»Glauben Sie, er ist ein Lügner?«

»Nein, meine Liebe, das meine ich nicht. So besorgt er um Sie schien, sind seine Gefühle für Sie ganz sicherlich echt.«

»Dann verstehe ich Sie nicht!« Salome war mit einem Mal hellwach, ihr war, als stünde sie vor Gericht. »Was ist dann wertlos an seiner Liebe?«

»Ich spreche von Ihrer Situation, Frau Salome. Ihre Liebe ist verkehrt. Es ist ein Verhängnis für Sie, einen Libyer zu lieben. Das können Sie mir glauben.« Er hatte die randlose Brille abgenommen und putzte langsam die Gläser mit einem

Ende seines weißen Arztkittels. »Wenn ich könnte, würde ich Ihnen eine gewaltige Antidosis spritzen. Das würde Ihnen viel Leid ersparen, junge Frau.«

»Der Ring mag billig sein, Herr Doktor Kayasseh, aber seine Gefühle sind es nicht«, sagte sie entschieden. »Und ich bin keine junge Frau, Herr Doktor«, fuhr sie befangen fort. »Und bald wird sich das Alter nicht länger verstecken lassen«, ihre Augen blickten ihn betrübt an. »Ob er mich dann noch lieben kann?«

»Darüber brauchen Sie sich nun wirklich keine Gedanken zu machen.« Er strich sich mit der Hand durch die grauen Haare. »Er wird nicht bei Ihnen bleiben.« Er sah ihre abwehrende Bewegung. »Und das hat nichts mit Ihrem Alter zu tun.«

»Mit was denn dann?« Sie war aufgebracht. »Sie sprechen in tausend Rätseln. Ich verstehe kein Wort von dem, was Sie da erzählen. Wollen Sie mir einfach nur weh tun? Aber warum denn in aller Welt? Mir tut doch sowieso schon alles so schrecklich weh!«

»Ich will Ihnen nicht weh tun, Kindchen. Aber es gibt Dinge, die müssen Sie wissen, wenn Sie sich auf ein exotisches Abenteuer mit einem Araber einlassen.« Er schüttelte leicht den Kopf. »Denn dieses Spiel werden Sie nicht gewinnen können. Die Uhr im Herzen eines Arabers tickt nicht nach europäischen Mustern. Und auch dieser Sabri ist ein Kind des doppelköpfigen Janusgottes. Heute sitzt er weinend an Ihrem Bett, und morgen folgt er dem Pfiff des Vaters.«

Er atmete tief durch, bevor er weitersprach. Dr. Kayasseh war ein molliger Mann mit einem sanften Gesicht, mit buschigen Augenbrauen und sehr hellhäutig.

»Solange er kann, wird er Sie suchen, Ihnen wunderbare Dinge erzählen, Sie lieben, vergöttern und beschenken. Und er wird seine Gefühle sehr aufrichtig meinen. Aber nur im Geheimen.«

Salome sah den Arzt entsetzt an.

»Wenn die leiseste Gefahr droht, der geringfügigste Anlaß

gegeben ist, daß seine Umgebung, seine Familie, sein Chef, seine Kollegen oder gar der Staat etwas von seiner Affäre mit einer Ausländerin, einer Nicht-Muslimin, spitzbekommt, wird er sich augenblicklich davonschleichen. Sie können in Erwartung einer Erklärung verschimmeln. Sie wird nie kommen. Nie.«

»Wie können Sie denn so etwas behaupten?« Ihre Stimme klang zornig. »Sie kennen ihn doch überhaupt nicht!«

»Ihn brauche ich gar nicht zu kennen. Aber ich kenne die Tradition«, sagte er ruhig. »Und die Tradition in diesem Land ist etwas Existentielles. Dagegen kommen Sie nicht an.« Er blinzelte mit seinen Augen, als läse er zuviel bei schlechtem Licht. »Ihr Sabri stammt aus der Wüste, das dürfen Sie nicht ignorieren, und sein Vater ist ein wichtiger Mann. Er ist mit hundertprozentiger Sicherheit seit langem einem Mädchen, das natürlich die Familie ausgesucht hat, versprochen. Wahrscheinlich einer Cousine väterlicherseits. Er ist ja immerhin der älteste Sohn, der die Pflichten des Vaters eines Tages übernehmen muß. Und aus diesen Zwängen kommt er nicht raus. Nie und nimmer.«

»Seine Familie interessiert ihn nicht. Er hat so gut wie keine Beziehung zu ihr.«

»Seien Sie nicht naiv, mein Mädchen. Die Fesseln zu seiner Sippe sind stärker, als die Liebe zu einer Frau es je sein könnte.« Er strich seinen Kittel glatt. »Was sollte er denn auch tun in einer Welt, wo alles beschnüffelt und bewacht wird, wo der einzelne nichts zählt, die Existenz einzig auf den verschlungenen Kanälen der familiären Beziehungen sprudelt. Was meinen Sie?« Er wartete ihre Antwort nicht ab. »Salome, die Familie ist sein Rahmen, und nur ein Dummkopf würde ihn sprengen. Und ich halte Ihren Sabri nicht für dumm.«

»Ich bin eine unabhängige Frau«, sagte Salome scharf. »Wozu sollte ich seine Familie berücksichtigen?«

»Aber er braucht seine Familie, am Ende ist sie wichtiger, als Sie es ihm sind. Sie werden es sofort zu spüren bekommen, wenn er sich entscheiden muß. Auf seine Interessen innerhalb seines Clans wird er nicht verzichten«, er sah sie eindringlich an. »Nie. Er kann nicht anders, er braucht die Gemeinschaft seines Umfeldes, es käme ihm schlicht nicht in den Sinn, seine Familie Ihretwegen aufzugeben.«

»Er ist ein moderner Mann, kein hinterwäldlerischer Beduine«, rief Salome hitzig.

»Davon spreche ich nicht. Ein Wort seines Vaters, und Ihr Sabri ist seinen Job los, und einen anderen wird er nicht bekommen. Wenn rauskommt, daß er aus der Richtung, die die Familie für ihn vorgesehen hat, ausscheren will, hat er in diesem Land keine Chance mehr. Da halten sie alle zusammen.« Er verschränkte die Arme und hob die Schultern. »Sie könnten ihn natürlich nach Europa verpflanzen.« Er spielte mit seinem Stethoskop, das an seinem Hals baumelte. »Hätte Ihre Liebe da eine Chance?«

»Es gibt doch noch so etwas wie einen freien Willen, eine aufgeklärte, individuelle Meinung!« rief Salome entrüstet.

»Das wissen wir, meine Gute. Für uns Christen ist das eine Selbstverständlichkeit geworden.«

»Für uns Christen?« Salome war überrascht. »Sind Sie denn ein Christ? Ich dachte, es gäbe nur muslimische Libyer.«

»Ich bin Syrer. Christlicher Syrer.« Er öffnete sein weißes Hemd und holte ein goldenes Kreuz hervor, das er an einer dünnen, goldenen Kette um den Hals trug. »Schauen Sie, im Westen hat die Moderne mit der Befragung der Bibel begonnen, der Hinterfragung, der Kritik, der Frage nach der Historizität.« Er knöpfte sein Hemd wieder zu. »Im Islam aber darf die Heilige Schrift, der Koran, nicht kritisch befragt werden, ist er doch die Rede Gottes selbst. Und es darf kein inspiriertes Buch über Gott, so wie die Bibel, werden. Die Muslime halten sich strikt an den Wortlaut des Koran. Demzufolge hat es im Islam bislang keine Reformation gegeben, und die Gesellschaft ist so geblieben, wie sie immer war.«

Seine Augen wanderten hin und her, als suche er nach einer Illustration, um ihr seine Aussage zu verdeutlichen.

»Was können Sie von einem Volk erwarten, das einerseits hinter den neuesten westlichen Automodellen her ist, andererseits ein neuerworbenes Auto selbstverständlich mit dem Blut eines frisch geschlachteten Tieres beschmiert, wie der Prophet es vor dreizehnhundert Jahren getan hat, wenn er sich ein neues Hoftor anbringen ließ. Auf daß das Unheil von ihm fernbliebe und die bösen Wünsche der Neider abprallen.«

»Das ist nicht wahr!«

»Fragen Sie Sabri Hosman danach, Salome«, sagte er ruhig. »Er wird doch ein Auto haben, oder?«

»So ein Blödsinn.« Salome war wütend. »Sabri ist in Europa groß geworden.«

»Jetzt lebt er aber hier, eingebunden in die Pflichten gegenüber dem Vater, der Familie, den Regeln, den Traditionen. Beobachten Sie ihn, Salome, er agiert nicht wirklich frei, er ist eingeschnürt in ungeschriebene Gesetze, die er traumwandlerisch umsetzt. Oder haben Sie das Gefühl, Ihr Sabri sei ein kritisch handelnder Mann?«

»Nein, das ist er nicht«, gab sie ungern zu.

Kayasseh knipste die Nachttischlampe an. Es war plötzlich dunkel geworden.

»Es hätte auch wenig Sinn für ihn. Er weiß, daß er hier nicht alleine existieren kann, deshalb umgeht er intuitiv die totale Entfremdung, indem er die Dinge so akzeptiert, wie sie hier gehandhabt werden.«

»Das mag ja sein, Herr Doktor.«

Salome wurde das Gespräch immer unangenehmer. Sie verstand nicht, weshalb dieser Arzt seine Zeit damit verbrachte, ihr die komplizierten Facetten der arabischen Gesellschaft zu erklären.

»Das mag sein«, wiederholte sie. »Aber der Einfaltspinsel, als den Sie ihn zeichnen, ist er nun wirklich nicht. Er ist zum Beispiel überhaupt nicht religiös.«

»Das glaube ich Ihnen gerne.« Er besah seine Hände und legte die Fingerspitzen aneinander. »Aber die Religion bestimmt dennoch die Gesellschaft. Es ist ganz simpel: Gott steht an der Spitze, dann die Engel, dann die Propheten und Gesandten, danach die Gläubigen – die Muslime – und dann die Nicht-Muslime wie wir Christen und auch die Juden, danach die Ungläubigen, dann die Tiere, die Pflanzen und schließlich die Steine. Dieses Modell prägt das arabische Denken bis heute, privat und ganz offiziell in der Politik.« Er nahm die Brille ab und rieb sich die Augen. »Gesellschaftliche Änderungen bedürften einer Änderung der Theologie.« Er sah sie ein wenig listig an. »Trauen Sie das Ihrem Sabri zu?«

»Mein Gott, ich will ja gar nicht, daß er zu einem zweiten Martin Luther wird!« rief sie empört. »Ihr intellektuelles Gerede interessiert mich überhaupt nicht. Sabri ist ein zärtlicher Mann, der mein Herz klingen läßt. Ich brauche keinen sozialkritischen Philosophieprofessor! Mir reichen seine Gedichte.«

Gott, was rede ich für einen Unsinn, dachte sie erschrocken.

»Ja, das glaube ich Ihnen gerne«, sagte er lächelnd. »Die süße Sprache der Verführung, ganz aufs Erwecken von Gefühlen ausgerichtet, ist in der arabischen Welt weit verbreitet. Aber, mein Kind, sie ist voller Floskeln und rhetorischer Stereotypen und kommt jedem Araber mühelos über die Lippen.«

»Jetzt reicht es mir!« rief Salome. »Ich habe genug von Ihrer Predigt, Herr Doktor.«

»Haben Sie etwa mit ihm geschlafen?«

Er hob den Kopf und sah sie prüfend an.

Zu ihrem Erstaunen nickte sie.

»Dann sind Ihre Chancen wirklich gleich null«, sagte er betrübt.

»Aber …«

»Das Jungfernhäutchen ist in der arabischen Welt wichtiger als alle anderen Häutchen. Das Trommelfell mag platzen, die Harnblase darf bersten, das Jungfernhäutchen muß heil sein.«

Ein zartes Klopfen an der Tür verhinderte ihre aufbrausende Antwort.

»Yalla«, rief er.

Die Türe ging auf, und Sabri trat ein. Er ging lächelnd auf Salome zu. Sie sah eine verkrustete Wunde, die von der Wange über seinen Hals lief.

»Ich bin gesund«, bestimmte Salome plötzlich und stand auf. »Und ich will hier raus.«

25

Sabri warf ihr Gepäck auf die Ladefläche des blauen Pickups.

»Hoffentlich fällt das Zeug nicht runter«, rief er und half Salome ins Auto.

Abenteuerlich sahen die beiden aus. Eine blutunterlaufene Wunde lief quer durch Sabris Gesicht, ein spitz zulaufendes Dreieck seiner dichten Locken war kahlgeschoren. Der Bluterguß darunter hatte punktiert werden müssen. Salomes Arm hatte eine gepolsterte rote Reisebandage erhalten. Er leuchtete wie eine dicke, rote Wurst. Auf den Kopf hatte man ihr einen Strohhut gesetzt, weil die Wunde am Hinterkopf möglichst keine Sonne abbekommen sollte. Den Verband hatte Schwester Ligaya mit Watte aufgepolstert, er saß auf Salomes Kopf wie eine schiefe Krone.

»Hey, Frankenstein, was hast du für ein schreckliches Hemd an?« rief Salome.

Auf Sabris graubraunem Nylonhemd rankten persische Blumen. Salome rutschte ein wenig auf dem Sitz nach unten, damit sie mit ihrem Kopfputz nicht an die Decke stieß.

»Du siehst ja aus wie ein Russe, der in Hawaii Urlaub macht.«

»Oh, oh, oh. Sag nichts gegen mein Hemd. Es ist italienisch.«

»Aber scheußlich ist es trotzdem.«

»Eins, my dear, ist bei meinem Purzelbaum in die struppigen Dünen zerrissen worden, die anderen, Mylady, sind in der Wäscherei.«

»Nun, da hilft alles nichts. Ich werde Ihr geschmackloses Oberteil ertragen müssen, Mister Hosman.«

»Sie sehen auch eher aus wie Miss World nach einem Erdbeben.« Er lachte aus vollem Hals. »Salomita, da fällt mir ein Gedicht dazu ein. Höre! Du bist ein trockenes Flußbett, der

Regen bin ich dir – du gleichst einer Stadt voller Trümmer, von neuem bau ich dich hier!«

Sie waren nach Westen unterwegs. Sabri fuhr sehr langsam.

»Was hast du in Tripolis gemacht?« fragte Salome.

»Meinen wunderbaren Straßenkreuzer geholt, damit Madame Salami nicht per Anhalter fahren muß«, er lachte sie an, hörte aber abrupt auf und war einen Moment lang still. »Ich war auf seiner Beerdigung«, fügte er dann leise hinzu.

»Oh«, sie rutschte auf ihrem Sitz hin und her. »Hast du ihn noch einmal gesehen?«

»Nein. Mir hat schon gereicht, wie das Auto ausgesehen hat.« Er fummelte am Radio herum. »Gott hat so für ihn entschieden, Salome, es war sein Schicksal. Für seine Familie wird gut gesorgt. Mach dir darüber kein Kopfzerbrechen.«

»Wie lange war ich im Krankenhaus?«

»Fünf Tage. Die meiste Zeit davon hast du geschlafen.« Er sah sie von der Seite an. »Aber Schönheitsschlaf war's keiner!«

Sie rückte ihre Sonnenbrille zurecht. Wenigstens bin ich jetzt aus diesem schrecklichen Gefängnis befreit, dachte sie, und weit weg von dem Arzt. Allein, wie er sich von ihr verabschiedete, als er und Sabri sie vorhin abholen kamen!

»Den Verband müssen Sie noch ein, zwei Tage auf der Wunde lassen. Die Armbandage können Sie morgen abnehmen. Bei Komplikationen bringt Sie Herr Hosman zu einem Kollegen in Tripolis«, sagte Doktor Georges Kayasseh und beugte sich über ihre Hand. »Leben Sie wohl, verehrte Frau Winter.« Er hob den Kopf und suchte ihren Blick.

»Ich wünschte, Sie wären mir nicht böse, weil ich gewagt habe, Ihnen ein wenig von der Realität zu erzählen. Vielleicht werden Sie mich eines Tages besser verstehen.«

Salome lächelte kühl zurück.

»Ich danke Ihnen für Ihre ausgezeichnete Betreuung«, sagte sie und verließ das Zimmer.

»Was meinte denn der alte Syrer vorhin?« fragte Sabri jetzt.

»Er hält euch wohl für Barbaren«, antwortete Salome knapp.

»Sind wir das nicht?«

Er drückte eine Kassette in den Recorder. »I believe I can fly, I believe I can touch the sky«, dröhnte es durchs blaue Gefährt.

»Hast du dein Auto auch mit Blut beschmiert, als du es bekommen hast?« fragte sie hastig.

»Ja, natürlich.« Er pfiff die Melodie von R. Kellys Hit mit. »Das machen wir alle.«

Salome lehnte sich in den Sitz zurück. Sie preßte die Lippen aufeinander. Nur jetzt nichts denken, nichts folgern, pulsierte es in ihr, nichts beurteilen, einfach atmen und warten. Sie wußte nicht einmal, wohin die Fahrt ging. Die Vorstellung, daß er sie so rasch, wie es nur ging, nach Djerba verfrachten und dort für immer abladen würde, wollte ihr nicht mehr aus dem Kopf. War das der Grund, warum er kein Wort über ihr Ziel hatte verlauten lassen? Ich sollte einfach fragen, dachte sie, aber sie brachte den Mut dazu nicht auf. Sie spürte, wie sie am ganzen Leib zu zittern begann.

»Salomita?« er sah sie bibbern und hielt sofort den Wagen an. »Aini«, er nahm sie in die Arme, »mein Auge, bald kannst du dich erholen. Noch ein paar Stunden, und wir sind im Hotel. Dann kannst du drei, vier Tage schlafen, essen, schwimmen, mit mir träumen, dich von mir in den Schlaf träufeln lassen. Ja?« Er lächelte sie an, schob ihr die Brille weg, seine Augen glitten besorgt über ihr blasses Gesicht. »Du mußt bald wieder ganz fit sein, bellissima, wir wollen doch in die Wüste.«

»Die Tour fällt also nicht aus?«

»Wo denkst du hin? Natürlich nicht.«

Sie fuhren weiter, Sabri hielt ihre Hand, sie spürte aufatmend, wie ihre alte Vergnügtheit sich allmählich wieder in ihr regte, ihr Kopf tat ihr schon beinahe nicht mehr weh.

»Ich beeile mich, Sabri. Versprochen!«

Sie sah ihn zärtlich an, mit Augen, in die der kristallblaue Glanz langsam zurückkehrte.

»Weißt du, wie froh ich bin, daß dir nichts passiert ist, Salome?« Sein Blick streifte lächelnd über ihre ramponierte Gestalt. »Ich kann mir ein Leben ohne dich überhaupt nicht mehr vorstellen.« Er wandte sich wieder nach vorne. »Ich hätte diesem Hundesohn von Yussuf noch als Totem die Haut abgezogen, wenn dir etwas passiert wäre«, sagte er ernst.

Ihre Augenbrauen zuckten, die Tränen schossen ihr in die Augen.

»Bevor ich nicht mein libysches Traumhaus bekommen habe, trete ich nicht ab«, sagte sie ein wenig schrill und schluckte schnell ihre Tränen hinunter.

»Hey, gute Idee!« rief er. »Willst du das Grundstück sehen? Wir könnten rasch vorbeifahren. Es ist kein großer Umweg.«

»Oh, ja! Dann kann ich dir gleich zeigen, wo ich meine Kuckucksuhr aufhängen will.«

»Kuckuck! Kuckuck! So was kommt mir nicht ins Haus«, er schüttelte sich.

Kurz vor Tripolis bog Sabri nach Süden ab. Sie plapperten wie ausgelassene Schulkinder, die auf dem Heimweg über ihre Lehrer herziehen, ihre Vertrautheit war zurückgekehrt. Sabri bog von der Hauptstraße ab und fuhr durch eine gepflegte Gegend. Weißgetünchte Mauern umschlossen Gärten, in denen hübsche Häuser standen.

»Voilà. Das ist Ihre neue Heimat, Madame.« Er machte eine weit ausholende Geste mit den Armen. »Gefällt dir die Nachbarschaft?«

»Nicht schlecht, Mister Hosman.«

»Unser Grundstück ist ein paar hundert Meter weiter hinten. Noch ist es einfach eine Wiese, Salomita, aber es wird das schönste Haus der ganzen Gegend werden.«

Er bremste vor einem abgezäunten Grundstück, auf dem unzählige Maurer damit beschäftigt waren, die Grundmauern eines Hauses aufzuschichten, Ziegel waren zu großen Haufen aufgeschichtet, eine Betonmischmaschine ratterte laut, Holzplanken für die Gerüste lagen bereit.

»Was soll das?« schrie Sabri auf.

Er sprang aus dem Auto, lief auf die Arbeiter zu und herrschte sie mit lauter Stimme an. Sie antworteten ihm ruhig. Er nickte entgeistert und drehte sich wortlos um.

»Mein Herr Vater!« sagte er bitter, sein Atem ging hastig. »Siehst du jetzt, was er für ein Typ ist? Er meint, er könnte über mich verfügen wie über einen Leibeigenen«, schrie er aufgebracht. »Einen Tag nach Yussufs Anruf war er schon hier und hat den sofortigen Bau angeordnet. Sein Sohn würde demnächst heiraten, sie sollten sich gefälligst beeilen.«

Er brütete wütend vor sich hin, sein weiches Gesicht war kantig wie eine Totenmaske.

»Und die Braut bin nicht ich«, sagte Salome.

»Das meint er, der Herr von Sebha, der Allgewaltige, der einzig Bestimmende.« Sabri war außer sich vor Zorn. »Zuerst stiehlt er mir meine Kindheit, reißt mir die Wurzeln aus, und jetzt bestimmt seine Exzellenz auch noch, wen ich in mein Ehebett nehme und wann.« Er fuhr sich unwirsch durch die Haare. »Komm, wir gehen.« Er nahm ihren Arm und schob sie zum Auto.

»Aber willst du ihnen denn nicht sagen, daß sie aufhören sollen?«

»Pah«, sagte er verächtlich. »Sollen sie das Haus doch bauen.« Er fing an zu lachen. »Schließlich kommt es nur darauf an, wen ich über die Schwelle tragen werde, nicht wahr? Und das wirst du sein, meine wunderbare, meine kluge, meine köstliche Salome, und nicht die glotzäugige Kuh, die Vater ausgewählt hat.«

»Und wie das Haus aussieht, ist dir egal?«

»Die schauen doch sowieso alle gleich aus hier«, sagte er gleichgültig. »Was uns nicht gefällt, bellissima, werden wir später ändern.«

Er war wieder guter Laune, als sei der Kampf mit dem mit der Zigarre schon gewonnen, pfiff versöhnt »Happy birthday to you, happy birthday«, den alten Hit, den Stevie Wonder fröhlich aus der Kassette plärrte und zu dem er auf sein Piano eindrosch.

Er bog auf die Hauptstraße nach Tripolis ein.
»Cappuccino, Madame?«
»Mit Vergnügen, Monsieur.«
Er parkte das Auto in der Straße des 20. September, einer arkadenumsäumten Prachtstraße der italienischen Kolonialzeit. Salome wickelte schnell ihren Verband vom Arm, legte den Hut ab, zupfte die Watte aus dem Verband und fuhr sich durchs Haar. Sie kramte nach ihrem Lippenstift, zwickte sich in die Wangen und stieg aus.
»Ich muß schnell vorher ins Büro, Salome.«
»Gut, dann spaziere ich die Straße entlang.«
»Geh einfach geradeaus hinunter. Dann kommst du zur Kathedrale. Gegenüber, unter den Arkaden, ist ein Café. Da warte ich auf dich.«
Salome bummelte die beinahe elegante Einkaufsstraße hinunter. Es gab Boutiquen mit ausländischen Markenwaren, Parfumläden, Konditoreien, Schuhgeschäfte, Fastfood-Lokale. Sie erspähte sogar eine Galerie für zeitgenössische Kunst. Gegen Ende der Straße sah sie in einem kleinen Hof ein Hemdengeschäft. Sie betrachtete die Auslage. Armani, Cerruti, Valentino, Moscati, Missoni. Alle großen Namen lagen zum Verkauf bereit. Sie erstand ein Cerruti-Hemd, ähnlich dem, das in den Dornen der Straße nach Sirt ein so unrühmliches Ende gefunden hatte: zart hellblau-weiß kariert. Einhundertfünfzig Dollar wollte der Herr hinter dem Tresen. Salome zögerte nur kurz.
Es war ihr ein wenig schwindlig. Sie suchte das Café unter den Arkaden auf und war froh, endlich wieder zu sitzen. Sie schloß die Augen und atmete tief ein und aus.
»Aber Salome«, hörte sie plötzlich Sabris entrüstete Stimme, »du kannst dich doch nicht einfach alleine in ein Café setzen!«
»Nicht?« sagte sie müde. »Dann setz dich zu mir.«
Beobachten Sie ihn, dröhnte Doktor Kayassehs Stimme in ihrem Kopf.
»Nächstes Mal weiß ich es, okay?«
»Okay.«

Salome nippte an ihrem Cappuccino. Es war Pulverkaffee mit einem Schuß Milch und viel Zucker.

»Die im Büro wollen mit dir sprechen, Salome.«

»Wieso denn das? Ich bin viel zu müde dazu.«

Sie blickte hinüber zur italienisch angehauchten Großbasilika. Ihre Kuppel war gewaltig, der freistehende Campanile hatte einen romanischen Touch.

»Mein Gott, ist das ein Riesending«, sagte sie beeindruckt. »Erstaunlich, daß ihr das nicht abgerissen habt.«

»Wieso denn abreißen?« Sabri schüttelte den Kopf. »Wir haben es in eine Moschee umfunktioniert. Das ist doch viel praktischer, findest du nicht?«

Moschee, fragte sie sich überrascht, und tatsächlich, oben auf der Spitze der Basilika, thronte der islamische Mond, und auf dem Campanile waren die Lautsprecher des Muezzins zu sehen. Und wie auf Bestellung fing es aus den Verstärker an zu dröhnen. »Allah akbar allah akbar.«

»Yalla. Es wird Zeit für uns zu gehen. Den Bürobesuch machen wir morgen. Dann wird es dir schon wieder viel besser gehen.«

Salome nickte erfreut.

»Jetzt fahren wir ins Hotel hinaus.«

»Hinaus? Sind wir denn nicht hier in der Stadt?«

»Na, ich dachte, im Holiday Village könntest du dich besser erholen als hier.«

»Ah, das ist eine wundervolle Idee.«

Salome war so erschöpft, daß sie nichts anderes wollte, als auf einem weichen Bett zu liegen und vom sanften Wind in den Schlaf geschaukelt zu werden.

»Brauchen deine Knochen denn keine Erholung, Sabri?«

»Nein«, sagte er, »ich bin natürlich elegant in das Gestrüpp geschwebt, meine Knochen sind heil. Nicht wie bei dem Kartoffelsack aus Deutschland, der die halbe Wüste zum Beben brachte und seine kalten Knochen dabei prellte.«

»Warte nur, bis ich wieder fit bin«, lachte sie. »Du gräßlicher Angeber.«

Sie fuhren hinaus in das Hotel am Meer. Sabri begleitete sie in ihr Zimmer.

»Ich habe das Zimmer gleich nebenan«, sagte er.

Salome öffnete die Balkontür, spürte den sanften Wind, atmete den Salzgeruch des Meeres ein, legte sich erschöpft aufs Bett und fiel in einen tiefen, tiefen Schlaf.

26

Es wurde schon hell, als sie aus traumlosem Schlaf erwachte. Sie ging auf den Balkon und blickte aufs Meer. Der Tag wurde gerade geboren. In sanften Farben wölbte sich der Himmel, Pastelltöne verwoben sich ineinander, geräuschlos wurde die Nacht von den Strahlen der aufgehenden Sonne verdrängt. Gemächlich rutschte die dicke, milchig-goldene Sonnenscheibe aus ihrem nächtlichen Quartier und überglänzte freigebig das ruhige Meer.

Salome lächelte, sie fühlte sich ausgeruht und merkte mit einem Mal, daß sie einen Bärenhunger hatte. Sie schlüpfte in ihre Kleider, ging hinunter in den menschenleeren Speisesaal und aß sich durch das Frühstücksbuffet. Es gab hartgekochte Eier, fetttriefende Croissants, Oliven, pinkfarbene Mortadella, Marmorkuchen und die bekannten kleinen Dreieckchen Käse.

Salome verschlang den Mischmasch, nahm sich eine Gurke und Joghurt mit ins Zimmer, schmierte sich den Joghurt ins Gesicht, preßte geschnittene Gurkenscheiben darauf, legte sich aufs Bett und genoß die Vorstellung, wie ihre dürstende Haut sich mit der Feuchtigkeit von Gurke und Milch vollsog.

Und wirklich, ihre Haut war durchblutet und rosarot, als sie die Maske abrubbelte. Sie nahm vorsichtig den Verband am Kopf ab, es hatte sich eine feste Kruste über der Wunde gebildet. Sie bürstete sich vorsichtig die Haare, bis sie glänzten, hundert Mal nach vorne, hundert Mal nach hinten, so wie ihre Großmutter es ihr vor langer Zeit gezeigt hatte.

Sie biß sich in die Lippen, malte roten Lippenstift darüber, richtete sich die Nägel, putzte und säuberte jeden Millimeter ihres Körpers, bis er reingewaschen war, bis der dünstende Geruch des bluttriefenden Kamels, des nach billigem Waschpulver riechenden Krankenhausnachthemds, bis ihr Angstschweiß abgekratzt, weggewischt und alles nur noch trübe Erinnerung war. Nun konnte ihr Körper, duftend nach Parfum und Lotion und befreit von allen widerwärtigen Keimen, den neuen Tag begrüßen. Sie witterte an sich herum. Okay, dachte sie, und ihr Stimmungsbarometer stieg.

Sie holte ihr Badezeug aus dem Koffer. Da fiel ihr ein, daß sie das Gepäck noch gar nicht kontrolliert hatte. Rasch durchwühlte sie den Koffer, es war alles heil. Nur ihre Lieblingsbrille lag zerbrochen im Etui, ihr Aufnahmegerät für Interviews funktionierte nicht mehr, und eine Flasche Sonnenöl war zerplatzt. Das penetrant süßlich riechende Geschmiere hatte sich in ihrem Rucksack verteilt. Sie wusch ihn unter der Dusche aus.

Mit neuerwachten Lebensgeistern ging sie hinunter zum Strand, suchte sich ein Plätzchen im weichen Sand, warf ihre Schuhe von sich und lief mit weit ausgestreckten Armen ins Wasser. Es war kalt, sie schwamm mit energischen Stößen gegen die Kälte und den leichten Schmerz im Arm an, straffte ihre Muskeln, dehnte und wand sich, strampelte mit den Füßen, bis die Wasserfontänen hochspritzten.

Heute ist es wie mein Geburtstag, dachte sie fröhlich. Wie die Schaumgeborene bin ich zu neuem Leben erwacht. Sie machte es sich auf ihrem Handtuch bequem und genoß die Strahlen der mildwarmen Frühlingssonne.

»Mein Morgenstern!«

Sie spürte, wie Sabri sich sacht neben ihr niederließ. Sie setzte sich auf und begrüßte ihn mit leuchtenden Augen.

»Du glitzerst wieder, Salome. Alhamdullilah«, sagte er. »Gott sei Dank.«

Er legte sich neben sie aufs Handtuch. Er trug seine dunkelblauen Jeans und das neue Hemd.

»Willst du denn nicht schwimmen, Sabri?«

Er schüttelte sich.

»Das ist viel zu kalt für mich. Frag mich im August wieder.« Er streichelte ihre Schulter. »Außerdem habe ich heute einiges zu erledigen. Ich werde dich nachher ein bißchen alleine lassen müssen. Ist das okay?«

»Klar!« Ihre Schulter schob sich seinen Händen entgegen. »Was mußt du denn erledigen?« fragte sie abwesend.

»Ich muß unsere Flugtickets nach Sebha besorgen. Dann brauchen wir ein paar Genehmigungen, damit wir allein in die Wüste können. Dafür hänge ich sicher eine Ewigkeit am Telefon.«

»Wir fliegen nach Sebha?«

»Ja.«

»Kann man das denn? Ich dachte, ihr habt ein Flugembargo«, fragte Salome überrascht.

»Inlandsflüge sind okay«, antwortete er.

»Sind die Flugzeuge auch sicher?«

»Meinst du, bella, wir Libyer sind nicht so wertvoll wie ihr Ausländer, daß man bei uns mit der Wartung schlampt?«

»Einer von euch ist für mich wertvoller als alle anderen Menschen auf der Welt.«

»Und dieser eine, mein Herz, genießt jede Sekunde mit dir«, sagte er zärtlich.

Sie sahen sich an mit Augen, in denen mit schön gewundenen Buchstaben geschrieben stand, daß ihre Liebe unendlich war wie das Meer und der gewölbte Himmelsbogen.

»Sabri«, sagte Salome und lächelte ein wenig verschämt, »es tut mir leid, daß ich gestern abend so erschlagen war. Ich hatte nur noch einen Gedanken im Kopf: schlafen.«

»Wieso sagst du das? Glaubst du, ich bin nur bei dir, weil ich pausenlos mit dir ins Bett will?« Er hielt den Kopf schief. »Hey, du, ich finde es genauso schön, einfach mit dir zusammenzusein, zu plaudern, zu lachen, dich anzuschauen. Du bedeutest mir viel mehr als nur Sex, Salomita. Viel, viel mehr.« Er sah sie lange an. »Jetzt aber, wo das Blau deiner Augen wieder flackert wie die Saphire in der Krone des Kalifen und mich anlockt, wird es schwierig, dir zu widerstehen.« Er stupste sie an der Nase. »Und weil ich weiß, wie schön es bei dir drin ist.« Seine Hand glitt über ihre Achselhöhle. »Schön und warm.«

Sie sah, wie sich kleine Schweißperlen auf seiner Nase sammelten. Dann rümpfte er die Nase, als müsse er niesen.

»Gestern, carissima, warst du nur ein trauriges ausgemergeltes Gespenst. Ich bin freiwillig davongelaufen«, setzte er vergnügt hinzu.

Salome blähte sich und kniff ihn in den Arm.

»Gespenst?« rief sie theatralisch. »Hat denn keiner Erbarmen mit einem armen, klapprigen Gespenst? Nicht einmal ein Libyer?«

Er kippte sie in den Sand, sie schlang schnell die Beine um ihn, sie rollten hinunter zum Strand, kugelten sich, bis sie über und über mit Sand bedeckt waren. Er zog ihren Kopf an sein Ohr.

»Eine Frau ohne Mann ist eine Frau ohne Leben«, flüsterte er lachend und küßte ihren sandigen Mund.

»Wieso eigentlich Sebha?« fragte Salome beiläufig. »Liegt das denn auf unserm Weg in die Wüste? Hast du nicht vom Akakus geredet?«

»Salome Winter muß immer grübeln und prüfen!« Er hob ergeben die Schultern. »Also Sebha, Madame Winter, hier die Gründe. Erstens kannst du dann gleich meine Familie kennenlernen.«

Salomes Herz machte einen gewaltigen Satz. Sie fuhr sich mit der Hand an den Hals.

»Und zweitens können wir so einen von Vaters neuen Jeeps für unsere Fahrt nehmen, und drittens, meine Gnädigste, sparen wir durch den Flug viele, viele Hundert Kilometer Autofahrt. Wir müssen dann nur quer von Sebha rüber nach Ghat fahren, statt von Tripolis über Ghadames nach Ghat. Zufrieden?«

Er klopfte sich den Sand von seinen Kleidern, fuhr sich durchs Haar und band seine Schuhe.

»Du willst mich zu deiner Familie schleppen?«

»Ja, du warst doch so gierig drauf.«

Aber, aber, wollte sie rufen, aber da war ich ... da warst du ... da war alles noch anders.

»Man soll vor seinen Feind treten und ihm mutig ins Auge blicken. Das wußte schon Hamlet. Oder war's Othello?« Er lachte. »Die werden dir nichts tun, Salomita. Du wirst sie mit deinem gewinnenden Wesen um den Finger wickeln, wie du es mit mir gemacht hast. Schwups. Und du kannst die ganze Sippe fotografieren, sie aushorchen, alles aufschreiben und dann in deinem bunten Magazin schön abgebildet zum Anglotzen durch die ganze Welt schicken.« Er zwickte sie in die Backe. »Das ist doch nach deinem Geschmack, nicht wahr?«

Ihre Sprachlosigkeit amüsierte ihn köstlich.

»Außerdem, Madame Winter, meine rasende Reporterin, gibt es eine Hochzeit, wenn wir dort sind. Mein Cousin Usama heiratet«, fügte er hinzu und stand auf. »Pack deine feinen Kleider ein. Und die Klunker!« Er wackelte mit den Hüften und schnippte mit den Fingern. »Da wirst du sie endlich mal gebrauchen. Olé!«

Er kramte nach seinem Autoschlüssel.

»Salomita, ich hole dich um fünf Uhr ab. Dann gehen wir ins Museum, ins Büro und dann«, ergänzte er spöttelnd, »zeige ich dir Tripolis bei Nacht.«

Er sandte ihr eine Kußhand und ging.

Salome lehnte sich in den Sand zurück. Sebha! fuhr es ihr aufgeregt durchs Gemüt, du lieber Himmel. Er will seine Familie vor vollendete Tatsachen stellen. Ihr wurde mulmig bei dem Gedanken. Sie wußte nicht, ob sie es auch wollte.

Sie stand auf, zog ihre Turnschuhe an und trabte zur Aschenbahn. Ich muß schwitzen, dachte sie, erst einmal schwitzen. Sie ging hinüber zu der menschenleeren Aschenbahn und begann, ihre Runden zu laufen. Bald war sie durchnäßt, der Schweiß rann ihr aus den Haaren, und sie spürte, wie ihr wohler wurde. Sie lief und fiel allmählich in eine leichte Trance, die sie unanfällig für die Anstrengung machte. Als sie sich entspannt genug fühlte, zog sie die patschnassen Schuhe aus und warf sich gierig in die Fluten des Meeres. Sie schwamm, bis ihr die Puste ausging, und legte sich beruhigt auf ihr Handtuch. Komme, was wolle, dachte sie entschlossen, ich bin bereit.

Sie schlief ein wenig, sah aufs Meer, betrachtete den Himmel, aß von den Früchten, die Sabri zurückgelassen hatte. Sie überlegte sich einen roten Faden, ein Konzept für ihre

Reportage, aber alles, was dabei herauskam, war eine Liebeserklärung an Sabri. Das wird ja was, dachte sie, und hörte ihren Chefredakteur schon nörgeln. Facts, meine Liebe, kein Geplänkel mit irgendeinem Ali! Vielleicht wird meine sanfte Stimmung unterbrochen, wenn Sabris Sippe mir die Knochen einzeln herausreißt und ich wütend genug sein werde, um scharfzüngig über dieses Land zu berichten, dachte sie achselzuckend.

Als die Sonne sich anschickte, ihren Tagesspaziergang gemächlich zu beenden, ging Salome zurück in ihr Zimmer und machte sich für den Ausflug in die Stadt schön. Sie hatte Farbe bekommen, sah gesund und erholt aus. Sie wählte einen weißen Rock, eine weiße Bluse, steckte sich die Haare hoch und die dicken Perlen ins Ohr. Das macht was her, fand sie und begutachtete sich im Spiegel.

Sie fuhren in die Stadt, die Straßen waren von Autos voll, in denen westlich angezogene, junge Männer saßen. Junge Männer standen auf den Straßen, vor den Musikgeschäften, saßen an den Brunnenrändern, lehnten an den Straßenecken. Die Stadt quoll über von jungen Burschen.

»Wo sind denn die Mädchen?«

»Es gibt nicht viele, die einfach so rumlaufen. Wenn, dann gehen sie in der Gruppe oder mit ihren Müttern einkaufen. Deshalb findest du in der Nähe von typischen Frauengeschäften immer eine Menge Jungs herumlungern.«

»Das ist ja furchtbar langweilig.«

»Ja.«

Er stellte das Auto am Grünen Platz ab und schob sie behutsam über die stark befahrene Straße zum Eingang des Museums.

»Hast du deinen Fotoapparat, Salomita?«

»Klar.«

Im Roten Palast, einer gewaltigen antiken Villenanlage an der Hafenbucht, die von den osmanischen Besatzern mit Mini-Moscheen, holzgetäfelten Räumen, bunten Kacheln und kalligraphischen Reliefs türkisiert wurde und von den Italienern in einen romantischen, toskanisch angehauchten, weinumrankten Gouverneurspalast umgewandelt worden war, befand sich das Nationalmuseum. Die Fundstücke waren übersichtlich geordnet, gut beleuchtet und in langen Texten ausführlich beschrieben. Wie in Libyen üblich, nur in arabischer Sprache. Man war offensichtlich der Ansicht, daß sich der Besucher ruhig die Mühe machen könnte, die Landessprache zu erlernen.

»Hey, Sabri, lies mal vor. Wer ist der hübsche Mann da?«

Sie standen im Eingangssaal, wo sich in dunklen Nischen zwei nackte Knabenfiguren aus Marmor gegenüberstanden.

»Da steht kein Name.«

»Doch, muß!«

Er machte sich ans Buchstabieren.

»Gefunden im Haus des I…a. Im Haus des Ia…se…ns. Was soll das sein?«

Er kniete vor dem nackten Helden nieder, las Buchstabe für Buchstabe, zur Sicherheit fuhr er mit dem Finger nach.

»Ich weiß nicht, was das heißt!« rief er. »Iassns. Wer soll das sein!«

»Iassens«, Salome grübelte. »Nie gehört«, sagte sie. »Probier's noch einmal.«

»I…ss…in…s.«

»I…ss…in…s«, wiederholte Salome. Sie durchforstete ihre Erinnerung. »Es klingt beinahe wie Jason. Was meinst du, Sabri?«

Er tippte mit dem Finger auf jeden einzelnen Buchstaben. »Ja…Jason. Ja, das ist es. Klar, Jason heißt das.« Sabri freute sich. »Weißt du noch, in Kyrene?«

»Jason, also«, Salome spazierte in Gedanken durch Kyrene. »Jason. Jason Magnus. Aber, Sabri, das ist kein Gott. Das war ein Hausbesitzer. Der nackte Knabe muß aber irgendein Gott sein. Lies doch noch einmal. Bitte.«

Er starrte das Täfelchen an, die Zunge spitzte aus dem Mund, er las konzentriert.

»Ich kann es nicht richtig lesen, es ist phonetisch übertragen«, stöhnte er. Er kniete auf dem Boden, den Finger auf der

Tafel, und las laut stotternd vor. »Di...di...i...on...s...is. Kennst du den, Salome? Didiionsis? Ist das einer deiner Götter?«

»Ne, kenne ich nicht.«

»Also, da capo: Di...i...on...is...is. Wer bist du? Sage uns doch, wer du bist!«

Salome klatschte in die Hände.

»Dionysos ist das, Sabri. Super!«

Sie stupste den marmornen Jüngling und den aus Fleisch und Blut, der auf dem Boden lag und ihr unbekannte griechische Götter aus dem Arabischen ins Englische übersetzte.

Sie gingen von Raum zu Raum, identifizierten griechische Götter und Inschriften, Tempelmodelle, streng blickende römische Kaiser, imperiale Schwiegermütter mit finsterer Miene, barbusige Aphroditen und gemarterte Frevler.

»Jetzt zeige ich dir was Schönes«, sagte Sabri, der sich nicht sonderlich für all das Gerümpel interessierte, und zog sie durch eine kleine steinerne Türe, die von zierlichen Säulen flankiert war.

Sie schritten durch einen großen Hof, in dessen Mitte ein gewaltiger Gummibaum stand. Seine grüne Blätterkrone tauchte den Raum in kühlen Schatten. Sie stiegen Treppen hinauf, schlenderten durch Höfe, die von gedrechselten Säulen mit blumigen Kapitellen umgeben waren und in deren Innerem bunt gekachelte Wasserbassins standen. Treppauf, treppab, linksherum, rechtsherum. Ein luftiges, elegantes Bauwerk mit verspielten Zutaten aus vielen Jahrhunderten. Ein Palast der Erinnerung.

Auf der höchsten Plattform thronte eine Terrasse. Sabri und Salome lehnten an der Balustrade und schauten auf das Straßengewirr der Altstadt.

»Da schau, Sabri, das ist das Minarett der Gurdschi Moschee.«

»Ja, und da hinten, siehst du's, ist der Bogen von Mark Aurel.«

Sie rauchten eine Zigarette, tranken aus ihrer Wasserflasche und hielten einander im Arm. Das Leben wog nichts.

»Ich glaube, ich könnte hier leben«, sagte Salome begeistert.

Sabri sah auf die Uhr.

»Es ist Zeit, wir müssen ins Büro.«

»Was wollen die eigentlich von mir?« fragte Salome, als sie durch die Gassen der Altstadt hinunter zum Hafen liefen, wo das Auto stand.

»Ich denke, mein Boss will dir einfach guten Tag sagen.«

Er hielt vor einem schäbigen Haus und führte sie durch einen baufälligen Eingang eine Treppe hinauf, deren Geländer halb abgerissen war. Aus den Stufen quollen Armierungseisen. Das Treppenhaus war finster, nur von einer einzigen nackten Birne schummrig erhellt. Im zweiten Stock stand an einer Türe, von der der Lack abblätterte »Germa Travel«.

Sabri stieß die Türe auf. Sie standen in einem Raum, der vollgestopft mit alten Bürotischen und Stühlen war. Hinter jedem Tisch saß ein Mann vor einem Computer, der Boden war übersät mit Stapeln von Papier, Ordnern und Tabletts mit schmutzigen Kaffeetassen.

»Salam«, brummte Sabri in die Runde und schob Salome durch das Zimmer.

Am hinteren Ende klopfte er an einer zweiten Türe.

»Yalla«, rief es von innen.

Unter einem Kronleuchter saß ein Mann mittleren Alters auf einem fürstlichen Sessel hinter einem großen, dunkelbraunen Schreibtisch. Er trug einen grauen Anzug mit einer blumengemusterten Krawatte. Als er Salome sah, erhob er sich, reichte ihr die Hand und bot ihr einen Stuhl an, der vor seinem Allerheiligsten stand.

»Welcome, Mrs. Winter«, sagte er. »Ich bin Fauzi Al-Khoni.«

Sabri hatte er keines Blickes gewürdigt, ihm keinen Stuhl angeboten.

»Ich hoffe, Sie hatten eine angenehme Reise in unserem Land?« fragte Herr Al-Khoni feierlich. »Darf ich Ihnen einen Kaffee anbieten?«

»Ja, sehr gerne«, antwortete Salome steif.

Sie plauderten ein wenig gekünstelt über den Verlauf der Reise. Salome lobte das Land, lobte ihren Begleiter, die hervorragende Organisation, bedankte sich bei Herrn Al-Khoni für die erwiesenen Annehmlichkeiten. Der Boy kam mit dem Kaffeetablett.

Was will der denn eigentlich, dachte Salome und rührte in ihrem Täßchen. Noch ein paar freundliche Sätze, dann können wir hoffentlich wieder gehen.

»Und wie hast du die Reise empfunden? Hast du dich ebenso gut unterhalten wie Frau Winter?« wandte sich Herr Al-Khoni plötzlich an Sabri, der seinen Chef erschrocken anstarrte.

Wie ein ertappter Kaufhausdieb stand er da und wippte von einem Fuß auf den anderen.

»Äh ...«, setzte er an.

»Du warst ja verantwortlich für diese Reise«, sagte Herr Al-Khoni sanft.

Sabri nickte.

»Du hast diese Verantwortung sicher nicht einen Moment vergessen, nicht wahr?« sagte er mit zuvorkommender Stimme.

Sabri knackte mit seinen Fingern, sein Blick war regungslos auf den Schreibtisch gerichtet, seine schillernden Augen verschleierten sich, wurden ausdruckslos wie trübe, abgenutzte Murmeln.

»Ich ...«, begann er zögernd.

Aber Herr Al-Khoni unterbrach ihn mit einer schnellen Geste seiner Hand.

»Es war dir doch die ganze Zeit bewußt, daß du für diese Unternehmung die volle Verantwortung trägst?« wiederholte er rücksichtsvoll.

Sabri stand mit hängenden Schultern, sein unverwüstliches Selbstbewußtsein schien zerstoben. Er schielte seinen Chef aus schrägen Augen an. Salome erkannte ihn kaum wieder. Er erschien ihr wie ein Häufchen Elend. Was machen die da? Sie verstand dieses Hin und Her zwischen den beiden nicht. Um was geht es hier denn, fragte sie sich. War der Drecksack von Vater nicht nur auf der Baustelle, sondern auch hier im Büro des Chefs gewesen? Sie kniff die Augen zusammen und versuchte Sabri nicht anzusehen.

»Wir haben einen Wagen und einen Fahrer verloren«, sagte Herr Al-Khoni jählings. »Und du, Sabri Masoud Hosman, trägst die Verantwortung dafür.«

Sabri antwortete nicht. Er zog den Hals ein, als ducke er sich vor Schlägen.

»Man müßte dich bestrafen«, sagte die gedämpfte Stimme seines Chefs. »Und du weißt es. Es kann nicht angehen, daß ein Fahrer das Kommando übernimmt. Du bist für das Timing, für die Sicherheit, für die Vermeidung von Zwangskontakten mit der Polizei alleine verantwortlich. Und diese Verantwortung hast du mißachtet.« Al-Khonis Lippen waren nur noch ein Strich. »Wir haben einen Wagen und einen Fahrer verloren«, wiederholte er.

Sabri nickte leicht. Er war rot angelaufen. Was bildet sich diese Wanze von Al-Khoni ein, schrie es in Salome auf.

»Ich wünsche nicht, daß so etwas je wieder vorkommt«, sagte Fauzi Al-Khoni hart, erhob sich und lächelte unvermittelt wieder, herzlich, ganz der freundliche Geschäftsmann aus dem Orient. »Ich muß mich auf meinen Teilhaber verlassen können.«

Sabri fuhr auf.

»Wie bitte?« rief er. »Was soll das denn bedeuten?«

»Sabri, dein verehrter Vater war vor ein paar Tagen zu einem Gespräch hier.«

Sabri sah ihn wie vom Blitz getroffen an. Alles Blut war aus seinem Gesicht entwichen. Es leuchtete fahl wie eine Lilie am Altar.

»Wir sind uns rasch einig geworden, und nun bist du mit einem Drittel an meiner Firma beteiligt.«

Er schüttelte ihm die Hand. Sabri sog die Luft ein und sagte kein Wort.

Erst als sie auf der Straße standen, fand er seine Sprache wieder.

»Diese Bestie«, sagte er wütend. »Er macht Ernst.« Nervös zog er an seiner Zigarette. »Meint, er kann mich kaufen. Teilhaber! Daß ich nicht lache.« Schnaubend atmete er ein und aus. »Baut das Haus, macht mich zu einem wohlhabenden Geschäftsmann, wahrscheinlich hat er die Hochzeitsgäste schon geladen. Aber was ich will, interessiert ihn keine Eselspisse.« Er breitete achselzuckend die Hände aus. »Siehst du, Salome, was das für ein Mann ist? Zum Erbrechen.«

Plötzlich verzog er das Gesicht und fing zu grinsen an.

»Ob er wohl die Eheringe auch schon besorgt hat?«

Die Vorstellung erheiterte ihn. Die Wolken entwichen seinen Augen, sein Gesicht hellte sich auf.

Wie leichtfüßig er alles verschmerzt, dachte Salome, Yussufs Tod, die gnadenlose Einmischung des Vaters, die erniedrigende Behandlung des Chefs.

»Komm Salome, jetzt kaufen wir uns unsere Ringe.«

»Sabri, eigentlich habe ich Hunger.«

»Hast du?« Seine Augen schimmerten. »Gut, dann geben wir das Geld dafür aus.«

Sie gingen zurück zum Grünen Platz. Er war grell beleuchtet von Hunderten von Scheinwerfern. Salome sah wieder nur Männer. Sie lehnten an ihren Autos, standen in Grüppchen zusammen, plauderten und rauchten, blickten wenig neugierig in der Gegend herum.

Sie bogen in eine Seitenstraße.

»Kannst du denn mit mir in ein Lokal gehen?« fragte Salome.

»Schwierig.«

Es schien Salome, als beträten sie den Palast eines arabischen Fürsten. Die Wände waren stuckverziert, große Bögen, die mit türkischen Kacheln geschmückt waren, spannten sich über einen abgedunkelten Raum, in dem gedämpfte arabische Musik erklang und Männer an kerzenbeschienenen Tischchen, die mit rotem Leinen überzogen waren, saßen. Es war ihr nur ein kurzer Blick auf diesen luxusdurchfluteten Raum vergönnt, Sabri führte sie hastig in den ersten Stock, in einen Raum, der durch stoffbezogene Paravents in einzelne kleine Séparées unterteilt war, in denen Tischchen standen, gedeckt für zwei Personen.

»Was soll das denn bedeuten?« fragte sie.

»Salomita«, rief er, »du bist in Libyen. Hier oben kann ich wenigstens mit dir essen.«

»Halbversteckt.«

»Immerhin.« Er lud sie mit einer eleganten Handbewegung ein. »Wählen Sie, Lady. Es wird sich bald füllen, aber noch hast du die Wahl.«

Sie setzte sich so, daß sie die ankommenden Gäste beobachten konnte. Einer nach dem anderen huschte hinter einen Paravent, jüngere, ältere, ein gemischtes Publikum, alles Paare. Salome kam sich in ihrem Paravent-Abteil vor wie eine Kokotte, wie eine Kameliendame von Tripolis, die man vor dem Beischlaf noch rasch ausführt. Es war ihr nicht wohl zumute in diesem Lokal.

Sabri hingegen lag bequem in seinem goldumrandeten Stuhl, aß mit Genuß die knusprigen Lammkoteletts, paffte eine Zigarette nach der anderen und erzählte ihr kleine Geschichten aus seinem Leben. Sie handelten alle von der Zeit in Malta, lagen Jahre zurück.

»Erzähl mir doch mal was von deinen Erlebnissen, seit du wieder hier bist, Sabri.«

»Da gibt es wirklich nichts zu erzählen. Das ist nur langweilig.«

»Warum bist du dann zurückgekommen?«

»Ich kann nur hier leben, Salome, es ist schwer, glaub mir, aber ein Libyer sollte in seinem eigenen Land leben, anderswo gilt er nichts. Die Welt glaubt doch, wir seien alle Terroristen.« Er stippte die Asche seiner Zigarette mit einer winzigen Bewegung in ein kleines Töpfchen, das auf dem Tisch stand. »Deshalb bin ich zurückgekommen, und hier werde ich bleiben.«

Er zwinkerte ihr zu.

»Cappuccino?«

Sie sahen sich über den Rand ihrer Tassen an, und das winzige Lämpchen in ihrem Inneren begann zu flackern.

»Wollen wir gehen, meine geflügelte Löwin?« fragte er mit kehliger Stimme.

Sie nickte.

»Sabri«, ihre Stimme klang zurückhaltend, »muß der Besuch bei deiner Familie sein?«

»Ja.«

Sie straffte ihren Rücken und hob den Kopf. Sie musterte Sabri kurz. Dann stand sie auf.

»Laß uns gehen«, sagte sie und streifte mit der Hand über ihren Haaransatz.

Sie schlenderten zurück zum Grünen Platz, bestiegen den Pickup und fuhren hinaus zum Hotel.

»You're once, twice, three times a lady, and I love you«, sang Sabri und sah sie an. Er nahm ihre Hand und berührte ihre Fingerspitzen. »Ich liebe dich, Salomita.«

Ihr Herz fing zu hämmern an, die kleine Flamme in ihrem Inneren begann zu lodern.

»Ich liebe dich auch, Sabri.«

27

Das Taxi hielt vor einem herrschaftlichen Tor. Es war schmiedeeisern und doppelflügelig, am oberen Ende mit ausgesägten Zinnen durchbrochen. Das Tor war geschlossen. Davor saß ein Mann in traditioneller Tracht mit weißer Schlabberhose und langem Hemd auf einem kleinen Schemel. Mit großen Augen starrte er erstaunt, als Sabri aus dem Taxi stieg, verneigte sich vor ihm, rief etwas Unverständliches und öffnete eilig das Flügeltor. Das Taxi fuhr in den Hof.

Ein ebenso Weißgekleideter begann unverzüglich mit dem Ausladen des Gepäcks, Sabri bezahlte den Fahrer. Erst als sich hinter dem Auto das große Tor wieder schloß, stürzten unzählige Menschen aus dem Haus, als hätten sie schon hinter den Türen gelauert.

»Sabri! Sabri!« tönte es aus allen Ecken.

Das Haus war wie ein offenes Viereck um eine große Gartenanlage gebaut, die durchschnitten war von kleinen, heckenumsäumten Wegen, die die einzelnen Villen miteinander verbanden. Es knirschte und knackte, als Sabris Großfamilie eilig über die Kieswege lief, um ihn zu begrüßen.

»Sabri! Sabri!« riefen sie freudig.

Stämmige Frauen in langen, samtenen Kleidern, junge, schmale Mädchen mit dunklen Haaren, alte Männer in Pumphosen, die sich auf Stöcke stützen mußten, eine bunte Kinderschar mit fliegenden Zöpfchen und schlaksige Burschen in modernem Outfit.

Alle stürzten sich auf Sabri. Sie prasselten mit ihrer kehligen, lautmalerischen Sprache auf ihn ein, umarmten ihn, begutachteten ihn, drehten ihn im Kreis. Es schallte und klang wie das helle Geklimper von Spieluhren, die alle auf einmal abliefen.

Salome stand etwas abseits, neben dem Gepäck.

»Hab keine Angst«, hatte er ihr im Taxi noch schnell zugeflüstert.

Genützt hatten seine Worte nichts, sie stand steif wie ein Betonpfeiler im Hof des Anwesens der Familie Hosman in Sebha. Sie ließ die Augen umherwandern, das Haus sah aus wie aus Lehmziegeln gebaut, sanftbraun wie der Sand der Wüste, der es umgab. Der zinnenbewehrte Dachabschluß war weiß bemalt, ebenso die Zinnen auf der stattlichen Mauer, die das ganze Wüstenschloß umgab. Es glich mehr einem Kastell denn einem Haus, es war eine majestätische Festung.

Am Flughafen war niemand gewesen, um sie abzuholen, Sabri heuerte deshalb ein Taxi an. Sie fuhren vom Flughafen durch staubige Straßen. Ein häßlicher, weit auseinandergezogener Ort war dieses Sebha, Sabris Heimatstadt. Kerzengerade Straßen, flachgedeckte Häuser, ohne Fantasie in den Staub gesetzt. Keine Bäume, nur beigefarbene Trostlosigkeit.

Auf der Straße wieder nur Männer, traditionell gekleidet mit roten und schwarzen Kappen auf dem Kopf. Pickups fuhren durch die schäbige Stadt, hin und wieder rannten Ziegen oder Schafe aus den angrenzenden Seitenstraßen. Bruchbuden von Verkaufsständen mit Zwiebeln, Knoblauch und verschrumpelten Karotten, mit Plastikeimern, Kanistern und Konserven boten die einzige Abwechslung in dieser Tristesse. Ein eintöniges Nest, dachte Salome, und ihre Nervosität stieg. Was erwartet mich hier bloß, dachte sie. Ihre Nase juckte, sie öffnete und schloß aufgeregt ihre Hände.

Sie fuhren weiter. Am Stadtausgang standen mit einem Mal Hochhäuser, die modern und gläsern aus dem sandigen Boden wuchsen. Die Firmenschilder aus goldenen Lettern, die Eingänge pompös. Vor den imposanten Geschäftshäusern standen elegante Autos. Sabri zeigte auf ein mehrstöckiges Gebäude mit einer goldgrünen Spitze, das war das Bürohaus seines Vaters. Sie waren noch weitergefahren, das Anwesen der Familie Hosman lag außerhalb der Stadt, in der Nähe eines Palmengartens.

Umringt von seiner Familie, ließ sich Sabri geduldig eine Weile umarmen und abküssen, dann hob er die Hände, als wolle er sagen, daß jetzt genug sei. Die schnatternde Sippe hörte sofort mit dem Drängen auf, trat einen Schritt zurück und war augenblicklich mucksmäuschenstill.

Sabri sah zu Salome hinüber. Jetzt kommt's, dachte sie, und ihr Mut sank, du lieber Himmel, heiliger Antonius steh mir bei, flehte sie. Ihr zitterten die Knie.

»Das ist Salome Winter«, sagte Sabri mit seiner angeborenen Freundlichkeit. »Sie ist eine Journalistin aus Deutschland, und ich begleite sie auf ihrer Reise durch Libyen. Bitte heißt sie willkommen in unserer Familie.«

Ratsch machte es, wie wenn einem hartgekochten Ei mit einem glatten Hieb die Haube abgeschlagen wird. Salome hatte seine Taktik sofort begriffen. Schlitzohr, dachte sie. Aber ein Funken Enttäuschung blitzte dennoch durch ihr Bewußtsein.

Mutter, Tanten, Großeltern, Brüder, die Schwester, Neffen, Nichten, Onkel standen in Reih und Glied, griffen nach Salomes Händen und riefen »Ahlan! ahlan! Willkommen!«

Wo ist dein Vater, wollte sie rufen, wurde aber von den weiblichen Familienmitgliedern abgedrängt, umringt und ins Haus geführt.

Sabris Mutter nahm Salome bei der Hand und führte sie in den ersten Stock, in ein geräumiges Appartement, das an der Ecke zum großen Innenhof lag. Es war abgedunkelt und tiefgekühlt, der Air-conditioner ratterte laut. Die Mutter schaltete am hellichten Tag die Lampen an und ließ sich in einen weinroten Plüschsessel fallen.

»Je m'apelle Fatima, ma très chère Salomé«, sagte sie.

Salome erinnerte sich, daß Sabri erwähnt hatte, daß seine Mutter aus Tunesien stammte.

»Soyez la bienvenue.«

Sie war groß und sehr beleibt, füllte mit ihrem schwabbeligen Körper in dem dunkelgrünen, langen Samtkleid den Sessel voll aus. Sie schwatzte unaufhörlich.

»Ach, mein wunderbarer Sohn, endlich ist er wieder einmal hier. So selten kommt er nach Hause. Da, wo andere ein Herz für ihre Familie haben, hat er ein Loch. Mein herrlicher

Sohn. Mein Erstgeborener. Wir haben schon vergessen, wie er aussieht«, stöhnte sie laut und schwafelte weiter. »So viele Tränen kosten einen die Kinder. Die Jugend, die Blütezeit opfert man ihnen. Und was bleibt am Ende? Sie vergessen ihre Mütter.« Sie schlug die Hände vors Gesicht. »So weit weg muß er wohnen! Mir bricht es noch eines Tages das Herz. Nichts bleibt mir erspart. Sieben Kinder habe ich geboren. Und mein Ältester, mein sanftes Fohlen, ist weit weg von seiner Mutter, die ihn so bräuchte.«

Während Fatima weiter ihr Los beweinte, stand Salome auf und inspizierte die Wohnung.

»Jetzt muß ich auch noch die Hochzeit von Usama ausrichten. Wie wenn ich nicht schon genug am Hals hätte. Und das in meinem Alter«, hörte sie sie im Hintergrund lamentieren. »Dreihundert Leute muß ich bewirten. Wer wird mir das je vergelten?«

Die Wohnung hatte einen Salon, in dem Fatima gerade ihre traurigen Monologe hielt, und ein geräumiges Schlafzimmer mit einem großen Bett. Salome öffnete die Vorhänge und die Holztüren dahinter und fand sich auf einem Balkon wieder. Sie stellte sich auf die Zehenspitzen und konnte in einen angrenzenden Hof schauen.

Er war kleiner als der große, zentrale Innenhof, sie sah einige der männlichen Verwandten Sabris dort am Boden hocken. Salome trat schnell zurück, bevor sie bemerkt wurde.

»Es ist sehr elegant«, sagte sie, als sie in den Salon zurückkam.

Sie sah Fatima direkt ins Gesicht. Seltsam, dachte sie, dieses vierschrötige Klageweib hat dieselben wundersam schönen Augen wie ihr Sohn, groß und mild, tief und zärtlich.

Fatima lachte, ihre Sabri-Augen wurden vom Fleisch ihres dicken Gesichts wieder verdeckt.

»Ah, c'est rien, vous êtes trop gentille, ma chère.«

Salome packte ihre Sachen aus, hängte ihre Kleider in den Schrank, füllte das Badezimmer mit ihren Toilettensachen. Fatima plauderte weiter, erzählte ihr von den Familienmitgliedern, von der Tochter, die vom Vater verwöhnt, ungezogen und frech geworden war, von den drei unverheirateten Schwestern ihres Mannes, die im Haushalt mitwohnten, vom bettlägerigen Schwiegervater und ihrem mittellosen Neffen Usama, der seit dem Tod seiner Eltern im Haus wohnte.

»Jetzt heiratet er auch noch eine Frau, die nichts mitbringt«, beklagte sich Fatima. »Aber wer soll auch einen armen Schlukker wie ihn nehmen? An mir bleibt wieder alles hängen, ich muß die Hochzeit ausrichten. Mein Mann, der sein richtiger Onkel ist, hat ihm eine Arbeit in einer seiner Firmen gegeben. Und damit basta. Alles andere lastet natürlich auf meinen Schultern.«

Sie erhob sich langsam aus dem Sessel.

»Kommen Sie, Salome, gehen wir zu den anderen.«

Ganz vertraulich nahm sie ihren Arm. Der mit der Zigarre hat anscheinend nichts ausgeplaudert, dachte Salome. Ob Sabri das gewußt haben kann?

Sie gingen hinunter in den großen Hof, überquerten ihn und betraten einen Saal, der mit Girlanden, Luftballons, fliegenden Mickymäusen, Cinderellas, mit aufblasbaren Plastikblumen und unzähligen bunten Lichterketten geschmückt war.

»Ich habe hier noch zu tun«, sagte Fatima bedauernd. »Machen Sie es sich bequem. Ich lasse Kaffee kommen.«

Salome sah sich um, ein langer Tisch, der bunt und kitschüberladen gedeckt war, stand in der Mitte des großen Raumes, einer Art Orangerie mit vorgelagerter Veranda. Sie trat hinaus, sah eine Hängematte, die zwischen zwei Holzpfeilern gespannt war. Salome zögerte einen Augenblick, dann legte sie sich hinein. Das leichte Hin- und Hergeschaukle beruhigte ihre Sinne ein wenig.

»Coffee?«

Salome war eingenickt. Sie hob den Blick und sah in tiefgrüne Augen.

»Bist du Amal, seine Schwester?« fragte sie.

»Ja, das bin ich.«

Sie holte sich einen Stuhl und setzte sich zu Salome.

»Zucker?« fragte Amal lächelnd.

Ihre Haut glühte in einem kupferbraunen Ton, der mit rosa Farbe überpudert schien. Die Haare waren dicht und lang, leuchteten in einem indianerdunklen Schwarz. Das Figürchen war elastisch wie das einer Ballerina. Aber das Schönste an Amal waren die tiefgrünen Augen. Man meinte auf den Grund des Tigris zu sehen.

»Ach, Salome«, sagte Sabris schöne Schwester seufzend. »Seien Sie bloß froh, daß Sie aus einer anderen Welt kommen. Es ist ätzend, dieses altmodische Gehabe hier«, sie hob die Schultern. »Wenn ich nur könnte, ich würde heute noch abhauen.«

»Was ist denn so schlimm?«

»Diese Leute gehen nicht mit der Zeit«, beschwerte sich Amal. »Ich kann auf die Uni. Ja, das schon. Aber Vater läßt mich jeden Tag vom Chauffeur hinbringen und wieder abholen. Ich kann so gut wie nirgends alleine hingehen, bin ewig in diesem blöden Kasten von Haus eingesperrt.« Sie machte eine abschätzige Handbewegung. »Sie können sich das als Europäerin gar nicht vorstellen. Ich sehe es ja dauernd im Fernsehen, wie ihr lebt. Für uns muß das ein Traum bleiben. So ein Mist.«

Sie sprach englisch mit einem amerikanischen Akzent.

»Sobald ein Mann in dieses Haus kommt, der nicht zur Familie gehört, müssen wir Frauen – außer Mama, natürlich, und den anderen alten Weibern – in unsere Frauenabteilung verschwinden.« Sie schnaubte zornig. »Sie werden das selber sehen, Salome. Morgen früh, wenn die Hochzeitsfeier beginnt, sitzen die Männer im kleinen Hof und wir Frauen hier. Aufgetakelt, mit Schmuck behängt und scharfen Dekolletés. Aber ein Mann wird uns so nicht sehen.«

»Wie kannst du denn dann überhaupt einen Mann kennenlernen, Amal? Ich meine, einen Mann, der …«

»Sprich nicht davon«, sie streckte beide Hände abwehrend von sich. »Besser, du sprichst nicht davon. Es ist zum Heulen.« Sie stand auf und ging hin und her. »Papa hat natürlich längst einen für mich ausgewählt. Er ist gar nicht so übel.

Ich treffe ihn manchmal an der Uni, er wird Ingenieur. Sein Name ist Imhemid.« Ein klitzekleines Lächeln erhellte ihr Gesicht. »Aber nicht, daß du meinst, wir könnten irgend etwas alleine entscheiden. Weit gefehlt. Die Herrschaften der tonangebenden Generation halten auf Tradition.«

Sie unterbrach ihre Wanderung und pflanzte sich vor Salome auf.

»Ich werde dir jetzt mal erzählen, wie das bei uns abläuft«, sagte sie mit hochgezogenen Augenbrauen. »Imhemids Mutter und zwei seiner Tanten klopften eines Tages an unsere Türe. Meine Mutter, die natürlich von dem Besuch unterrichtet war, hatte sich herausgeputzt wie für eine Fahrt nach Mekka. Mutter bewirtete die drei Frauen, sie war ihrerseits umgeben von Tanten, die wie sie schon rituell rein sind. Also, Salome, das sind Frauen, die schon«, sie pfiff burschikos durch die Zähne, »hopp, weit weg vom Frausein sind. So Fünfzigjährige. Du kannst es dir vorstellen.«

Um Salomes Augen zuckte es leicht.

»Ist es nicht schwer, sich vorzustellen, daß man einmal so alt sein kann?« sagte Amal und kicherte boshaft. »Ja, also, diese Frauen reden und tratschen und essen Kekse und trinken Kaffee. Sie besprechen lang und breit, wer gestorben ist, wer heiratet, wer ein Kind erwartet. Alles Dinge, die sie natürlich längst wissen. Nach einer Weile gehen die drei Alten wieder. Mich«, sie erhob zornig die Hand, »mich haben sie nicht einmal dazugebeten. Und das, obwohl es ausschließlich um mich ging. Das war nämlich ein Besuch, der das Interesse der Familie Imhemids an einer Ehe mit mir bekanntgeben sollte.«

Amal stellte aufgebracht den Kragen ihres Jeanshemdes hoch, griff zum Kaffeetäßchen, nahm einen Schluck und fuhr zornig fort.

»Mutter warf ihr Geschmeide in die Ecke, als die drei gegangen waren, und sagte: gar nicht übel, diese Familie. Nach drei Wochen kamen die drei Frauen wieder. Wieder redeten sie und redeten sie, jammerten, klagten und gaben fürchterlich an. Immerhin durfte ich dieses Mal den Kaffee servieren!« Ihre grünen Augen glühten. »Und das Ganze wurde noch ein drittes Mal inszeniert. Da ging es dann um die Wurscht«, lachte sie frech. »Salome, wir haben da ein wunderbares Ritual. Das wird dir gefallen.«

Nun faltete sie theatralisch die Hände.

»Die drei Frauen kommen natürlich nur dann zum dritten Mal, wenn sie eine Ehe für ihren Sohn mit mir wünschen. Sonst bleiben sie einfach weg. Die besuchte Familie der potentiellen Braut aber muß auch eine Entscheidung treffen.«

Sie spielte mit ihren schlanken Händen und hob sie dann theatralisch in die Höhe.

»Du weißt, wir Araber sind schnell beleidigt. Deshalb sagen wir uns nicht gerne etwas Unangenehmes. Wir flüchten uns lieber in Unverbindliches. Hast du das schon bemerkt?«

»Allerdings habe ich das schon bemerkt«, nickte Salome.

Vor allem bei deinem Bruder, hätte sie am liebsten hinzugefügt.

»Wenn also die Abordnung kommt, um die Antwort zu erfragen, gibt es wieder Kaffee.«

Amal schenkte Salome frischen Kaffee ins Täßchen. Sie lachten sich freundschaftlich an, und Amal machte ein verheißungsvolles Gesicht.

»Ist der Kaffee zuckersüß, heißt das, daß wir interessiert sind, das Angebot anzunehmen.« Sie verzog das Gesicht. »Ist er bitter, dann bedeutet das, daß wir dankend verzichten. Ohne ein beleidigendes Wort gebraucht zu haben, weiß jeder Bescheid.«

»Genial«, sagte Salome. »Macht nur ihr das so oder alle Libyer?«

»Soweit ich weiß, Salome, machen das nicht nur wir Libyer, sondern alle Araber.«

»Und? War der Kaffee für Imhemids Mutter süß?«

»Mhm«, murmelte sie bejahend.

»Freut es dich nicht, ihn zu heiraten?«

»Natürlich möchte ich ihn heiraten. Am liebsten sofort.

Und das erste, was wir tun werden, ist, von hier weggehen. Möglichst weit.«

Ihr Gesicht wurde wieder wütend, und Salome befürchtete, daß es nun um Sabri gehen würde. Sie schloß die Augen.

»Aber solange mein Herr Bruder nicht endlich Suleima heiratet, darf ich Imhemid nicht nehmen.« Sie kam mit ihrem erhitzten Gesicht ganz nahe zu Salome. »Er ist schuld an meinem Unglück. Sabri ist ein Idiot«, flüsterte sie ihr zu. »Er weiß einfach nicht, was er will. Letztes Jahr hat er eingewilligt in seine Verlobung, jetzt tut er so, als wisse er von nichts.«

»Und dieses Mädchen, seine Verlobte?« Salome preßte fest die Augen zusammen. »Wie reagiert sie denn?«

»Ziege. Sie ist eine dumme Ziege.« Amal stützte ihre Hände in die Taille. »Sie läßt alles mit sich geschehen.« Sie wischte das Thema mit einer abwertenden Bewegung ihrer hübschen Hand weg. »Na ja, du wirst selbst sehen. Sie ist hier und wird bei der Hochzeit morgen blöd in der Gegend rumsitzen.«

»Amal, Sabri blockiert also deine Ehe?«

»Ja, wenn ich es dir doch sage. Und die meines Bruders Schukri auch. Vater erlaubt nicht, daß eines seiner Kinder vor dem Ältesten heiratet. Päng. Wir hassen Papa dafür, aber Sabri genauso.«

»Amal?«

»Ja?«

»Und wenn er lieber eine andere heiraten möchte?« fragte Salome und versuchte, das Zittern in ihrer Stimme zu verbergen.

»Eine andere?« schrie sie fast. »Eine andere?« wiederholte sie. »Du meinst ein Verhältnis?«

»Nein, ich meine, daß er vielleicht eine andere liebt und die auch heiraten wird.«

»Das kann er nicht«, sie schüttelte verständnislos den Kopf. »Er würde die ganze Familie gegen sich aufbringen. Das geht nicht, Salome«, sie schüttelte immer noch den Kopf. »Er kann mit der anderen schlafen, heiraten muß er Suleima.

Sonst ist er für die Familie gestorben. Er hat sein Wort gegeben«, setzte sie altbacken hinzu.

In diesem Moment sah sie ihrer Mutter sehr ähnlich. Salomes Stirn zuckte nervös. Sie konnte nichts antworten, bewegte nur ganz leicht ihren Kopf.

»Wir leben im Mittelalter, wenn es um diese Dinge geht. Vorsintflutlich, aus der Mottenkiste.« Sie nahm Salomes Hände in die ihre. »Verstehst du jetzt, warum ich dich beneide, daß du eine Europäerin bist? Ihr könnt machen, was ihr wollt. Mit jedem Mann könnt ihr ausgehen, flirten, schlafen. Und wen ihr heiraten wollt, das bestimmt ihr ganz alleine.«

»Ach, Amal«, stöhnte Salome, mehr konnte sie nicht sagen, weil in diesem Moment die Mutter die Veranda betrat.

»So, so, das Fräulein Tochter erholt sich und läßt ihre arme Mutter die ganze Arbeit tun«, rief Fatima auf englisch.

»Schon gut, Mutter, reg dich ab«, antwortete Amal gereizt. »Ich komm ja schon«, rief sie und winkte Salome zu. »Bis dann!«

Salome rappelte sich auf, wickelte sich ungeschickt aus der Hängematte und stelzte auf hölzernen Beinen in ihr Zimmer. Sie warf sich auf das große, leere Bett.

»Das bringt mich um«, sie krallte sich in die Kissen. »Das bringt mich um.«

Es klopfte leise an der Tür. Das wird er sein, Gott sei Dank, dachte Salome und wischte sich rasch die Tränen weg.

»Salome, das Essen ist fertig. Kommst du runter?« rief Amals Stimme durch die Tür.

Enttäuscht sank Salome zurück aufs Bett.

»Ja, ich komme gleich«, hörte sie sich wispern.

Mit wackeligen Knien ging sie hinunter in den Kreis der Frauen. Sie saßen am Boden, vor ihnen unzählige Schälchen mit geschnittenen und gefärbten Rettichen, Blumenkohlknospen, Gurken, Mangoldblättern, pürierten Gemüsen, scharfen roten Saucen, duftenden Grillhähnchen, pommes frites und einer großen Flasche Ketchup. Sie tranken Coca-Cola und

Mirinda aus Plastikflaschen. Das frische, duftende Fladenbrot lag ohne Unterlage auf dem Teppich.

Die Frauen der Familie schwatzten zu ihrer Mahlzeit aus allen Rohren. Sie lachten, geiferten, keiften, gurrten, zwitscherten, riefen durcheinander, schmatzten, bohrten sich ungeniert in den Zähnen, winkten Salome freundlich und arglos zu. Ihre Gesten forderten sie beständig zum Weiteressen auf. Sie schienen sich gut zu unterhalten. Salome hatte sich an die Wand gelehnt.

»Über was redet ihr denn?« fragte sie Amal, die sich neben sie gesetzt hatte.

»Pah«, machte sie, »über gar nichts. Frauen unterhalten sich nicht über etwas Bestimmtes. Sie reden einfach.«

Und so redeten sie also, die Beine untergeschlagen, die Füße in weißen Socken. Die Generation der Mutter und die noch Älteren waren in ihre weiten, langen, häßlichen Hängekleider, die die Pfunde vermeintlich versteckten, gehüllt. Wie gestopfte Würste sahen sie aus, unbeweglich und ohne Form. Die kleinen Mädchen konnten anscheinend tragen, was ihnen gefiel. Bunte Kleider, allen möglichen Tand in den Haaren, Spangen, Kämme, Kugeln, Comicfiguren. Die meisten kleinen Girlies hatten lackierte Fingernägel und glitzernde billige Armbänder umgelegt. Amal trug hautenge Jeans, hatte nackte Füße und ein ärmelloses, ziemlich durchsichtiges T-Shirt an.

Es saß noch ein Mädchen ihres Alters um den Teppich. Ganz still saß es, die Hände im Schoß gefaltet, die schönen, langen, schlanken Beine, ebenfalls in engen Jeans, hatte es übereinandergelegt. Die braunen Haare fielen ihr in weichen Wellen über die Schultern bis in die Höhe ihrer schmalen Taille.

»Das ist sie«, Amal stupste Salome am Arm. »Das ist Suleima, die Tochter von Mutters Schwester, Sabris Verlobte.« Sie kicherte. »Ob er sich nun daran erinnern kann oder nicht.«

Salome betrachtete Suleima aufmerksam. Sabris Braut, dachte sie entsetzt, das ist sie, es ist also wirklich wahr. Eigentlich müßte ich aufstehen und ihr die schönen Haare büschelweise ausreißen, ihr das Gesicht zerkratzen und ihr so lange zubrüllen, daß er mir gehört, bis sie es endlich glaubt. Solche Auftritte gibt es anscheinend nur im Kino, dachte Salome schmerzend und blieb sitzen.

Sie fühlte Suleimas Blick auf sich gerichtet, ein genügsamer Blick, ein wenig seelenarm, die großen, ausdruckslosen Augen hingen an Salomes Gestalt wie Pfropfen, saugten sich an ihr fest, als sei sie die Inkarnation ihrer erträumten Fernsehwelt. Ein zaghaftes Lächeln kräuselte sich um ihren vollen Mädchenmund.

Salome lächelte angestrengt zurück. Du bist nicht einmal eine Konkurrenz für mich, dafür bist du zu harmlos und unscheinbar, dachte sie bitter, und doch wirst du es sein, die ihn bekommt. Du wirst seinen Samen nicht ins Klo spülen müssen, du wirst ihn stolz in dir wachsen lassen können, ihm Söhne schenken, so viele, daß er mich eines Tages vergessen haben wird. Alles, was du brauchst, Suleima, du Kuhäugige, du Junge, ist ein wenig Geduld. Und davon scheint ihr in diesem Lande im Übermaß zu besitzen, mehr noch als Öl und mehr noch als Sand.

»Du bist blaß, Salome«, sagte Amal. »Bist du müde?«

»Ein bißchen«, antwortete sie leise. »Ich werde zu Bett gehen.«

Sie mußte sich mehrmals räuspern, um ihren Gutenachtgruß dem Frauenvolk verständlich zu machen.

»Ma salama, Salome, tusbach alacher«, riefen sie und lachten und winkten ihr nach.

Und während sie in dieser Nacht auf Sabri wartete, wurde sie durch das ganze Alphabet der Gefühle gebeutelt. Sie heulte, sie weinte, sie zerfloß in Tränen. Sie wartete. Aber er kam nicht.

28

Der große Wagen stand tief über der Oase, wie blinkende Stecknadeln glitzerten seine Sterne. Das silberne Licht des sternenübersäten Himmelszeltes umhüllte den Palmengarten und ließ ihn wie eine nächtliche Fata Morgana flimmern. Es war beinahe Mitternacht, der lange Hochzeitstag neigte sich seinem Ende zu.

Salome hatte sich aus dem Festsaal der Frauen geschlichen, vorsichtig ging sie über den Kiesweg. Nur kein Geräusch machen, dachte sie, sonst holen sie mich zurück, ich kann aber nun nicht mehr. Sie schloß die Augen und atmete die milde Nachtluft ein, die sich beruhigend wie Seide auf ihre nervöse Haut legte.

Sie stieg hinauf in ihr Appartement, warf ihre golddurchwirkte Stola auf den nächsten Stuhl, schnappte sich eine Zigarette und trat hinaus auf ihren Balkon. Die braunen Villen mit den weißen Zinnen und den weißgekalkten Balkonbalustraden leuchteten in der warmen Wüstennacht wie ein Zauberspiegel. Sie blickte hinauf zu den Sternen und zog den Rauch tief in ihre Lungen.

Eine seltsame Lähmung hatte sie ergriffen, ein innerer Stillstand, so als könne sie sich damit aus der Gegenwart ausklinken, sich vorspielen, sie habe mit dem Geschehen um sie her nicht das geringste zu tun. Wie eine verschreckte Eidechse kam sie sich vor, die auf einem Felsen klebt, den Atem zitternd anhält und dümmlicherweise glaubt, der Feind bemerke sie nicht, ließe sich von ihrer Camouflage täuschen.

Plötzlich hörte sie das Tamtam von Trommeln, über deren bodenständigem Rhythmus der tänzelnde Ton von Flöten schwebte. Die Musik drang aus dem Männerhof. Sie ging auf die andere Seite des Balkons, stellte sich auf die Zehenspitzen und konnte einen Blick auf die Welt der Männer unter ihr erhaschen. In weiße Gewänder gekleidet, lehnten sie an den

Hausmauern, saßen am Boden oder standen im Kreis ihresgleichen. In einer Ecke saßen ein paar Männer auf einem bunten Teppich und rauchten Wasserpfeife. Über den Hof flogen heiter die zahllosen Gesprächsfetzen.

Wie ein Dieb lugte Salome durch die Balkonverzierungen, ihre Augen suchten den Hof nach Sabri ab, er war im weißen Meer der feiernden Männer untergetaucht. Plötzlich erspähte sie ihn, locker und entspannt stand er in seiner weißen Wüstentracht und unterhielt sich mit einem geradezu aufreizend gutaussehenden Mann.

Er war groß, schlank, bewegte sich mit selbstbewußter Anmut, der fließende Stoff des weißen Gewandes ließ ihn wie einen blendenden Helden aus einer anderen Welt erscheinen. Er hatte seine Hand auf Sabris Schulter gelegt, tätschelte ihn mit der anderen Hand am Hals und sprach sanft lächelnd auf ihn ein. Er war mittleren Alters, hatte dichte, dunkle, glatt gekämmte Haare, auf die das Mondlicht Funken sprühte. Sabri hörte dem Mann aufmerksam zu, nickte bisweilen und lächelte. Jetzt hielt der Mann Sabri mit beiden Händen an den Schultern, lachte ihm aufmunternd zu, ließ ihn los, und im nächsten Moment umfaßten die beiden einander, verwoben sich in einer engen Umarmung. Eine tiefe Zuneigung entströmte diesem Männerpaar.

Salome starrte hinunter, ihr Herz hämmerte. Wer mag das sein, dachte sie. Sabri, was machst du da, flüsterte sie mit ausgedörrtem Mund.

Seit der Ankunft im Hause Hosman hatte sie ihn nicht mehr gesehen. Sie war in die Frauenabteilung entführt worden, er war im Kreise seiner männlichen Begleiter verschwunden. Umsonst hatte Salome auf seinen Besuch gewartet, kein Zeichen, kein Laut waren gekommen. Und nun sah sie ihn im Männerhof plaudern, zum ersten Mal nicht in westlich-moderner Aufmachung, sondern in seiner weißen Heimattracht mit gelbledernen Schnabelschuhen. Zufrieden sah er aus. Und fremd. So fremd.

Das traute Gespräch des schönen Männerpaares wurde mit einem Mal unterbrochen. Schlanke, hochgewachsene Männer mit wehenden, hellblauen Turbanen, deren Enden sie sich vors Gesicht geschlagen hatten, Männer in lichtblauen, durchscheinenden Gewändern mit Lanzen und Schwertern in den Händen sprangen in Zweierreihen in den Hof. Die Speere warfen sie in die Luft und fingen sie mit gellendem Rufen, das wie Kriegsgebrüll klang, wieder auf. Die Trommler und Flötenspieler droschen auf ihre Instrumente ein, die Sänger wanden ihre Stimmen in klangvollen Kapriolen, angefeuert von den händeklatschenden Männern im Hof und ihren Rufen.

Bald mischten sich die Gäste unter die Tänzer, drehten sich im Kreis, stampften den eintönigen Rhythmus mit, sangen ihre alten Weisen. Die begeisterten Rufe ihrer kehligen Stimmen schallten durch die Nacht. Sie durchlebten ihre Gemeinschaft.

Salome wandte sich ab, verließ ihr Guckloch, das Mini-Fensterchen zu der ihr verbotenen Welt der muslimischen Männer. Sie lehnte sich über die Balustrade ihres Balkons, der süße Geruch der Jasminblüten strich leicht zu ihr herauf, vermischt mit dem Duft gebratener Kamelkeulen, der aus der Männerabteilung herüberwehte. Sie hörte von ferne das Klatschen der vielen Männerhände, ihr gurgelndes, dem gemeinsamen Spaß entspringendes Lachen, und das romantische Bild mit den duftenden orientalischen Gärten, den leicht wiegenden Palmen, dem strahlenden Firmament vor ihr schien ihr plötzlich grell. Sie hatte das Gefühl, in einer Isolierzelle eingesperrt zu sein, von allen vergessen, und das Leben da draußen entfernte sich immer weiter von ihr.

Sie ging in ihr Zimmer, schloß die Balkontüren, schloß die Vorhänge, zog ihre eleganten Sachen aus, wusch sich mit viel Seife die dicke Schminke vom Gesicht, bürstete sich den verkleisterten Spray aus den Haaren, rieb sich unter einem heißen Duschstrahl den Hochzeitstag von der Seele. Dampfend und erhitzt stand sie voll Erstaunen ihrem Bild im großen Spiegel gegenüber.

Ihr Fleisch leuchtete verheißungsvoll, die Augen blickten ihr in einem dramatischen Blau entgegen, sie fand sich viel schöner ohne all den Plunder, und sie fand, daß sie schöner aussah, als sie sich fühlte. Mit einem stummen Seufzer legte sie sich aufs Bett.

Lustig war dieser Tag gewesen, schrill und unglaublich weiblich. Sooft es Salome gelungen war, den pochenden Schmerz, den Sabris Abwesenheit und seine Stummheit in ihrem Gemüt verursacht hatten, zu vergessen, war es ein rauschendes Fest kichernder, tanzender, beinahe hysterisch vergnügter Frauen gewesen.

Als sie am Morgen hinuntergegangen war, in dem einzigen langen Kleid, das sie im Gepäck hatte und das natürlich schwarz war, erntete sie Spottgelächter.

»Salome! Du siehst aus wie eine Krähe«, rief Sabris schöne Schwester, in ein orangefarbenes Tüllkleid gewickelt, mit einem Dekolleté, in dem Goldketten prangten, die mit jeder Bewegung von Amals Brüsten mitschwangen, so tief, daß der Ansatz der Brustwarzen zu sehen war.

Amal war wie in Schminktöpfe getaucht, schwarzumrandet die Augen, dickes Rouge auf den makeupgetünchten Wangen, die Lippen grellrot. Ringe, Armbänder, Ohrringe glitzerten golden und aufdringlich. Ihr Anblick verschlug Salome den Atem.

Salome wurde in Amals Zimmer geschleppt, zuerst bekam sie eine toupierte Hochfrisur, in die Amal und ihre Freundin Tachini Haarnadeln mit bunten Straßblättern steckten. Auf ihr Gesicht klatschten die beiden einen blassen Fond de teint, darüber dunkleren Puder und obendrauf Rougebäckchen wie bei Rotkäppchen. Salome kam sich vor wie ein Papagei. Mit einem dicken, dunklen Stift fuhr Tachini ihre Lippenkonturen nach, puderte darüber und malte ihr ein Riesenmaul aus beinahe schwarzer Lippenfarbe.

»Quweies«, sagte Tachini zufrieden.

Amal kramte in ihrer Schmuckschatulle, hängte Salome eine dicke, goldene Aleppo-Kette um den Hals und in die Ohren schwere Ringe, die wie Gondeln hin und her wankten. Um die Schultern fältelten sie ihr einen golddurchwirkten Schal, und um die Taille wurde ihr ein breiter, goldener

Gürtel geschnallt. Zu guter Letzt drückten die beiden kichernden jungen Frauen hochhackige, goldene Schühchen an Salomes Füße. Sie drehten sich im Kreis, kreischten vor Vergnügen und Aufregung, sangen zwitschernd und mit hochroten Backen Lieder, von den Salome vermutete, daß sie ziemlich deftigen Inhalts waren, denn zwischendrin hielten Amal und Tachini sich die Hand vor den Mund und machten frivole Bewegungen mit ihren Hüften.

»Die guffas sind schon alle im Saal«, rief Fatima, die ins Zimmer gerauscht kam. »Kommt doch endlich!«

Auch sie war kaum wiederzuerkennen. In einem froschgrünen Gewand, das am Busen hochgeschnürt und spitzenverziert war, sah sie aus wie eine aus dem Leim gegangene Joséphine de Beauharnais. Die Haare hatte sie hochgesteckt, in Zöpfen um ihr molliges Gesicht gerankt. Aus diesem Haarnest hingen falsche Lockenteile wippend herunter. Salome hatte noch nie eine Frau mit derartig vielem Goldbehang gesehen. Fatima war ein wandelnder Rauschgoldengel, bei jedem Schritt klirrte und klapperte das viele Metall. Ketten, Ringe, Fußkettchen, Ohrringe, Armbänder. Sie glich dem Trampel im dunklen Samtkleid von gestern nicht mehr.

»Eigentlich feiern wir ja drei Tage Hochzeit«, hatte Amal Salome zugeflüstert. »Aber Usama ist ja nicht Mamas Kind, er ist ein armer Cousin, deswegen gibt es für ihn nur einen Tag.« Sie hatte einen abfällig mitleidigen Ton in der Stimme. »Bei meiner Hochzeit wird das anders. Da werden wir sogar vier Tage feiern.«

Salome saß mit Amal und ihren Freundinnen Tachini, Lana und Maissa, Hannan, Ahed und Nisrin an einem Tisch. Die bildschönen, aufgedonnerten Mädchen zupften ständig an sich herum und kommentierten hochnäsig die bescheidenen Hochzeitsfeierlichkeiten.

»Da schau, wie wenig guffas die arme Wa'ad bekommen hat«, rief Nisrin und deutete auf die bunten Körbe mit den Geschenken neben der Braut, die still auf einem bühnenartigen Podest saß.

Zu ihrer Linken war eine überlebensgroße Muschel aus

rosa und karmesinrotem Samt aufgebaut, das Hochzeitsbett, die beiden Muschelhälften aufgerissen wie ein Schlund, in dem sich das nächtliche Entjungferungsritual abspielen würde.

»Wenn der ganze Mist hier vorbei ist, dann bringen sie Wa'ad, die Geschenke und das Bett in Usamas Haus. Und dann warten wir, bis er das Leintuch mit dem Blut zuerst den Männern und dann uns Frauen zeigt. Dann erst ist die Hochzeit vorbei.«

Amals Stimme klang erhitzt, als sei sie die Braut, der das Herz bis zum Zerspringen klopfte.

»Und wenn sie keine Jungfrau mehr ist?« fragte Salome.

»Pow, Salome«, riefen die Mädchen entgeistert. »Was du für Ideen hast!« Sie blickten sich an und klatschten in die Hände. »Natürlich ist sie eine Jungfrau.«

Sie hielten ihre Fäuste vor die geschminkten Münder und riefen hinauf zu dem verschüchterten Mädchen auf dem Podest.

»Hey, Wa'ad, bist du eine Jungfrau?«

Krachendes Gelächter dröhnte durch den Saal, die Frauen amüsierten sich königlich.

»Natürlich ist sie eine Jungfrau, Salome«, rief ihr Fatima zu. »Sonst gibt Usama sie zurück, und sie wird nie wieder einen Ehemann finden.« Sie kicherte. »Außer vielleicht einen buckeligen, alten, zahnlosen Bettler.«

Wieder hallte das grobe Lachen der Frauen durch den Festsaal. Wa'ad saß mit rotem Kopf auf ihrem Thron.

»Schau, Salome, was wir jetzt hier tun, passiert auf einer anständigen Hochzeit am ersten Tag.« Fatima klimperte mir ihrem Schmuck. »Da werden die guffas zum Haus der Braut gebracht. Je mehr Schafe, Schmuck, Gold, Kleider sie bekommt, desto höher steigt das Ansehen ihrer Familie.«

Fatima saß mit gespreizten Beinen, fingerte an einer Lammkeule herum.

»Dann geht die Braut mit ihren Freundinnen und Verwandten ins Hammam. Da wird sie gewaschen und rasiert, bei den altmodischen Familien bekommt sie verschiedene Tätowierungen.« Sie schürzte abfällig die Lippen. »Wir machen das nicht. Das ist ein wenig aus der Mode, weißt du.«

»Rasiert?« fragte Salome. »Wo denn?«

Die Mädchen kicherten und zwitscherten wie hungrige Spatzen.

»Da unten«, sie deuteten auf Salomes Schoß.

Unbewußt fuhr Salome mit der Hand an ihren Venushügel. Rasiert, fragte sie sich und spürte ihre Schamhaare durchs Kleid.

»Nur für die Hochzeit?« fragte sie.

Wieder war ein purzelndes Gelächter die Folge.

»Nein, natürlich immer!«

Amal hob ungeniert ihr orangefarbenes Tüllgewand, zog sich die spitzenbesetzte orangefarbene Unterhose herunter und präsentierte unter allgemeinem Jubelgeschrei ihren rasierten Schoß.

»Die Männer sind da auch rasiert!« prustete sie.

Nisrin und Lana fielen in einen keuchenden Lachkrampf, die gesamte Damenmannschaft war entzückt von diesem Thema, alle warfen ihre Bemerkungen in die Runde, gestikulierten, lachten und winkten Salome zu.

Als sie sich beruhigt hatten, zupfte Fatima Salome an der Goldstola.

»Wenn mein Sabri, mein wunderbares Fohlen, heiratet, wird der zweite Tag der wichtigste sein, der prunkvollste. Möge Gott geben, daß es bald ist.«

Sie warf Suleima einen wütenden Blick zu und beugte sich noch näher zu Salome.

»Er macht sich nichts aus ihr.« Sie schnalzte mit der Zunge. »Sie ist auch fad«, sagte sie hinter vorgehaltener Hand. »Aber ihr Becken ist breit genug für viele Enkel. Und mein Sabri wird ihr früher oder später seinen herrlichen Samen hineingießen.« Sie unterstützte ihren Wunsch mit einer Handbewegung. »Inschallah«, seufzte sie.

Salomes Eingeweide zogen sich zusammen, plumpsten auf und ab. Sie hielt ihre Hände fest ineinander gepreßt, stumm und klaglos mußte sie hier sitzen und sich das Herz zerfetzen lassen.

»Das Hochzeitszelt für meinen wunderbaren Sohn habe ich schon gekauft«, plapperte Fatima weiter. »Er wird Hunderte von Männern dort empfangen, die wichtigsten aus dem ganzen Land. Es wird das größte Mahl hier in Sebha, seit Menschengedenken.« Sie leckte sich die Lippen. »Nach dem Mittagessen werden die Männer natürlich beim Schlachten der Kamele zuschauen, die dann von den Köchen zu Festtagsbraten zubereitet werden.« Sie hob den Zeigefinger. »Aber jetzt kommt das Wichtigste des zweiten Hochzeitstages bei einer Familie von Rang. Der Bräutigam«, sie hob entzückt den Kopf, »mein Sabri, geht mit seinem Vater und dem Vater der Braut, meinem Schwager Ahmad, zum Madun, um die Verträge zu unterzeichnen.«

»Ist die Braut nicht dabei?«

»Aber woher denn!« zischte Fatima. »Was hat sie denn dabei verloren? Alles, was notwendig ist, erledigt ihr Vater. Der Madun, so eine Art Beamter, paßt auf, daß die Gesetze und die Traditionen eingehalten werden. Es geht ja um viel Geld, weißt du.«

Fatima zog ihre Augen zu dünnen Strichen zusammen, als täte es ihr um das Geld leid, das sie für die fade Suleima bezahlen mußten.

»Die Vorauszahlung haben wir schon geleistet. Damit kann sie jetzt ihre Hochzeit vorbereiten, Kleider kaufen, Gäste einladen, Tausende von Sachen gibt es zu tun.« Sie deutete mit dem Kinn auf ihre zukünftige Schwiegertochter. »Ich mache alles für sie. Sie kann sich für nichts entscheiden, deshalb kümmere ich mich, ich nehme ihr alles ab«, sagte Fatima gutmütig.

Sie klopfte sich abfällig auf die Brust.

»Bei der Hochzeit selber müssen wir dann noch eine Nachzahlung leisten. Libysches Gesetz. Na ja.« Sie beugte sich zu Salome. »Diese Nachzahlung ist sehr hoch. Damit soll eine Scheidung verhindert werden.« Sie hob verächtlich die Schultern, als sei ihr wunderbarer Sohn viel zu schade für so einen Handel. »Danach gehen die Männer in das Hammam.«

In diesem Moment trat eine der älteren Frauen auf die Bühne und hob den ersten Geschenkkorb in die Höhe. Sie rief den Inhalt, den sie fachkundig beäugte, ins Publikum, gab bekannt, welche Familie dieses Geschenk gebracht hatte, und überschlug rasch den Wert, den sie laut verkündete. Es wurde mäßig geklatscht.

»Das ist die älteste Schwester meines Mannes«, raunte Fatima gehässig in Salomes Ohr. »Die gute Iman findet darin ihr Glück, bei unseren Familienfesten die Geschenke zu präsentieren.«

Iman rief den Wert, und eine andere unverheiratete Schwester des Hausherrn kritzelte die Angaben in ein Heft.

Beim nächsten Korb gab es bedeutend mehr Beifall, der Wert war um ein Vielfaches höher. Nach und nach stand die Bühne voller bunter Nippes. Krüge, große Teller, Schalen, Gläser, Teetassen, Kannen, Hauskleider, Bettdecken, Pantoffeln, Gürtel, Stoffballen. Als Tante Iman ein Schreibset mit vergoldetem Füllfederhalter hochhielt, zuckte Fatima mit den Mundwinkeln und stieß Salome vertraulich in die Rippen.

»Ein Paket Windeln wäre sinnvoller. Wem soll denn die gute Wa'ad schreiben?«

Es ging hoch her, die wohlhabenden Damen der Familie Hosman schrieen wie die Pferdeknechte, wenn ihnen die Geschenke nicht gefielen, klatschten und trillerten aus ihren arabischen Kehlen, wenn eine Gabe ihren Beifall fand. Über Stunden zog sich diese Zeremonie hin. Dazwischen gab es Tee und Gebäck, Wasserpfeifen und Discomusik. Die Braut saß steif neben ihrem Muschelbett.

»Das ist eigentlich die Feierlichkeit des dritten Tages«, klärte Fatima ihren ausländischen Gast auf. »Männer und Frauen begehen ihn natürlich getrennt. Und am Abend holt dann der Bräutigam die Braut ab und bringt sie in sein Haus. In dem Moment, wo sie die Schwelle übertritt, gehört sie nicht mehr zu ihrer, sondern zu seiner Familie«, sagte Fatima zwinkernd zu Salome. »Hoffentlich schafft er seine Pflicht heute nacht, der gute Usama. Er ist ja so verschlossen, wir nennen ihn deswegen immer Hadi, den Zurückhaltenden.«

»Wenn er nicht kann heute nacht, was dann?« fragte Salome.

Eigentlich war es ihr absolut egal, wie Usama seine Hochzeitsnacht gestaltete, sie wollte nur Fatimas Redestrom nicht unterbrechen, weil sie einzig das beständige Geleiere dieser angeberischen Frau davon abhielt, laut aufzuschreien und ihren Kummer hinauszuplärren.

»Nun, ich schätze, er hat vorgesorgt«, sagte Fatima trokken. »Falls sie nicht können, unsere Hengste der arabischen Heimat, stellen sie ein Täßchen mit Tierblut unters Hochzeitsbett. Das tut's dann auch. Blut ist Blut. Hauptsache keiner merkt den Schwindel.«

Sie erzählte von ihrer eigenen Hochzeitsnacht, wie stark und kräftig ihr Ehemann gewesen war, wie heißblütig sie selbst, und daß sie schon in der ersten Nacht dieses wunderbare Fohlen, ihren Sabri, der ihr so viel Freude und so viel Kummer bereite, gezeugt hätten.

»Kommt dein Ehemann noch zu dir?« fragte Salome dreist.

»Aber nein!« rief Fatima. »Wenn eine Frau nicht mehr blutet, besucht der Ehemann sie nicht mehr. Wozu auch?«

Salome spürte, wie eine kalte Gänsehaut sich wie ein Ausschlag über ihren Körper zog. Sie hatte sich in einen zwanzig Jahre jüngeren Mann verliebt, und das, obwohl sie seit einem Jahr nicht mehr blutete. Eine Tatsache, die hier anscheinend ausschlaggebend zum endgültigen Abbruch jeglicher sexueller Bedürfnisse der Frauen betrachtet wurde.

Salome kam sich vor wie ein Punchingball, auf den gnadenlos eingeboxt wurde. Wenn es nur wenigstens Alkohol hier gäbe, dachte sie, heute hätte ich Grund zu einem Besäufnis. Sie nippte an ihrem sprudellosen Mineralwasser.

Fatima klatschte in die Hände.

»Yalla, Wa'ad«, rief sie.

Die Braut stand auf und verschwand hinter der Bühne. Ein

paar Minuten später kam sie in einem safrangelben Tüllkleid, das ihr bis zu den Knien reichte, wieder. Die Frauenmenge johlte. Einige liefen auf die Bühne, betasteten das Kleid, prüften die Qualität, die Farbe, den Schnitt, drehten Wa'ad im Kreise, kommentierten, fachsimpelten, stritten und versöhnten sich wieder.

So ging es sechs knielange Kleider lang, jedes in einer anderen Farbe. Und danach trat Wa'ad sechsmal in bodenlangen Kleidern auf ihre Bühne. Dies sollte wohl ihr schönster Tag im Leben sein, dachte Salome. Aber Wa'ad blieb ernst und verkrampft, tat alles, was ihr geheißen wurde, ohne eine Regung zu zeigen.

Salome blickte zu Suleima hinüber, die, als eine der wenigen Frauen ebenso still und in sich gekehrt wie die Braut, den Umtrieb teilnahmslos verfolgte. Sie war bildschön, herausgeputzt wie eine starre Barbiepuppe. Die langen Locken festgesprayt und mit fliederfarbenen Blumen geschmückt. Ihr Kleid im gleichen Ton wie die Blumen im Haar war ärmellos, eine einfache Korsage-Kreation. Ihre Jungmädchenhaut schimmerte glatt.

Die Braut Wa'ad saß nunmehr in ihrem sechsten langen Kleid auf dem Stuhl. Es war weiß, hatte einen Schleier und eine lange Schleppe. Es war ihr Hochzeitskleid. Die Frauen schmetterten ihre Freudentriller durch den Raum, ein ohrenbetäubender Lärm setzte ein, als die Tür aufging. In weiter Ferne sah man Usama stehen. Die Frauen wichen schreiend zurück, Wa'ad erhob sich wie eine Schaufensterpuppe und wankte auf ihren Bräutigam zu. Die Türe wurde wieder geschlossen. Das Fest begann.

Der Discosound wurde abgestellt, jetzt röhrte arabische Musik aus den Lautsprechern. Die Frauen klatschten in die Hände und fingen an zu tanzen. Sie rafften ihre Kleider, strichen sich mit leichten Händen über ihre Schenkel und wiegten sich zu der lasziven Musik. Sie schwangen ihre Hüften, ließen ihr Becken zittern, sangen aus lauten Kehlen die Lieder mit, biegsam und federnd dehnten sie ihre Körper. Ihre heißen Körper dufteten nach Rosenöl und Orangenblüten, nach Honig und Limetten, sie schwitzten ihre teuren Puder aus, ihre schweren Parfums, die von Vanille und Moschus getränkt waren.

Der ganze Saal schwelgte in Frauengerüchen, war durchdrungen von dem Geruch einer erregten Weiblichkeit, ungeniert wackelten sie mit ihren Hinterteilen, ihre Begierde war entzündet. Sie dürsteten nach Männern, die ihre Lust befriedigten, die Sehnsucht nach Berührung entlockte ihnen wollüstiges Stöhnen.

Fatima stieg auf den Tisch, stieß die Gläser und Teller beiseite und wand sich gelenkig wie eine Braut zur Musik. Yalla! Yalla! Die Frauen stießen ihre Lockrufe aus. Aber es war kein Mann weit und breit, der ihre Sinnlichkeit erahnen konnte. Zwei Höfe weiter tanzten die Männer ihren eigenen Tanz.

Salome wurde mitgerissen von dieser weiblichen Naturgewalt. Sie klatschte begeistert mit, wirbelte wie die anderen Frauen im Saal herum, drehte ihre Lenden im Takt, lachte und stieß kleine spitze Schreie aus. Es war eine lüsterne, ausgelassene arabische Walpurgisnacht ohne Männer.

Irgendwann, die Sonne war längst untergegangen, flog ein blutbeschmiertes Leintuch durch den Raum. Die Frauen hörten plötzlich auf zu tanzen, fingen im Chor an zu brüllen und zu trillern, ihre Freude kannte keine Grenzen.

Als Salome das Tuch mit dem Jungfernblut sah, wurde ihr mit einem Mal übel. Sie lehnte sich an die Wand, starrte auf die kreischenden Frauen, war aufgewacht aus diesem wilden Reigen. Was suche ich denn um Gottes willen hier, dachte sie erschrocken. Auf leisen Sohlen schlich sie sich von Wa'ads Hochzeitsparty davon.

29

Sie blieb den ganzen nächsten Tag im Bett. Sie hatte Kopfweh, und es war ihr speiübel. Amal, Tachini und die anderen Mädchen kamen, nunmehr wieder barfuß, in Jeans und ohne ihre gräßlichen, schweren Goldketten, brachten ihr Tee und Biskuits, bemutterten sie wie eine Freundin, schwatzten und plapperten, richteten mit scharfer Zunge die Frauen aus, die am Abend zuvor geladen waren.

Als es dunkel wurde, steckte Amal den Kopf durch die Tür.

»Salome«, sagte sie, »ihr werdet morgen früh losfahren. Du sollst um neun Uhr startklar sein.«

Salome nickte. Ihr Herz fing an zu zucken, als jagten sprudelnde, bunte Perlen durch ihr Blut. Endlich, endlich, dachte sie, werde ich ihn wieder sehen.

»Vorher möchte Vater dich sprechen«, rief Amal. »Er erwartet dich eine halbe Stunde vor eurer Abfahrt. Im ersten Haus links ist sein Büro.«

Salome klopfte an die Türe zu Mansour Hosmans Büro. Sie war so aufgewühlt, als ginge sie zu ihrer eigenen Hinrichtung. Sie preßte die Lippen zusammen, nahm sich vor, sich nicht einschüchtern zu lassen, kontrollierte mit fahrigen Fingern ihre Frisur, strich ihr Kostüm glatt.

Sie war sehr früh aufgestanden, hatte sich die Haare gewaschen, das Gesicht mit Sand abgerubbelt, ihr meerblaues Kostüm mit der engen Jacke und dem langen schmalen Rock angezogen, ihr raffiniertestes Outfit, denn der kostbar fließende Stoff spiegelte genau ihre Augenfarbe wider und verwirrte ihre Gesprächspartner, verleitete sie zur Unkonzentriertheit.

Heute morgen hatte sie einen Gegner zu erwarten, den sie von Herzen gerne verwirren würde. Also, Attacke, dachte Salome, steckte sich die Haare hoch und die großen Perlen ins Ohr. Sie fand, sie sah unnahbar aus, als sie sich im Spiegel betrachtete. Das war gut so. Dieser Schakal, den sie bisher nicht zu Gesicht bekommen hatte, würde sie nicht in die Knie zwingen. Und so stolzierte sie hocherhobenen Hauptes über den Kiesweg zu Hosmans Büro.

Als sie klopfte, hatte sie den Kopf immer noch hochmütig erhoben, ihr Herz aber klopfte wie das eines ängstlichen Spatzes.

»Please«, rief eine tiefe Stimme von innen.

Salome schluckte und öffnete energisch die Tür. Die Klinke noch in der Hand, fuhr sie erschrocken zurück. Das gibt's doch nicht, schrie es in ihr.

Der Mann, der aufrecht in einem schimmerndgrauen Anzug hinter einem modernen Glasschreibtisch stand, sie hart und unnachgiebig anstarrte wie den Feind vor der Schlacht, war der blendend aussehende, schmiegsame Mann, mit dem Sabri an Usamas Hochzeitsabend so vertraut geplaudert hatte. Das war sein Vater! Salome war fassungslos. Der Mann, von dem Sabri nur abfällig gesprochen hatte, dem er niemals mehr klein beigeben wollte, es war sein Vater gewesen, den er herzlich umarmt und dem er in familiärer Intimität zugelächelt hatte.

Ich zerspringe gleich in tausend Splitter, dachte Salome und blickte Herrn Hosman mit gläsernen Augen an.

Hosmans schilffarbener Blick musterte sie kalt, sezierte sie mit einem einzigen Hieb. Ganz kurz, den Bruchteil einer Sekunde nur, wanderten seine Augen zu ihren Händen. Sie waren ohne Schmuck, Sabris billiges Ringlein hatte sie schon während des Fluges nach Sebha abgenommen.

»Guten Morgen, Frau Doktor Winter«, sagte er schneidend, nicht der Anflug eines schmalen Lächelns kräuselte seinen Mund. »Nehmen Sie Platz.«

Salome legte den Kopf ein wenig schief, schloß langsam die Augen, öffnete sie wieder und sah ihm direkt ins Gesicht.

»Danke sehr«, erwiderte sie und setzte sich.

Jetzt kommt der Kaffee, dachte sie.

»Ich hoffe, daß Sie im Kreis meiner Familie gut aufgenommen wurden«, bemerkte er eiskalt. »Und daß Sie für Ihre Arbeit wichtige Informationen erhielten.«

Er bot ihr keinen Kaffee an. Du Drecksack, dachte Salome aufgebracht, selbst den niedrigsten Lakai behandelst du höflicher. Sie nickte kühl.

Mansour Hosman griff nach einer Zigarre, spielte ein wenig damit herum.

»Damit ist Ihre Reise durch Libyen nun beendet, Frau Doktor Winter«, sagte er beißend. »Mein Sohn wird Ihnen noch Begleiter sein für die Tage in der Wüste und Sie danach nach Tunesien bringen.« Er machte eine winzige Pause. »Dann hat es aus zu sein zwischen Ihnen und meinem Sohn. Und niemand wird je von diesem Zwischenfall erfahren. Yussuf ist tot, und ich werde schweigen.«

Unerbittlich klang seine Stimme, wie Peitschenhiebe, er sah sie unaufhörlich an, während er sprach, als wolle er seine Worte in ihr Hirn geschweißt wissen.

»Versuchen Sie erst gar nicht, in dieses Land zurückzukehren«, er zog an seiner Zigarre. »Ich habe dafür gesorgt, daß Sie nie wieder eine Einreisebewilligung erhalten werden. Ich denke, wir haben uns verstanden.«

Salome sah dem Vater ihres Geliebten ins Gesicht, sah seinen entschlossenen Mund, die befehlsgewohnte Miene, die gepflegten, eleganten Hände, seine grausamen Augen. Hosman hielt ihrem Blick stand, ohne mit einer Wimper auch nur zu zucken. Sie musterten sich beide wie zwei geharnischte Gladiatoren, die wußten, daß es nur einen Sieger im bevorstehenden Kampf geben kann.

»Ich bin weder eine Ihrer Angestellten noch gehöre ich zu Ihrer Familie. Deshalb verwundert es mich, daß Sie anscheinend glauben, mir Befehle erteilen zu können, Herr Hosman.« Salome erhob sich langsam. »Ich danke Ihnen für die Gastfreundschaft in Ihrem Haus.«

Aufrecht stand sie vor Hosman und spürte, wie der Haß auf diesen Mann ihre Augen zum Flackern brachte.

»Entscheidungen aber, die mein Leben betreffen, Herr Hosman, fälle ausschließlich ich selbst. Guten Tag.«

Sie wandte sich zur Türe. Bevor sie die Klinke in die Hand nahm, drehte sie sich um. Sie wartete einen Augenblick, er erwiderte nichts. Sie schloß ruhig die Türe hinter sich.

Kaum war sie draußen, riß sie sich die Schuhe von den Füßen und raste barfuß zu ihrem Appartement, sprang atemlos die Treppen hoch, schlug die Türe hinter sich zu und warf sich aufs Bett. Sie lag wie erstarrt, ihr Herz ein gefrorener Klumpen, nicht einmal weinen konnte sie.

Dieser Mann hat mich besudelt, mir die Rinde vom Leib gerissen, hämmerte es in ihrem Kopf, in den Dreck gezogen hat er mich, entmündigt, aus seinem Land hinausgeworfen. Ob ich mir das gefallen lassen werde, murmelte sie vor sich hin, während sie ihre Kleider wechselte. Ob ich mir das gefallen lassen werde, wiederholte sie und streifte ihre Jeans über und stieg in die Slipper.

In der Jeanstasche fand sie Sabris Ring. Sie steckte ihn zurück in die Hose. Sie wusch sich die Hände, band sich die Haare zu einem Pferdeschwanz, rauchte eine letzte Zigarette auf dem Balkon, sammelte ihre Sachen ein, warf sie in ihren Rucksack. Und fortwährend wiederholte sie diesen Satz.

»Ob ich mir das gefallen lassen werde?«

Als sie in den Hof hinaustrat, sah sie Sabri an einem weißen Jeep hantieren, sah die Familie, die aufgeregt um ihn herumlief, auf ihn einredete und wild gestikulierte. Amal brachte einen Korb mit frischem Obst, Fatima wischte sich schluchzend die Augen.

»Hey«, lachte Sabri fröhlich, als er Salome herankommen sah.

Er trug seine dunkelblauen Jeans und das neue Cerruti-Hemd.

»Es geht los. Salomita. Einsteigen.«

Er ließ den Motor anspringen. Ein Riesenhallo setzte ein, jeder umarmte und küßte jeden.

»Salome, vergiß uns nicht«, riefen Sabris Verwandte und tätschelten ihre Arme.

Fatima maulte, hielt ihren Sohn am Hemd fest und wollte ihn nicht gehen lassen. Ein wenig abseits stand Suleima. Sie wartete auf ein Wort von ihm. Aber Sabri bemerkte sie nicht einmal. In dem allgemeinen Gebrüll verstand man sein eigenes Wort nicht mehr.

»Gute Reise, Sabri, paßt auf euch auf.«

Jeder wollte noch irgend etwas Wichtiges sagen.

»Vergiß uns nicht, Salome.«

Sabri öffnete die Beifahrertüre, lud Salome mit einer anmutigen Bewegung ein hineinzusteigen, schloß sacht die Türe hinter ihr, setzte sich auf seine Seite und gab Gas.

Er blinzelte ihr zu.

»Du hast sie schön um den Finger gewickelt.«

Sie fuhren zum Hof hinaus. Die Familie winkte und rief und wurde immer kleiner, entfernter, bis man sie nicht mehr sah.

Sabri band sich ein weißes Beduinentuch um den Kopf.

»Jetzt geht es in die Wüste, Salomita«, rief er aufgekratzt.

»Jetzt gleich?«

»Richtung Wüste, Frau Doktor«, lachte er. »Zuerst haben wir noch sechshundert Kilometer Asphaltstraße bis Ghat zu fahren. Und heute nacht, meine Geliebte, schlafen wir an einem der Mandara-Seen.«

Er drehte am Radio, kramte nach Kassetten.

»Ah, gut, Billy Joel.« Er schob die Kassette ein. »Hast du mal einen Kaugummi?« wollte er wissen.

Salome saß stumm. So viele Fragen purzelten ihr durch den Kopf, worauf sie Antwort suchte, anders würden die Wunden, die ihr geschlagen worden waren, niemals heilen. Wo soll ich anfangen, dachte sie, wo soll ich nur anfangen?

»Hast du es gut gehabt?« fragte sie.

»Ja«, nickte er zufrieden. »Natürlich.«

Ein schwarzer Mercedes raste laut hupend an ihnen vorbei. Sabri winkte und drückte etliche Male auf die Hupe.

»Das ist Onkel Mohammed aus Tunesien. Er fährt nach Hause.«

Sabri summte vor sich hin, klopfte anerkennend auf das Armaturenbrett.

»Schönes Auto, nicht wahr?«

Drei Tage hatten sie einander nicht gesprochen, nicht gesehen. Aber er wollte nichts wissen, nichts erfahren, er stellte keine Fragen, und so ließ auch Salome es sein. Es hatte keinen Sinn. Sie würde auf nichts eine Erklärung bekommen. Er entzog sich, nahm die Dinge so, wie sie kamen. Und wenn ihm etwas nicht gefiel, ging er leichten Sinns darüber hinweg. Georges Kayasseh hatte recht gehabt, die Fähigkeit zum kritischen Denken existierte nicht in Sabris Gemüt.

Statt ihn mit Fragen zu bombardieren, begann sie laut den Schlager von Billy Joel mitzusingen. »Don't go changing just to please me, don't ever change the colour of your hair. I love you just the way you are.« Sie trommelte den Rhythmus mit und spreizte ihm die Finger entgegen.

»Salome, du bist einfach wunderbar«, rief er begeistert. »Das, was ich am meisten an dir liebe, ist, daß du nicht ständig so dusselige Fragen stellst wie die arabischen Frauen.«

Er hielt den Wagen mitten auf der Straße an und nahm sie in den Arm.

»Ich habe dich so vermißt, Salomita, meine kleine Königin.«

Sie lehnte an seiner weichen Schulter und saugte seinen Duft in sich hinein. Er liebkoste ihren Hals, streichelte zärtlich über ihr Gesicht.

»Heute nacht werden wir ganz allein in den Dünen schlafen, bella«, flüsterte er und betrachtete ihre Hände.

»Wo ist mein Ring?« fragte er.

Sie zog ihn aus der Hosentasche.

»Ich dachte nicht, daß es günstig sei, ihn in Sebha zu tragen.«

Er lachte.

»Da hast du recht«, und er grinste übers ganze Gesicht. »Weißt du, Salomita, mein Alter meint doch ehrlich, daß ich dich gehen lasse. Ich glaube, der hat schon vergessen, was Liebe ist.«

Er schüttelte den Kopf und nahm ihr den silbernen Reif ab.

»Zum zweiten Mal streife ich dir meinen Ring über, und

ich möchte nicht, daß du ihn noch einmal in deinem Leben abnimmst«, sagte er mit glitzernden Augen.

Gegen Nachmittag bog er von der Asphaltstraße ab, fuhr in die goldenen Dünen hinein, rauf und runter, die Gänge jaulten, die Reifen spieen Feuer, und das Gepäck flog durch den Fond.

»Gleich sind wir da«, rief er mit seinem verschwenderischen kehligen Lachen.

»Und yeepee!« Er bremste auf der Krone einer Düne. »Schau, Salomita!«

Unter ihnen, eingebettet in das hügelige Sandmeer, lugte ein kleiner, blitzblauer See hervor. Ein Puppenstubensee, eingerahmt von ein paar schiefen Palmen.

»Das ist unser Zuhause für heute nacht.«

Er gab Gas, preschte die Düne hinunter, parkte das Auto und sprang hinaus.

»Komm, wir gehen schwimmen.«

Er zog seine Kleider aus und lief in seinen Boxershorts zum Wasser. Er nahm Anlauf und sprang mit angezogenen Beinen ins Wasser, tauchte gurgelnd vor Vergnügen wieder auf, schüttelte seine Haarmähne wie ein Hund. Kaskaden von glitzernden Wassertropfen umsausten seinen Kopf wie ein Karussell.

»Komm doch«, rief er prustend.

Salome saß am Rand des Sees und sah ihm zu. Er ist wirklich ein Fohlen, dachte sie, ein wunderbares, ungebändigtes Pferdchen, gebe Gott, daß er so bleiben darf. Er pritschelte und planschte, bespritzte sie mit Wasser, und als er genug hatte, legte er sich neben sie und streckte alle Viere von sich.

»Zigarette gefällig, mein Gebieter?«

Er wandte ihr seine Augen zu, die dunklen Wimpern glänzten noch naß. In den golddunklen Tiefen seiner Augen las sie alle Märchen des Orients. Duftende Blüten, werbende, schmeichelnde Worte, honigsüße Berührungen, federleichte Küsse, lüsterne Zärtlichkeit, großzügige Gaben, milde Gesänge. »Liebe« las Salome in seinen Augen, seine Liebe.

»Was kannst du lesen?« fragte er und ließ seinen Blick tiefer in den ihren sinken.

In Salomes Körper begann es zu rumoren.

»Daß mein Fatty Hunger hat«, rief sie.

»Fatty! Dir geb ich's gleich«, sagte er empört, rekelte sich und stand auf. »Ich bin so biegsam wie eine Papyrusstaude im Nil.«

Er ging zum Auto, legte eine Kassette mit arabischer Musik ein und schnalzte mit den Fingern.

»Du wirst gleich sehen, was dein Fatty kann!«

Ein leichter Dreh in den Hüften, ein graziler Gegenschwung, Sabris Körper tauchte ein in den erotischen Klang der arabischen Musik. Er bewegte sich zu dieser Musik, als habe er keine Knochen, keine Glieder, auf die er Rücksicht nehmen müßte, er wand sich wie eine Schlange, strich sich über die Schenkel, fuhr mit dem Finger am Bund seiner Unterhose entlang. Er lachte sprudelnd, er wackelte, wiegte, zuckte mit den Hüften.

»Aih, aih«, rief er, stieß Triller aus wie eine Frau und amüsierte sich wie ein Schneekönig.

»Na?« rief er und sank zu ihr auf den Sand. »Kannst du das auch, meine bleiche Mozzarella?« Er berührte ihr Ohr mit einem hauchfeinen Kuß. »Ich will zu dir, Salomita.«

»Dann komm doch, meine Papyrusstaude, komm doch«, sagte sie lockend und legte sich auf den Rücken.

Sie verkrochen sich ineinander, waren sich wiegende Palmen und schwellende Zypressen, erregten sich mit immer neuen Spielereien, verflochten ihre Körper, betteten sich auf Rosenblätter und Myrtenblüten, waren sich Weihrauch und Gold. In der einsamen Stille des verwunschenen Ortes war nur ihr heißer, stoßender Atem zu hören und die zarten Liebesworte, die sie sich zuflüsterten. Sie konnten ineinander hineinsehen, als hätten sich ihre Augen hinter den Lidern umgewandt, konnten ineinander hineinfühlen, als sei Eva zurückgekehrt in das Fleisch Adams.

Die Mondsichel hing schon im nachtblauen Himmel, als

ihre Körper erschlafften. Sabri rollte sich in Salomes Schoß, sie breitete die Decken über ihn und blickte lächelnd hinunter zum See. Die Sterne tanzten auf dem blankpolierten, schwarzen Wasser. Sie glitzerten und funkelten, und Salome war es, als zwinkerte ihr der kleine See aus tausend schillernden Augen verschwörerisch zu.

30

Der frühe Morgenhimmel schimmerte in lichten Farben, hellblau, rosarot, maisgelb, lindgrün, violett, türkis. Das Licht der aufgehenden Sonne, die behutsam die Regie übernahm, brachte die Pastelltöne langsam zum Schmelzen und Vergehen. Die Sichel des Mondes tanzte noch eine Weile mit im farbigen Reigen, bevor sie sich für den Tag ins Unsichtbare zurückzog.

»Guten Morgen, kleiner Goldknabe«, flüsterte Salome und strich vorsichtig übers Sabris Schulter.

Sie lag auf dem Rücken, Sabri hatte es sich bequem gemacht, war auf sie hinaufgekrabbelt, hatte die Beine um sie geschlungen, sie mit den Armen umfaßt. So schlief er seinen kummerfreien Schlaf.

Oh, Himmel, wie ich diesen Mann liebe, dachte Salome und atmete seinen schlafdurchtränkten Duft ein. Sabri rollte sich ein wenig zur Seite, schmiegte sich an ihre Schulter, brummelte wie ein fauler Bär und öffnete blinzelnd die Augen.

»Sabach al-ward«, sagte er und betrachtete sie lächelnd. »Eine Frau, die am Morgen danach noch immer schön ist, ist eine wirkliche Schönheit.«

»Buh!« rief sie und zwickte ihn leicht an der Nase. »Du, mein Süßer, siehst dagegen aus wie ein unrasierter Maulwurf.«

»Maulwurf? Maulwurf? Was ist das?«

Sie liefen zu ihrem kleinen See, das Wasser war frisch, Sabri sammelte ein wenig Palmenholz, machte Feuer, kochte Tee, sie griffen nach dem Korb mit Amals Früchten und aßen ihr Frühstück.

Als Sabri seinen Pimpeg in die Unterhose stopfte, fiel Salomes Blick auf sein schwarzes Dreieck, das tatsächlich rasiert war. Sie hatte es schon früher bemerkt, aber nicht weiter darauf geachtet.

»Du rasiert dich da unten?« fragte sie ungläubig.

»Ja, klar«, er strich sein schönes Hemd glatt. »Wir machen das alle.«

Aber warum, hätte sie gerne gefragt, warum macht ihr so komische Sachen? Glaubt ihr, daß euer Penis beeindruckender ist, wenn er als haarlose Säule aus euch herauswächst? Und warum machst du immer alles, was alle machen? Aber sie schwieg und schluckte die befremdenden Gedanken hinunter.

Sabri räumte den Wagen ein, das Beduinentuch hatte er sich wieder um den Kopf gewickelt.

»Hast du schöne Fotos von meiner Familie gemacht?«

»Kein einziges, mein Fürst«, sagte sie ein wenig unwirsch. »Ich werde deine Familie nicht in Hochglanz um die Welt schicken. Keine Angst.«

»Braves Lämmlein.«

Sie brausten weiter nach Ghat.

Sie sangen die Hitparaden auf und ab, Sabri äffte seine Tanten, seine Schwester, vor allem seine Mutter so gekonnt nach, daß Salome die Tränen herunterkullerten vor Lachen. Sie ließen sich den Wind um die Ohren blasen.

Salome erzählte ihm Geschichten von ihren vielen Reisen. Von der Insel Ingolshöfdedll bei Skaftafetll in der Nähe von Vatnajökllfedl auf Island, wo dreihunderttausend flatternde Papageientaucher und vierhundertfünfzigtausend lärmende Raubmöwen zu Hause waren. Sie malte die Homosexuellen-Paraden in San Francisco in den schrillsten Farben ins libysche Auto, sang ihm die hochdramatische Arie des Radames aus Verdis Aida vor.

»Ah, du bist wunderbar, Salomita«, rief Sabri begeistert. »Du bist der beste Märchenerzähler der Welt.«

Sie lachten und schäkerten, sangen und unterhielten sich gegenseitig, bis das Ortsschild von Ghat auftauchte. Sie waren über sechshundert Kilometer gefahren und hatten es überhaupt nicht bemerkt. Ihr kostbares Zusammensein tauchte sie in einen Zustand von Zeitlosigkeit, in einen schimmernden Traum von Unendlichkeit.

In Ghat angekommen, lieferte Sabri sie in einem heruntergewirtschafteten Hotel ab.

»Ich muß jetzt die Genehmigungen für unsere Fahrt in die Wüste abstempeln lassen. Das kann dauern, Salomita.«

Er steckte sich ein paar Schachteln Marlboro in die Hose, rief einen Abschiedsgruß und verschwand. Sie legte sich ins Bett und schlief sofort ein.

Irgendwann in der Nacht kam er zu ihr unter die Decke.

»Yalla«, rief er am frühen Morgen und kraxelte aus dem Bett. »Jetzt fahren wir zu Nashorn, Giraffe, Elefant und Co. Yalla, Salome, die Wüste wartet auf uns.«

Sie füllten die Wasserkanister und Benzintanks, kauften Tomaten, Brot, Coca-Cola-Flaschen und La-vache-qui-rit-Käse, Sabri kontrollierte die Ersatzreifen, die Schaufeln und Sandschienen, dann setzten sie sich in ihren weißen Jeep und verließen Ghat.

»Zeigst du mir die Stadt nicht?« fragte sie.

»Oh, meine Güte, Salomita, wenn dir Sebha schon nicht gefallen hat, was soll ich dir dann diesen verschlampten Ort zeigen.«

Nicht weit hinter Ghat bogen sie von der asphaltierten Straße ab, fuhren ein in die paradiesische Stille der Wüste. Der Sand glänzte kupfergold, wälzte sich in eleganten Dünen durch die endlose Weite, vereinzelt standen Akazien mit ihren breiten Schirmen bewegungslos in der flimmernden Hitze. Bunt gesprenkelte, wie von Kandinsky fantasievoll bemalte Sandsteinfelsen mit gelben, blauen, rostroten Farbstreifen entwuchsen sie den sandigen Tälern.

»Das schenke ich dir alles.«

Sabri stellte den Wagen unter einen Akazienbaum und lachte sie an.

»Alles deins, Salomita.«

Sie stiegen aus dem Jeep, faßten sich bei den Händen und sprangen übermütig im Kreis um ihr Auto herum. Sie verstauten ihre Wasserflaschen und die Kamera im Rucksack und begannen ihre Wanderung durch die Lautlosigkeit dieser einzigartigen Kulisse. Wie lichterloh brennend verquirlten sich die roten und orangefarbenen Töne von Sand und Fels.

Sie kletterten über Felsvorsprünge, tapsten durch dunkle Höhlen, überquerten Steinbögen, die sich als fragile Brücken über den Sand spannten. Wie versteinerte Riesenwurzeln ragten die erodierten Felsen in die Höhe, durchbrochen, verwinkelt, einander überwuchernd. Eine bizarre Landschaft, die Wind, Sand, Kälte und Hitze geschaffen hatten.

An den Wänden der abgeschiedenen Grotten und Felsvorsprünge hatten Menschen der Frühzeit ihre Gemälde hinterlassen. Da galoppierten feingliedrige Antilopen über die roten Felsen, schnelle, geifernde Jagdhunde an ihren Fersen. Schlanke Männer mit Lanzen, geschulterten Stangen und Netzen liefen mit weit ausholenden Schritten auf ihren spindeldürren Beinen hinter den Tieren her. Strichmännchen der frühen Menschheit. Manche Männer sahen aus wie Krieger, trugen Schild und Speer, andere drehten sich in knielangen Röcken zu einem Ritualtanz im Kreis, riesige Vögel mit ausgebreiteten Flügeln schwangen sich über den mildroten Sandsteinfelsen, und unter einem abgelegenen Überhang entdeckte Salome plötzlich ein Nashorn.

»Schau mal!« rief sie erstaunt. »Ein Nashorn in der Wüste!«

Mit gesenktem Kopf stand es da, das lange Horn angriffslustig nach vorne gestreckt, die kurzen, stämmigen Beinchen fest in die Erde gedrückt.

Auf einer anderen Wand graste eine ganze Giraffenkolonie, die langen, weißgemalten Glieder mit fröhlichen roten Punkten besprenkelt. In der Nähe hüteten männliche Figuren, die aus zwei umgedrehten Dreiecken mit krakeligen Armen und Beinen auf die Felswand gekritzelt waren, ihre Rinderscharen.

»Statt eines Kopfs steht ihnen nur ein winziger Stift aus dem Oberkörper«, rief Salome amüsiert und knipste die urzeitlichen Herrlichkeiten. »Wie kommt es, daß Tiere, die viel Wasser brauchen, hier inmitten der Wüste abgebildet sind?«

»Nun, meine Liebe«, hob Sabri an. »Nun«, wiederholte er

geschwollen und fing plötzlich zu lachen an. »Glaubst du wirklich, Salomita, daß ich das weiß? Ich habe ganz und gar keine Ahnung!« rief er vergnügt, kramte in seiner Hosentasche und zog einen halb zerfetzten, uralten Zettel hervor und entfaltete ihn sorgsam.

»Schau, Liebste, was ich da für Frau Doktor habe!«

Er legte das Papier vor ihre Füße. Sie kniete nieder und sah, daß das Gebiet des Akakus, von Hand kartografiert, auf den Plan gezeichnet war. Mit akkurater Schrift waren die einzelnen Täler und all ihre Felsmalereien aufgezeichnet, bezeichnet und numeriert.

»Wo hast du das denn her?«

Salome strich vorsichtig über das Papier.

»Ich war mal mit einem Engländer hier unten, einem Forscher, der ein Buch über die Malereien im Akakus und die Gravuren im Messak Sattafet schreiben wollte. Am Ende hat er mir diese Kopien geschenkt. Er hat es mir gegeben, damit ich keinen Scheiß erzähle, falls ich mal Leute hierherbringe. Vier Wochen lang hat der mich durch die Täler gejagt. Jeden Tümpel, jeden Felsvorsprung haben wir abgeklettert, vermessen, fotografiert. Und abends hat er dann stundenlang darüber geredet.«

»Das war sicher spannend.«

»Nein, überhaupt nicht«, antwortete Sabri trocken. »Wen soll das denn auch interessieren!« lachte er. »Dich etwa?«

Er sah sie mit seinen strahlenden Augen an und schüttelte den Kopf, als sie nickte.

»Oh, Salomita, du bist seltsam, interessierst dich für so altes Zeug.«

Er strich ihr zart die Haare aus der Stirn und küßte sie auf die Augen.

»Also, Madame, dann schauen wir mal, was Doktor Harry Hole dazu zu sagen hat.« Er nahm den Plan und verglich ihn mit den Malereien. »Ah, hier Höhle Teshuinat, Objekt 3425, Pferdezeit, etwa 1500 Jahre vor Christus bis zur Zeitenwende, vermutliche Endperiode des Wasserreichtums in der

Sahara.« Sabri brummte. »Oh, das ist ja hochinteressant«, sagte er übertrieben. »Und so spannend!«

Sie wanderten mit dem alten Zettel weiter durch die vorzeitlichen Bildergalerien, zurück in Zeiten, als es hier jede Menge Flüsse und Seen gab.

»Wie war er denn, der Engländer?« fragte Salome.

»Harry Hole war ein Arschloch«, sagte Sabri und kräuselte seine Nase. »Am Anfang kam er am Abend immer winselnd zu meinem Schlafsack gekrochen und wollte mir seine Latte in den Hintern stecken.« Er verzog den Mund. »Bäh.« Er spuckte aus, dann grinste er plötzlich. »Taubenpopöchen sagte er zu mir.« Er verdrehte die Augen. »Irgendwann hat er dann aufgegeben.«

Am späten Nachmittag schlenderten sie gemächlich zurück zum Jeep.

»Brauchst du ein Zelt, Salomita, oder genügt ein Schlafsack?«

»Schlafsack, bitte!« rief sie. »Dann können wir die Sterne beim Einschlafen anschauen, mein Taubenpopöchen.«

Sie breiteten ihre Habseligkeiten an einem windgeschützten Platz zwischen den roten Felsen aus. Decken, Flaschen, Teekessel, viel war es nicht.

Dann nahm Sabri sie sacht bei der Hand, sagte, komm, bella, und führte sie zum Auto, begann langsam, mit leicht geöffneten Lippen, ihr die Kleider auszuziehen, knöpfte sie aus ihrer Bluse, aus ihrer Hose. Slip, Hemd, BH, Hose landeten im Sand, bis sie splitternackt vor ihm stand.

Er betrachtete sie ein Weilchen, ließ seine Blicke über ihre Brüste, ihre Schenkel streifen und lächelte sie verträumt an. Er sah ihr gespannt in die Augen, als er seine eigenen Kleider auszog, langsam, mit den aufreizenden Bewegungen eines tanzenden Fauns, öffnete sein Hemd, seine Hose, bis auch er nackt war.

Die versinkende Sonne zauberte einen rosigen Hauch auf seine dunkle Haut, sie schimmerte wie Porphyr. Ihre Blicke sogen sich fest, schmeichelten sich in den anderen hinein, umwoben sich mit dem Silbernetz ihrer aufdämmernden Lust, dem kitzelnden Reiz, in den Körper des anderen hineinzulecken, ihn auszuplündern, auszupressen, bis kein Atem mehr blieb.

Sabri tauchte einen Schwamm in den Wassertank und begann sie mit dem angenehm kühlen Wasser vorsichtig und behutsam, wie eine seltene Elfenbeinarbeit, zu waschen. In jeden Winkel ihres Körpers ließ er den Schwamm kreisen, kitzelte sie hinterm Knie, in den Achselhöhlen, an den Fußsohlen, spielte leicht mit ihren Brustwarzen, bis sie wie die Spitze des Nashorns in die Höhe standen.

Sie nahm ihm den Schwamm lächelnd aus der Hand und preßte die kühlen Tropfen über seinen Hals, seine Schultern. Das Wasser rann in kleinen, glitzernden Streifen über seinen Körper. Seine Männlichkeit bäumte sich auf, schwang ungeduldig hin und her, wollte teilhaben, mittanzen, wollte endlich die Hauptrolle in diesen süßen Spielereien übernehmen.

»Komm, mein schlankes Nashorn«, flüsterte Salome heiser, ließ sich langsam auf den Boden sinken und öffnete ihre Schenkel, zwischen denen in glitschiger Feuchte ihre Begierde pulsierte.

Wie in Stanniolpapier gewickelt, leuchtete der Mond über ihrem Lager. Sabri war neben ihr eingeschlafen. Wie ein blankes Hufeisen lag er eingerollt im Silberlicht des Mondes.

Vorsichtig nahm Salome seine Hände in die ihren, seine weichen, schmalen Hände, die ihr so viel Zärtlichkeit geschenkt hatten. Vom Schlaf überrumpelt, lagen sie entspannt. Salome betrachtete seine Finger voller Zärtlichkeit, die kleinen Fältchen auf den Gelenken, die Nägel mit dem weißen Halbmond am Ansatz. Sie strich behutsam über seine Fingerkuppen, über die bronzene Haut, unter denen die Adern kaum zu sehen waren. Ihr Herz klopfte, während sie sanft seine Haut streichelte, als hielte sie ein einmaliges Juwel in der Hand. Wie kann man denn nur Finger lieben, dachte sie verzweifelt.

»Ich liebe dich so sehr, Sabri«, flüsterte sie dem schlafenden Mann zu. »Es wird mich mein Leben kosten, wenn ich dich hergeben muß.«

Ihr Blick glitt hinauf in das sternenübersäte Himmelszelt. In weiter Ferne sah sie plötzlich, hoch oben im Universum, ein Gesicht auftauchen, es rückte näher und näher, unaufhaltsam rutschte es aus der Sicherheit der Entfernung auf sie zu, und je dichter und näher es auf sie zusteuerte, desto greller leuchtete das runzlige und verschrumpelte Antlitz, das Gesicht einer alten Frau, die sie mit glasigen Augen angaffte: Sie blickte in ihr eigenes Gesicht, häßlich und entstellt vom Alter.

»Wenn du siebzig bist, ist er erst fünfzig«, schrie die Hexe mit schriller Stimme. »Dann wirst du so aussehen wie ich. Meinst du, er kann dich dann noch lieben?« zischte ihr das alte Weib zu.

»Geh weg«, schrie Salome. »Hau ab, du Scheusal!«

Sie preßte ihre Fäuste auf den Mund und drückte die Augen fest zusammen, bis die Augäpfel schmerzten und kleine Flammen in ihrem Kopf zuckten, als könne sie allein mit ihrem Willen das Bild des altgewordenen, verlassenen Gespenstes verscheuchen.

Sabri tappte im Schlaf nach ihr.

»Komm«, murmelte er schlaftrunken und zog sie zu sich in den Daunensack, »komm, mein wunderbares Kissen, gib mir deine duftende Wärme.«

Sie rollte sich in seinem weichen Körper zurecht, spürte seine warme Haut, und allmählich verschwand das alptraumhafte Zerrbild aus ihrem Sinn und zerrann im Nichts des Schlafs in den Armen des geliebten Mannes.

Als der Mond der Sonne Platz machen mußte und die ersten Morgenstrahlen die Welt erhellten, lagen die beiden eng umschlungen, fest aneinandergeschweißt, als könnte nichts auf dieser Welt das Band zwischen ihnen zerschneiden, auf ihrem kleinen, einsamen Plätzchen im großen Meer der südlichen Wüste.

»Heute gibt es Beduinenfrühstück«, rief Sabri.

Er hatte sich eine kleine Kuhle in den Sand gegraben, kleine Holzstecken übereinandergeschichtet, die er geduldig zum Brennen brachte. Zwischendrin pustete er mit aufgeblähten Backen auf das Holz, bis es glimmte. Dazu sang er ein Liedchen, während er wartete, daß die Glut zurückging, damit er seinen kupfernen Teekessel daraufstellen konnte. Er nistete im Sand, als sei es der bequemste Ort der Welt, die Beine übergeschlagen, den Rücken locker in den Sand geschmiegt, jeder Zentimeter seines Körpers lag entspannt. Er stellte das runde Töpfchen mit dem Wasser und den Teeblättern auf die Glut, nahm eine Glaskonserve aus seiner Proviantkiste und schraubte sie auf.

»Das sind Datteln, Salome, so wie sie die Bedus essen.« Aus der bräunlichen Soße, in der sie schwammen, nahm er eine Frucht und reichte sie ihr. »Die besten Datteln der Welt.« Er steckte sich eine in den Mund. »Man legt sie in Kamelmilch ein, dann halten sie lange, und ihr Geschmack wird konserviert.« Sabri kaute voller Genuß. »Die feinsten aller Datteln sind so dunkel wie Honig.«

Der Tee war fertig, er füllte ihn in winzig kleine Gläser.

»Trink, meine Süße«, sagte er fürsorglich, »wir brauchen viel Flüssigkeit in dieser Hitze.«

Sie lagen im Sand, aßen die eingelegten Datteln, tranken heißen und süßen Tee.

Ihre nackten Füße spielten im goldenen Sand, das Feuerchen in der sandigen Kuhle knisterte gemütlich vor sich hin. Salomes Herz war weich wie Marzipan, sie spürte Sabris Zuneigung wie kostbares Öl. Sabri war ihr vierblättriges Kleeblatt, das Glück in ihr Leben gesät hatte. Sie lächelte ihn froh an, ihre Augen tanzten wie blaue Enziane in ihrem schönen Gesicht.

»Nie mehr werde ich dich hergeben, Salomita«, sagte er mit seiner kehligen Stimme. »Nie mehr.«

Er legte seinen Kopf auf ihren nackten Bauch und ließ seine Hand über ihr helles Fleisch kreisen.

»Ich möchte ein Kind mit dir.«

Salome zuckte erschrocken zusammen.

»Meinst du, daß schon eines da drinnen wächst? So ein Minimini-Baby?« Er lächelte bei dem Gedanken und küßte sie zärtlich auf die Stelle, wo er sein Kind vermutete. »Seit gestern nacht vielleicht? Das hätte ein wunderbares Kind gegeben. Was meinst du, Salome? Ein Mädchen vielleicht, ein süßes kleines Mädchen mit deinen Augen und deinem wunderbaren Lachen.« Er spielte mit ihrem Bauchnabel. »Aber eigentlich hätte ich lieber einen Sohn als erstes Kind. Das wäre praktischer. Ja, wirklich. Danach kannst du mir dann eine süße Salome nach der anderen schenken. Ganz, ganz viele«, sagte er träumerisch. »Ich liebe dich, Salomita. Ich liebe dich so unendlich.«

Er hob den Kopf und sah sie mit dem schwärmerischen Glanz seiner dunkelglitzernden Augen an. Salome spürte, wie das Glas zersprang und die scharfen Splitter der Ernüchterung ihr Herz zerschnitten, sie senkte schnell den Blick, damit Sabri ihren verzweifelten Schmerz nicht sehen konnte. Ein Kind, dachte sie voller Schreck, er meint tatsächlich, ich könnte noch Mutter seiner Kinder sein.

»Warum sagst du denn nichts?« fragte er leise. »Du willst doch auch ein Kind mit mir, oder?« Er nahm ihr Kinn sacht in die Hand und hob ihren Kopf. »Was ist denn auf einmal, bella?«

Seine sanfte Stimme klang besorgt.

Sie sah ihm zitternd in die Augen. Das ist dein Todestag, Salome, fuhr es ihr durch den Kopf.

»Ich ...«, wisperte sie. »Es ist ... Sabri, ich ... ich kann keine Kinder bekommen.« Ihre Stimme war kaum noch zu hören. »Ich bin zu alt.«

»Zu alt?« rief er ungläubig. »Aber Salome, bei dir tickt's doch nicht richtig. Du siehst jung aus, dein Körper ist schön, wieso solltest du zu alt sein?« Er schüttelte den Kopf. »Du wirst wunderschöne Kinder haben, die allerschönsten Kinder wirst du haben, meine Zauberblume.«

Sie nahm seine Hände, mit denen er ihren Kopf hielt, und legte sie ihm sorgsam in den Schoß.

»Ich kann keine Kinder mehr bekommen, Sabri.« Ihre Stimme klang wund. »Ich blute seit einem Jahr nicht mehr«, sagte sie.

Sie blickte ihn an und sah, wie sich eine entgeisterte Enttäuschung über sein Gesicht legte. Sein Mund erstarrte und blieb offen stehen, aus den Augen glitt alles Sonnige, sie wurden mürbe und flach, wie ein Blinder stierte er sie blicklos an.

»Es tut mir leid, Sabri, es tut mir so leid«, hauchte Salome elend und wandte sich ab.

Sie konnte den Anblick seiner maßlosen Enttäuschung nicht ertragen. Ich habe verloren, dröhnte es in ihrem Kopf, ich habe verloren, und der mit der Zigarre kann aufs Siegertreppchen steigen und triumphierend die Arme hochreißen, während ich mich mit meinem toten Schoß davonschleichen muß.

»Salome«, seine Stimme kam von endlos weit, »Salome, dreh dich um. Komm.«

Er betrachtete sie lange. Seine dunklen Augen wanderten ernst über ihr Gesicht.

»Wenn du mir keine Kinder schenken kannst, dann will ich eben keine haben«, sagte er.

Er nahm sie in die Arme und wiegte sie schweigend hin und her.

»Salomita, mein Edelstein«, seine Stimme klang tief, »du hast mich so verwöhnt mit deiner Liebe, wie sollte ich dich mit Kindern teilen wollen?«

Er berührte ihre Stirn mit seinen Lippen, nahm ihre Hände und bedeckte sie mit Küssen.

»Wie sollte ich das wollen?« Er blinzelte ihr zu. »Wahrscheinlich würden sie sowieso schrecklich aussehen, diese Kinder. Wie Onkel Mohammed womöglich oder eine Mischung aus Frankenstein und Zulukaffer.«

Er hatte seine gute Laune wiedergefunden.

»Kurzbeinig, ein Auge braun, das andere blau, krause Haare, Knollennase.« Er schüttelte sich. »Buh! Besser sie bleiben ungeboren, diese armen Würmer«, lachte er und schlang die Arme um Salome. »Du bist eine starke Frau«, flüsterte er. »Und ich werde auch stark sein. Vertrau mir«, sagte er. »Alles was zählt, ist, daß wir uns lieben.«

31

»Schnell, schnell, wickle dir das Tuch um den Kopf«, rief Sabri aufgeregt. »Da vorne rast ein Sandsturm auf uns zu.«

Sie waren gerade aus den Tälern des Messak Sattafet hinausgefahren, hatten auf dem Weg durch die Sicheldünen zur Asphaltstraße nach Ghadames am Rand der Piste eine Zigarette geraucht.

Salome blickte das Wadi hinunter und sah ein bebendes Sandbrett bedrohlich schnell auf sie zurasen, lautlos wie drehende Derwische wirbelte der Sand über den Boden, wie ein flatterndes Bettlaken, das der Sturm knapp über der Erde vorwärtspeitscht.

»Wow!« schrie Salome begeistert. »Das sieht ja super aus!«

Gebannt starrte sie auf diese Erscheinung, fasziniert von dem Wirbel der Staubwolken, der wie eine Feuersbrunst über den Wüstenboden schnaubte, Bäume, Felsen eintauchte in ihre Staubflammen, sie verschlang, um dann mit Heißhunger eilig weiterzutreiben.

»Laß mich diese Hexenbeschwörung fotografieren, Sabri.«

»Nix da, hopp, hopp, rein ins Auto«, schrie er, »schnell, Salomita, sonst pustet die Sandflut dich weg. Das ist gefährlich.«

Er schob sie in den Jeep, drückte die Türe fest hinter ihr zu, lief um das Auto herum und kroch eilig auf seinen Platz.

»Sind die Fenster ganz zu?« brüllte er, obwohl es grabesstill wie in einem luftleeren Raum war. »Gott sei Dank haben wir nichts auf dem Dach, sonst würde es uns wie eine Rakete wegjagen.«

»Was wird passieren?« fragte Salome gespannt.

»Das weiß Gott allein!« Er zog hastig an seiner Zigarette. »Es gibt so viele verschiedene Wirbelwinde, Salome, ich kenne sie nicht alle. Aber alle können sie schrecklich sein.

Die einen ändern ohne Unterlaß ihre Richtung, mähen Menschen und Autos auf ihrer unberechenbaren Zickzacktour einfach um. Andere rasen immer in derselben Richtung und reißen Menschen, Telefonmasten, Mauersteine mit.« Er beugte sich übers Lenkrad und sah nervös durch die Frontscheibe. »Ich weiß nicht, was uns erwartet, ich weiß es wirklich nicht.« Er sah sie an. »Auf jeden Fall bleiben wir im Auto sitzen und rühren uns nicht vom Fleck, Salome. Das ist immer noch das Sicherste«, sagte er ins Ungewisse und griff nach ihrer Hand.

Plötzlich hörten sie hinter sich das aufgeregte Hupen von Autos. Jemand drückte ohne Unterlaß auf die Hupe. Das durchdringende Geräusch gellte durch die Stille.

»Was ist denn jetzt los?«

Sabri drehte sich um. Zwei Jeeps mit wild gestikulierenden Männern hielten knapp neben ihnen an. Die Männer, Beduinentücher um die Köpfe gewickelt, stürzten aus dem Auto, fuchtelten mit den Händen und klopften in panischem Schrecken an Sabris Fenster.

»Madonna! Was sollen wir bloß tun?« schrie einer von ihnen auf italienisch. »Wir werden alle in diesem Sturm verrecken!«

Sabri öffnete das Fenster nur einen Spalt breit.

»Ma va fa in culo! Was soll das Geplärre. Hockt euch einfach in eure Autos und rührt euch nicht vom Fleck, bis alles vorüber ist«, schrie er wütend hinaus. »Habt ihr denn keinen Libyer dabei?«

»Ah, no, no, no!« riefen die Italiener außer sich vor Angst. »Einfach stehenbleiben! Wie kannst du das nur sagen. Das ist unser sicherer Tod! Dio cane! Du bist doch ein Einheimischer. Willst uns wohl verrecken lassen?« Sie klopften weiter erregt ans Fenster. »Komm raus und tu was! Du mußt doch wissen, wie gefährlich so ein Sturm ist. Quanto è pericoloso!«

»Eben darum, ihr Idioten«, brüllte Sabri. »Lauft dem Sand nur entgegen, wenn ihr sterben wollt. Wir bleiben hier im Auto und warten.«

Damit drehte er das Fenster energisch zu. Die Italiener bestiegen ihre Autos, Salome sah sie heftig miteinander diskutieren, dann hörte sie, wie sie die Motoren starteten, und die beiden Autos fuhren los. In die Richtung der herantosenden Sandbarriere.

»Verrückte«, sagte Sabri und starrte hinaus, aber sie konnten nichts mehr sehen, die Wirbel des Staubes hatten sie umhüllt.

Sie saßen gefangen im Käfig des Sturmes. Das Auto ruckte hin und her, stoßweise schubste der Wind den Jeep, mal von vorne, mal von hinten, als wolle er ihn aus den Angeln heben und umkippen.

»Hast du Angst?« fragte Sabri.

Sie schwieg. In ihr aber schrie es, und wie! Warum bloß? Herrgott noch mal, es war ihr doch immer komplett egal gewesen, wenn der Tod irgendwo nach ihr zu greifen schien. So manches Mal in ihrem Leben hatte sie ihn sogar herbeigesehnt. Und jetzt rann ihr der Schweiß aus allen Poren, kalt und pappig lief er ihr aus den Haaren, unter den Achseln die Arme entlang. Es war ihr heiß und kalt gleichzeitig, sie wagte nicht, sich zu bewegen, stierte in das beige Nichts nach draußen, krallte sich am Sitz fest, die Füße in den Boden gestemmt. Ihre anfängliche Neugier auf das gewaltige Naturschauspiel war einer panischen Angst gewichen. Ich will nicht sterben, fuhr es ihr durch den Kopf.

Dieser Gedanke überraschte sie. Sie war sich nie bewußt gewesen, wie sehr auch sie am Leben hing. Jetzt beruhige dich bloß, dachte sie, die ganze Panik nützt sowieso nichts. Sie versuchte langsam und gleichmäßig zu atmen. Das Auto wankte hin und her, auf und ab, der Sand fegte von allen Seiten über das Blech. Durch die fest verschlossenen Fenster rieselte feiner Sandregen. Er verklebte die Augen und knirschte zwischen den Zähnen. Sie pumpte die Luft ruckweise aus, sog sie langsam wieder ein. Einmal. Zweimal. Bis ihre Atemlosigkeit ein wenig nachließ und sie wieder fähig war zu sprechen.

»Nein. Ich habe keine Angst«, sagte sie dann so fest sie konnte. »Du etwa?«

»Ja.« Er sah sie mit erschrockenen Augen. »Ich habe furchtbare Angst.«

Sie griff nach seiner Hand und rutschte zu ihm hinüber, schlang ihre Arme um ihn, wiegte ihn leicht, so wie sie Stani beruhigt hatte, wenn er weinend in der Nacht nach ihr gerufen hatte.

»Schsch, schsch«, machte sie und streichelte über sein Gesicht, ihre eigene Panik verlor sich allmählich. »Wir stehen unter dem Schutz der Götter«, flüsterte sie. »Sabri, die alten Götter des Ostens sind unsere Verwandten. Sie werden uns nicht im Stich lassen. Bestimmt nicht.«

Sie begann ihren eigenen Worten zu glauben, war sich plötzlich sicher, daß ihnen nichts geschehen würde, war überzeugt davon, daß ein anderer Tod als dieser ihr eines Tages auflauern würde, daß sie nicht so einfach davonkäme und sich nicht mit dem geliebten Mann in eine Sandsäule verwandeln würde.

»Nein, nein«, sagte sie laut in ihre Gedanken hinein. »Uns passiert nichts.«

Sie lächelte Sabri an.

»Komm, leg dich an meine Schulter, Sabri, ich erzähle dir eine schöne Geschichte. Und bevor sie zu Ende ist, werden die bösen Dschinnen, die dem Sturm voranreiten, ihr Interesse an uns verloren haben.«

Sie räusperte sich und reckte den Hals.

»Vor langer, langer Zeit, Tausende Jahre zurück, planschte in den Tümpeln und Seen des Messak Sattafet, dem herrlichen Gebirge im Süden der libyschen Weltgegenden, ein großer afrikanischer Büffel. Er spritzte mit dem Wasser um sich, freute sich über das viele Naß in der Sahara und spielte mit seinen Freunden, dem Krokodil und dem Nilpferd. ›Bubalus Bubalus‹, riefen die beiden, ›warum hast du so lange Hörner?‹ Aber Bubalus hörte nicht auf die Frotzeleien, denn er war ein stolzer Büffel, und seine Hörner waren viele Meter lang und elegant nach oben gebogen. Und weil außer ihm keines der großen, mächtigen Tiere in der Sahara so schöne Hörner hatte, auch der Elefant mit seinen stummeligen weißen Zähnen nicht, war Bubalus das begehrteste Modell für die Steingraveure, die sein Abbild in die Felsen des dunklen Gebirges von Messak Sattafet einritzten. Wenn er erfrischt vom Bad durch die Wadis stolzierte und sich von den grünen Büschen die saftigsten Blätter riß, konnte er sein Konterfei auf vielen Felswänden begrüßen. Er gefiel sich sehr gut, fand die Ritzzeichnungen gelungen. Manchmal schlich er zu einer Stelle, wo es Bilder von Frauen gab, die mit ihren Händen schöne, große Brüste hielten, die Schenkel hatten die nackten Frauen weit auseinandergerissen, in der Mitte klaffte ein großes Loch. Bubalus spürte immer ein angenehmes Geblubber im Bauch, wenn er auf die Ritzweibchen guckte, so ein Ziehen, ein Kitzeln. Er mußte kichern, und sein Schwänzchen wedelte aufgeregt hin und her.«

Salome hörte Sabris gleichmäßigen Atem, sie beugte den Kopf ganz nah zu ihm und sah, daß er eingeschlafen war. Er hatte sein Schicksal ihr überlassen.

Der Wind beutelte das Auto. Der Sand, der durch die Fugen und Ritzen eingedrungen war, hatte ihnen eine beige Pudermütze aufgesetzt, die Hosen, das Armaturenbrett, der Boden, alles war mit feinem Sand überstäubt. Aber es schien Salome, als peitschte der Wind weniger heftig, als sei ihm schon der Dampf ausgegangen. Sehen konnte sie nichts, sie hörte nur den feinen Atem des schlafenden Sabri und das rauhe Husten des Wirbelsturms.

So schloß sie die Augen und reiste in Gedanken durch die vergangenen Tage. Sie hatten die Täler des nördlich vom Akakus gelegenen Messak Sattafet durchstreift, Tausende von Felsgravuren entdeckt, die Zeugen einer alten Besiedlungsgeschichte waren. Salome hatte ihre Hände andächtig über die Rillen der Felszeichnungen gleiten lassen, hatte Nilpferd, Krokodil, Büffel, Giraffe und Elefant begrüßt und auf ihre Kamera gebannt.

An den Abenden waren sie mit bloßen Füßen durch den orangefarbenen Sand gewandert, hinauf bis auf die Kuppen der geschwungenen Dünen, hatten sich die steilen Hänge hinunterrollen lassen, sich mit sandigen, verschwitzten Zungen geküßt und mit Staunen den Mond am Horizont auftauchen sehen. Langsam, dick wie ein aufgeblasener Luftballon, kroch er aus den Dünen hinauf in den freien Himmel. Sie saßen in der Stille, hielten sich an den Händen, und es war ihnen, als drängte sich zunehmend ein Gefühl der Wehmut in ihre unbeschwerte Zweisamkeit.

Manchmal spürte Salome Sabris Blick auf sich gerichtet. Wenn sie sich ihm zuwandte, um ihn zu erwidern, blickte er rasch weg. Er fürchtet wohl auch den Tag, an dem wir aus der Wüste hinausfahren, dachte Salome traurig.

Salome lehnte sich in den Sitz zurück und wartete, bis die Nacht vorüberging. Sie nickte ein, und als sie aufwachte, stand das Auto ruhig, der Sturm war vorbei. Es war hell draußen, aber es war nichts zu erkennen, ein breiiger Sandschleier verdeckte die Welt.

Sabri öffnete die Augen. Er dehnte sich wie ein fauler Löwe, gähnte und klopfte sich den Sand vom Kopf.

»Guten Morgen, meine schöne Kerze«, sagte er und blickte sie liebevoll an. »Du hast mir die Nacht verbannt. Wie schön.«

Sie tranken ein wenig Wasser, spuckten den Sand aus den Zähnen, wuschen sich ihn aus dem Gesicht, pulten ihn aus den Unterhosen, schüttelten und putzten sich, stocherten die Ritzen frei, griffen nach ein paar alten Lumpen und begannen das Auto notdürftig abzuwischen. Eine dicke, orangefarbene Sandschicht, wie farbiger Schnee, lag auf dem Jeep, verklebte die Fenster, verstopfte die Düsen, hing in den Rillen der Reifen. Sie wedelten und bürsteten, bis der Jeep einigermaßen vom Sand befreit war. Sabri ließ vorsichtig den Motor an, er brummelte und grunzte unwillig und starb sofort wieder ab.

»Scheiße.«

Sabri versuchte es immer wieder, geduldig und vorsichtig.

»Ich darf die Haube nicht aufmachen«, sagte er. »Damit der Sand nicht hineinkommt.«

Endlich hatte der weiße Jeep ein Einsehen und schnurrte

ebenmäßig. Sie konnten abfahren. Aber es war so gut wie nichts zu sehen, die Piste, die Luft, der Himmel waren ein konturloser, nebliger Schleim. Sabri steuerte das Auto langsam in die Richtung, in der es stand.

»Siehst du denn was?« fragte Salome.

»Nein.«

»Hast du wenigstens einen Kompaß?« fragte sie.

»Nein.«

32

Sabri steuerte den verdreckten Jeep in die Einfahrt des Hotels Mehari in Tripolis. Sie waren seit vier Tagen nicht aus dem Auto gekommen. Tausendfünfhundert Kilometer lagen hinter ihnen, die meisten davon waren sie im Schnekkentempo durch die Hinterlassenschaft des Sandsturmes gekrochen. Erst bei Nalut klarte es auf. Da lagen nur noch zweihundert Kilometer vor ihnen, Tripolis war zum Greifen nahe.

Ihre Augen waren verklebt, geschwollen, vom Reiben wund, sie konnten kaum noch sehen. Aber sie hatten es geschafft, sie waren dem dichten Vorhang des nieselnden Sandregens entkommen.

»Ich hätte dir so gerne die Oase Ghadames gezeigt«, hatte Sabri bedauernd gesagt. »Aber bei diesem Scheißwetter hat das echt keinen Sinn.«

Und so fuhren sie weiter. Und weiter. Und weiter. Die endlosen Kilometer schnurgerade durch die rote Steinwüste. Sie schliefen im Auto, denn es gab nichts auf dieser trostlosen Fahrt, kein Haus, kein Dorf, von einem Hotel ganz zu schweigen. Nur das schwarze Band der Asphaltstraße und ab und an ein Polizeiposten.

»Minifist!« rief der jeweilige Wachhabende energisch, hob den rechten Arm und schlug mit dem linken dagegen, als wolle er seine eigene Hand abhacken.

»Minifist?« fragte Salome. »Was soll das bedeuten?«

Kaum kam der nächste Polizeiposten in Sichtweite, riefen Sabri und Salome sich schon lauthals lachend »Minifist!« zu, und waren sie an der Kontrollschranke angekommen, stand der Polizist vom Dienst tatsächlich schon stramm, schlug sich an den Arm, rief fordernd »Minifist!«.

»Was ist das, Sabri? Minifist?« fragte Salome kichernd.

»Aber Salome!« Sabri sah sie mißbilligend an. »Minifist,

das ist natürlich englisch. Und ich dachte, du kannst diese Sprache.«

»Englisch? Ach so! Und was soll das heißen?«

»Minifist eben«, er sah sie lachend an. »Er meint das Papier, weißt du, das mir die Durchfahrt erlaubt, das Manifest. Und mit der Hand zeigt er das Dokument.«

»Minifist! Jetzt habe ich es«, rief sie und schlug sich vor den Kopf.

»Ich kann nicht mehr«, rief Sabri in Nalut und bog von der Hauptstraße ab.

Er fuhr zu einem hübsch aussehenden Hotel mit Weidenbäumen vor der Türe und einem atemberaubenden Blick auf die Ruinen der alten Berberburg, die auf einem Felssporn gegenüber klebte.

»Ich muß ein wenig schlafen«, sagte Sabri und torkelte aus dem Jeep.

Sie gingen durch die Schwingtüre ins Hotel, Salome blieb vor Schrecken stehen. Sie waren in eine ölige Spelunke geraten, schlurfende Mädchen in gelben Leggings, grell geschminkt, latschten durchs Entrée, an der Bar hing ein unappetitlich aussehender Mann mit einem fleckigen Hemd, der trübe Gläser in eine Vitrine stellte.

»Aywar?« sagte er unfreundlich und blickte nur kurz auf. »Also?«

»Zwei Zimmer«, Sabris Augenbrauen schnellten in die Höhe.

»Hier gibt es keine Zimmer zu vermieten«, antwortete der Mann und wischte weiter an den Gläsern herum.

Sabri hielt ihm einen Ausweis vor die Nase, der Mann schürzte schlechtgelaunt die Lippen und zog die Schultern hoch.

»Yalla, aber Wasser gibt es keines.«

Er führte sie in zwei aneinandergrenzende Zimmer. Das Schloß war aus der schäbigen Türe gerissen, als Licht diente eine verdreckte Birne, die nackt an einem staubigen Kabel hing. Die Fenster waren mit durchlöchertem Fliegengitter zugepappt. Der Boden war fleckig und von toten Fliegen übersät, in der Ecke stand eine Pritsche mit gräulichen, schmutzigen Leintüchern.

»Hier stinkt's erbärmlich«, rief Salome entnervt. »Wo kommt das denn her?«

Sie wagte einen Blick ins Bad. Es war finster, die Waschbecken verkrustet und verschmiert. Die Toilette lag randvoll mit Scheiße, vermischt mit stinkendem Urin. Salome stürzte zurück ins Zimmer.

»Muß das sein, Sabri?« rief sie hysterisch, sie war dem Heulen nah.

Sabri lag auf der Pritsche und war friedlich eingeschlafen. Salome stieß den angehaltenen Atem aus und hob resigniert die Schultern.

Sie rückte die zweite Pritsche nahe an seine, legte sich angezogen darauf, griff hilfesuchend nach seiner Hand und hielt sie fest. Trotz des Ekels und des Gestanks schlief auch sie sofort erschöpft ein.

Im Morgengrauen verließen sie das Hotel, es war keine Menschenseele zu sehen. Sabri legte ein paar Geldscheine aufs Laken, und sie fuhren los.

Am Ausgang des Städtchens sahen sie eine Wasserpumpe, aus der das kostbare Naß heraussprudelte. Sie stürzten sich darauf, ließen sich das Wasser über den Hals rinnen, hielten ihre Köpfe darunter und johlten vor Freude. Sie aßen ihre restlichen Tomaten und vertrocknetes Brot, füllten ihre Flaschen mit Wasser auf und stiegen in ihr Auto.

»Du hast einen Orden verdient, Salomita«, sagte er mit einem anerkennenden Nicken.

»Eine heiße Dusche wäre mir lieber«, sagte sie lachend.

»Und frische Kleider!«

»Und ein warmes Essen.«

»Und ein sauberes Bett!«

Sabri ließ die Backstreet Boys für sie auftreten. »I don't care who you are, where you're from, what you do«, sangen die Boys mit ihren hübschen Stimmen, und Sabri und Salome fielen fröhlich in den Refrain mit ein. »As long as you love me, as long as you loooooove me.«

Am frühen Nachmittag bogen sie gutgelaunt mit ihrem dreckverspritzten Auto in die elegante Auffahrt des Hotels Mehari ein.

»Voilà, Madame, wir sind angekommen«, rief Sabri.

Er öffnete ihr die Türe, holte das Gepäck, stolzierte selbstbewußt zur Rezeption und überbrachte ihr lächelnd einen Zimmerschlüssel.

»Erhol dich gut, Salomita«, sagte er zwinkernd. »Bis morgen.«

»Was?« schrie Salome fast.

»Es ist alles dreckig. Ich habe nichts mehr zum Anziehen. Ich muß waschen.«

Sie starrte ihn einen Moment fassungslos an. Wir haben doch nur noch ein paar Stunden, wollte sie schreien, und du mußt ausgerechnet Wäsche waschen! Kannst du mir sagen, was das bedeuten soll? Sie hatte den Mund schon geöffnet, wollte ihm ihre Enttäuschung ins Gesicht brüllen, im allerletzten Moment beherrschte sie sich, sie wollte sich keine Blöße geben.

»Na, wunderbar, endlich ein freier Abend für mich«, sagte sie unterkühlt.

Er sah sie mit einem überraschten Ausdruck an.

»Sagtest du nicht, du stündest zu meiner Verfügung?« scherzte sie etwas gekünstelt.

»Ich habe gelogen«, antwortete er.

Salome stürzte in ihr Zimmer, sie schleuderte ihre schmutzigen Kleider aufs Bett, machte sich nicht einmal die Mühe, die Vorhänge zu öffnen, der herrliche Blick auf Tripolis konnte ihr gestohlen bleiben, sie war von Zorn erfüllt, von Scham und dem unangenehmen, bitteren Gefühl einer Blamage. Dreckige Unterhosen versus meine Gesellschaft, dachte sie. Sie fühlte sich wie nach dem Gespräch mit seinem Vater, entblößt, beschämt.

»Jetzt hast du deine Quittung für so viel Blauäugigkeit. Auch ohne Zutun des Herrn Papa wendet sich der Sohn von dir ab und seinen stinkigen Socken zu«, sagte sie laut.

Wie hatte Professor Mezzogiorno gesagt? Am Ende enttäuscht man immer nur sich selbst.

Sie ging in die Dusche, stellte sich unter den heißen Strahl, ließ das Wasser über ihr Gesicht laufen. Es vermischte sich mit ihren Tränen.

Sie trocknete sich nicht ab, zog sich nicht an, wickelte sich nur in das Badetuch, kramte ihr Notebook aus dem staubigen Koffer, setzte sich barfuß und mit nassen Haaren vor den Bildschirm und flüchtete sich ins Schreiben.

»Außen hui, innen Steinzeit«, schrieb sie heftig, »Libyen ist ein Land mit modern angezogenen Männern, in deren Gemüt die Zeit von vor tausend Jahren regiert.«

Sie konzentrierte sich auf die Geschehnisse der letzten Wochen, konnte auf keine Notizen zurückgreifen, weil sie in ihrem Taumel diese heilige Pflicht eines Journalisten vergessen hatte. Mit knappen, spitz formulierten Sätzen tippte sie ihre Eindrücke, erzählte von den merkwürdigen Ritualen der Brautwerbung, von getrennt nach Geschlechtern gefeierten Hochzeiten, von blutgetränkten Neuwagen, rasierten Schamdreiecken, von Politikern, die als einzige fachliche Kompetenz eine militärische Karriere vorzuweisen haben. Sie führte an, daß die Kumpel des Präsidenten in hypermodernen Krankenhäusern versorgt werden, während der einfache Tagelöhner seine Parasiten weiter unbehandelt mit sich herumschleppen muß, berichtete von tadellosen Asphaltstraßen, modernen Hochhäusern, kostenlosen Kindergärten. Sie erzählte von der Wichtigkeit des Jungfernhäutchens und der Unfähigkeit zu kritischem Denken, geschweige denn Handeln.

Beim Schreiben benutzte sie oft die Worte von Doktor Kayasseh. Wie recht er doch hatte, dachte sie, und wie dumm ich war. Coca-Cola-Büchse – ja, Fernsehen, CDs, alles wunderbar, nur her damit. Aber rationale Aufklärung – nein, danke. Es ist zu befürchten, endete sie ihren Bericht kratzbürstig, daß Libyen noch lange bis zu den Knien im Sumpf der Rituale in einer von Männern geprägten Moral stecken bleiben wird, einer Welt von Stammeskriegern in Levis-Jeans und dem Handy im Hosensack.

Sie las die Zeilen noch einmal, laut und bedächtig, Wort für Wort. Sie fand, es gab nichts zu streichen, nichts hinzuzufügen. So würde sie ihren Bericht abgeben. Ihr Chefredakteur wird zufrieden sein, dachte sie, es kommt kein schmieriger Ali vor.

Sie spürte, wie sich ihr Groll langsam verflüchtigte, sich in eine trostlose Verunsicherung verwandelte. War es das? Warum traue ich ihm nicht?

Es war dunkel geworden, sie sah auf die Uhr. Es war beinahe neun. Sie holte ein Handtuch aus dem Bad und begann ihr Gepäck abzuwischen, saß betrübt zwischen Büchern, Schuhen, Hosen, Büstenhaltern. Sie nahm den letzten Film aus der Kamera, steckte ihn zu den anderen in die Spezialtüte. Nachdem sie die Kamera geputzt hatte, legte sie sie auf den Fernseher. Die Sachen aus dem Koffer ordnete sie neu, dann schloß sie ihn und stellte ihn auf den Boden.

Aus weiter Ferne hörte sie das Telefon klingeln. Sie ließ es läuten. Wer sollte schon etwas von ihr wollen? Erst als es gar nicht aufgeben wollte, hob sie ab.

»Hast du schon gegessen, Salomita?« hörte sie Sabri ins Telefon rufen.

»Nein.«

»Komm runter, ich bin in der Halle.«

»Und deine Wäsche?«

»Schon erledigt.«

Sie suchte fieberhaft nach sauberen Kleidern, fand nur ein paar Jeans und ein himmelblaues Baumwollhemd. Sie schlüpfte hinein, bürstete sich eilig die Haare und rannte zum Fahrstuhl. Er stand in der Lobby, lächelte sie an, mit diesem vertrauten Lächeln, das keine Hast kannte, das sie wie ein gemütlich prasselndes Kaminfeuer in Wärme einhüllte. Er hatte sich nicht umgezogen, trug noch dieselbe Kleidung wie auf der Autofahrt.

»Warst du nicht böse auf mich, Salomita?«

»Doch!« Sie sah ihn mit großen Augen an. »Doch. Aber

ich will dich nicht ändern, Sabri, ich will dich lieben, wie du bist. Und wenn du lieber deine Unterhosen im Waschbecken herumdrückst, als mit mir Händchen zu halten, ist das schon okay«, log sie.

»Null Chance, noch so eine Frau wie dich auf dieser Welt zu finden«, lachte er und faßte sie leicht am Arm. »Gehen wir?«

»Doch nicht etwa in dieses Paravent-Restaurant?«

Er führte sie zum blauen Pickup, der vor dem Hotel stand. Erfreut strich sie über die Kühlerhaube und hatte ein beinahe heimatliches Gefühl, als sie sich auf dem Plastiksitz niederließ.

»Es ist das einzige Restaurant, wo ich dich mit hinnehmen kann, Salomita. Wir sind in Libyen!«

»Nein! Ich will da nicht mehr hin. Da bleibe ich lieber im Pickup sitzen.«

»Okay.«

Er fuhr los. An einem der großen Boulevards hielt er vor einem Fastfood-Lokal, kam mit zwei Chicken-Sandwiches, Coca-Cola und zwei Mini-Tobleronen zurück. Er legte sich seine Einkäufe auf den Schoß und fuhr bis zur Corniche, hielt am Straßenstrand. Die Lichter des Vergnügungsparks am Hafen blinkten, sie sahen Väter mit ihren Kindern Karussell fahren. Er wickelte ihr das Papier vom Sandwich.

»Guten Appetit, mein Engel«, sagte er und biß hungrig in sein Hühnerbrot.

»Können wir denn nicht zu dir gehen?« fragte Salome leise.

»Wo denkst du hin, Salome! Die Frau, die ich heiraten werde, schmuggle ich doch nicht verstohlen in mein Flat.«

»Und zu mir ins Hotel geht es wohl auch nicht?«

»Hast du die unzähligen Sicherheitsbeamten nicht gesehen? Sie sitzen zuhauf neben der Rezeption und passen auf, daß nur Hotelgäste die Fahrstühle in die Zimmeretagen nehmen. Die würden mich mit Fußtritten aus deinem Zimmer jagen.«

»Ja, ich habe sie bemerkt.«

Sie stöhnte ein klein wenig. Wie sollte ich das hier wohl aushalten, dachte sie, ein Dasein in lebenslänglicher Observationshaft. Sie biß in ihr belegtes Brötchen und lehnte sich in den Sitz zurück.

»Ich finde es sehr romantisch hier«, sagte sie zweideutig.

»Wird Zeit, daß unser Haus fertig wird«, sagte er schmunzelnd. »Wir können ja nicht den Rest unseres Lebens abends im Auto sitzen.«

»Wo gehen denn die anderen Liebespaare hin?«

»Draußen vor der Stadt stehen sie, am Straßenrand, ein Auto hinter dem anderen. Hunderte. Das ist unsere lovers lane!«

Sie aßen ihr Picknick, und er sah sie achselzuckend an.

»Was kann ich machen, Salome, das ist Libyen!« sagte er zerknirscht. »Du wirst es hier nicht aushalten.«

»Doch«, behauptete sie, scheinbar unbeirrt.

Sie hatte das Gefühl, daß ihre Kleinmütigkeit langsam schmolz, sich die peinigenden Stacheln des trübsinnigen Nachmittags in ihrem Herzen in den Lichtern der Uferpromenade verloren. Sie war wieder ein Backfisch, der heimlich mit seinem Freund im Auto Händchen hält. Sie wollte ganz einfach nicht an morgen denken.

»Möchtest du spazierengehen?« fragte er.

»Nein, ich finde es schön hier.«

»Salomita«, sagte er weich und sah sie an.

Er zog ein kleines Schächtelchen mit einer weißen Schleife aus dem Handschuhfach.

»Für dich, meine wunderschöne Lady«, sagte er leise und drückte ihr das Päckchen in die Hand.

»Für mich?« sagte sie erstaunt, riß das Papier weg und klappte das Etui auf.

In einem Bett aus dunklem Samt lag das goldene Körbchen mit den bunten Edelsteinblumen, die Brosche, die sie bei ihrem ersten Bummel durch den Goldbasar von Tripolis gesehen hatten. Sie nahm es vorsichtig in die Hand. Es war zierlich, das Körbchen aus durchbrochenen Goldfäden, die

Stengel und winzigen Blätter aus Gold, die Blumenköpfchen ein buntes Kaleidoskop von Edelsteinen.

»Gefällt es dir noch immer?« fragte er.

»Es ist wunderschön, Sabri.« Sie spürte, wie die Tränen ihr die Kehle zuschnürten. »War das der Grund, weshalb du heute nachmittag keine Zeit hattest?« fragte sie leise.

»Ja.«

Er steckte ihr das kleine Juwel an das einfache T-Shirt, nahm ihre Hände und küßte sie mit seinen warmen Lippen.

»Ich würde dir alle Juwelen der Welt schenken, wenn ich nur könnte, Salomita. Aber ich bin nur ein unbedeutender kleiner Libyer«, sagte er bekümmert.

Seinen Kopf an den Sitz gelehnt, blickte er ernst in das nächtliche Tripolis hinaus. Er hielt ihre Hand und streichelte sie zärtlich.

»Was kann ich dir schon bieten, Salome?« sagte er leise, seine Stimme klang traurig und resigniert. »Du könntest hier nicht leben.«

Er drehte ihr den Kopf zu und sah sie still an, Salome sah Tränen in seinen Augen glitzern.

»Kann ich es ja kaum, Salomita.«

Sie saßen in dem dunklen Auto, konnten einander nicht küssen, nicht streicheln, das durfte man hier nicht tun. So hockten sie regungslos in dem Auto, jeder auf seinem Sitz, begehrlich darauf, einander zu berühren, sich Liebesworte zuzuflüstern, das Fleisch des anderen zu riechen, sich anzulehnen und hineinzukriechen in die wunderbare Wärme des anderen Körpers, aber alles, was ihnen blieb, war, sich sehnsuchtsvoll anzusehen und das Sehnen nach Berührung in den Augen des anderen zu lesen.

»Meinst du, man kann mehr als einmal im Leben lieben, Salome?« fragte Sabri mit bedrückter Stimme.

Salome wollte den Kopf schütteln, da sah sie plötzlich das Gesicht von Hubertus vor sich und dachte daran, wie sehr sie diesen Mann geliebt hatte, der nun endlich vergessen war.

»Ich fürchte ja, Sabri«, antwortete sie leise.

»Ich fahre dich jetzt ins Hotel.«

Sie fuhren die Uferstraße entlang, am hell erleuchteten Grünen Platz vorbei, an den großen Boulevards mit den vielen bunten Lampen. Diese Stadt strömte in ihrer Neonbeleuchtung eine vermeintliche Lebendigkeit aus, und doch war sie tot, alle Freude ins Private, ins Heimliche verbannt.

»Für morgen kannst du dir etwas wünschen«, lächelte er zaghaft. »Es ist unser letzter Tag, dann müssen wir nach Djerba.«

Sie ging durch die leere Lobby und fuhr hinauf in ihr Zimmer, setzte sich aufs Bett und legte den Kopf in die Hände. Kann ich es ja kaum, kann ich es ja kaum, dröhnte es in ihrem Kopf. Sie stand auf, um sich eine Zigarette zu holen, da sah sie plötzlich, daß die Hasselblad nicht mehr auf dem Fernsehapparat lag.

Sie begann zu suchen. Sie stellte das ganze Zimmer auf den Kopf, schaute im Bad, auf der Terrasse genauestens nach, die Kamera war nicht zu finden. Sie kroch auf den Knien herum, lugte unter das Bett, hinter die Vorhänge. Die Kamera war nicht mehr da.

»Das gibt's doch nicht«, rief sie. »Ich bin doch nicht besoffen!«

Sie versuchte sich zu beruhigen und sah noch einmal in alle Winkel. Der Fotoapparat war verschwunden. Sie beschloß, gar nichts zu unternehmen. Thierry würde schon ohne seine alte Kamera auskommen, es konnte ihr doch egal sein. Mit einem Mal aber überkam sie eine gewaltige Wut, sie zog ihre Schuhe wieder an, rannte zum Lift und fuhr hinunter in die Lobby.

»Nicht mit mir«, sagte sie zornig. »Beklaut, wen ihr wollt, aber mit mir macht ihr das nicht! Alles lasse ich mir auch nicht gefallen!«

Sie baute sich vor dem Nachtportier auf.

»Meine Kamera wurde aus meinem Zimmer gestohlen«, sagte sie aggressiv.

Der Mann hinter dem Counter verstand kein Englisch.

»Holen Sie den Manager!« befahl sie.

Der Portier rührte sich nicht vom Fleck. Erst als sie anfing zu schreien, machte er sich langsam auf den Weg in die hinteren Räume. Er kam mit einem hochgewachsenen, verschlafen aussehenden Mann zurück, der seinen Anzug glattstrich.

»Was ist hier los?« fragte er feindselig.

»Meine Kamera wurde aus meinem Zimmer gestohlen.«

»In unserem Hotel wird nicht gestohlen, Madame«, antwortete er zugeknöpft.

»Wo ist sie dann?« Salome kochte vor Zorn. »Wo ist sie denn dann, bitte sehr?«

»Kommen Sie erst einmal hier nach hinten«, wies der Mann sie an.

Er betrachtete sie kurz mit einem abschätzigen Blick aus grünen Augen.

»Sie sind doch gerade erst ins Hotel gekommen, nicht wahr?« sagte er süffisant.

Er betrat ein Büro, setzte sich auf einen Ledersessel hinter dem Schreibtisch und bedeutete ihr, sich hinzusetzen.

»Erklären Sie mir, was genau vorgefallen ist«, befahl er.

Salome erklärte. Es schien ihn nicht zu beeindrucken.

»In unserem Hotel wird nicht gestohlen«, wiederholte er.

Er griff zum Telefon und raunte hinein.

»Wir werden uns Ihr Zimmer ansehen«, sagte er dann. »Kommen Sie.«

Am Fahrstuhl standen zwei andere Männer, ebenfalls in verknitterten Anzügen und mit ungehaltenen Gesichtern. Sie fuhren in Salomes Stockwerk und gingen in ihr Zimmer. Sie durchsuchten es. Ohne Erfolg.

»Wo lag die Kamera genau?«

Salome erklärte zum wiederholten Male die gleiche Geschichte.

»Sind Sie sicher, daß Sie die Kamera nicht mit auf Ihren Spaziergang genommen haben?«

»Ja«, sagte sie schroff.

»Sind Sie sicher, daß Sie die Türe abgeschlossen haben, als Sie gingen?«

»Ja.«

»Dieser Sabri Hosman ist Ihr Guide, nicht wahr?«

»Ja.«

»Wir werden ihn anrufen.«

»Soviel ich weiß, hat er kein Telefon.«

»Dann werden wir warten, bis er morgen kommt.«

»Oh, nein«, schrie sie. »Ganz bestimmt nicht. Sie werden jetzt sofort die Polizei holen.«

»Polizei?« Der Nachtmanager lachte beinahe. »Wozu denn das? Wir haben hier ein eigenes Sicherheitsnetz.«

»Gut, dann bemühen Sie das eben jetzt.«

»Es ist niemand da. Es ist Nacht, Madame, beinahe ein Uhr morgens.«

»Sie meinen doch wohl nicht im Ernst, daß wir jetzt alle friedlich ins Bett gehen und warten, bis Ihre Crew in der Früh geruht zu kommen?«

Salomes Augen waren zu Schlitzen verengt. Sie war zornig.

»Damit der Dieb in aller Ruhe davonlaufen kann, was?«

Der Mann zuckte mit den Achseln.

»Was soll ich tun?« sagte er und beriet sich mit den anderen. »Kommen Sie«, sagte er schließlich.

Sie fuhren wieder hinunter, gingen in das Büro, Kaffee wurde gebracht. Es dauerte eine Weile, dann ging die Türe auf, und fünf verschüchterte Männer in der Etagenuniform wurden hereingeschubst. Sie mußten sich in einer Reihe aufstellen. Der Nachtmanager begann mit seiner Befragung.

Salome verstand kein Wort, aber der Ton seiner Stimme war alles andere als freundlich. Die Etagenboys waren blaß vor Schreck, hatten ihre Augen in maßloser Angst auf den Boden gerichtet, die Stirnen glänzten von Schweiß. Auf jede Frage hin schüttelten sie die Köpfe und sagten leise »La«. Der Manager schrie sie an, aber sie blieben bei ihrem Nein.

»Sie haben nichts bemerkt, Madame«, er wandte sich an Salome, zuckte die Achseln und zündete sich eine Zigarette an. »Wir müssen bis zum Morgen warten, wenn wir die andere Schicht befragen können.«

»Aber es waren doch nicht diese armen Schlucker!« rief Salome. »Die zittern ja vor Angst. Meinen Sie, die würden ihren Job für eine lausige Kamera riskieren?«

»Dann sagen Sie uns doch freundlicherweise, Madame, wer es war?« sagte der Manager spitz.

»Ich finde nicht, daß Sie sich sehr entgegenkommend verhalten, mein Herr.« Salome rang um Fassung, am liebsten hätte sie mit dem Fuß aufgestampft. »Ich bin ein Gast Ihres Hauses, und ich denke, es ist Ihre Pflicht, die Angelegenheit ernst zu nehmen.«

»Morgen früh gerne«, sagte er, winkte die Etagenboys hinaus und wandte sich seinen Papieren zu.

Keine Chance, dachte Salome, die mauern. Sie drehte sich zur Türe.

»Gut, dann in der Frühe. Ich werde um acht Uhr hiersein, und Sie sorgen dafür, daß Ihr Sicherheitsnetz dann anwesend ist«, sagte sie laut und verließ den Raum.

Sie ging in ihr Zimmer.

»So eine Scheiße«, fluchte sie. »Diesen Zirkus hätte ich mir sparen können.«

Sie ging auf den Balkon und rauchte eine Zigarette nach der anderen. Sie war wütend. Auf sich selbst und auf den ungewohnt unhöflichen Umgang der Herren vom Dienst. Von der arabischen Galanterie war nichts mehr zu spüren gewesen. Überhaupt nichts.

33

»Was hast du denn für ein Theater veranstaltet, Salome?«

»Theater?«

»Ich höre gerade, daß du mitten in der Nacht hier rumgetobt hast.«

»Sabri, meine Kamera wurde geklaut, und da habe ich mir erlaubt, etwas zu unternehmen. Aber man hat sehr unfreundlich reagiert, so daß ich ärgerlich geworden bin.«

»Oh, Salomita«, stöhnte Sabri, »warum hast du denn nicht gewartet, bis ich dabeisein kann?«

»Ich verstehe nicht. Was war denn verkehrt an meinem Verhalten?«

Er schob sie ein wenig zur Seite.

»Die meisten libyschen Männer reagieren sehr empfindlich auf kolonialistisches Benehmen, Salomita«, sagte er. »Vor allem, wenn es von einer Frau kommt.«

»Kolonialistisches Verhalten?« antwortete Salome verblüfft.

»So hat man es mir berichtet.« Er musterte sie. »Sie werden keinen Strich mehr für dich tun. Ungerührt werden sie dich abblitzen lassen. Bei denen hast du ausgespielt. Du hast vergessen, wo du bist, meine Liebe.« Er verzog den Mund. »Du kannst dich sicher zu Hause so, äh … so verhalten, aber hier …« Er zuckte mit den Schultern. »Sorry.«

»Ach«, Salome zog die Augenbrauen hoch, »ich habe mein Recht verwirkt, weil die Herren mich als kolonialistisch empfanden. Ist ja interessant«, sagte sie. »Und wie bekomme ich jetzt meine Kamera wieder?«

»Die Agentur wird sich darum kümmern.«

»So, die Agentur«, sie überlegte einen Moment. »Ich möchte zur Polizei gehen, Sabri.«

Lappalie hin oder her, dachte sie, ich werde mich nicht ducken.

»Aber Salomita, was willst du denn bei der Polizei? Das hat doch keinen Sinn!« Seine Stimme klang ärgerlich. »Deine Kamera wurde geklaut. Da hast du Pech gehabt. Aber das ist Sache des Hotels, nicht der Polizei. Die Hotelleute werden alle in Frage kommenden Angestellten ausquetschen, glaub mir. Wenn sich daraus etwas ergibt, bekommst du deine Kamera wieder.« Er hob die Schultern. »Und sonst halt nicht. Mach keinen Terror.«

»Ich möchte zur Polizei«, sagte sie stur.

»Salomita ...«

»Ich möchte zur Polizei.«

»Es hat wirklich keinen Sinn, glaub mir.«

»Bring mich bitte hin.«

»Na schön. Aber glaub mir, bella, du verplemperst deine Zeit.« Er mußte lachen. »Wie kann man nur so stur sein!«

Er stellte den blauen Pickup in einer Seitenstraße ab. Das Polizeigebäude war ein imposantes Bauwerk aus der italienischen Besatzungszeit. Sie schritten die breite Treppe, die zu einem gewaltigen Torbogen führte, hinauf. Drinnen sah es weniger feudalistisch aus. Schlurfende Beamte trugen Akten hin und her, treppauf, treppab. Es roch nach abgestandener Luft, das Mobiliar war abgewetzt und dunkelbraun.

»Du sagst kein Wort, Salomita, versprochen? Laß mich machen. Du äußerst dich nur, wenn du gefragt wirst, ja? Hast du das verstanden?«

»Okay«, antwortete sie. »Sind wir hier im Führerhauptquartier?«

»Wie?«

Sie wurden in den dritten Stock beordert. Dort nahm man ihnen ihre Ausweispapiere ab. Sabri führte eine längere Diskussion mit einem uniformierten Mann, seine Haltung hatte sich verändert. Geduckt stand er da, sah den Mann in der braunen Filzuniform von unten an und sprach mit gedämpfter Stimme.

Im vierten Stock hatten sie endlich die richtige Stelle gefunden. Sie wurden in ein kleines Büro geführt, in dem hinter einem großen Schreibtisch ein Mann in Uniform saß. Vor seinem riesigen Schreibmöbel stand ein winziges Tischchen mit drei Hockern.

»Das ist Doktor Winter«, sagte Sabri.

Der Mann trug drei rote Sterne an der Schulter. Sie plauderten eine Weile, tauschten Alltäglichkeiten aus, der Offizier sprach englisch.

Sie setzten sich auf die Stühle, Kaffee und Wasser wurden serviert und Zigaretten herumgereicht.

Der Offizier setzte sich und begann, zwischen die Seiten eines Blockes langsam und bedächtig Kohlepapier zu legen. Dann griff er zu einem Kugelschreiber, betrachtete ihn eine Weile und wandte sich an Sabri. Er sprach eindringlich arabisch auf ihn ein. Sabri hörte ihm aufmerksam zu, nickte von Zeit zu Zeit. Der Offizier machte eine Bewegung mit der Hand, woraufhin Sabri Salome anblickte und ihr übersetzte, was der Offizier ihn gefragt hatte.

»Frau Salome Winter«, hob er an, »geben Sie Ihre persönlichen Daten zu Protokoll. Name, Zivilstand, Beruf, Wohnort.«

»Ja, aber warum redet der denn nicht mit mir?« rief Salome. »Er kann doch englisch.«

»Du sollst keine Fragen stellen, nur antworten, auf das, was du gefragt wirst. Und zwar mir, damit ich ihm das wieder ins Arabische übertragen kann. So wollen es die Regeln.«

Ernst mimte er den Übersetzer.

»Frau Salome Winter, geben Sie den Hergang des vermeintlichen Diebstahls zu Protokoll«, sagte Sabri mit ausdruckslosem Gesicht.

Der Offizier beachtete Salome nicht, allein Sabri war ihm Auskunftspartner. Er stellte seine Fragen, auf sein Handzeichen hin übersetzte Sabri zu Salome gewandt, die ihm antwortete. Sabri drehte den Kopf und übersetzte zurück an den Offizier, der die Angaben fein säuberlich in seinen Block notierte. Das Gespräch von drei Personen in zwei Sprachen dauerte eine kleine Ewigkeit.

Am Ende war Salome so mürbe, daß sie das Groteske der Situation endlich begriff, sie hatte ihren Humor wiedergefunden und mußte sich das Lachen verbeißen. Und alles nur wegen deiner alten Kamera, Thierry, dachte sie und hoffte, daß der Offizier ihr Grinsen nicht als respektlos empfand.

»Unsere Botschaft in Deutschland wird sich bei Ihnen melden«, sagte der Polizeioffizier nun wieder auf englisch und stand auf. »In einigen Monaten.«

Er reichte ihr zum Abschied die Hand und wünschte ihr eine gute Reise nach Hause.

»Das hättest du dir sparen können«, lachte Sabri, als sie aus dem Gebäude gingen. »Nicht wahr? Nicht wahr? Salomita, du Königin der Sturheit. Stimmt's?« rief er. »Madame Winter will das libysche System ändern. Na, viel Vergnügen. Dafür brauchst du ungefähr hundertfünfzig Jahre.« Er amüsierte sich. »Wem möchtest du denn deine Geschichte noch erzählen, Salome? Wohin muß ich dich jetzt schleppen?«

»Ja, ja, ich habe meine Lektion gelernt. Ich gratuliere dir zu deinem wunderbaren Heimatland.« Sie schüttelte verständnislos den Kopf. »Und jetzt gib deiner kolonialistischen Freundin was zu essen. Ich sterbe fast vor Hunger.«

»Kapierst du es langsam, Salome?« fragte Sabri plötzlich ernst. »Kämpfen nützt hier gar nichts. Ertragen, sich fügen ist die Parole, sonst fällst du auf die Schnauze.«

Er holte ihr eine Tüte mit gerösteten Kichererbsen.

»Das ist gegen den ersten Hunger. Ich muß noch unsere Ausreisepapiere holen, bevor sie das Amt schließen. Danach gehen wir was essen. Okay?«

»Ja, danke!«

Sie lutschte die heißen Erbsen. Als die Tüte leer war und Salome mehrere Zigaretten geraucht hatte, sah sie sich die Umgebung an. Von Sabri war keine Spur zu sehen. Was macht er denn so lange, dachte sie ärgerlich.

Endlich kam er die Straße herunter. Er lief ungewöhnlich schnell, sein Gesicht war verzerrt. Er riß die Autotüre auf und ließ sich auf seinen Platz fallen.

»Du darfst nie mehr nach Libyen.«

Er hielt ihr ein Bündel Dokumente vors Gesicht.

»Ich weiß, Sabri«, sagte sie leise.

»Was?« schrie er sie an. »Woher weißt du das?«

»Er hat es mir gesagt.« Sie zerknüllte die Papiertüte. »Er hat es mir in Sebha gesagt. Aber ich habe es nicht geglaubt, darum habe ich dir nichts davon erzählt.«

Er fuhr sich durch die Haare und stierte sie an.

»Was ist das nur für ein Mensch?« jaulte er auf. »Mein eigener Vater zerfetzt mein Herz. Wie kann man nur so etwas Abstoßendes tun?«

Er wandte ihr sein zitterndes Gesicht zu und nahm sie in die Arme.

»Salome, er ist anscheinend zu allem fähig, dieser Mann aus Eisen, wenn es nur seinen Zwecken dient«, flüsterte er heiser. »Was machen wir denn jetzt nur?«

Er nahm sie in die Arme. Mitten auf einer belebten Straße in Tripolis. Plötzlich ließ er sie los.

»Dann werden wir uns eben in Malta sehen«, sagte er entschlossen. »Da kann ich ohne Visum hin.«

»Sabri, wenn er mir die Einreise verbieten kann, dann hat er sicher auch dafür gesorgt, daß du nicht ausreisen darfst.«

»Nein, nein! So weit kann er nicht gehen. Ich bringe dich doch morgen nach Tunesien«, rief er aufgebracht.

Rasch blätterte er die Dokumente durch.

»Da!« rief er atemlos.

Er fuhr mit dem Finger über das Papier, las es einmal, zweimal, schüttelte verzweifelt den Kopf.

»Ich darf nur noch einmal nach Tunesien ausreisen«, sagte er. »Übermorgen früh um sechs Uhr muß ich zurück sein.«

»Und wenn nicht?«

Er antwortete nicht.

»Ich werde zurück sein, Salome, ich habe keine andere Wahl«, sagte er dann. »Sie geben uns einen Fahrer mit. Wenn er ohne mich nach Libyen zurückkommt, schnappen sie sich ihn. Daß ich das nicht fertigbringe, weiß mein Vater.«

»Ich verstehe, Sabri«, sagte sie leise.

Sabri ließ den Motor an.

»Es gibt noch eine Chance, das ist Malta«, sagte er angestrengt. »Ich fahre sofort zum Hafen und erkundige mich.«

Er raste zum Fährhafen hinunter, rannte in das Verwaltungsgebäude.

Wie ein angeschossenes Tier wankte er nach einer Weile aus der Türe. Er hielt einen Zettel in der Hand.

»Da, schau, Salome«, er sah sie mit ohnmächtiger Wut an. »Bis auf weiteres keine Auslandsreise für Sabri Masoud Hosman«, las er. »Es ist amtlich, abgestempelt und signiert, Datum von vorgestern.«

»Er hat gewonnen, Sabri.«

»Ja.«

Sie fuhren hinaus zum Holiday Village.

Sabri stellte das Auto ab, schräg und schlampig ließ er es einfach stehen, schlug die Türe hinter sich zu und schloß nicht ab. Er nahm Salomes Arm. Sie gingen hinunter zum Meer.

Bis es finster war, lagen sie auf den Klippen, Hand in Hand.

»Bleib doch einfach hier, Salome«, sagte er.

Noch ein bißchen bei dir bleiben, wie gerne ich das täte, dachte sie, aber ich muß gehen, sonst zerstöre ich auch noch dein Leben.

»Das kann ich nicht, Sabri«, log sie. »Ich würde es hier nicht aushalten.«

Sie suchte seinen Blick. Aber er erwiderte ihn nicht.

34

Als Salome am nächsten Morgen das Hotel verließ, verabschiedete sich niemand von ihr. Kein Angestellter nickte ihr zu, wünschte ihr gute Reise. Wie ein Dieb schlich sie aus dem Hotel.

In der Einfahrt wartete wieder ein Mercedes auf sie, diesmal ein dunkelblauer.

»I am Belgassem«, sagte der Fahrer und lächelte sie an.

»Good morning, Belgassem«, antwortete Salome mit belegter Stimme.

Sie war müde und erschöpft, hatte sich die Nacht über im Bett gewälzt und sich das Hirn zermartert.

»Hey«, sagte Sabri leise.

Seine Augen blickten sie matt an, plump stand er neben dem Auto.

Sie ließen Tripolis hinter sich, durchfuhren schweigend monotone Vorstädte, bis es nur noch die steinige Steppe gab. Millionen und Abermillionen von Steinen lagen am Wegesrand, und Salome hatte das Gefühl, als läge jeder einzelne auf ihrem Herzen. Sabri hielt ihre Hand. Er sah sie an mit Augen so voller Trauer, daß sie glaubte, zerspringen zu müssen.

Ich muß irgend etwas reden, irgend etwas erzählen, dachte Salome, egal was, nur nicht dieses Schweigen.

»Wenn du mich besuchen kommst, dann gehen wir zusammen aufs Oktoberfest«, redete sie drauflos. »Das wird dir gefallen, Sabri.«

Er reagierte nicht.

»Das ist ein Luna-Park so groß wie eine ganze Stadt. Hunderte von Karussellen, Achterbahnen, Spiegellabyrinthen, Schießbuden, Geisterbahnen. Alles nur zum Vergnügen. Große Bierzelte mit Musikanten in Lederhosen und Kellnerinnen, die so große Brüste haben, daß sie die Maßkrüge auf dem Busen transportieren.« Sie holte Atem. »Da gibt es Steckerlfische, Grillhähnchen, Wattezucker so groß wie Gasballons, türkischen Honig und Kokosnüsse aus Fidschi. Und gruselige Theatervorstellungen, Sabri, du hättest deinen Spaß dran: die Frau ohne Unterkörper, der dickste Mann der Welt, das Kind mit zwei Köpfen, eine echte Meeresnixe mit Fischkörper und langen blonden Haaren, eine Liliputanerhochzeit, eine richtige Guillotinierung gibt's da, und es purzelt der abgeschlagene Kopf auf die Bühne.«

Er sah sie verwundert von der Seite an.

»Aber das Allerschönste, Sabri, das Allerallerschönste ist die Bavaria. Das ist eine große, bronzene Frauenfigur, die hoch über dem Oktoberfest steht. Innen, stell dir vor, innen ist sie hohl. Da kann man hinaufsteigen, durch ihre Beine, durch ihren Bauch bis in ihren Mund. Wenn wir oben sind, Sabri, setzen wir beide uns auf den Backenzahn der Bavaria und schauen auf die bunten Lichter vom Oktoberfest!«

Plötzlich fing er an zu lachen.

»Backenzahn! Du spinnst wirklich, Salomita.« Er schüttelte den Kopf. »Backenzahn! Du kriegst den Nobelpreis für Fantasie.« Er sah sie an. »Ich habe so gehofft, endlich glücklich zu werden. Mit dir wäre es mir gelungen«, sagte er dann plötzlich ernst.

Salome ging nicht darauf ein, sie wollte ihn heiter sehen. So wie seine Liebe es war, leichtfüßig und vergnügt. So plapperte Salome drauflos und erzählte Geschichten, die ihn erheiterten und ihre eigene Trostlosigkeit für den Moment aus ihrem Gemüt verbannte. Sie tischte ihm spannende Stories auf, denen er zuhörte, die großen Augen leuchteten in seinem Gesicht, den Mund mit den schön geschwungenen Lippen hatte er halb geöffnet.

»Salomita, du bist einfach wundervoll!« rief er.

Ich werde draufgehen ohne ihn, fuhr es ihr durch den Kopf, aber sie redete tapfer weiter, redete, bis sie zur Grenze kamen, redete, bis Djerba in Sicht war. Sie waren verschwitzt, das Auto hatte keine Kühlungsanlage.

»Salome, ich gehe in das libysche Hotel und dusche mich, okay? Dann komme ich dir adieu sagen.«

Sie preßte fest die Lippen aufeinander und nickte.

»Ich warte in der Halle auf dich. Bye.«

Ihr wurde eine kleine Villa, eingebettet in blühende Bougainvilleen-Hecken und Hibiskus-Büsche, ein wenig abseits vom Haupthaus, zugewiesen. Sie schleppte sich in den ersten Stock, mit fahrigen Bewegungen öffnete sie die Vorhänge, die Balkontüren.

Es war eine lichte, helle Suite, zauberhaft wie Sabris kleines Blumenkörbchen aus Gold, das sie angesteckt hatte. Aber Salome hatte keinen Blick für das schöne Appartement, mit zittrigen Lippen und verkrampften Händen stand sie da, unbeweglich und versteift. Und nun? Sie sah in den Kühlschrank, er war prall gefüllt. Sie warf ihre Kleider in eine Ecke, ging unter die Dusche. Als sie mit der Lotion über ihre Glieder strich, ihre Schenkel eincremte, ihren Hals, überfiel sie eine atemlose Sehnsucht nach Sabri. Ich will ihn noch einmal lieben, stöhnte es in ihr. Sie bespritzte ihren Busen mit Parfum, schlüpfte in ein weißes Mousselinekleid. Sie bürstete sorgfältig ihre Haare, klemmte das Blumenkörbchen ans Kleid und machte sich auf in die Lobby. Sie atmete den Duft der blühenden Hecken ein. Es war dunkel geworden.

Sabri stand inmitten der krakeelenden Touristen aus Europa, die die Halle bevölkerten, wie ein einsamer Fremdkörper, wie eine Statue aus einer anderen Welt. Seine dunkle Haut, seine lässig-ruhige Haltung, seine schimmernden, dunklen Augen, mit denen er ohne Nervosität, gelassen und von Neugierde unbelastet, vor sich hinschaute.

Als er sie sah, glitt ein winziges Lächeln über sein Gesicht.

»Wie lange hast du Zeit?« fragte Salome.

»Bis Mitternacht.«

»Komm, ich lade dich auf ein Glas Wein zu mir ein.«

»Ja«, sagte er erleichtert.

Sie spürte, wie sein Atem schneller ging.

Sie bogen in den kleinen Weg ein, der zu ihrer Villa führte. Sie lächelten sich mit glitzernden Augen an. Sabri griff nach ihrer Hand. Da sprang ein kleiner dunkler Mann aus dem Gebüsch.

»Stop, stop, stop, arrêtez«, rief er.

»Was wollen Sie denn von uns?« fragte Salome erschrocken.

Er zog einen Ausweis aus der Tasche und hielt ihn ihr vor die Nase. Es war der Ausweis eines Sicherheitsbeamten.

»Touristwoman and young Tunisian man. No!«

»Wie bitte?« Salome wurde es kalt.

»Sie wohnen in Hotel, Mann nicht. Ich Sicherheitspolizei. Nicht gehen Mann mit dir«, radebrechte der spindeldürre Nachtwächter.

Sie sah zu Sabri, der einen Schritt zurückgewichen war.

»Dieser Mann geht sehr wohl mit mir«, sagte Salome laut. »Er ist mein Geschäftspartner.« Sie drängte den Mann zur Seite. »Lassen Sie uns gefälligst durch.«

»Ah! Je connais, je connais. Geschäft! Du ihm Geld geben«, rief der Aufpasser anzüglich.

»Lassen Sie uns durch!« sagte Salome eisig.

»Document! Document!« er zupfte Sabri am Ärmel. »Allez! Montrez!«

Sabri zog seinen Paß aus der Tasche.

»Mais qu'est-ce que c'est?« rief der tunesische Wachmann. »Libya? Du nischt Tunesier? Du Libya?«

Er starrte Sabri an, als käme er direkt aus dem Urwald. Er gab ihm den Ausweis zurück.

»Allez! Weitergehen.«

Er schubste Sabri zur Seite und verschwand im Gebüsch.

Sabri stand wie angewurzelt.

»Komm, mein Liebling.« Salome faßte ihn am Arm. »Komm. Es ist vorbei.«

»Nein, nein«, antwortete er. »Ich kann nicht mit dir kommen. Sie ... sie werden ... sie werden das nicht zulassen.«

Er drehte sich um und wollte zum Hotel zurückgehen.

»Sabri! Ich bitte dich, komm«, flehte sie. »Es kann doch nichts passieren. Ich bin ein Gast in diesem Haus.«

Er stöhnte verzweifelt und schüttelte beschämt den Kopf. »Ich bin nichts wert. Ein Libyer ist nichts wert. Selbst ein stinkender Tunesier kann so mit mir umspringen.«

Er ließ sich in die Villa ziehen, Salome setzte ihn auf das himmelblaue Sofa, schenkte ihm ein großes Glas Weißwein ein, holte Zigaretten, streichelte besorgt seine Hände.

»Das war doch ein ausgemachter Idiot«, sagte sie. »Der kann dir doch nichts anhaben.«

Sabri saß steif in dem Sofa, er drückte sich in die Ecke und zog an seiner Zigarette. Er war wie ausgelöscht.

»Sabri, wovor hast du Angst? Jetzt bist du bei mir. Da kann dich keiner beleidigen.«

»Sie werden gleich dasein«, sagte er ängstlich, »und mich aus deinem Zimmer zerren. Du wirst sehen.« Er stand auf. »Ich gehe, Salome, ich halte das nicht aus.«

»Okay, ich verstehe dich.«

Sie reichte ihm noch ein Glas Wein, er trank es in einem Zug aus. Er setzte sich wieder hin, lehnte sich in die Sofaecke und atmete tief ein und aus. Langsam beruhigte er sich.

»Siehst du, sie kommen nicht«, lächelte Salome aufmunternd.

»Verstehst du nun, warum ich nicht im Ausland leben kann?«

»Ich habe es auch vorher schon begriffen, Sabri, das hier wäre nicht notwendig gewesen.«

Sie setzte sich zu seinen Füßen und legte ihren Kopf auf seine Knie.

»Vielleicht hat dein Vater recht, Sabri«, sagte sie leise. »Du solltest Suleima heiraten, dann hast du deinen Frieden und den Schutz deiner Familie.«

»Werde ich nicht«, sagte er matt.

Salome sah Fatima schon das Hochzeitszelt aufbauen. Sabri würde ein trauriger Bräutigam sein.

»Ich habe etwas für dich, Sabri.«

Sie blickte ihn an und öffnete langsam ihre Hand. Ein kleines Herz aus bunten Steinsplittern in einen feinen Goldrahmen gefaßt, lag auf ihrer Handfläche. Sie hatte es irgendwann in Murano gekauft, weil sie es so bezaubernd schön gefunden hatte, und trug es immer bei sich, ein glitzerndes, buntes, blumiges Herz. Das richtige Geschenk für den Mann, dessen

Knospen sie aufgetan und der sie auf seinen sanft schaukelnden Regenbogen geholt hatte.

»Deine Augen, Salomita, hat Allah in einem guten Moment geschaffen.« Lächelnd nahm er das Herz. »Ich werde es immer bei mir tragen.«

Er schob es in seine Hosentasche und beugte sich zu ihr.

Ihre Lippen trafen sich, und alle Schatten schwanden. Die Saiten ihrer Körper berührten sich, klangen wie eine Stimme.

Als Salome am nächsten Morgen aufwachte, war Sabri gegangen.

Niemand wird mir mehr den trüben Himmel vergolden, dachte sie, das wunderbare Feuer in mir wird einfach verflackern. Sie stand lange auf dem Balkon und starrte auf die blühenden Hibiskus-Hecken. Aus, dachte sie immer wieder, es ist aus. Der Vater hat gewonnen, er hatte Mittel eingesetzt, denen Sabri nicht gewachsen war. Die unerwünschte Frau war abgedrängt worden. Und der Sohn hatte gekuscht. Salome hatte sich einem Traum hingegeben, hatte an die Kraft ihrer Gefühle geglaubt und sich dabei in dieser fremden Welt vollkommen überschätzt.

Sie fuhr zum Flughafen, stand verloren in dem bunten Wirrwarr der Urlauber.

Für ihren Artikel über Libyen wurde sie mit Lob überschüttet. Kritisch. Objektiv. Unvoreingenommen. Scharfsichtig. Unemotional. Realistisch. Eine ganze Palette zustimmender Etiketten wurde ihr angedichtet. Salome zuckte mit den Schultern, fuhr sich mit den Fingern über die Augenbrauen und äußerte sich zu nichts.

»Wie geschaffen für Berichte aus der arabischen Welt.« DJ strahlte. »Du kannst wählen, Salome. Irak. Jemen. Syrien. Sudan. Saudi-Arabien. Sag einfach, wo du hinwillst.«

Sie sah ihn still an und antwortete nicht.

Zwei Monate später saß sie wieder im Flugzeug. Ihr Ziel war Laos. Sie hatte sich geweigert, je wieder über ein arabisches Land zu berichten.

SERIE PIPER

Johannes Groschupf

Zu weit draußen

Roman. 176 Seiten. Serie Piper

Der Journalist Jan Grahn verunglückt auf einer Reportage in der Wüste mit dem Helikopter – und überlebt mit schwersten Verbrennungen. Sprachlich brillant erzählt Johannes Groschupf in seinem autobiographischen Roman von der Angst eines Mannes, in das Leben zurückzukehren – und dem schwierigen Versuch, die Gespenster einer Grenzerfahrung für immer hinter sich zu lassen.

»Ein unglaubliches Buch. Nicht etwa weil die Art des Unfalls und des Überlebens so spektakulär wäre. Unglaublich ist die Ruhe und die Zartheit, mit der Johannes Groschupf von der schlimmsten Zeit seines Lebens erzählt. Kein Wort zuviel, kein falscher Ton, kein bißchen rührselig.«
Westdeutscher Rundfunk

05/2112/01/L

Marte Brill

Der Schmelztiegel

Roman. Mit einem Nachwort von Reinhard Andress. 352 Seiten. Serie Piper

Hamburg, im Jahr 1933: Die Zustände zwingen die jüdische Journalistin Sylvia, mit ihrer Tochter Miriam das Land zu verlassen. Nach Aufenthalten auf Mallorca und in Italien wandern sie nach Brasilien aus, wo sie im Schmelztiegel São Paulo ihr Glück versuchen. Trotz aller Schwierigkeiten und Sorgen schaffen es Sylvia und ihre Tochter immer wieder, eine Möglichkeit zum Überleben zu finden und gleichzeitig vielen anderen Flüchtlingen beizustehen. In ihrem autobiographischen Roman schildert Marte Brill nicht nur die Nöte, sondern auch die Schönheit des Landes, das ihr zur zweiten Heimat wurde.

»Ein großes, anrührendes Dokument des Exils. Unfaßbar, daß dieser Text so lange ungedruckt blieb!«
Die Zeit

05/1986/01/R

SERIE PIPER

Doja Hacker

Bin ich böse

Roman. 208 Seiten. Serie Piper

»Ich bin ein verheirateter Mann, ich hatte eine Geliebte. Das Wort Freundin wäre eine Lüge. Ich will es nicht schönreden. Für eine Geliebte verläßt man seine Familie nicht. Also nenne ich Marie meine Geliebte. Auch sie nannte sich so.« Als Heinrich glaubt, Marie mit seiner Frau Hanna befreunden zu können, geschieht das Unglück …
Mit feiner Ironie und atemberaubend konsequent lotet Doja Hacker die Abgründe einer modernen Dreiecksgeschichte aus. Niemand wird verschont, am allerwenigsten Heinrich, der bis zuletzt glaubt, Liebe sei nur eine Frage von Hingabe und Souveränität.

»Es geht nicht um Gut oder Böse, gleichwohl geht es um Moral, jedoch ohne moralisch zu sein. Das ist der Leichtigkeit des Erzählens zu verdanken. Doja Hacker beherrscht diese Leichtigkeit auf wunderbare Weise.«
Hamburger Abendblatt

05/1981/01/L

Thommie Bayer

Der Himmel fängt über dem Boden an

Roman. 256 Seiten. Serie Piper

Wieder einmal hat Urs seinen Job verloren. Doch nun packt er seine Koffer und fährt nach Freiburg zu seiner Schwester Irene, die gerade eine Buchhandlung aufmachen will. Sie kann seine Unterstützung gut gebrauchen, und Urs beschließt zu bleiben. Er hilft im Laden, erkundet die Musikszene und macht neue Bekanntschaften. Doch die Beziehungen und Verhältnisse sind nicht gerade einfach: Irene ist gar nicht seine wirkliche Schwester, und dann taucht auch noch die rätselhafte Marie auf, die Irene und Urs gleichermaßen in ihren Bann schlägt. Zwischen den dreien entspinnt sich eine Liebesgeschichte, so zärtlich und leicht wie der Sommer, der am besten niemals enden sollte …
Brigitte

05/1976/01/R

Andrea Paluch, Robert Habeck

Der Schrei der Hyänen

Roman. 304 Seiten. Serie Piper

»Du bist die Frau, die ich hätte sein sollen.« Nele von Kavea blickt in die dunklen Augen ihrer Urenkelin, in der sie die ganze schicksalhafte Geschichte ihrer Familie wiederzuentdekken glaubt: Alles begann mit dem blutigen Aufstand der Herero und ihrer Mutter Arabella, die vor beinahe hundert Jahren nach Namibia gegangen war … Eine generationenübergreifende Geschichte von vier Frauen, deren ungewöhnliches Schicksal im kolonialen Afrika seinen Anfang nimmt.

»Der Roman hat etwas von der Wucht der attischen Tragödie.«
Kölner Stadt-Anzeiger

05/1906/01/L

Klaus Modick

Der kretische Gast

Roman. 464 Seiten. Serie Piper

Kreta 1943: Der deutsche Archäologe Johann Martens soll im Auftrag der Wehrmacht die Kunstschätze der besetzten Insel katalogisieren. Der Einheimische Andreas wird zu seinem Fahrer und Führer, doch verbindet beide bald mehr. Die Lebensart der Kreter und noch mehr Andreas' schöne Tochter Eleni schlagen Martens immer mehr in ihren Bann. Als die Deutschen eine Razzia planen, muß sich Johann entscheiden, wo er steht.

»Ein handlungs- und atmosphäresatt erzähltes Drama. Eminent spannend. Die Insel ist ganz unverhohlen die eigentliche Heldin dieses sommersatten Romans, dessen Lektüre man allenfalls vorzeitig abbrechen möchte, um unverzüglich nach Kreta zu reisen.«
Hannoversche Allgemeine

05/1863/01/R